Viv Foster · Kompaktkurs Acryl

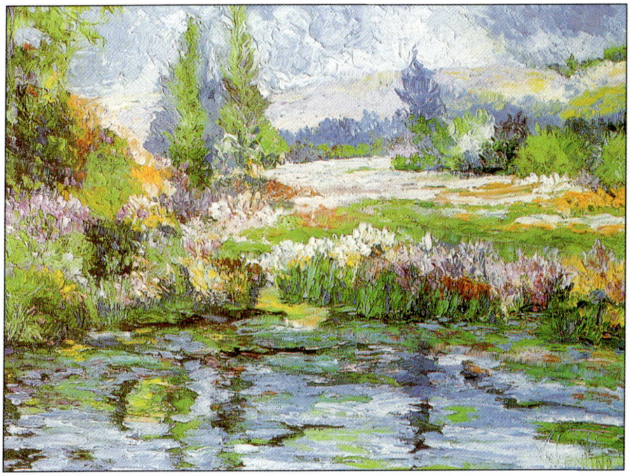

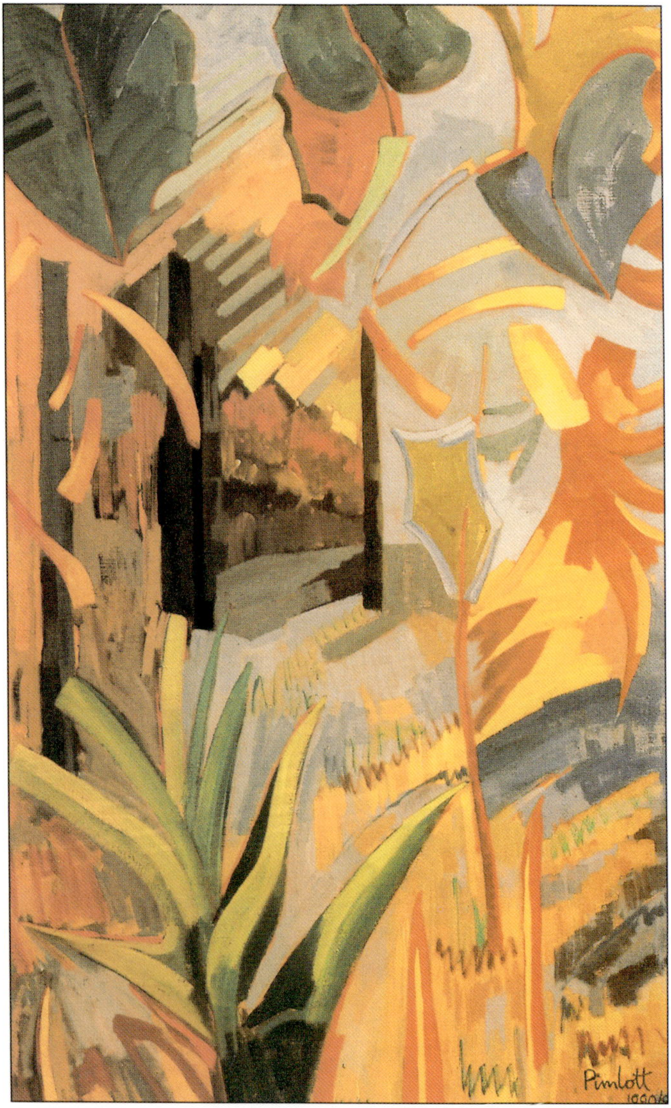
Pimlott

Viv Foster

Kompaktkurs Acryl

Aus dem Englischen übersetzt
von Katja Lappe-Liebergesell

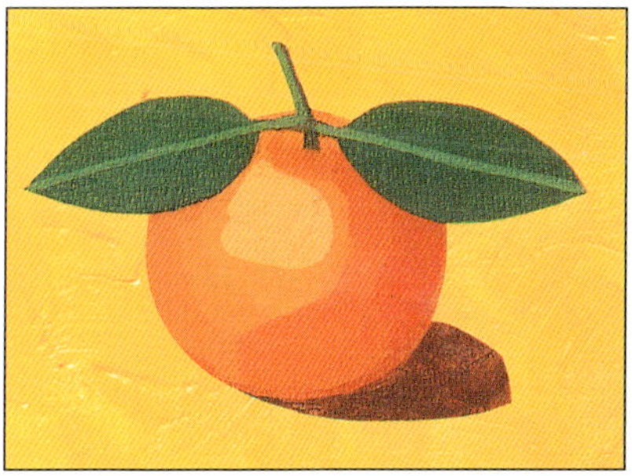

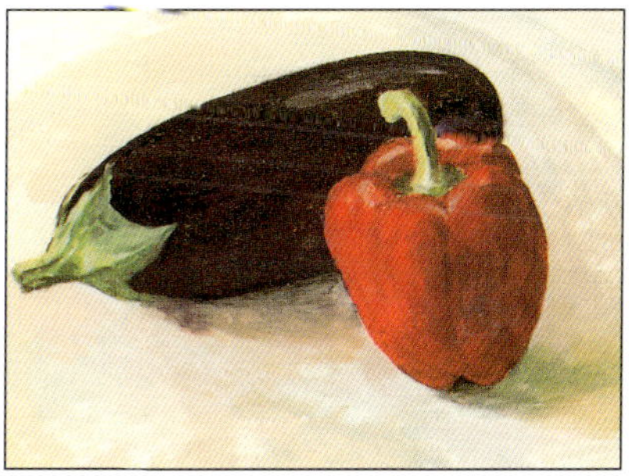

GONDROM

Titel der Originalausgabe: The Acrylics and Gouache Artist's Handbook

Covergestaltung: Jarzina Kommunikations-Design, Köln
Coverfotos: © Quarto Group Inc., London

Bildnachweise:
The Encyclopedia of Acrylic Techniques; Acrylic Decorative Painting Techniques; Painting with Acrylics; Acrylic School; The Complete Drawing and Painting Course; An Introduction to Painting with Acrylics; The Complete Artist; The Artists Manual; The Encyclopedia of Illustration Techniques; The Encyclopedia of Watercolor Landscape Techniques; Practical Watercolor Techniques; Watercolor School; The Illustrated Book of Painting Techniques; How to Draw and Paint in Watercolor and Gouache; The Complete Watercolour Artist; The Encyclopedia of Flower Painting Techniques

ISBN 978-3-8112-2961-7

5 4 3 2 1

www.gondrom-verlag.de

Inhalt

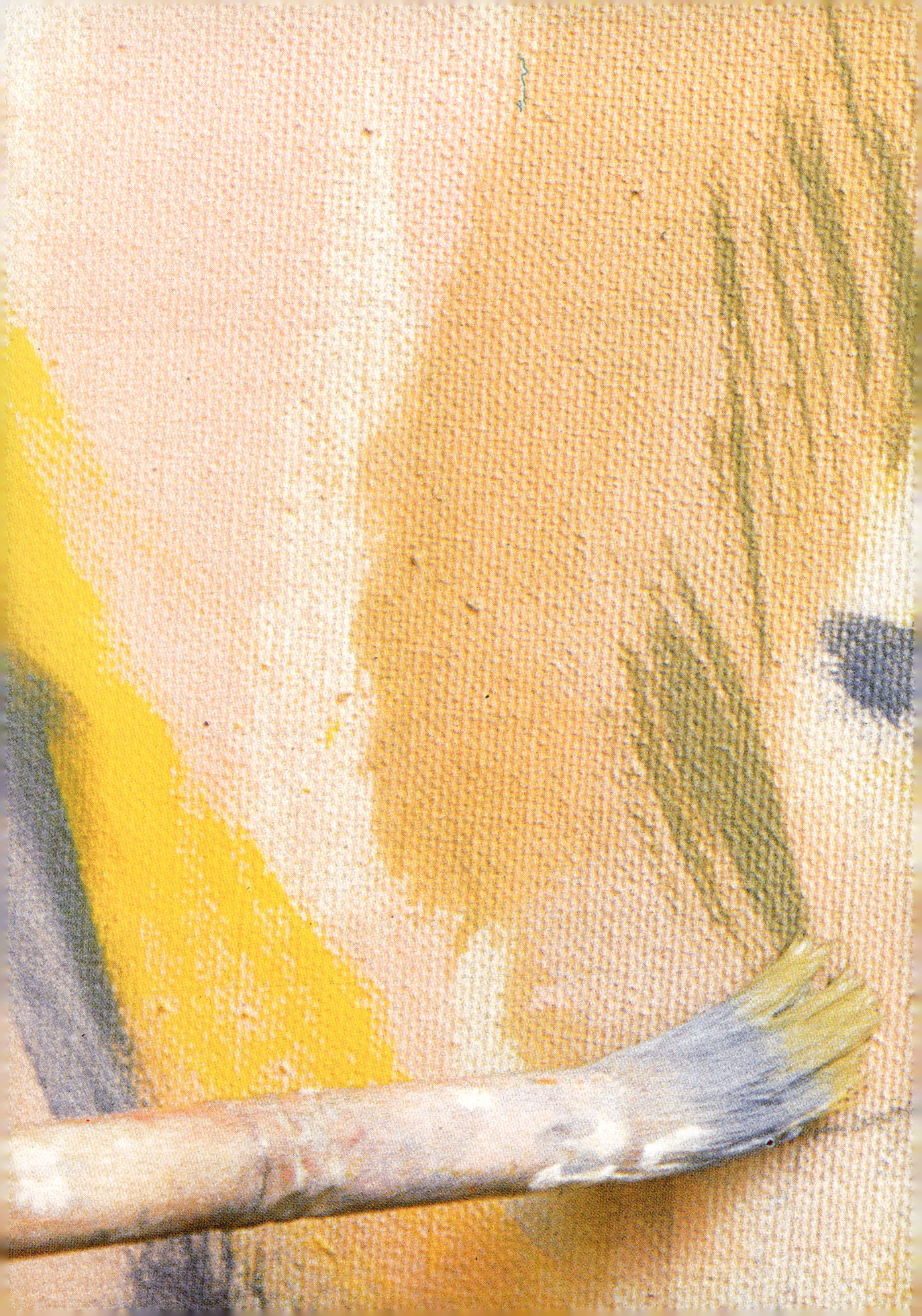

Einleitung

Für diejenigen, die sich zum ersten Mal mit der Malerei beschäftigen, gibt es kein besseres Medium als Acryl. Mit diesen Farben ist fast alles möglich, sodass sie bei experimentierfreudigen Künstlern besonders beliebt sind. Acrylfarben werden auf Wasserbasis hergestellt und sind geruchsfrei – ein Vorteil, wenn man zu Hause arbeitet, denn manche Menschen schreckt zum Beispiel der durchdringende Geruch von Ölfarben ab. Zudem trocknen Acrylfarben sehr schnell auf, sodass Sie nicht mit den Schwierigkeiten eines Ölmalers zu kämpfen haben, der nach einer Arbeit im Freien sein nasses Bild nach Hause tragen will.

Gouache ähnelt Aquarellfarbe. Ihre Pigmente sind in Gummiarabikum gebunden und ebenfalls wasserlöslich. Charakteristisch für Gouache ist ihre farbintensive, matte, deckende Auftrocknung, jedoch ohne die Transparenz von Aquarell- und den Glanz von Ölfarbe. Gouache ist ein gutes Medium für architektonische Motive oder Figuren, da sie sich gut für feine Detailarbeiten eignet.

Das Medium

DIE HERSTELLUNG VON ACRYLFARBEN

Acrylfarben werden durch Mischen von pulverisierten Farbpigmenten mit Acrylharzbindemittel hergestellt. Das Bindemittel sieht in flüssiger Form milchigtrüb aus, wird aber – sobald es getrocknet ist – transparent und lässt den reinen Farbton hervortreten. In den Fabriken sieht man die riesigen Bottiche mit dieser gelartigen Rohsubstanz, bevor sie mit Farbe angereichert wird. Durch Hin- und Herrollen zwischen Mahlwerk und Mischmaschine entsteht die fertige Farbe.

Alle Komponenten werden vor der Verarbeitung sorgfältig ausgewogen und getestet. Diese Präzision und Kontrolle ermöglicht die Herstellung zahlreicher Farbtuben mit identischer Farbe, Konsistenz und Qualität.

Die Pigmente werden in großen Mengen aus aller Welt geliefert. Einige Farben wie Siena und Umbra werden aus der Erde gewonnen, andere sind Mineralpigmente, wie Kobaltblau, und wieder andere sind pflanzlichen oder gar tierischen Ursprungs. Auch im Labor synthetisch hergestellte Farben kommen zum Einsatz, so zum Beispiel Naphtholrot und Dioxazin Lila, die in der Welt der Kunst jedoch noch relativ neu sind.

Die Pigmente sind bereits in pulverisierter Form sehr farbintensiv. Allerdings sind nicht alle Pigmente, die früher von Künstlern verwendet wurden, auch für die heutige Herstellung von Acrylfarben geeignet.

Acrylfarbe wird in großen Mengen eine geraume Zeit lang gemischt, damit die für Maler notwendige einheitliche Farbe und Qualität entsteht.

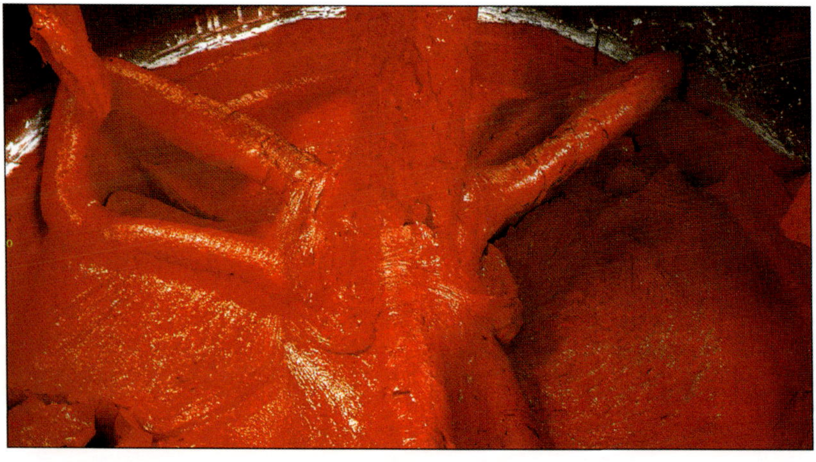

Einige herkömmliche Pigmente wie Alizarinrot können nicht zusammen mit Kunstharzen verarbeitet werden und neigen zu Gerinnung oder Verdickung. In solchen Fällen kommt alternativ ein organisches Pigment, das mit Kunstharzen gemischt werden kann, zum Einsatz.

Andere Pigmente wiederum lassen sich nicht in der gewünschten Dichte mit Kunstharzen vermischen. Kadmiumrot und Coelinblau gehören hierzu – in beiden Fällen sind die Acrylfarben blasser und weniger gesättigt als die ihnen entsprechenden Ölfarben.

Acrylfarben gelten als die strapazierfähigsten und witterungsbeständigsten aller Künstlerfarben – ein Ruf, der von einigen essenziellen Zutaten abhängig ist: Zum einen beinhaltet die Mischung aus Harz und Pigment ein Konservierungsmittel, das ein Auftreten von Materialveränderungen verhindert. Zum anderen hilft ein Frostschutzmittel gegen das Gefrieren der Tuben bei kalter Witterung. Das Verdickungsmittel verleiht der Acrylfarbe eine ähnliche Konsistenz wie Ölfarbe, während ein Feuchthaltemittel dazu dient, die Farbe zu stabilisieren, und für eine gleichmäßige Verteilung der Pigmente im Harz sorgt.

Um die besondere Feinheit der fertig gemischten Farbe zu erhalten, werden die Zutaten in Spezialmühlen sorgfältig gemahlen – anders als Ölfarben, die traditionell von schweren Granitrollen zerkleinert werden. Bei Verdunstung des Wassers entsteht schließlich eine klare Kunststoffschicht, die sich eng um die Farbkörnchen legt. Diese Beschichtung jedes kleinsten Pigmentpartikels mit einer praktisch unzerstörbaren Schicht aus transparentem Kunststoff lässt die reine Farbe zum Vorschein kommen, die weder verfallen noch sich verfärben oder Risse bilden kann.

Wie Acrylfarbe hergestellt wird

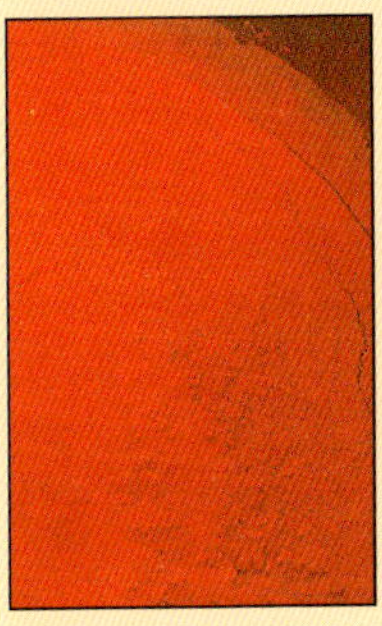

Die erste Komponente ist das pulverförmige Pigment.

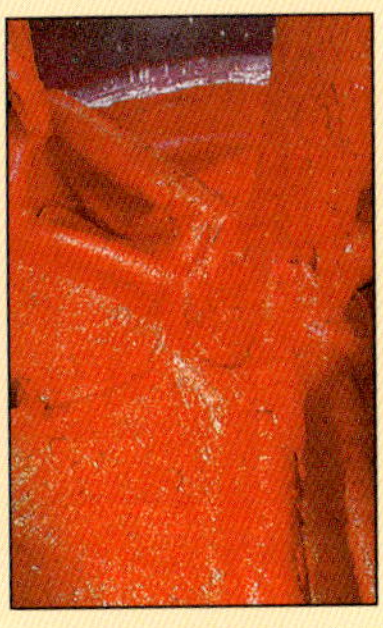

Mischen des Pigments mit Acrylbindemittel.

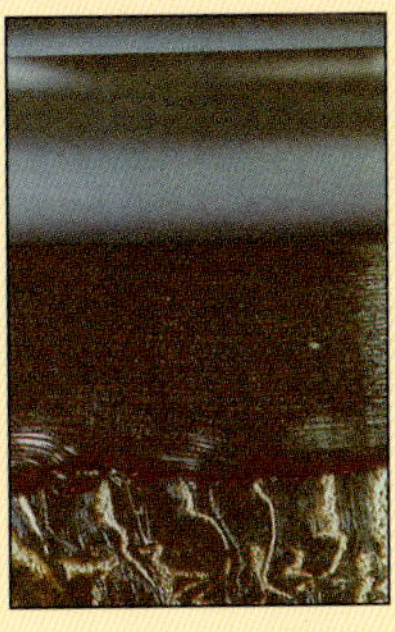

Zermahlen der Farbe zwischen den Stahlrollen.

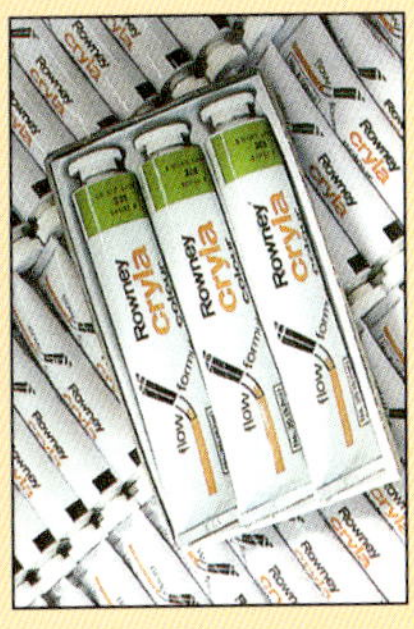

Nach der Überprüfung wird die Farbe in Tuben abgefüllt.

PIGMENTE

Wie auf Seite 8 erläutert, sind Pigmente der färbende Bestandteil der Farben und werden normalerweise in Pulverform hergestellt. Dabei mussten die Pigmente farblich klar und lichtbeständig sein, um alle Schattierungen hervorzubringen und auch später nicht zu verblassen. Manche Pigmente sind grundsätzlich ungeeignet zur Farbherstellung, da sie eher einen trüben Farbeffekt produzieren.

Aus ästhetischen und praktischen Gründen werden leuchtende Farben seit jeher bevorzugt, denn sie bedeuten Freude und Vergnügen. Zum Ausdruck dieser Stimmungen waren stets kräftige Farbtöne gefragt und die Suche nach geeigneten Pigmenten dauerte oft mehrere Jahrhunderte.

Eine Allzweckfarbe wie Acryl wäre den damaligen Künstlern sehr entgegengekommen.

Nach der Renaissance erreichten die Pigmente bezüglich ihrer Helligkeit und Vielfalt einen Höhepunkt. Danach entwickelte sich ein expressiverer und realistischerer Stil, zu dem ein anderes Medium besser passte: die Ölfarbe. Die realistische Malerei entfernte sich von den hellen Farben hin zu kräftigen, düsteren Farbtönen, die eine neue Auswahl an Pigmenten zur Folge hatte. Erst im 19. Jahrhundert kam erneut das Interesse an hellen und klaren Farbtönen auf. Anlass dafür waren Maler wie Constable und Turner sowie zahlreiche impressionistische Künstler.

Heute ist die Bandbreite heller und leuchtender Farben groß – und die Liste der erhältlichen Pigmente dementsprechend lang. Dabei verraten die Namen der Pigmente vielfach ihre Herkunftsorte – Siena gebrannt, Venezianischrot, Neapelgelb, Preußisch Blau, Chinesisch Zinnoberrot – oder das Material, aus dem sie gewonnen werden, wie Kobaltblau, Krapprosa, Smaragdgrün, Elfenbeinschwarz, Saftgrün oder Geranium Lack. Doch selbst die interessantesten Namen geben leider kaum Hinweise auf die Qualität oder die Eigenschaften der Farbe. Einige sind zudem unter zwei oder drei verschiedenen Bezeichnungen erhältlich.

Ein zuverlässiges Pigment sollte folgenden Anforderungen genügen: Es muss ein geschmeidiges, fein zerriebenes Pulver und unlöslich in dem Medium sein, in dem es verwendet wird; es muss unter normalen Lichtbedingungen lichtbeständig sein und darf mit den Materialien, mit denen es vermischt wird, oder mit der Luft keine chemische Verbindung eingehen. Darüber hinaus sollte das Pigment den richtigen Grad an Deckkraft und Transparenz besitzen, um für den angestrebten Zweck geeignet zu sein, und sollte den allgemeingültigen Normen für Farben und Farbqualität entsprechen.

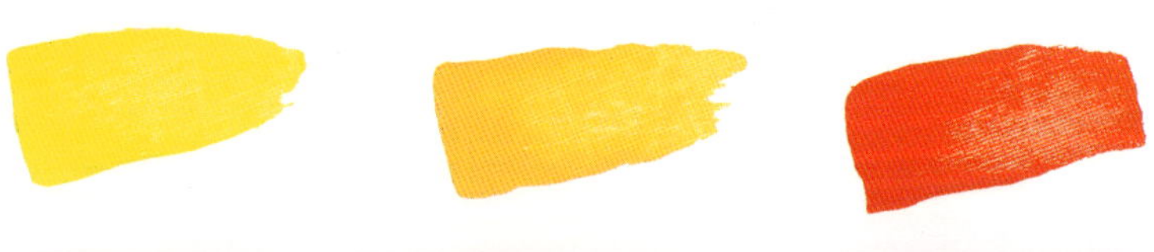

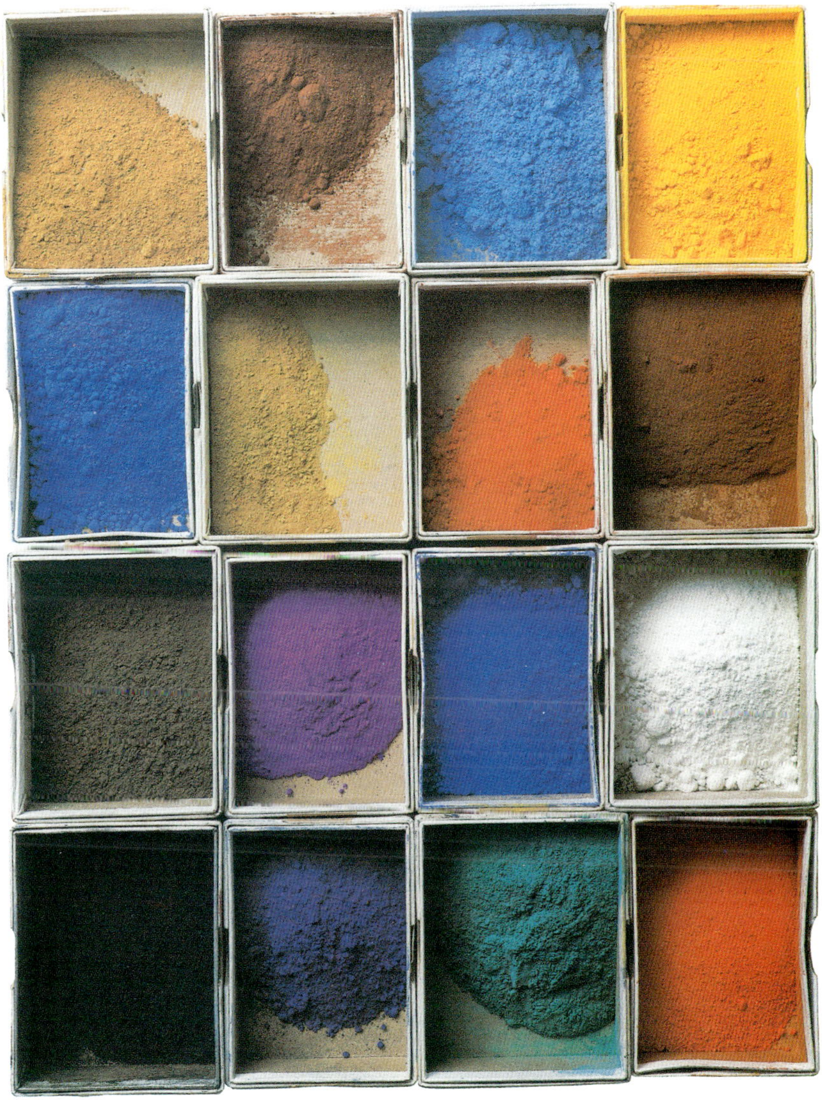

Pigmente in Pulverform sind klar und leuchtend. Mischt man sie mit etwas Wasser, entsteht eine Paste, die zum Malen verwendet werden kann. Trocknet das Wasser, kehrt das Pigment in seinen ursprünglichen Zustand zurück. Für die Herstellung von dauerhafter Farbe benötigt man also eine Substanz, die die farbigen Körner miteinander verbindet. Erst mit diesem Zusatz von Kleber oder Bindemittel kann die für den Künstler nutzbare Farbe entstehen.

Geschichte der Farbe

ACRYLFARBEN

In den Zwanzigerjahren des 20. Jahrhunderts experimentierte die amerikanische Firma „Rohm and Haas“ als Erste mit Kunstharz.

Die ersten Acrylfarben, auch Polymerfarben genannt, entstanden eigentlich als Grundlage für Wandfarbe, die bis dahin nur in Pastelltönen erhältlich war. Die zu jener Zeit verwendeten Harzemulsionen waren noch nicht in der Lage, ohne zu verhärten viele Pigmente aufzunehmen, sodass diese Farbe für Künstler noch uninteressant war. Allerdings wurde der Bedarf an einem für Künstleracrylfarben geeignetem Harz immer größer. Gefunden werden sollte ein Harz, das weder reißt noch sich verfärbt und sich darüber hinaus witterungsbeständig zeigt.

Ebenfalls in den 1920ern plante eine Gruppe lateinamerikanischer Maler, hauptsächlich aus Mexiko, große Wandgemälde für öffentliche Gebäude zu gestalten.

Morris Louis

Louis verwendete schon in den 1940ern das neue Medium. Hier wurde die verdünnte Farbe auf ungrundierte Leinwand aufgetragen, wodurch der für Louis' Farbfeldmalerei typische Effekt entstand.

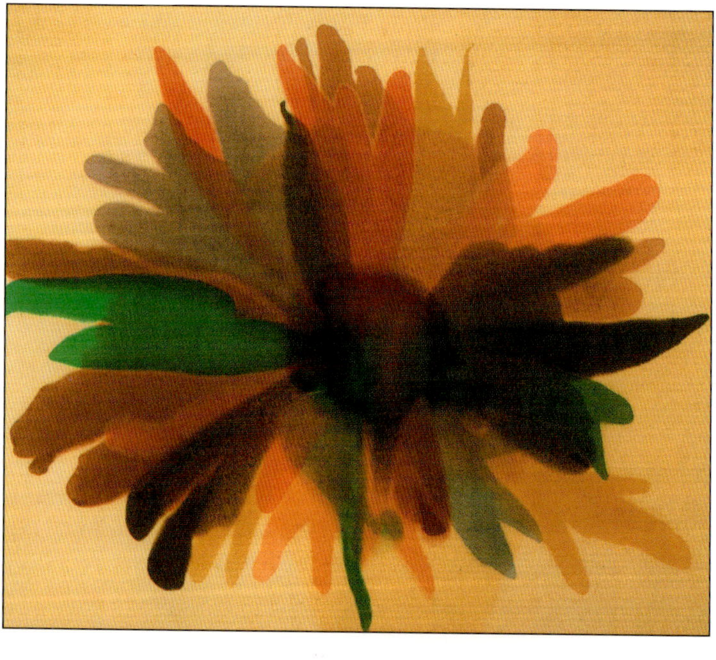

Die Künstler, allen voran David Alfaro Siqueiros (1896–1974), José Orozco (1883–1949) und Diego Rivera (1886–1957), wussten, dass Ölfarben und Fresken den Witterungsbedingungen nicht standhalten konnten, und unterstützten jegliche Forschung, die ihnen bei der Lösung des Problems behilflich war. Sie erkannten die Bedeutung von Kunstharz, das schon industriell mit großem Erfolg eingesetzt wurde, und experimentierten ab Mitte der 1930er in Siqueiros' Werkstatt in New York mit neuen Farbformeln. Das gemeinsame Interesse trieb die Arbeit der Künstler und Wissenschaftler voran und ließ schließlich die Acrylfarbe entstehen.

Allerdings richtete sich erst nach dem Zweiten Weltkrieg das Interesse der Hersteller für Künstlerbedarf ernsthaft auf die Fertigung von Farben auf der Basis eines neuen Harzes. Die amerikanische Firma „Permanent Pigment" war das erste Unternehmen, das eine Art Acrylfarbe produzierte, die ausreichend gesättigt war, um im Bereich Gestaltung eingesetzt zu werden. Bei ihrem Produkt – Liquitex – handelte es sich um eine Harzemulsion mit der gleichen Konsistenz wie Plakatfarbe. Liquitex wurde von den Gestaltern freudig aufgenommen und überzeugte bald auch Kunstmaler von ihren Vorzügen.

Anfängliche Probleme blieben nicht aus: Eine unzureichende Vermischung von Harz und Pigmenten verhinderte die Aushärtung der Farbe, sodass in der Anfangszeit viele Firmen mit großen Schwierigkeiten zu kämpfen hatten. Das geringste Zuviel an Pigmenten führte schnell zu einer unbrauchbaren Farbe.

Seit den 1950ern wurden Acrylfarben dann in den USA verkauft und von vielen jungen Künstlern geschätzt, die gern mit diesem neuen Medium experimentierten; allen voran die vielen Expressionisten und Pop-Art-Künstler der Zeit. Ab den Sechzigerjahren kamen die neuen Farben auch in Europa häufiger zum Einsatz.

GOUACHE

Traditionell wurde Gouache vorrangig für die Manuskriptmalerei verwendet. Im 17. Jahrhundert entdeckten dann italienische und holländische Künstler, darunter Zuccarelli und Van Dyck, sie auch als Malmedium. Im 18. Jahrhundert benutzte Paul Sandby sehr häufig Gouache und Aquarellfarben. Auch Toulouse-Lautrec schuf einige seiner besten Café-Gemälde unter Verwendung von Gouache auf braunen Papierschnipseln und Pappe, und Edouard Vuillard malte atmosphärische Innenräume in einer Trockenpinseltechnik. Unter den zeitgenössischen Künstlern stechen die Gouachegemälde von Keith Vaughan, Ceri Richards und Graham Sutherland hervor.

Gouache ist ein sehr anpassungsfähiges Medium mit einer großen Palette an zur Verfügung stehenden Farben. Diese können deckend oder mit Wasser verdünnt verwendet werden.

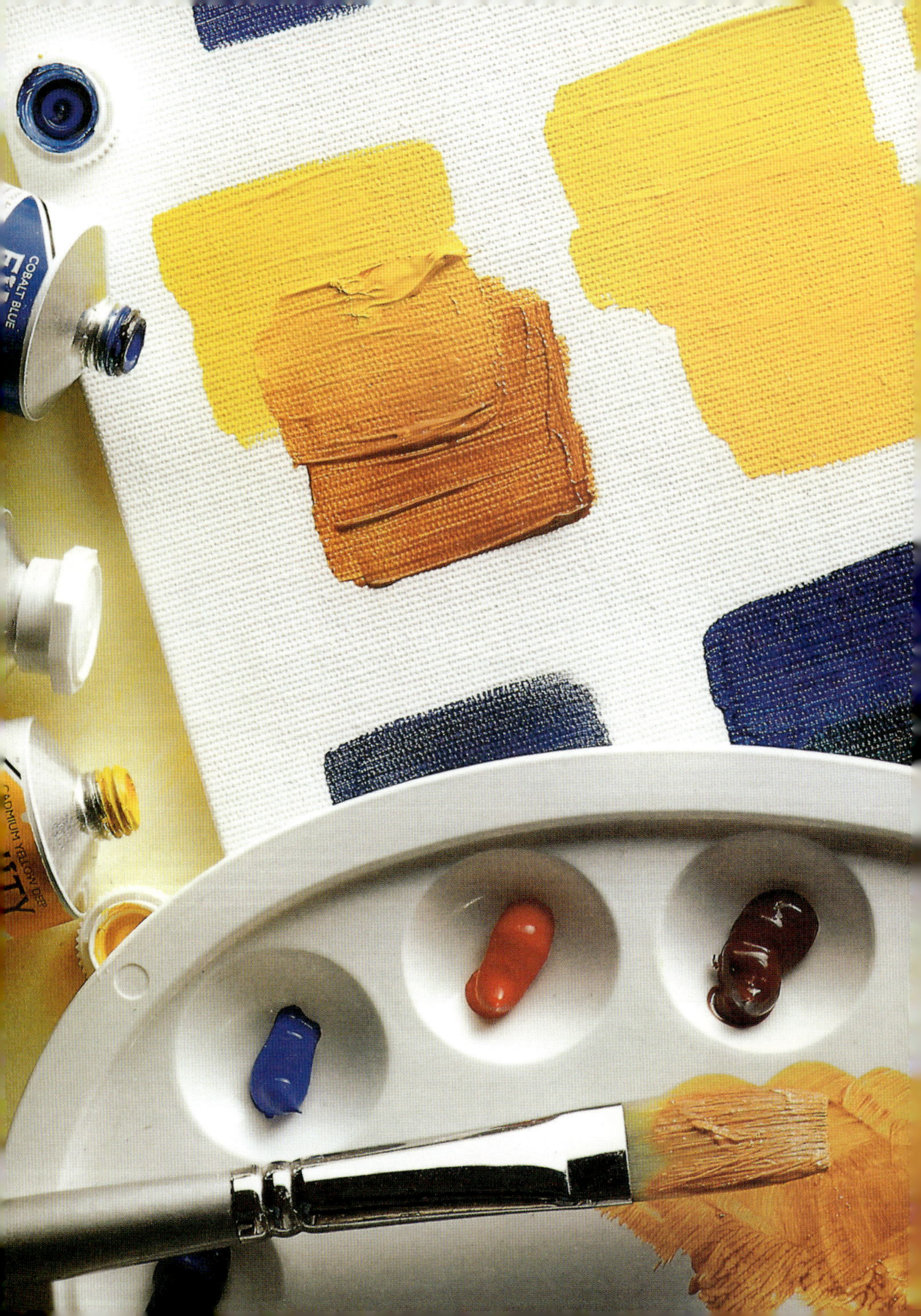
COBALT BLUE

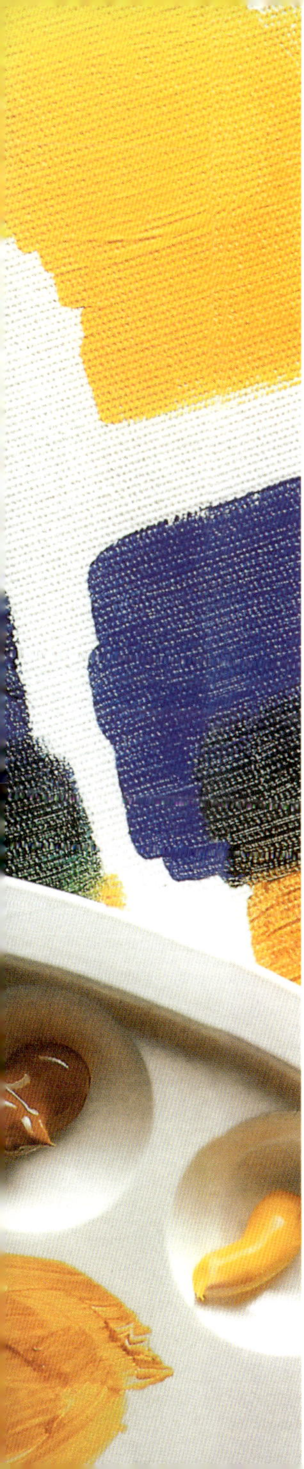

Materialien

Für Acrylmalerei bedarf es keiner komplizierten Erstausrüstung – Sie brauchen lediglich ein paar Tuben Farbe, einen Pinsel, einen Malgrund und ein Glas Wasser. Je mehr Erfahrung Sie mit diesem Medium sammeln, desto schneller wird Ihnen die Grundausstattung jedoch langweilig erscheinen. Bald werden Sie sich auf die Suche nach neuen Ausrüstungsutensilien machen.

Im folgenden Kapitel werden alle Werkzeuge und Materialien vorgestellt, die für Acryl- und Gouachemalerei zur Verfügung stehen. Das bedeutet nicht, dass Sie alle Utensilien von Anfang an benötigen. Beginnen Sie am besten mit einigen Hauptmaterialien sowie einer begrenzten Auswahl an Farben und ergänzen Sie diese nach und nach entsprechend Ihren Fortschritten. So vermeiden Sie unnötige Investitionen.

Farben und Farbtöne

Mit einer Auswahl an Grundfarben, nicht mehr als 15, kann eine breite Palette an Farben und Farbtönen erzielt werden. PVA-Farben (mit Poly-Vinyl-Acetat) sind häufig günstiger, allerdings fehlt ihnen zumeist die Beständigkeit. Zur Grundpalette sollten folgende Farben gehören: Schwarz, Weiß, Zitronengelb, Ockergelb, Siena natur, Venezianischrot,

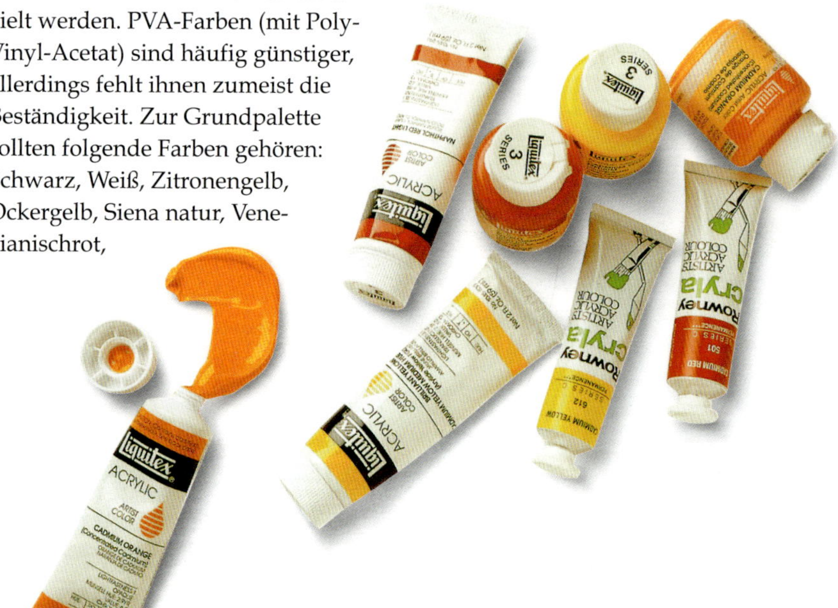

Acrylfarbe in Tuben und Töpfen

Kadmiumrot, Kobaltblau, Ultramarinblau, Coelinblau, Phthalogrün und Permanent Grün hell.

Die Tubenspitze muss nach jedem Gebrauch vor dem Verschließen gereinigt werden, damit keine Luft eindringen kann und der Inhalt nicht gerinnt.

Gouachefarben der Firma Rowney können mit Acrylmedien auf der Palette gemischt werden und ermöglichen das Übereinanderlegen von Farbschichten, ohne dass die darunterliegende Farbe beeinflusst wird. Dies ist bei normaler Gouachefarbe nicht möglich.

Acrylfarben sind ein Nebenprodukt der Kunststoffindustrie und – ebenso wie Wandfarbe – Emulsionen. Als Farbgeber dienen Pigmente, die entweder natürlichen Ursprungs sind oder synthetisch hergestellt werden. Bis auf wenige Ausnahmen werden für Acryl die gleichen Pigmente wie für Öl-, Aquarell- und Pastellfarben verwendet. Der Unterschied zwischen den Malmitteln liegt lediglich im Bindemittel (siehe Seite 18–19).

Da es sich bei Acryl um Farben auf Wasserbasis handelt, werden sie mit Wasser und nicht mit Öl verdünnt. Tatsächlich ist eine Verdünnung nicht zwingend notwenig, denn Sie dürfen Acrylfarben auch direkt aus der Tube oder dem Glas verwenden. Die Farben können auch verdickt zum Einsatz kommen, indem sie mit einem der vielen, speziell zu diesem Zweck hergestellten Malmittel vermischt werden. Je nach Bedarf nehmen Acrylfarben die von Ihnen gewünschte Konsistenz an und bieten damit eine erstaunliche Vielseitigkeit.

Acrylfarben können verdünnt als Lasur verwendet werden, sodass sie Aquarellfarben ähneln, oder mit einem Malmesser als Paste ausgestrichen werden. Sie können die Farbe in einem Teil des Bildes dick auftragen und in einem anderen Teil dünn. Auf diese Weise sind unendlich viele Strukturen möglich, ebenso wie traditionelle Lasurtechniken, die mit Öl viel schwieriger umzusetzen sind. Auch Misch- und Collagetechniken sind möglich.

Der einzige Nachteil besteht in der kurzen Trockenzeit der Acrylfarben. Zwar können die Farben dadurch überlagert werden, ohne vorherige Schichten trocknen lassen zu müssen, doch wird das Mischen oder Vermalen auf dem Malgrund auf diese Weise auch erschwert. Hersteller von Künstlerfarben bieten mittlerweile diverse Hilfs- und Malmittel an, mit denen die Trockenzeit der Farbe verlängert werden kann, sodass auch dieses Problem weitestgehend gelöst ist.

Gouachefarben

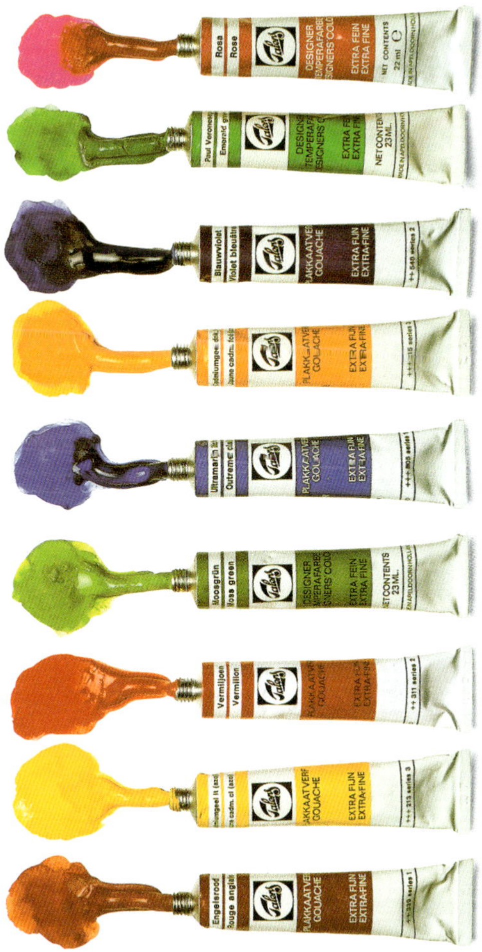

Hilfs- und Malmittel

Je vertrauter Sie mit den unterschiedlichen Techniken und Malstilen werden, desto mehr werden Sie den Vorteil von Malmitteln zu schätzen wissen. Malmittel sind Substanzen, die den Acrylfarben zugegeben werden, um sie der jeweiligen Arbeit anzupassen. Sie können zum Beispiel die Oberflächentextur weicher machen, schützen oder verändern. Die Auswahl ist groß. Gängige Malmittel sind inzwischen bei den meisten großen Künstlerfarbenherstellern erhältlich. Allerdings sollten Sie die Herstellerangaben stets genau lesen, bevor Sie sich für ein bestimmtes Produkt entscheiden.

Da Acrylfarbe mit Wasser verdünnt wird, ist dies das einzige Malmittel, das Sie für Ihre ersten Übungen benötigen. Andere spezielle Malmittel sollten Sie gezielt für besondere Arbeiten einsetzen. Sie verändern die Farbe in vielerlei Hinsicht, verlangsamen die Trockenzeit oder lassen die Farbe transparenter oder dickflüssiger werden. Malmittel basieren auf einer Polymeremulsion, die in der Farbherstellung verwendet wird, und sind bei der Anwendung weiß. Erst mit dem Trocknen erscheinen sie transparent.

Malmittel für spezielle Strukturen werden jedoch meist nur von wenigen Herstellern produziert.

FIRNISSE
Acrylfirnisse gibt es in Matt oder Glänzend. Sie dienen vorrangig dem Schutz vor Farbveränderungen durch Staub oder anderen Verschmutzungen. Ein Gemälde, das nur im Rahmen ohne Glas aufgehängt wird, sollten Sie daher zuvor mit einem Firnis behandeln.

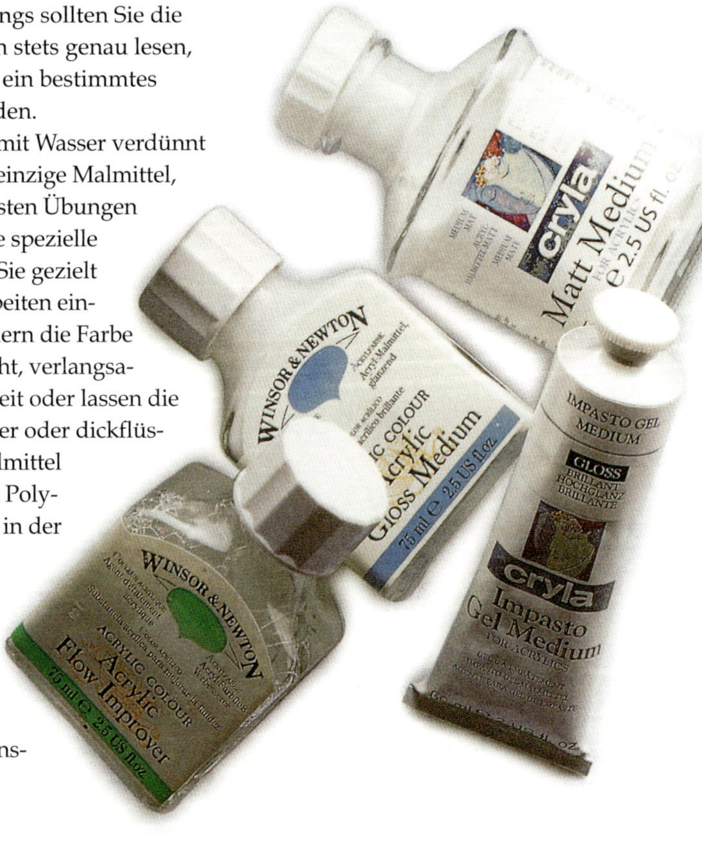

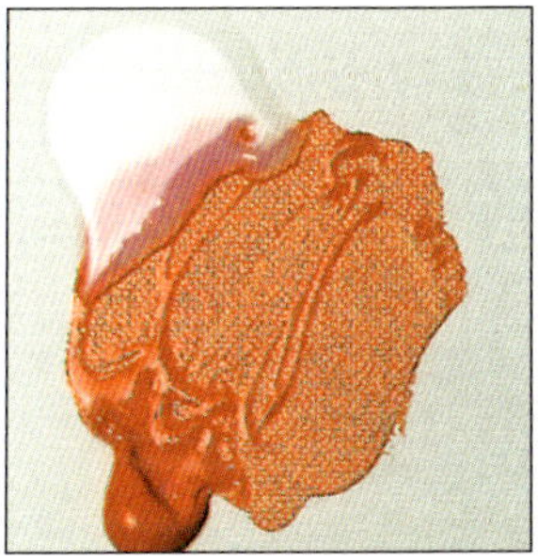

Glanzmalmittel *wird vorrangig für Lasurarbeiten verwendet. Es verdünnt die Farben und macht sie transparenter, sodass mehrere Schichten aufgetragen werden können.*

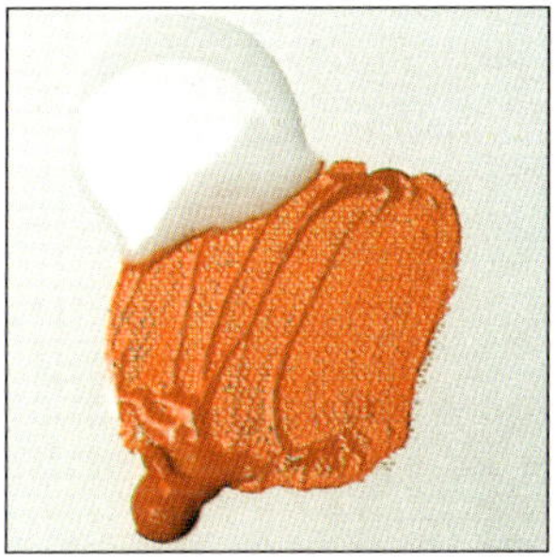

Mattierungsmittel *ähnelt dem Glanzmalmittel, ist aber dickflüssiger, da es ein Wachs enthält, das den Glanz verringert. Es eignet sich als Lasur für mattere Oberflächen.*

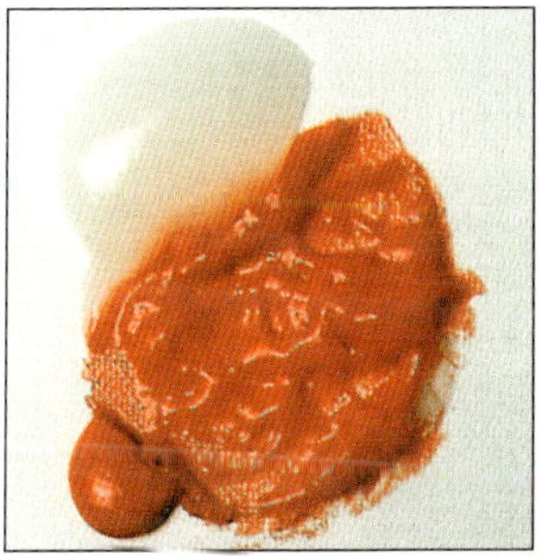

Gelmalmittel *ist ein geleeartiges Glanzmalmittel, das die Farben verdickt und für Impastoeffekte nutzbar macht.*

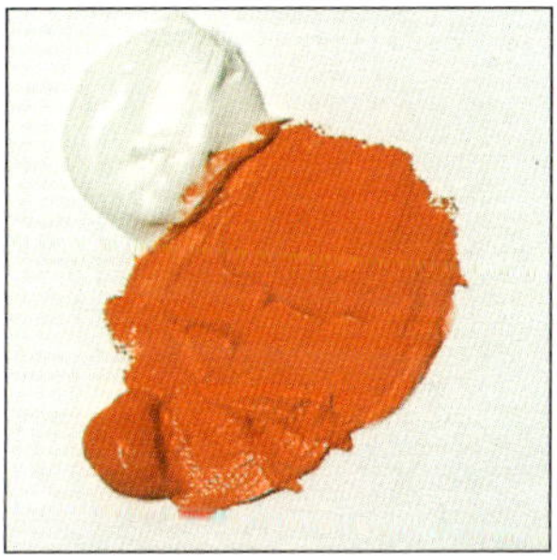

Impastomalmittel *(auch bekannt als Modellier- oder Strukturpaste) ist ein Malmittel von dickflüssiger Konsistenz für Impastoarbeiten und besondere Textureffekte.*

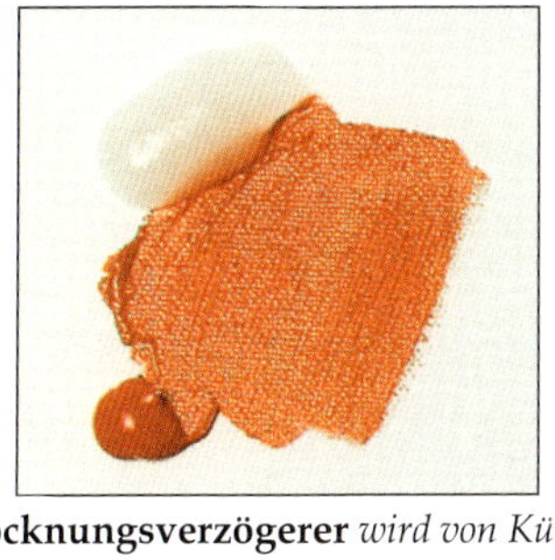

Trocknungsverzögerer *wird von Künstlern verwendet, die gern Ölfarbeneffekte erzielen wollen. Mit ihm können die Farben besser vermalt werden.*

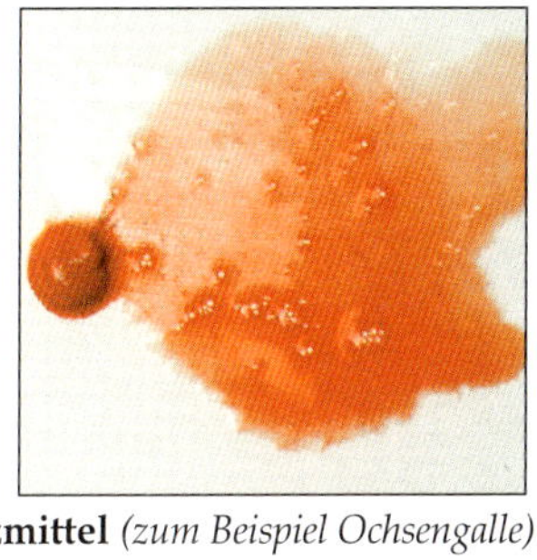

Netzmittel *(zum Beispiel Ochsengalle) dienen dem Entfetten von Malgründen oder – sparsam verwendet – der Verbesserung des Farbflusses.*

KLAR AUFTROCKNENDES LASURMITTEL

Aquarellfarbeffekte oder transparente Lasuren erzielen Sie, indem Sie die Farbe mit Wasser verdünnen. Spezielle Lasurmalmittel (Acryl, matt, glänzend und Gel) lassen die Farbe stärker glänzen und transparenter wirken. Selbst pastose deckende Farben erhalten so eine Transparenz, die mit Wasser allein nicht erreichbar wäre. Sie geben der Farbe mehr Konsistenz und verhindern, dass sie auf der Oberfläche verläuft. Das Malmittel ist sehr vielseitig verwendbar und für den Anfänger ein hilfreiches Utensil, denn es bietet einen guten Schutz gegen das Verwischen von Farbe: Wenn Sie also einen fertiggestellten Teil Ihres Bildes mit einem klar auftrocknenden Lasurmittel versehen, verhindern Sie damit, dass Farbschichten beim Weitermalen versehentlich beschädigt werden.

Die Farbe auf der rechten Seite wurde mit einem Glanzmalmittel vermischt, die linke Farbe nur mit Wasser.

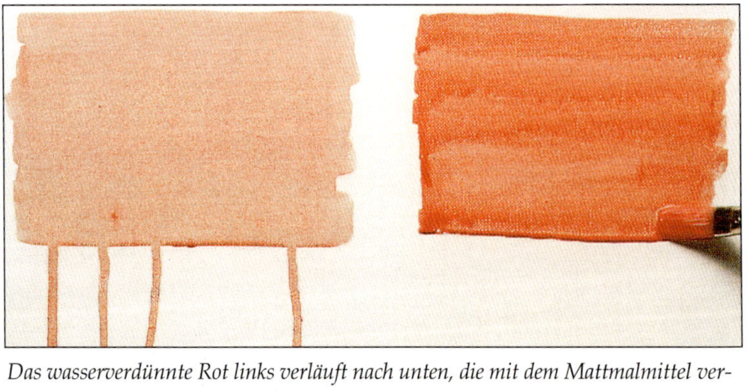

Das wasserverdünnte Rot links verläuft nach unten, die mit dem Mattmalmittel vermischte Farbe nicht.

Pinsel und Malmesser

Bis zu einem gewissen Grad wird die Wahl der Pinsel von der Größe des Gemäldes bestimmt und davon, ob die Farbe dick oder dünn aufgetragen werden soll. Die Borstenpinsel der Ölmaler und die weichen Pinsel für Aquarellmalerei sind auch für Acrylfarben geeignet. Teure Marderhaarpinsel sollten jedoch nicht verwendet werden, da sie durch das permanente Eintauchen in Wasser verschleißen.

Viele Hersteller fertigen synthetische Pinsel an, die speziell für die Acrylmalerei entworfen wurden. Sie sind strapazierfähiger und elastischer als die synthetischen Pinsel für Aquarellmalerei. Außerdem sind sie ideal für Anfänger, da sie sich für dünne und dicke Farbaufträge eignen.

Eckige Pinsel: Flache Zwinge (Halterung für die Borsten), kurze Haare. Gut zu verwenden für dickflüssige Farben.

Von links nach rechts: Rotmarderhaarpinsel rund; Zobelhaar flach; Rotmarderhaar flach; Rotmarderhaar fächerförmig

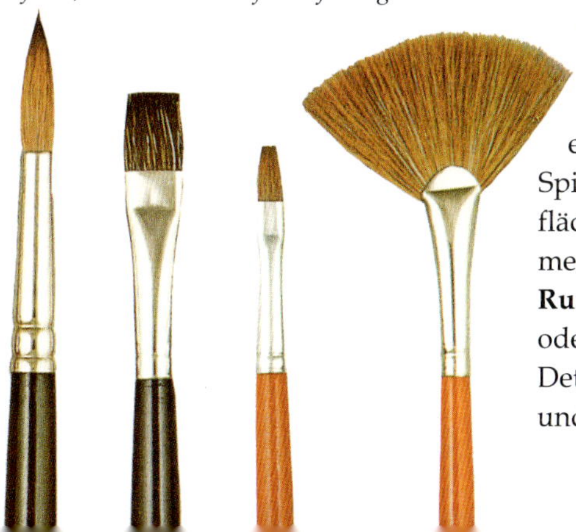

Fächerpinsel: Flache Zwinge, fächerförmig ausgerichtete Borsten. Naturborsten eignen sich besser für ein weiches Vermalen; synthetische Borsten sind für Struktureffekte geeigneter.

Katzenzungenpinsel: Sie besitzen mehr Fülle als flache Pinsel und etwas abgerundete Enden, wodurch weichere Striche und Tupfen möglich sind.

Stupfpinsel: Gerader Rand und eckige Seiten in einer runden Zwinge; langer Stiel. Wird verwendet für das Auftragen großer Farbmengen und für strukturierte Oberflächen.

Flachpinsel: Sie haben lange Borsten mit eckigen Enden, mit denen viel Farbe aufgenommen werden kann. Geeignet für einen starken, die Fläche ausfüllenden Pinselstrich oder für nur mit dem Rand gemalte feine Linien.

Verwaschpinsel: Gut geeignet für einen großflächigen Auftrag von Wasser oder Farbe.

Kielpinsel: Runde Variante des Verwaschpinsels, bestehend aus weichem, die Farbe gut aufnehmendem Naturhaar.

Ovaler Lavierpinsel: Der ovale Lavierpinsel hat abgerundete Haare, eine flache Zwinge und einen weichen Abschluss ohne Spitze. Gut geeignet für einen großflächigen Auftrag und zum Aufnehmen überschüssigen Materials.

Rundpinsel: Runde Zwinge, runde oder pointierte Spitze. Nützlich für Detailarbeiten, Grundieren, Ausfüllen und Linien zeichnen.

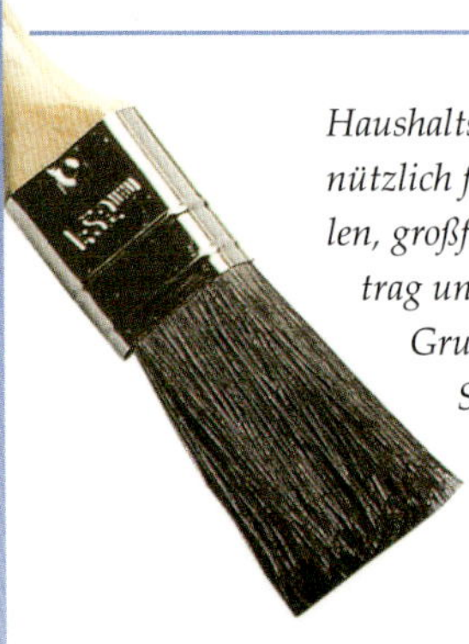

Haushaltspinsel sind nützlich für einen schnellen, großflächigen Auftrag und farbiges Grundieren (siehe Seite 40–41).

Linienzieher: Schmaler als der normale Rundpinsel. Wird für feine Detailarbeiten, wie das Ziehen von Linien, impressionistisches Malen und Retouchieren verwendet.
Malerflachpinsel: Dieser flache, quadratische Pinsel eignet sich für verschiedene Formen und Strichbreiten und hat meist einen kurzen, flachen Stiel zum Kratzen, Glätten der Farben und Abtrennen des Aquarellpapiers von den Papierblöcken.

PALETTMESSER

Zum Mischen und Reinigen der Farbe ist das Palettmesser ein sehr wichtiges und notwendiges Utensil in jedem Malkasten. Auch zum Malen kann es verwendet werden. Für diejenigen, die den Umgang mit einem Pinsel umständlich oder schwierig finden, ist das Palettmesser die richtige Lösung. Eine klare, gut gemischte Farbe kann so auf den Malgrund mit breiten kräftigen Strichen aufgetragen werden. Für feinere Arbeiten gibt es eine Vielzahl sogenannter Malmesser. Dies sind speziell geformte Klingen, mit denen Detailarbeiten sehr effektiv ausgeführt werden können.

Alle Messer, egal ob Mal- oder Palettmesser, bestehen aus einem hölzernen Griff sowie einer Metall- oder Plastikklinge. Sie können vom Griff bis zur Klinge durchgehend gerade oder abgewinkelt sein. Dabei ermöglichen Letztere eine leichtere Handhabung für das Mischen, Malen und Reinigen. Kittmesser und Malspachtel sind oft zu groß und zu schwerfällig. Am brauchbarsten ist daher ein abgewinkeltes Messer, das nicht zu klein oder zu biegsam ist, um es noch gut säubern und zum Mischen und Auftragen der Farbe verwenden zu können. Ziel beim Malen sollte sein, sowohl Malmesser als auch Pinsel einzusetzen und von einem zum anderen je nach Bedarf zu wechseln.

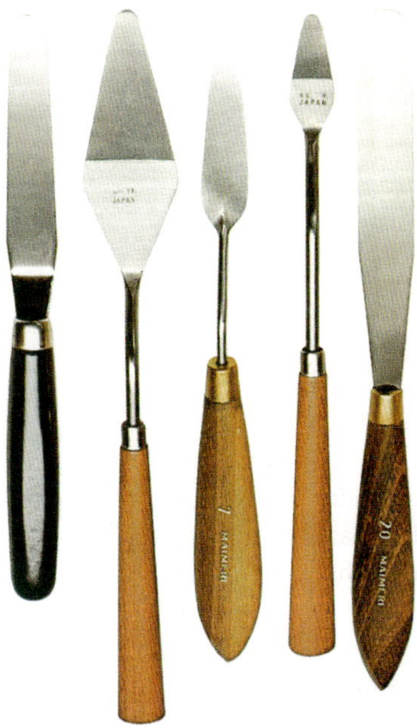

Paletten

Jede Oberfläche kann als Palette verwendet werden, solange sie nicht die Farbe absorbiert. Holzpaletten, wie sie in der Ölmalerei zum Einsatz kommen, sind hier nicht zu gebrauchen, da die Farbe, sobald sie getrocknet ist, nicht mehr entfernt werden kann. Speziell für Acrylarbeiten gibt es zwei besondere Palettenarten: sehr leicht zu säubernde Paletten aus weißem Kunststoff und Palettenboxen wie im Bild rechts zu sehen. Sie eignen sich besonders für die Arbeit im Freien, wo sich die schnell trocknende Farbe als Problem erweisen kann. In der Box bleibt die Farbe während der Arbeit feucht und geschmeidig und kann sich – mit dem dazugehörigen Plastikdeckel verschlossen – ein bis zwei Wochen darin halten.

In einer Palettenbox ist nicht viel Platz zum Mischen von Farben, daher bevorzugen viele Maler improvisierte Paletten wie eine Platte aus Glas oder Resopal oder sogar alte Porzellan- oder Blechplatten.

Für welche Art von Palette Sie sich auch entscheiden: Versuchen Sie die Farben nach einem System anzuordnen, denn sonst laufen Sie Gefahr, beim Mischen Fehler zu begehen. Besonders die dunkleren Farben sind in konzentrierter Form schwer auseinander zu halten, und schnell hat man zu Schwarz gegriffen, obwohl man Dunkelblau nehmen wollte. Welches System Sie verwenden ist egal, solange es logisch ist und Sie damit arbeiten können.

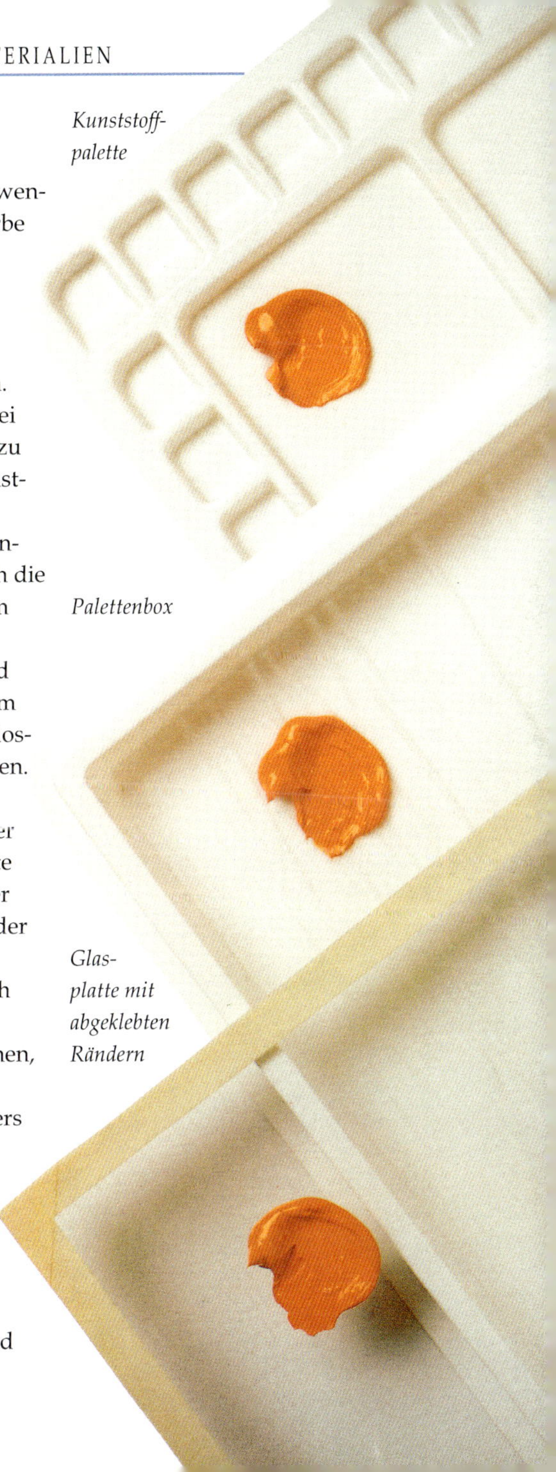

Kunststoffpalette

Palettenbox

Glasplatte mit abgeklebten Rändern

Malgründe

PAPIER UND KARTON

Acrylfarbe kann auf so gut wie jedes Papier oder jeden Karton aufgetragen werden, solange der Untergrund nicht fettig ist. Ölgehalt stößt die in Wasser gelöste Farbe ab. Dadurch können die in der Ölmalerei verbreiteten Oberflächen, wie Ölskizzenpapier, nicht verwendet werden. Aquarellpapier hingegen ist gut geeignet und kommt häufig zum Einsatz. Es gibt drei verschiedene Sorten: rau (grobkörnig), matt (feinkörnig) und glatt (satiniert). Auf rauem Papier ist das Arbeiten eher schwierig, da man viel Farbe verwenden muss, um die Oberflächenstruktur auszugleichen. Mattes Papier, das genug Oberflächenstruktur hat, um die Farbe an einer Stelle zu halten, ist eine gute Wahl, aber auch glattes Papier oder weicher unbehandelter Karton können interessante Effekte bewirken. Farbe verteilt sich besser auf weichen Oberflächen, sodass Sie die Effekte der einzelnen Pinselstriche hier gezielt einsetzen können.

Auch Pastellpapier bietet sich an – es ist in zwei Texturen und in einer großen Auswahl an Farben erhältlich. Das Papier muss gespannt werden, um sich nicht, wie leichtes Aquarellpapier, zu wellen.

Aquarellpapier von guter Qualität und Pastellpapiere sind säurefrei, um eine Fleckenbildung oder Farbveränderung der empfindlichen Aquarellfarben und Pastellpigmente zu verhindern. Acrylfarbe hingegen besteht aus einer unempfindlicheren Schicht, die das Papier versiegelt, sodass Ihre Arbeit von einem geringen Säureanteil nicht beschädigt werden würde.

KEILRAHMEN

Es gibt verschiedene Arten von Keilrahmen auf dem Markt. Manche sind mit Stoff überzogen, andere haben meist eine imitierte Leinwandkörnung. Beide Sorten werden bei der Herstellung zumeist mit Acrylharz grundiert, sodass sie sowohl für Öl- als auch für Acrylmalerei geeignet sind. Denken Sie daran: Ölgrundierte Malgründe dürfen für Acrylfarben nicht verwendet werden – fragen Sie im Zweifelsfall im Handel nach.

Ein anderer in der Acrylmalerei oft verwendeter Malgrund sind Holzfaserplatten.

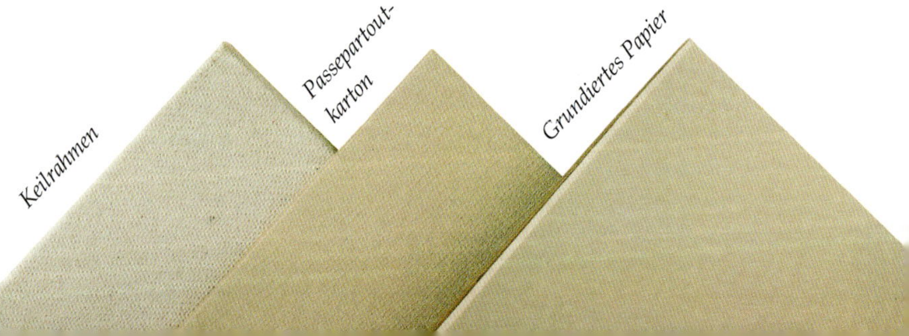

Sie sind in großen Baumärkten erhältlich und bieten den Vorteil, nicht zu teuer zu sein und in beliebige Größen zugeschnitten werden zu können. Malpappen und Keilrahmen hingegen werden in Standardgrößen hergestellt. Der glänzenden Oberfläche einer Holzfaserplatte können Sie durch leichtes Schmirgeln entgegenwirken. Danach folgt eine Grundierung mit Gesso, die die Struktur des Malgrundes gleichmäßiger macht.

EIGENE MALPLATTEN HERSTELLEN

Gespannte Leinwand gibt beim Malen etwas nach, was manchen Künstlern missfällt. Wenn Sie eine feste Oberfläche bevorzugen, können Sie mittels eines Acrylglanzmittels selbst Zellstoff auf eine Holzfaserplatte kleben. Auf diese Weise verwerten Sie alte Leinentücher, statt Neuware zu kaufen. Synthetische Stoffe sollten Sie dabei aber vermeiden.

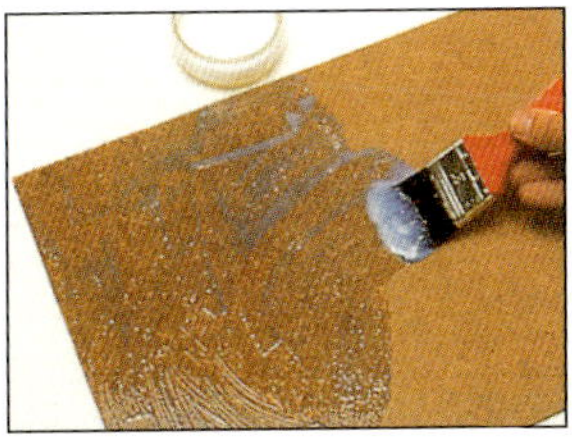

1 Schneiden Sie ein Stück Holzfaserplatte und beschichten Sie diese mit einem Acrylglanzmittel.

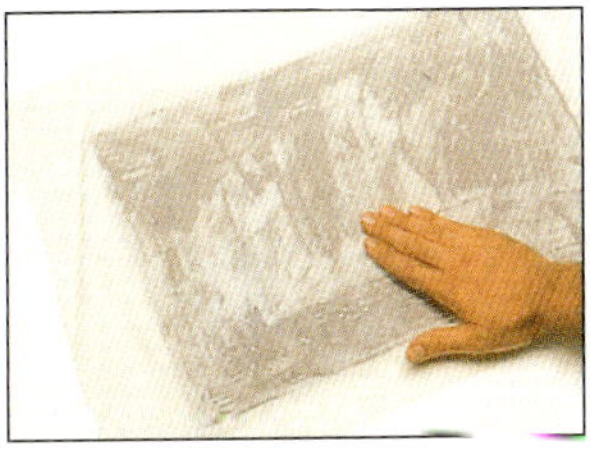

2 Legen Sie den Stoff auf die beschichtete Oberfläche und streichen Sie ihn mit den Händen glatt.

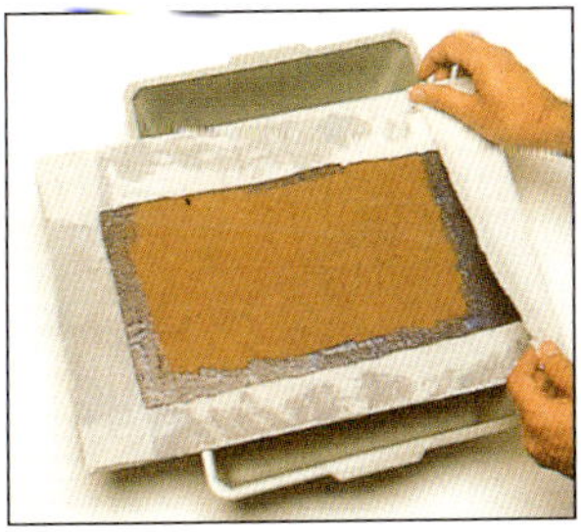

3 Drehen Sie die Platte um und nehmen Sie sie vom Tisch, damit nichts ankleben kann. Geben Sie Kleber auf den Rand und falten Sie den Stoff (an den Ecken doppelt gelegt) um.

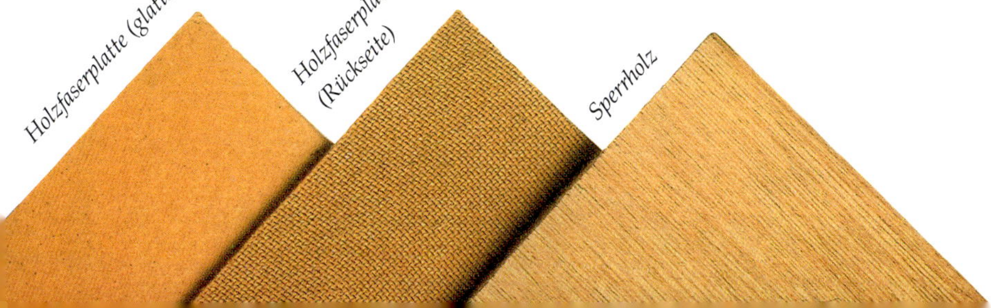

Holzfaserplatte (glatte Seite)

Holzfaserplatte (Rückseite)

Sperrholz

Leinwand selbst spannen

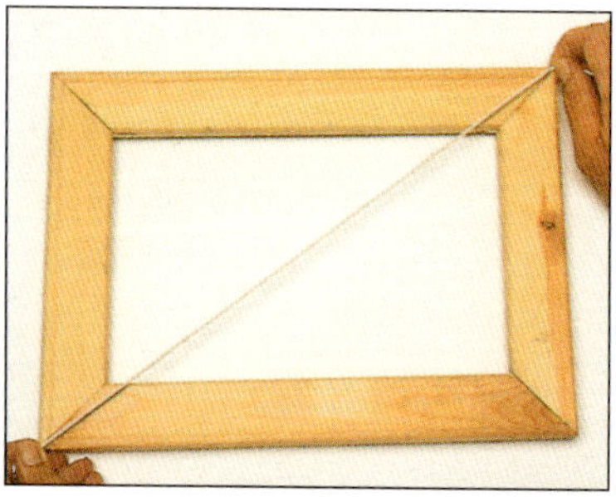

1 Zusammenbauen des Spannrahmens. Überprüfen Sie, ob die Eckwinkel wirklich 90 Grad betragen, indem Sie einen Faden quer spannen. Falls nötig passen Sie den Rahmen an.

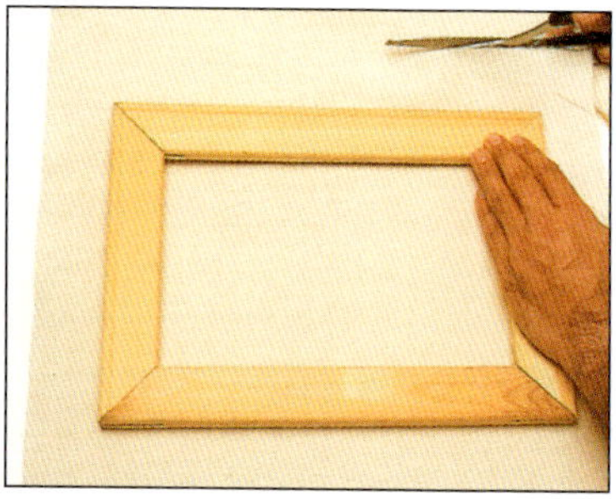

2 Legen Sie den Spannrahmen auf die Leinwand und schneiden Sie sie auf die passende Größe; denken Sie an eine Stoffzugabe, um die Ränder nach hinten umzuschlagen.

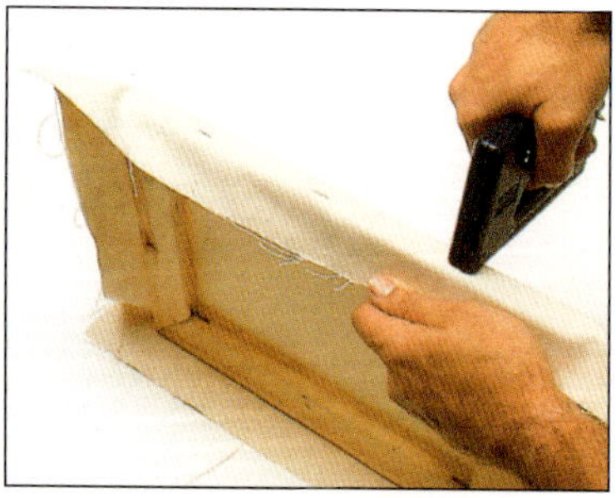

3 Klammern oder tackern Sie eine Längsseite der Leinwand auf dem Rand des Spannrahmens fest. Dann den Rahmen umdrehen, die Leinwand glatt ziehen und auf der anderen Seite des Rahmens festtackern. An den kurzen Seiten wiederholen.

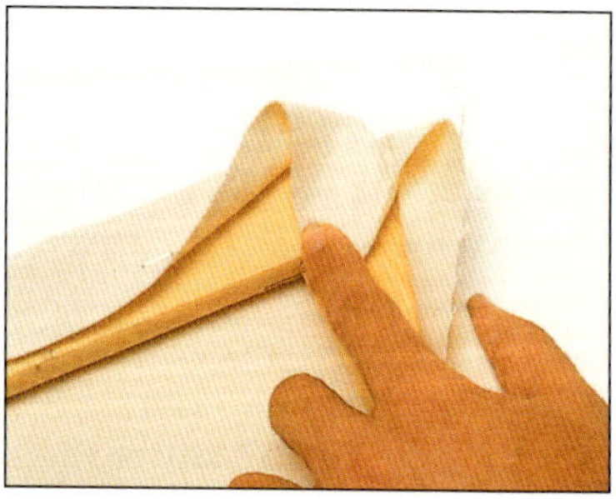

4 Klammern oder tackern Sie die Leinwand nun an der Rückseite des Spannrahmens fest. Für die Eckwinkel wird in zwei Schritten gearbeitet: Zunächst legen Sie die Ecke der Leinwand so um, dass zwei Falten entstehen.

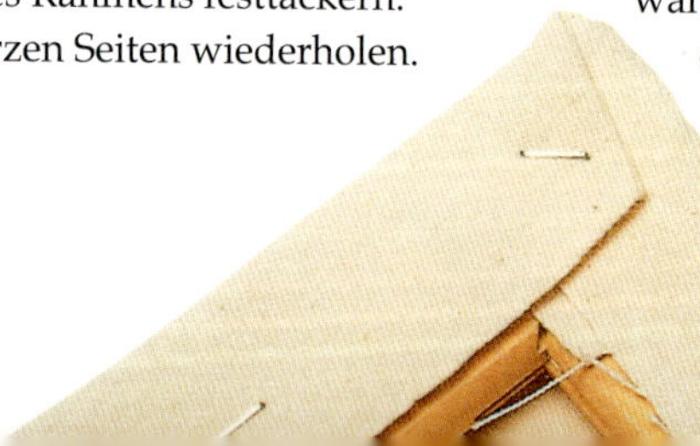

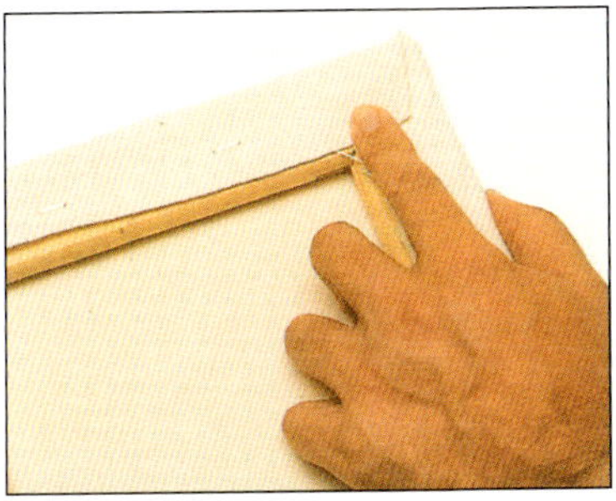

5 Schlagen Sie nun die Falten ein und klammern Sie sie fest. Wenn Sie mit einer Tackerpistole arbeiten, können Sie diagonal ansetzen, sodass der Stoff auf beiden Seiten des Spannrahmens befestigt wird.

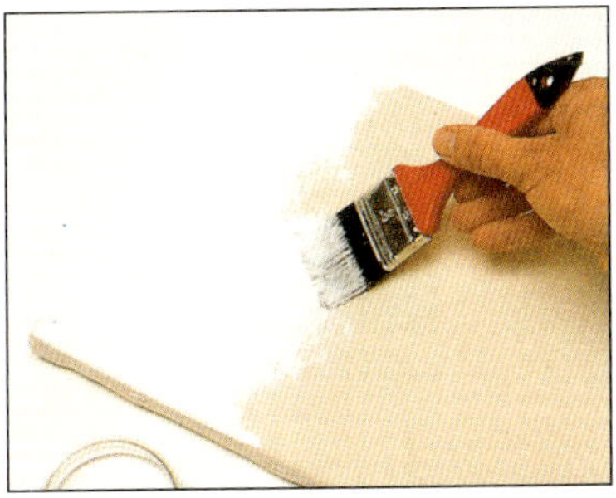

6 Grundieren Sie die Leinwand mit Gesso. Wenn sie ihre natürliche Farbe behalten soll, wählen Sie als Grundierung ein Acrylmattierungsmittel oder stattdessen ein Glanzmalmittel (siehe Seite 19).

Staffeleien

Sofern Sie keine Lasuren mit verdünnten Acrylfarben anfertigen, ist jede der folgenden Staffeleien für Sie geeignet. Die Entscheidung hängt letztlich davon ab, mit welcher Bildgröße Sie normalerweise arbeiten, welchen Maluntergrund Sie verwenden und ob Sie eine tragbare Staffelei benötigen.

Wenn Sie die Farbe so dünnflüssig auftragen, dass sie schnell verläuft, sollten Sie keine Atelierstaffelei verwenden. Ein anpassbares Zeichenbrett, das sich in jedem gewünschten Winkel einstellen lässt, wäre hier vorteilhafter. Zum Zusammenklappen und Mitnehmen eignet sich eine Kofferstaffelei gut. Diese kann auch horizontal ausgerichtet werden, damit die Farbe nicht hinunterläuft.

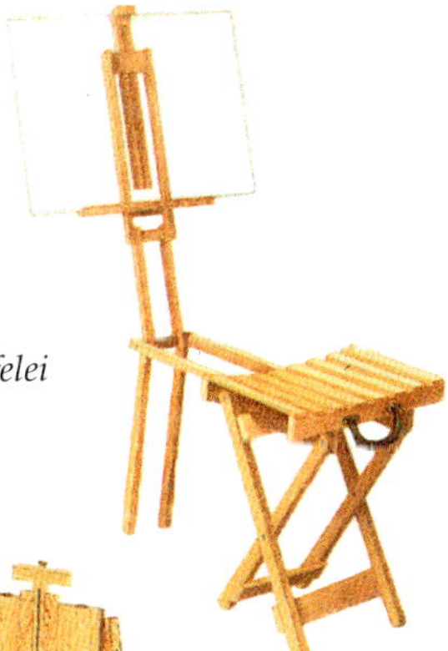

Tragbare Skizzenstaffelei

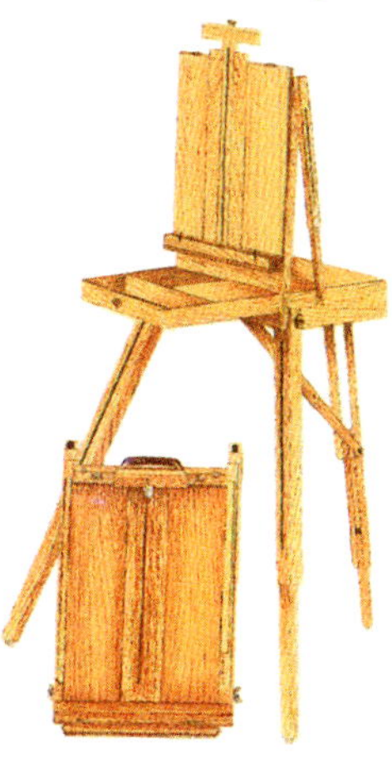

Kofferstaffelei

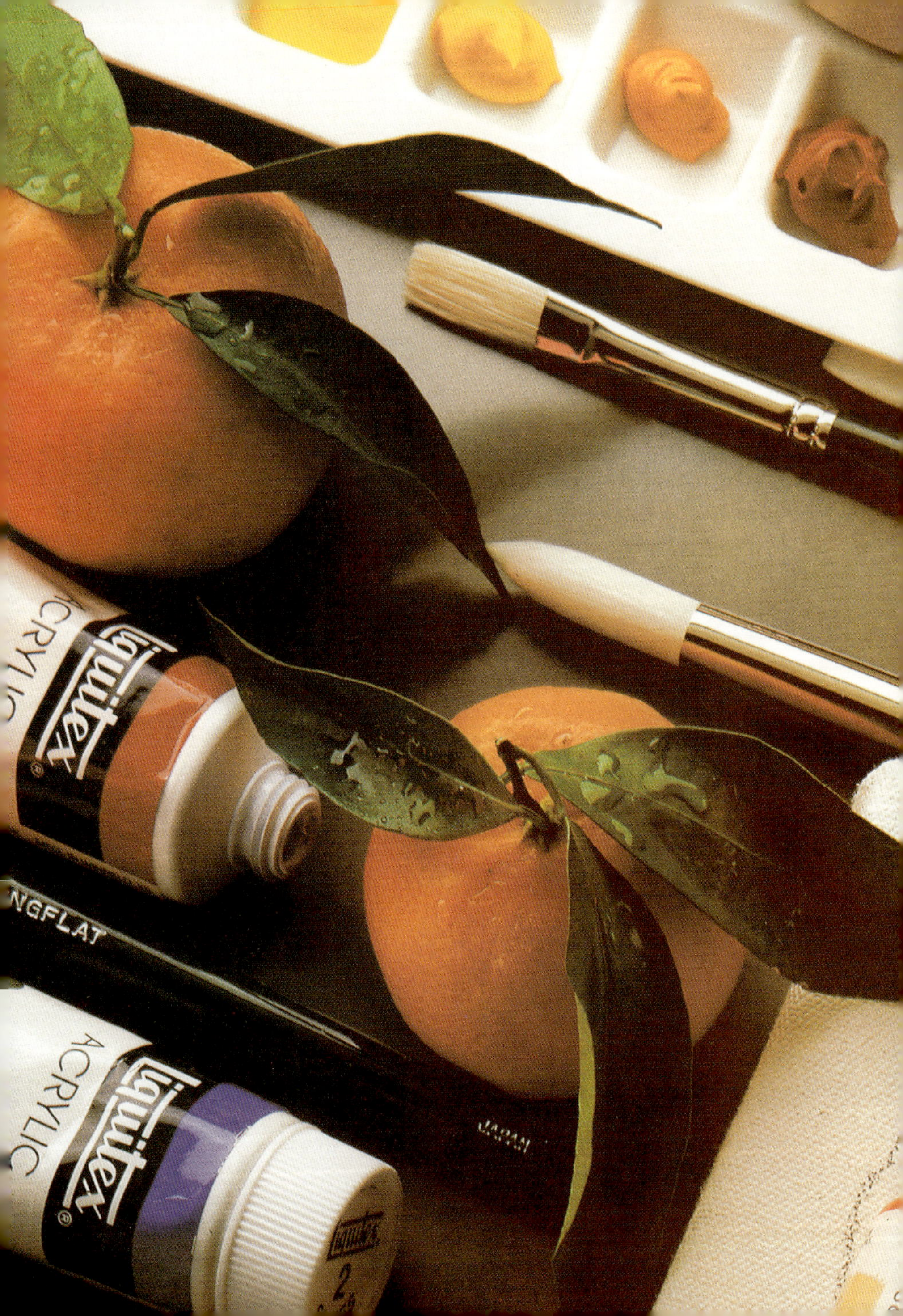
liquitex
ACRYLIC
NGFLAT
liquitex
ACRYLIC

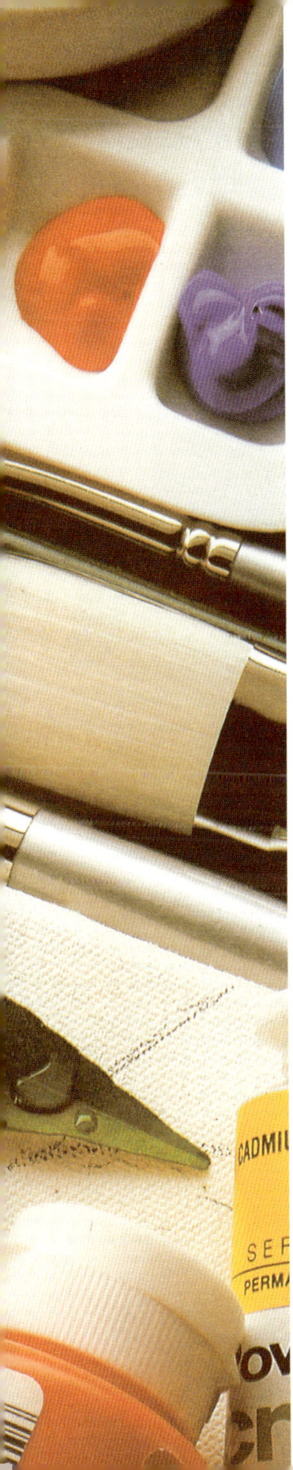

Techniken

Da Acrylfarben in der Kunst ein noch relativ neues Medium und zudem sehr vielseitig sind, gibt es von alters her keine Grundtechniken wie für die Öl- oder Aquarellmalerei. Einerseits ist dies ein Vorteil, denn als Anfänger müssen Sie sich weniger mit der langweiligen Theorie auseinandersetzen. Andererseits macht es den Malvorgang aber auch schwieriger. Dieses Kapitel soll Ihnen Hilfestellungen dabei geben, wie Sie die Farben am vorteilhaftesten einsetzen. Einige der aufgeführten Techniken sind aus der traditionellen Öl- oder Aquarellmalerei entliehen. Andere wurden speziell für Acrylmalerei entwickelt. Hier finden Sie Hinweise zu häufigen Problemen, wie die Wahl des passenden Malgrunds, und lernen, Collagen zu gestalten, verblüffende Struktureffekte zu erzielen und Acrylfarben mit anderen Medien wie Tusche und Pastellfarben zu mischen. Studieren Sie ruhig alle Techniken, um einen Eindruck davon zu bekommen, welche wunderbaren Möglichkeiten es gibt.

Mit den Farben vertraut werden

Als Neuling der Acrylmalerei sollten Sie sich zunächst mit den Farben vertraut machen. Dies kann zum Beispiel durch Experimentieren auf einem günstigen Aquarellpapier geschehen. Beginnen Sie mit dem Erproben der unterschiedlichen Konsistenzen der Farbe. Mit Wasser verdünnt ähnelt sie zunächst Aquarellfarbe. Versuchen Sie nachfolgend, die Farbe immer dicker aufzutragen, wie es auf den folgenden beiden Seiten zu sehen ist. Auf diese Weise lernen Sie die Qualitäten der Farbe kennen.

Legen Sie alle Farben der Grundpalette aus und mischen Sie jede im gleichen Verhältnis mit Wasser. Sie werden sehen, dass einige Farben von Natur aus viel kräftiger sind, während manche eine leicht kreideartige Konsistenz haben.

Als Nächstes erforschen Sie die verschiedenen Möglichkeiten des Farbauftrags. Erstellen Sie eine dünne Lasurschicht, indem Sie die Farbe mit einem breiten Pinsel auf dem Papier verteilen. Dann malen Sie in abgestuften Schichten von dunkel nach hell, indem Sie für jeden Pinselstrich mehr Wasser hinzunehmen. Versuchen Sie auch einmal mit der Spitze eines Rundpinsels diagonale Striche oder Tupfen auf das Papier zu setzen, oder malen Sie verschiedene Farben übereinander, um Mischungen entstehen zu lassen. Wenn Sie das Papier zuvor anfeuchten, werden die Farben ineinander verlaufen.

Eine Lasur entsteht durch breiten Pinselstrich von einer Seite zur anderen, jeder weitere Strich ist mit einem neuen Farbauftrag verbunden.

Ein Farbauftrag von dunklem zu hellerem Tonwert (Lavierung) entsteht, wenn für jeden Pinselstrich mehr Wasser hinzugenommen wird.

Breite, schwingende Pinselführung – jeder Pinselstrich wird am Ende locker durchgezogen.

MITTELDICKE FARBE

Die Konsistenz von Acrylfarbe aus der Tube ähnelt der von Zahnpasta; sie kann also ohne vorherige Verdünnung verwendet werden. Etwas Wasser hinzuzugeben, ist aber dennoch von Vorteil, da sich die Farben so besser miteinander mischen und leichter verteilen lassen. Tupfen Sie für diese Übung mit der Pinselspitze nur kurz ins Wasser und dann in die Farbe. Um eine größere Deckkraft zu erzielen, können Sie mit unverdünnter Farbe direkt aus der Tube arbeiten, die Sie mit unterschiedlichen Mengen an Weiß mischen.

PASTOSE FARBE

Selbst bei mittlerer Konsistenz beträgt die Trockenzeit der Farbe nur ungefähr 15 Minuten. Wirklich dickflüssige Farben trocknen viel langsamer. Dadurch ist es möglich, sie auf dem Malgrund miteinander zu vermischen, indem man sie neben- oder übereinander auftragt, solange sie feucht sind. Sie können so kräftige Impastoarbeiten erstellen, die Pinselstrichführung ausprobieren oder Farbe mit einem Malmesser auftragen. Die entsprechenden Techniken werden im Verlauf des Kapitels erläutert. Hier bietet sich die Verwendung eines grundierten bespannten Keilrahmens an, da der Malgrund die Farbe nicht aufsaugt und diese länger feucht bleibt. Ungewöhnliche Effekte können durch das Auftragen der dicken, aber transparenten Farbe über anderen Farbschichten entstehen.

Direkt aus der Tube verwendete Farbe bleibt transparent.

Die Farbe wird deckender, sobald Weiß hinzugefügt wird.

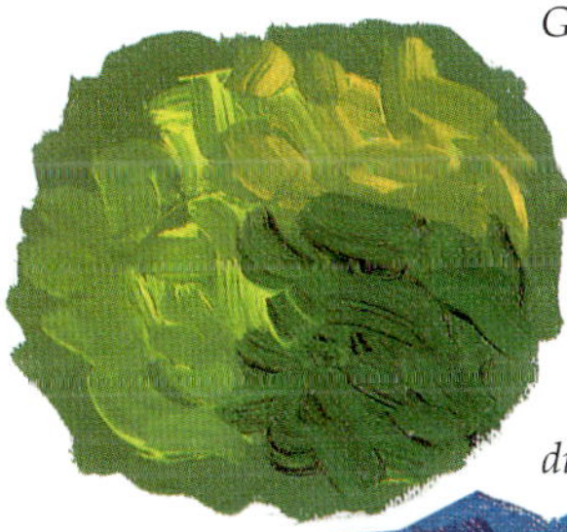

Grün, Gelb und Blau wurden direkt aus der Tube verwendet und ineinandergemischt, bevor die Farbe trocknete.

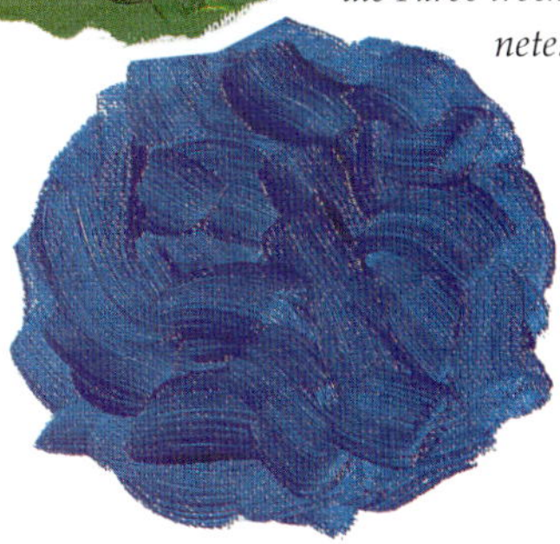

Mit Modellierpaste vermischte Farbe wird cremiger, behält aber ihre Transparenz.

Vermalen der Farben

Vermalen heißt, Farbtöne auf der Leinwand so miteinander zu mischen, dass keine sichtbare Abgrenzung zurückbleibt. Da Acrylfarben schnell trocknen, bietet sich dieses Medium weniger für Mischtechniken an als andere Farben. Dennoch können Sie die Methode erproben.

Welche Technik Sie wählen, hängt von der Art des Bildes ab, das Sie gestalten möchten. Wollen Sie sehr dünne Acrylfarbe verwenden, um einen Aquarelleffekt zu erzielen, so können Sie die Farben vermalen, indem sie das Papier anfeuchten und nass-in-nass arbeiten (siehe Seite 46–47). Diese Technik eignet sich hervorragend für atmosphärisch-stimmungsvolle Effekte, ist für die Gestaltung präziser Formen jedoch weniger empfehlenswert. Wenn Sie zwei Farben innerhalb einer Fläche miteinander mischen wollen – vielleicht für eine Vase in einem Stillleben –, sollten Sie zuerst die eine Farbe auftragen und ihre Ränder mit klarem Wasser leicht verwischen. Fahren Sie dann mit dem zweiten Farbauftrag fort, solange die erste Schicht noch nass ist.

Je pastoser die Konsistenz der verwendeten Farbe, desto länger bleibt sie feucht und erleichtert ein Vermalen.

Auch die Trockenpinseltechnik kann für das Vermalen verwendet werden (siehe Seite 56–57). Tragen Sie hierfür eine Farbe gleichmäßig auf und übermalen Sie sie anschließend mit einer kleinen Menge anderer Farbe und einem trockenen Borstenpinsel.

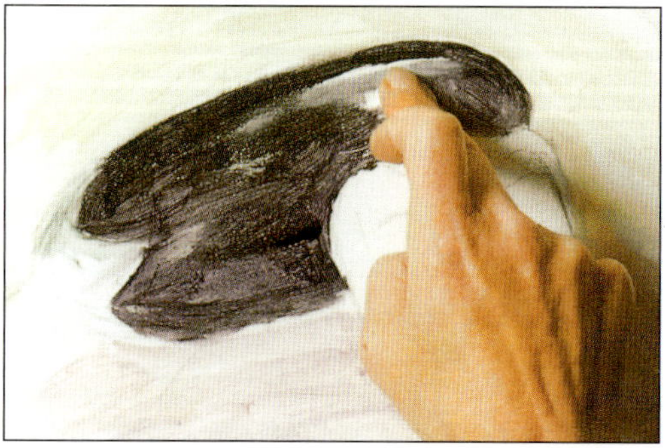

1 Der Farbe wurde Verzögerer beigemischt; dadurch bleibt sie ausreichend lange feucht, um mit einer anderen Farbe vermalt zu werden.

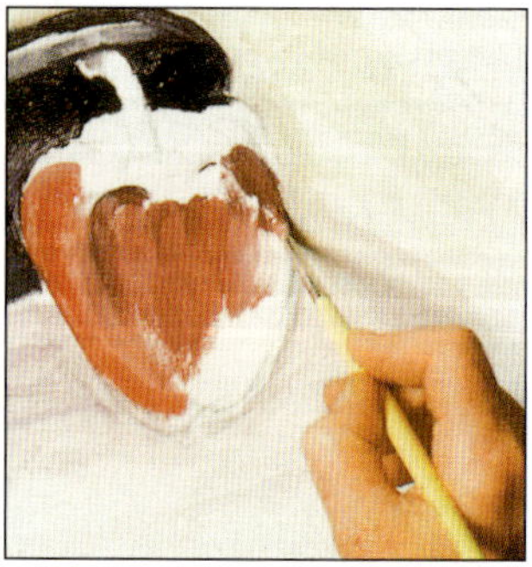

2 Zunächst gestaltete der Künstler die Aubergine, um so die Farbintensität der Paprika besser anzugleichen. Die Farbe wird mit kräftigen Pinselstrichen, der Form der Paprika folgend, aufgetragen.

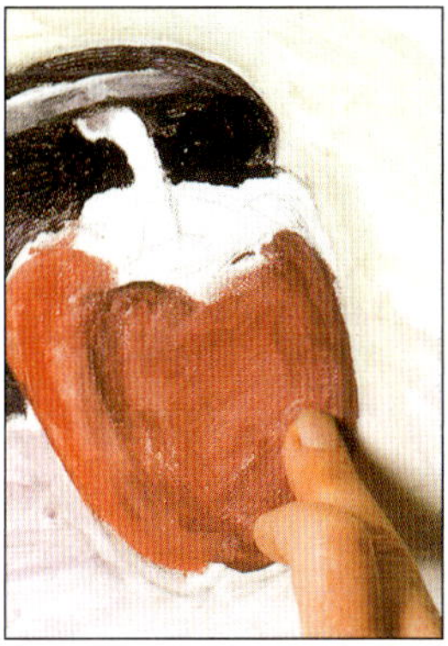

3 Wieder werden die Farben mit dem Finger vermalt. Die Farbtonabstufungen der Paprika sind sehr fein.

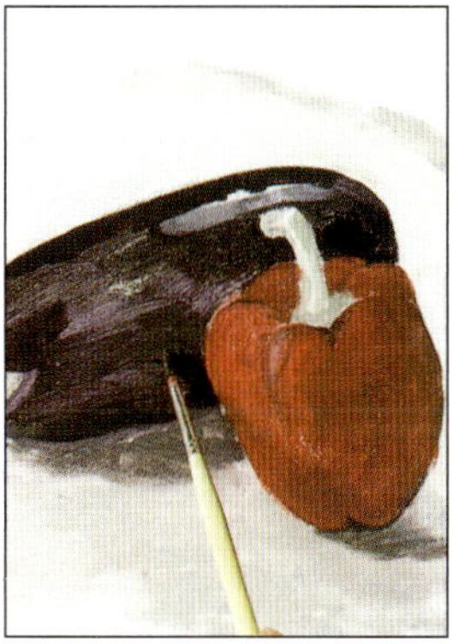

4 Weitere dunkle Farben werden für die Aubergine aufgetragen. Hier kommt ein Kunsthaarpinsel zum Einsatz, da Borsten die einzelnen Striche zu deutlich hervortreten ließen.

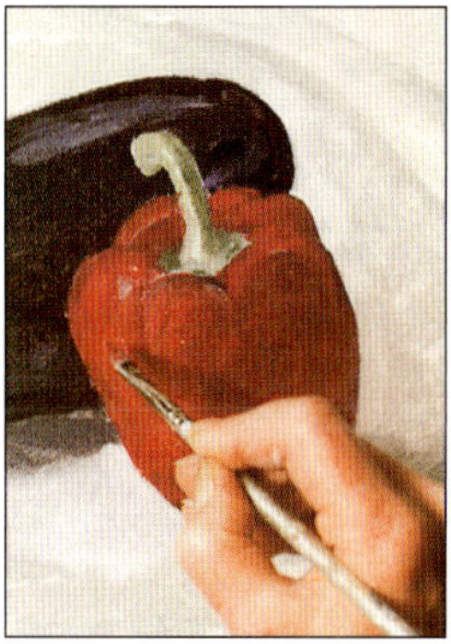

5 Dem gemischten, zugrunde liegenden Rot-Ton wurde Gelb hinzugefügt, um ein glänzenderes Orangerot zu erhalten, das nun aufgetragen wird. Der Verzögerer macht die Farbe transparenter, sodass die neue Schicht die darunterliegende nicht komplett abdeckt.

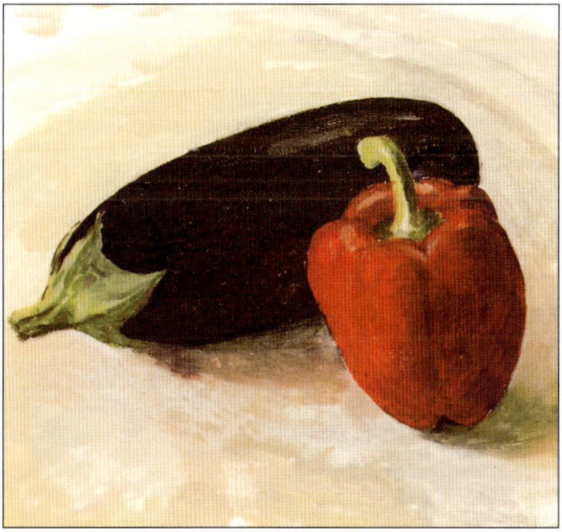

6 Die Strichführung ist kaum sichtbar. Farben und Farbtöne gehen fließend ineinander über. Gehen Sie behutsam vor: Auf einem wasserabweisenden Grund wie grundierter Leinwand bleibt die Farbe einige Zeit klebrig, sodass beim Weitermalen die Gefahr besteht, versehentlich kleinere Farbflächen vom Bild zu lösen.

Unregelmäßiger Farbauftrag

Dieser Ausdruck bezieht sich auf jede Farbfläche, die nicht einheitlich im Farbton ist und durch eine Vielzahl von Maltechniken entstehen kann. Trockenpinseltechnik und Lasieren können ebenso unregelmäßige Effekte ergeben wie das lasierende Arbeiten auf einem grobkörnigen Aquarellpapier. Dabei bleibt die Farbe nur auf den oberen Poren des Papiers haften und es entsteht ein leicht gesprenkelter Effekt.

Nicht einheitliche Farbaufträge sind oft bei deckenden Malweisen zu sehen. Wenn Sie ein in Impastotechnik erstelltes Acrylbild oder ein Ölgemälde betrachten, werden Sie sehr wahrscheinlich erkennen, dass jede größere Fläche aus vielen unterschiedlichen, aber harmonisch abgestimmten Farben besteht. Ein gemalter Himmel, der aus der Ferne einfach nur blau aussieht, erscheint aus der Nähe als Vielzahl an Blautönen, vielleicht sogar vermischt mit Lila-, Grün- und leichten Braunvarianten.

Ein unregelmäßiger Farbauftrag entsteht auch häufig durch Arbeiten auf einem farbigen Grund oder durch das Überarbeiten einer Farbschicht mit anderen Farben. Acrylfarben sind für diesen Zweck besonders geeignet, da die erste Farbschicht sehr schnell trocknet.

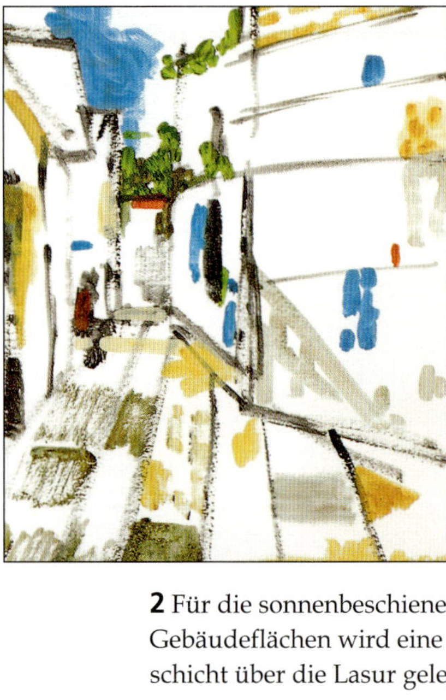

1 Die Komposition wird grob mit einigen Pinselstrichen skizziert, bevor der Künstler mit dem Auftragen kleiner einzelner Farbflächen beginnt. Gearbeitet wird auf schwerem, leicht strukturiertem Aquarellpapier.

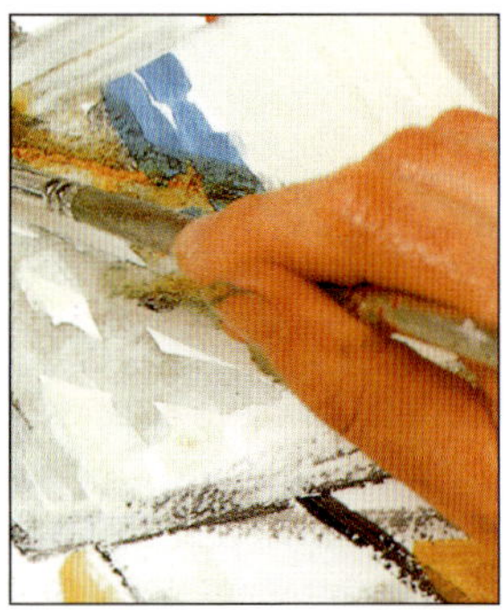

2 Für die sonnenbeschienenen weißen Gebäudeflächen wird eine dicke Farbschicht über die Lasur gelegt.

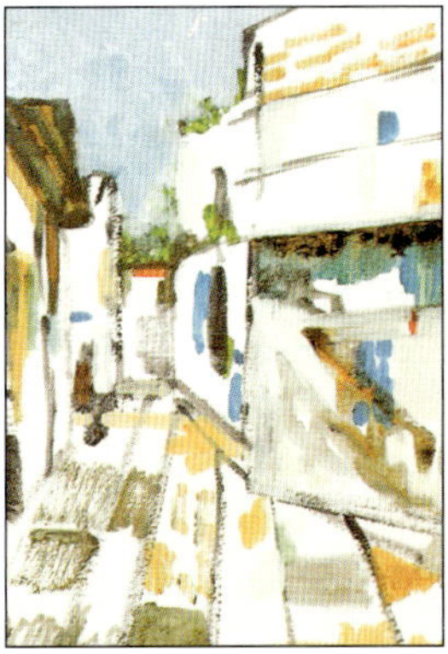

3 Obwohl mit dem Auftragen unterschiedlicher Farbflächen begonnen wird, steht die Harmonie der Farben im Mittelpunkt. Blau- und Gelbvarianten durchziehen das Bild.

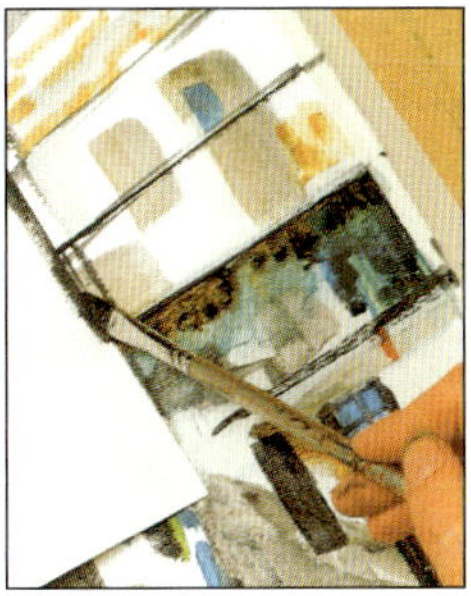

4 Beim Malen eines Gebäudes ist es wichtig, auf die richtige Perspektive und gerade gezogene Linien zu achten. Ein Stück Karton dient als Lineal, an dem der Pinsel mit leichtem Strich entlanggezogen wird.

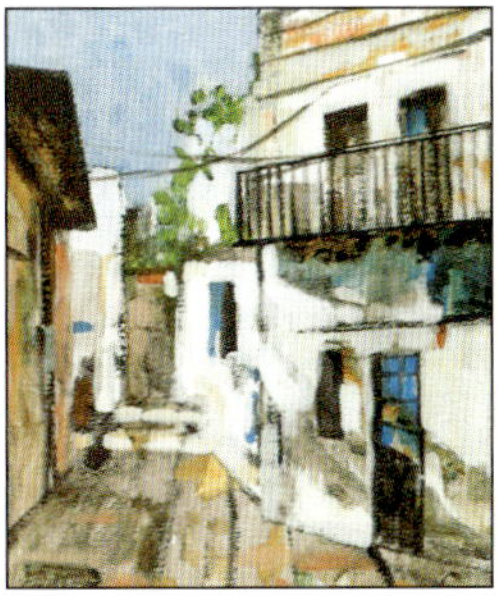

5 Beachten Sie die variierenden Farboberflächen. Besonders bei den Gebäuden kontrastieren transparente Lasuren mit pastosem Farbauftrag, bei dem die Körnung des Papiers durch die Farbe sichtbar bleibt.

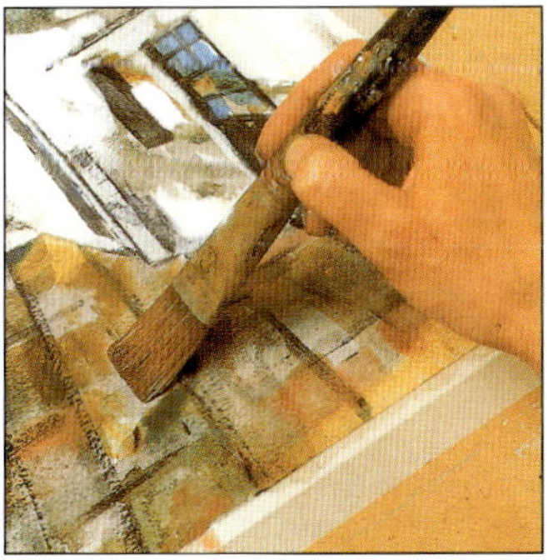

6 Das Gemälde ist fast fertig; nur der Vordergrund muss noch verstärkt werden. Ein großer weicher Pinsel wird zum Verwaschen mit verdünnter Farbe verwendet. Es entstehen einzelne dunklere Stellen.

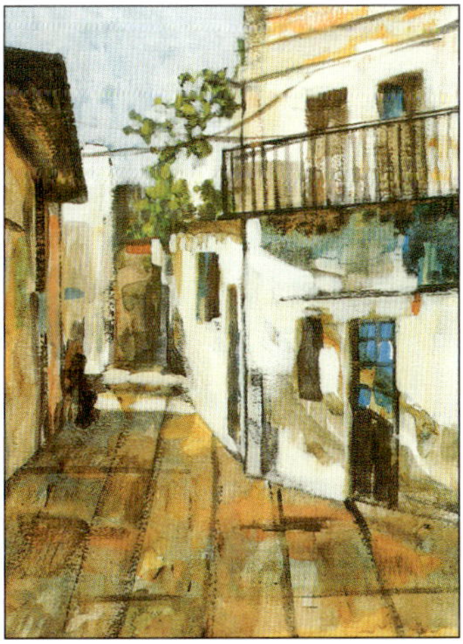

7 In allen Bildbereichen variieren Farben und Strichführung. Der Kontrast zwischen kräftigem und leichtem Farbauftrag vermittelt einen lebendigen Eindruck.

Farbaufbau

Die Vorgehensweise beim Erstellen eines Gemäldes hängt in besonderem Maße von Ihrer individuellen Arbeitsweise ab und davon, in welcher Konsistenz Sie die Farbe einsetzen.

Wenn Sie transparente Techniken auf Papier austesten, beginnen Sie am besten mit dünnen Lasuren; arbeiten Sie dabei von hell nach dunkel wie in der klassischen Aquarelltechnik.

Acrylfarben werden meist in ihrer Tubenkonsistenz verwendet, manchmal mit etwas Wasser verdünnt, aber im Prinzip als deckende Farbe. In diesem Fall ist es unerheblich, wo oder mit welchen Farben Sie anfangen, da Sie diese sooft Sie wollen übermalen können, ohne die darunterliegende Schicht zu beschädigen.

Dennoch besteht eine gute Regel darin, zunächst die Farben der wichtigsten Flächen aufzutragen und erst dann über das gesamte Bild zu arbeiten. So können Sie die verschiedenen Formen, Schattierungen und Farbtöne Ihres Werkes optimal anpassen und aufeinander abstimmen. Es ist nie empfehlenswert, nur einen Bildbereich fertigzustellen und erst danach mit einem anderen zu beginnen. Dies kann einen zusammenhanglosen Bildaufbau zur Folge haben.

Sollten Sie einzelne Flächen durch unterschiedlichen Farbauftrag kontrastieren wollen – vielleicht Impastotechnik zum Hervorheben einzelner Objekte oder für den Vordergrund –, beginnen Sie am besten mit einem dünnen Farbauftrag und steigern langsam die Konsistenz. Denn obwohl sich Farben durch Übermalen ändern oder korrigieren lassen, werden Sie einen kräftigen, deckenden Farbauftrag mit sichtbaren Pinselstrichen nicht mehr in einen dünnen, gleichmäßigen verwandeln können.

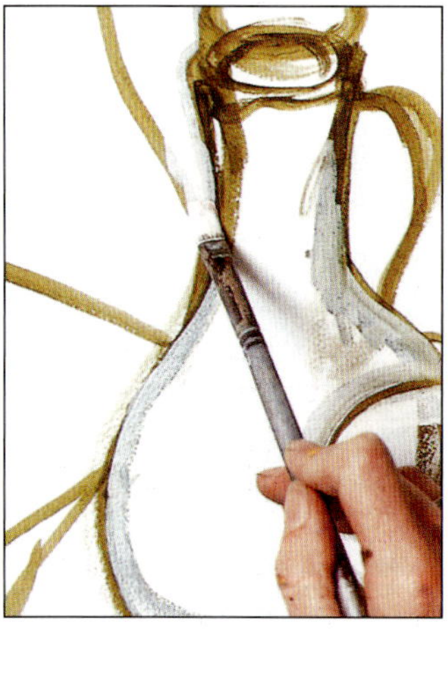

DECKENDE MALTECHNIK AUF PAPIER

1 Beim Arbeiten auf Aquarellpapier mit mittlerer Körnung werden zunächst mit dem Pinsel die Umrisse skizziert, um die Platzierung und Form der Gegenstände festzulegen. Anschließend wird das gesamte Bild vervollständigt und durch Hinzufügen von ungleichmäßigen, mit Weiß gemalten Linien aufgehellt.

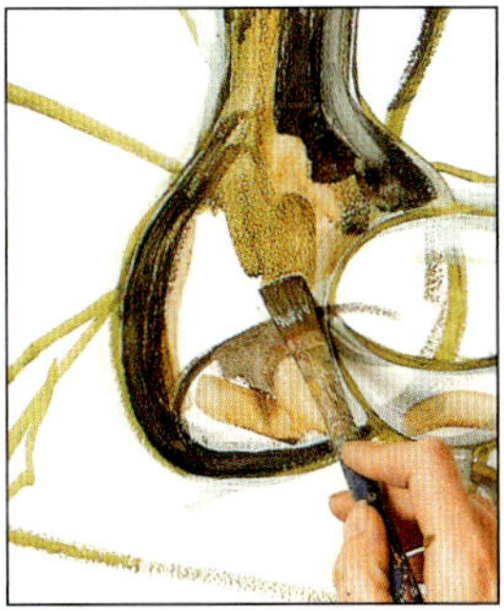

2 Nachdem das Bild grob angelegt ist, folgt die Farbe. Für die Glaskaraffe wird sie mit Wasser verdünnt eingesetzt, damit diese transparent wirkt. Obwohl das Glas einen grünen Farbstich hat, reflektiert es die Farbe des Hintergrundes, für den ein warmes Braun ausgewählt wurde.

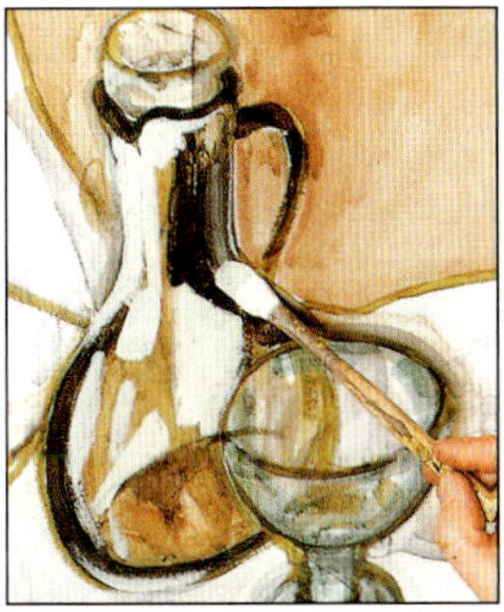

3 Die zarten Farben des Glases werden durch eine Reihe transparenter Lasuren erzeugt; zur Hervorhebung des Lichteinfalls auf der Karaffe wird kräftigere Farbe mit einem Borstenpinsel aufgetragen. Dieselbe Farbe dient zum Einarbeiten der dunklen Flächen rechts.

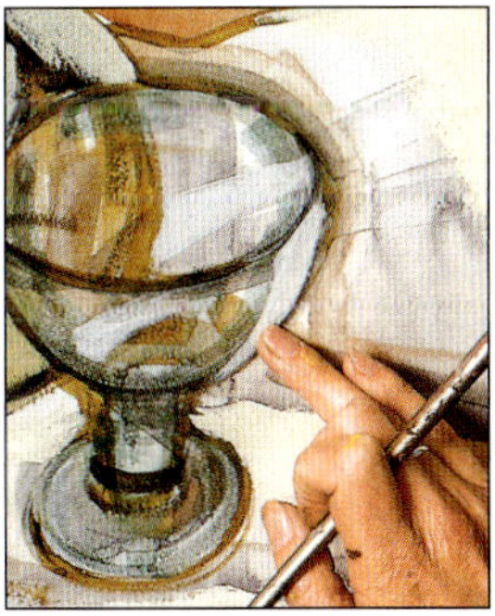

4 Ein pastoser Farbauftrag wird für die dem Licht zugewandte Seite des Trinkglases verwendet. Durch Verwischen mit dem Finger können Sie verhindern, dass die Farbe den Rand zu stark überlagert.

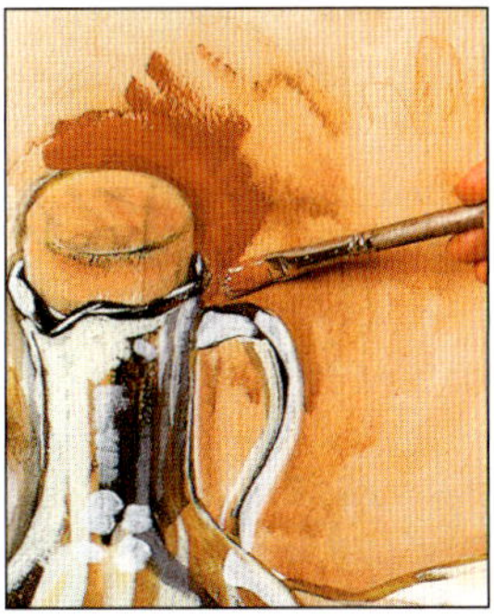

5 Den Hintergrund verstärken Sie durch einen kräftigen Farbauftrag. Nutzen Sie dafür einen Kunsthaarpinsel, der sich für präzises Arbeiten besser eignet als ein Pinsel mit Borstenhaar. Die Farbe wird sorgfältig um die Ränder des Korkens und den Griff der Karaffe herum aufgetragen.

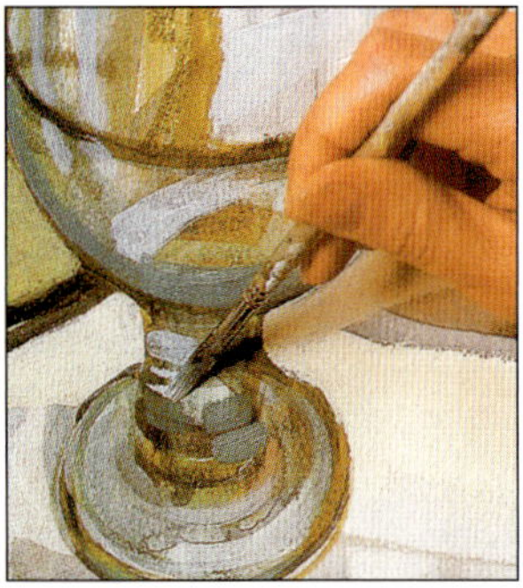

6 Die Farben des Weinglases sind fein nuanciert, aber dennoch kräftig; dies erfordert ein sorgfältiges Mischen der Farben. Die Bereiche in dunklem Türkis, wie die Rundung an der Unterseite des Glases, müssen genauestens platziert werden, da sie die Gesamtform des Gefäßes festlegen. Wiederum wird ein Kunsthaarpinsel verwendet.

7 Um die reflektierende und durchscheinende Oberfläche der Glaskaraffe in Grün-Braun wiederzugeben, wurde ein Hauch transparentes Grüngelb über das Braun und das Weiß gelegt. Die Lasur erfolgt mit einem dicken, weichen Pinsel und wasserverdünnter Farbe. Ein Lasurmittel kann verwendet werden; für größere Flächen ist Wasser allerdings vorzuziehen.

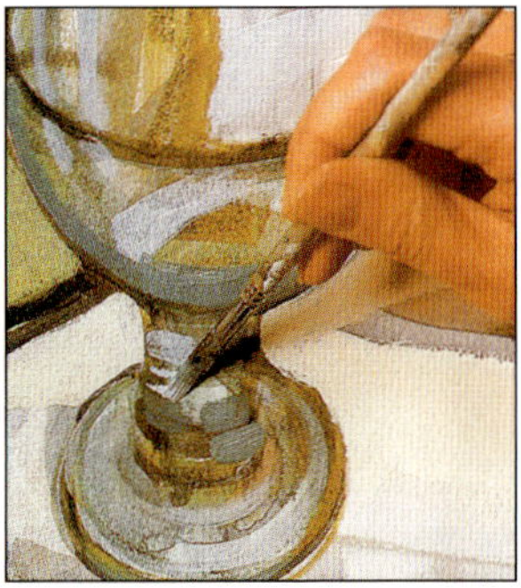

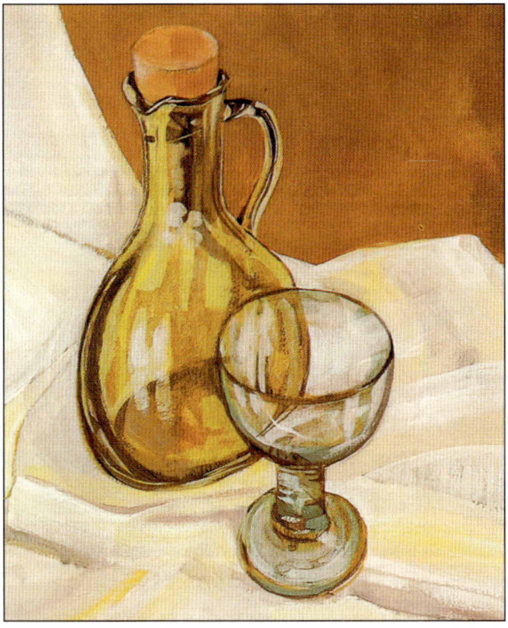

8 Das fertiggestellte Werk zeigt, wie die Konsistenz einer Farbe je nach gewähltem Motiv variiert werden muss. Bei beiden Glasgegenständen überlagern Lichtreflexe in deckender Farbe die transparenten Lasuren. Auch die Farbe für das Tuch wurde relativ dick aufgetragen.

DECKENDE MALTECHNIK MIT GOUACHE

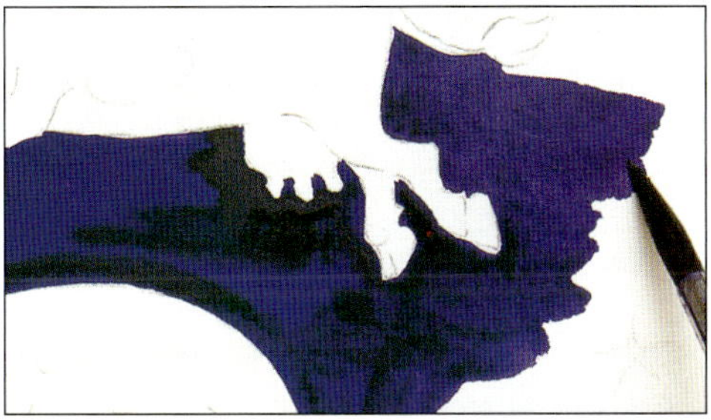

1 Nach der Skizzierung mit Bleistift wird eine deckende Farbschicht aufgetragen. Versuchen Sie schnell zu arbeiten, um einen möglichst nassen Farbauftrag zu erzielen, der gleichmäßig auftrocknen kann.

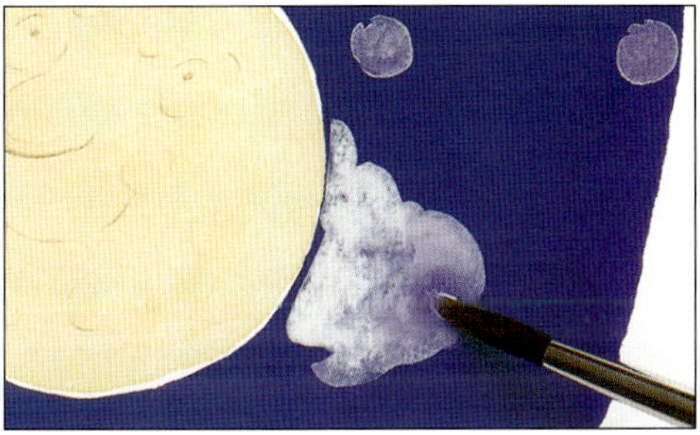

2 Sobald der deckende Farbauftrag getrocknet ist, werden dünnere transparente Schichten darübergelegt. Vermischen Sie die Farbe, bis sie fast verläuft; dies kann ruhig auf dem Bild stattfinden. Um die Grundschicht nicht zu zerstören, müssen Sie schnell arbeiten.

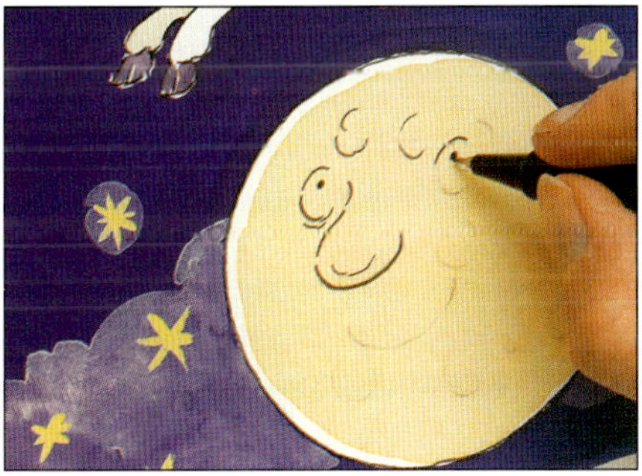

3 Feinere Details können nach dem Farbauftrag mit Filzstift hinzugefügt werden. Verwenden Sie keine Feder und Tusche, da diese in der Farbe verlaufen würde.

4 Sind alle Farbschichten getrocknet, kann mit dem Einfügen der Details begonnen werden. Die Gouachefarbe wird dick aufgetragen, wie an den Sternen im Bild deutlich zu sehen. Modellierung und Schatten hingegen entstehen in Lasurtechnik.

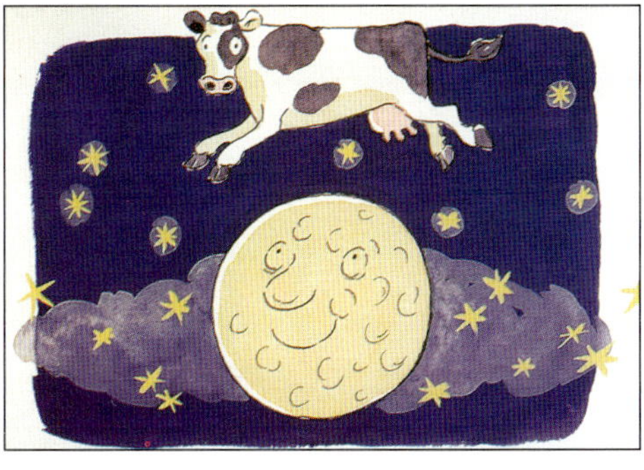

Farbige Untergründe

Obwohl Keilrahmen und Leinwände für gewöhnlich weiß sind, kann es manchmal hilfreich sein, einen farbigen Untergrund anzulegen. Manche Maler bevorzugen weiße Oberflächen – besonders wenn die Farbe dünn aufgetragen werden soll –, da das durch die Farbe reflektierte Licht dem Bild eine besondere Leuchtkraft verleiht. Andere wiederum empfinden eine weiße Oberfläche als störend, da sie eine objektive Einschätzung der Helligkeit oder Dunkelheit der Farben erschwert.

In der Natur gibt es kein reines Weiß; daher stellen Keilrahmen und Leinwände eine künstliche Norm dar. Jede aufgetragene Farbe wirkt auf diesem Grund vergleichsweise dunkel, und es kann passieren, dass man in einem zu hellen Farbton arbeitet. Wenn Sie den Malgrund in einem mittleren Farbton vorbereiten, können Sie von den hellsten bis zu den dunkelsten Farbtönen alles verwenden. Das Anlegen eines solchen Grundes ist schnell geschehen – verwenden Sie verdünnte Acrylfarbe für die gesamte Fläche; sie trocknet in Minuten. Meist bietet sich ein neutraler Farbton wie Grau, Graublau oder Ockerbraun an. Der Farbgrund kann mit dem Farbenspektrum des Bildes kontrastieren, zum Beispiel ein warmes Braun für eine Schneeszene, oder den Tönen des Bildes entsprechen.

Künstler, die mit Farbgründen arbeiten, lassen oftmals absichtlich kleine Bereiche des Untergrundes unbemalt – egal, ob es sich um einen kontrastierenden oder den Farben entsprechenden Farbton handelt. Dies unterstützt die Einheitlichkeit des Bildes, denn ein Wiederholen der Farben in verschiedenen Bildbereichen verbindet die unterschiedlichen Elemente.

ANLEGEN DES FARBGRUNDS

Das Anlegen eines farbigen Untergrundes ist sehr einfach; man muss lediglich Farbe über der gesamten Oberfläche mit einem breiten Pinsel verteilen. Wenn Sie die Farbe in mehreren Lasurschichten auftragen wollen, entweder auf Papier oder Keilrahmen, ist eine transparente Farbe am besten geeignet. Verwenden Sie sie dafür gut verdünnt. Sie können die Farbe aber auch dick auftragen und kräftig in die Oberfläche einarbeiten, sodass eine leicht raue Struktur entsteht.

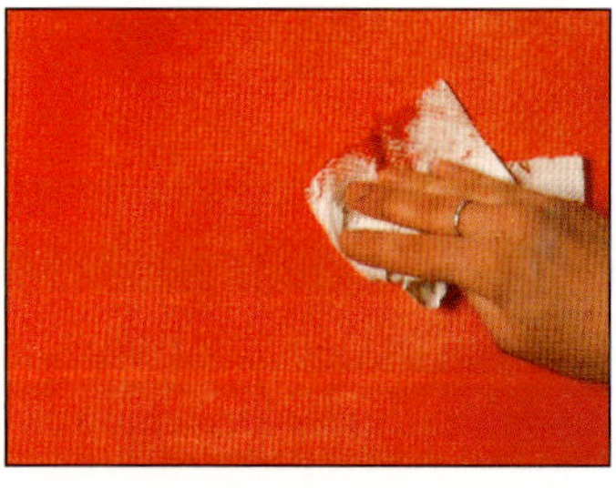

Mit einem Lappen lässt sich die Farbe sehr dünn verteilen. Eine kräftige Farbe wie das hier verwendete Rot wird so immer blasser.

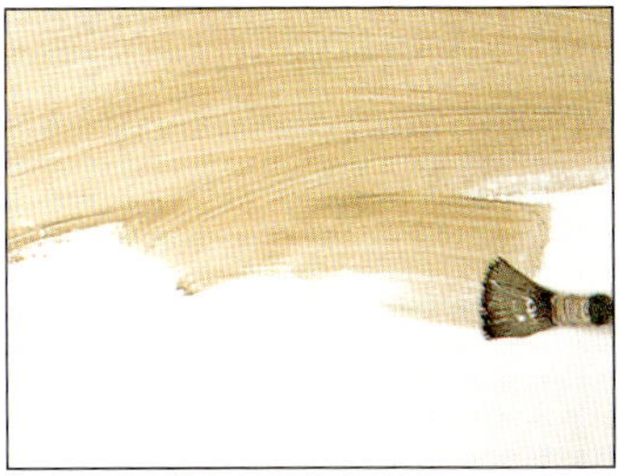

Ein breiter Pinsel mit einer leicht verdünnten Farbe hinterlässt eine streifige Struktur, die dem Bild zusätzlichen Ausdruck verleiht.

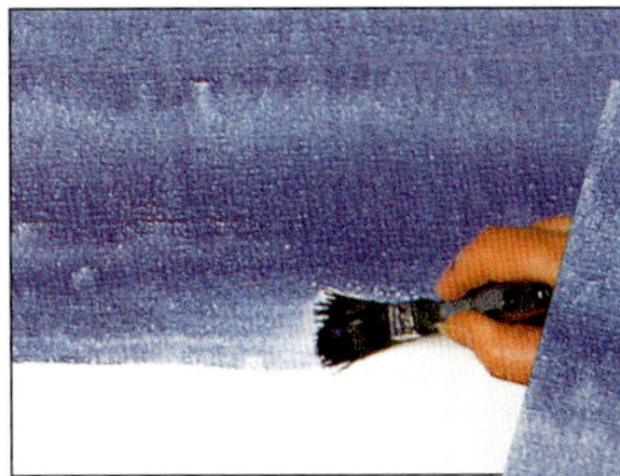
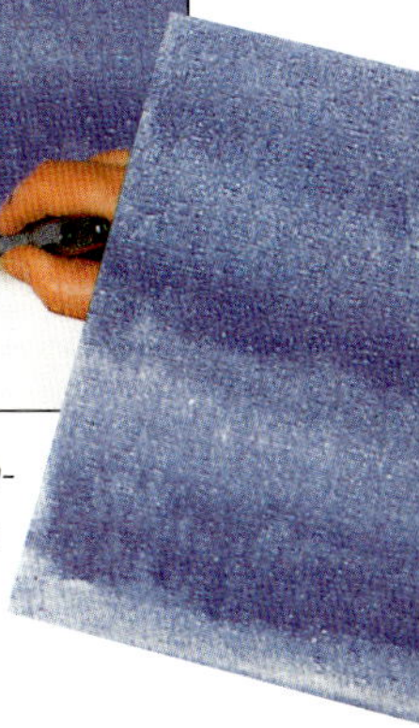

Ein ungleichmäßiger Farbauftrag bildet einen guten Untergrund für verschiedene Maltechniken.

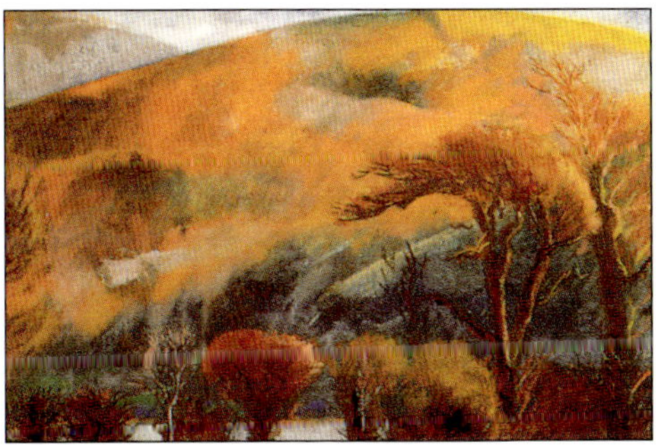

Der farbige Untergrund ist die Basis für die gesamte Farbkomposition. Legen Sie erst die Hauptfarben Ihres Bildes fest und wählen Sie dann die Untergrundfarbe aus.

Für diese Landschaft in Blau und Gelb wurde ein mittelblauer Farbgrund auf Aquarellpapier verwendet.

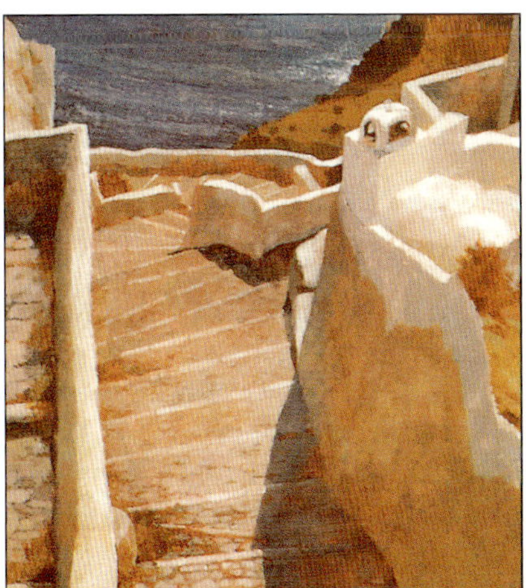

Links: Ein Farbgrund in Ocker lässt den weiß getönten Stein wärmer wirken.
Unten: Komplementär zu Grün wurde ein kadmiumroter Farbgrund gewählt.

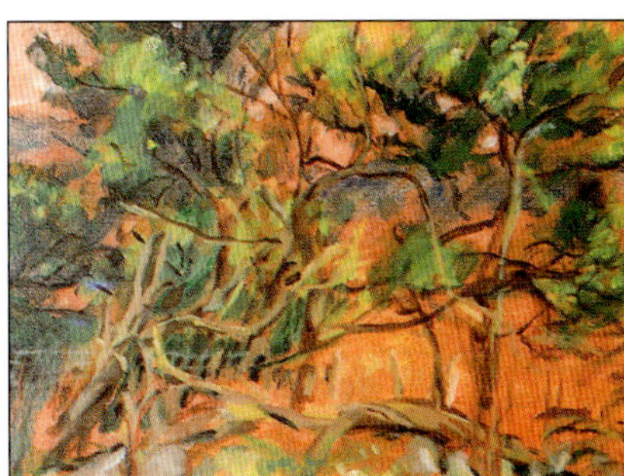

Impastotechnik

Eine weitere der Ölmalerei entliehene Technik besteht in der Verwendung unverdünnter Farbe, die auf der Bildoberfläche plastisch hervortritt. Die Impastotechnik kann in nur einem Bereich eines Bildes oder über die gesamte Bildfläche eingesetzt werden. Ein pastoser Farbauftrag mit deutlich sichtbarer Pinselführung hat eine stärkere Präsenz als verdünnte Farbe. Daher verwenden Künstler diese Technik oft nur in Bereichen, die sie besonders betonen möchten. So zum Beispiel auf vielen Gemälden Rembrandts (1606–1669), auf denen pastos aufgetragene Lichteinfälle mit einem dünneren Farbauftrag für Hintergründe und dunkle Flächen kontrastieren. Auch für Landschaftsbilder oder Stillleben kann die Methode übernommen werden. Objekte im Hintergrund, die so entstehen, verstärken den räumlichen Eindruck.

IMPASTOMALMITTEL

Die meisten Acrylfarben sind dünnflüssiger als Ölfarben. Wenn Sie also ein ganzes Bild in Impastotechnik erstellen wollen, sollten Sie die Farbe mit Acryl-Gel-Malmittel vermischen. Dies spart auch Geld, denn Sie benötigen sonst eventuell eine ganze Tube Farbe für einen kleinen Bildbereich. Wenn Sie hingegen Weiß oder eine Farbe mit hohem Weißanteil verwenden, benötigen Sie kein Malmittel, da Weiß die dickste Konsistenz und beste Deckeigenschaft besitzt.

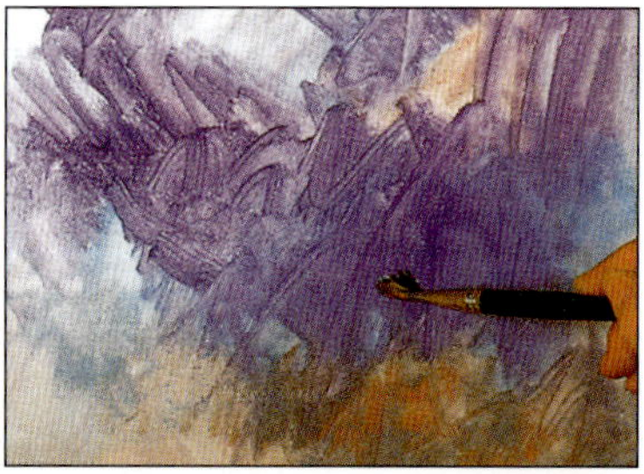

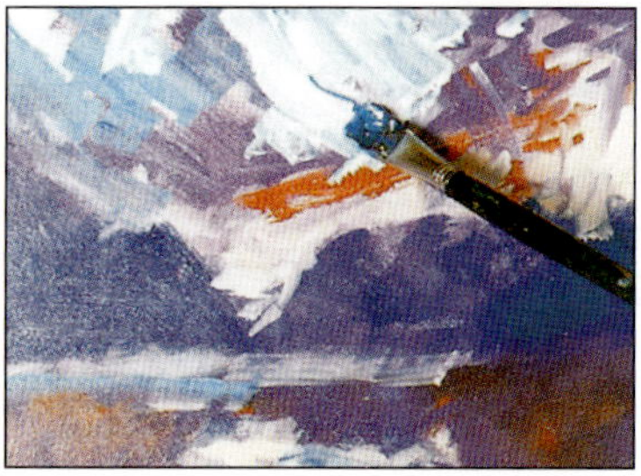

PASTOSER FARBAUFTRAG

1 Anfangs kann es Schwierigkeiten bereiten, Farbe dick aufzutragen, da sich die Farben miteinander vermischen. Begrenzen Sie die Farbflächen daher zunächst mit verdünnter Farbe und arbeiten Sie sie mit einer scheuernden Bewegung in den Untergrund ein.

2 Fahren Sie dann fort mit dem Aufbau des Himmels, indem Sie eine dicke Mischung aus Weiß und Phthaloblau auftragen. Versuchen Sie, die Farben auf der Palette nur grob zu vermischen, sodass jeder Pinselstrich nach wie vor beide Farben enthält.

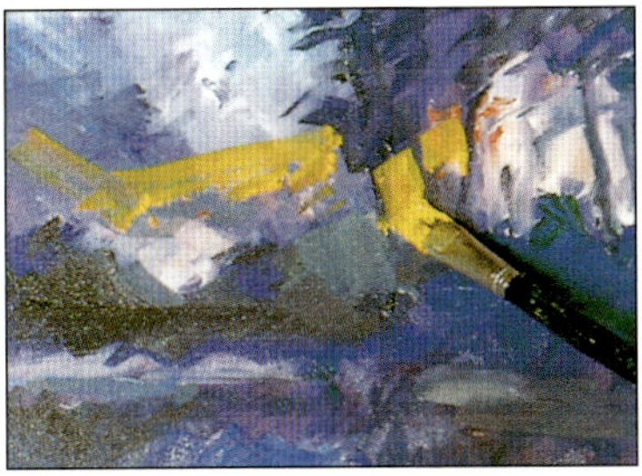

3 Geben Sie als Kontrast zu den Blautönen etwas Gelb auf den Himmel und in den Vordergrund. Sollte die Farbe zu dominant wirken, übermalen Sie sie einfach mit einem anderen Ton. Keine Angst: Solange die Farben noch feucht sind, werden sie sich vermischen und zu kräftige Töne wieder abschwächen.

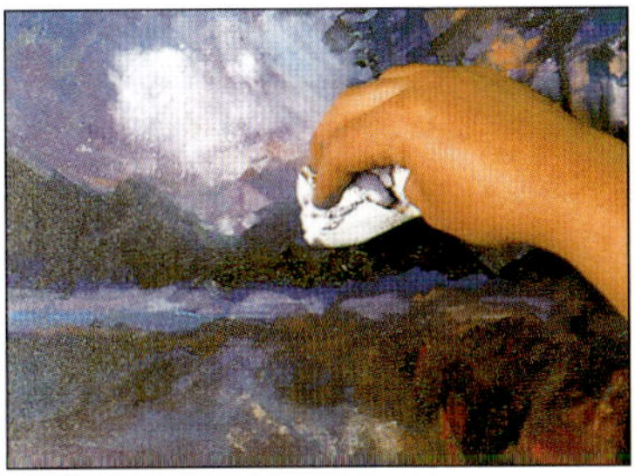

4 Je dicker die Farbe aufgetragen wird, desto länger ist die Trockenzeit. Besteht jedoch die Gefahr, dass die Farben verschmutzen, weil bereits zu viele Schichten aufgetragen wurden, sollten Sie mit einem alten Lappen einfach etwas Farbe abnehmen, bevor Sie weiterarbeiten.

IMPASTOTECHNIK MIT GOUACHEFARBEN

Die Impastotechnik ist mit Acrylfarben wahrscheinlich am effektivsten; aber auch Gouachefarben eignen sich gut. In diesem Fall wird die Farbe direkt aus der Tube verwendet. Es darf kein Wasser hinzugegeben werden, da der Impastoeffekt sonst durch die leichtere Farbkonsistenz beeinträchtigt würde.

Hier wurde zunächst ein Farbgrund mit gleichmäßiger Gouachefarbe angelegt, um so den Impastoeffekt zu unterstützen. Das Orange wurde so dick wie möglich eingesetzt. Struktureffekte mit dem Pinsel verstärken den pastosen Eindruck.

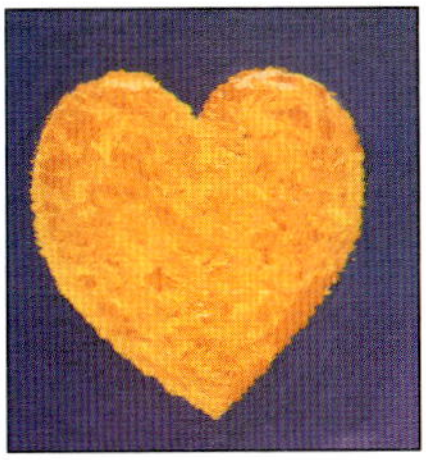

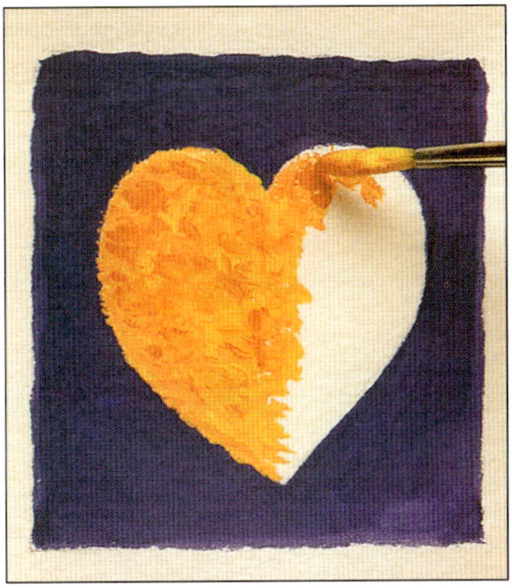

Strich- und Wischtechnik

Da sowohl Öl- als auch Aquarelleffekte mit Acrylfarben nachgeahmt werden können, lassen sich viele der alten Techniken ebenfalls an das neue Medium anpassen. Die Strich- und Wischtechnik, eine traditionelle Aquarellmalmethode, ist ein gutes Beispiel dafür. Sie stammt aus dem 17. Jahrhundert, noch bevor Aquarellfarbe als Malmedium wahrgenommen wurde, und diente vorrangig dazu, gleichmäßige farbige Lasuren über Bleistiftzeichnungen zu legen. Seit dieser Zeit setzten Künstler die Strich- und Wischtechnik auf immer originellere und ausdrucksstärkere Weise ein.

Die Schwierigkeit der Methode besteht darin, die Vorzeichnung und die farbigen Lasuren gestalterisch miteinander zu verbinden, ohne dass das Werk am Ende wie ein ausgemaltes Malbuchmotiv wirkt. Daher ist es ratsam, sich zuerst nicht nur auf die Umrisse zu beschränken, sondern Linien und Farben immer abwechselnd aufzutragen. So können Sie die beiden Elemente bewusst in Beziehung zueinander setzen.

Experimentieren Sie mit unterschiedlichen Stiften, von Feinzeichnern bis hin zu Faser- und Filzstiften, Kugelschreibern oder wasserlöslicher Tinte. Diese wird verlaufen, wenn Sie nasse Farbe darüber auftragen, und einen verwischten Effekt erzeugen.

Die Farbe für die Lasuren sollte so dünnflüssig wie Aquarellfarbe sein, sonst lenkt sie zu sehr von der Bildwirkung ab. Verwenden Sie daher transparente Pigmentfarben, die Sie mit Wasser oder einem Wasser-Malmittel-Gemisch verdünnen können.

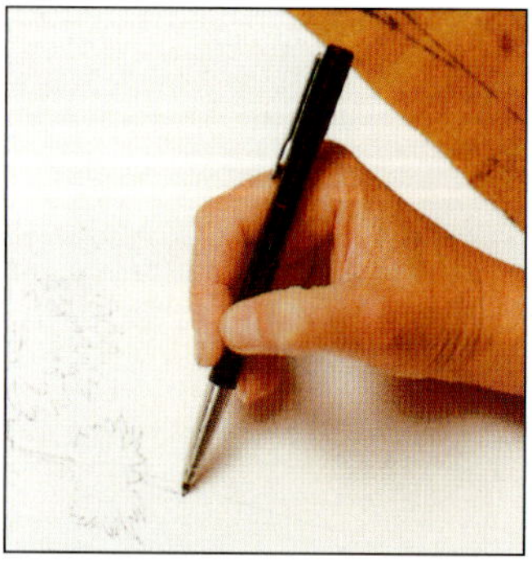

1 Verwendung eines dünnen Zeichenstifts auf glattem Papier; zunächst entstehen die Umrisse der Blumen mit vorsichtig gezogenen Linien.

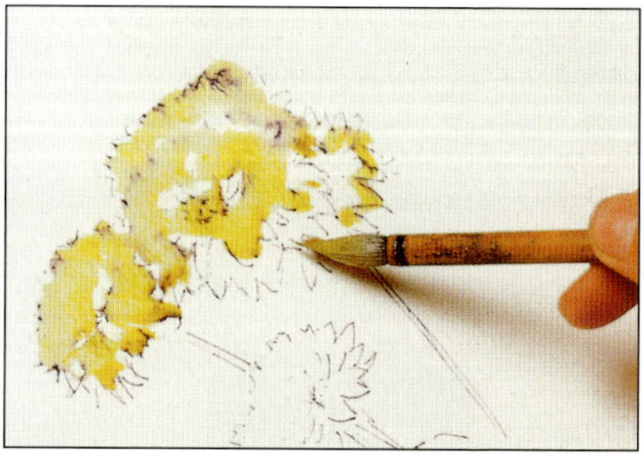

2 Mit einem Japanpinsel trägt der Künstler verdünnte Farbe auf. Da die Tusche wasserlöslich ist, verläuft sie mit der Farbe, sodass die Zeichnung weicher wirkt.

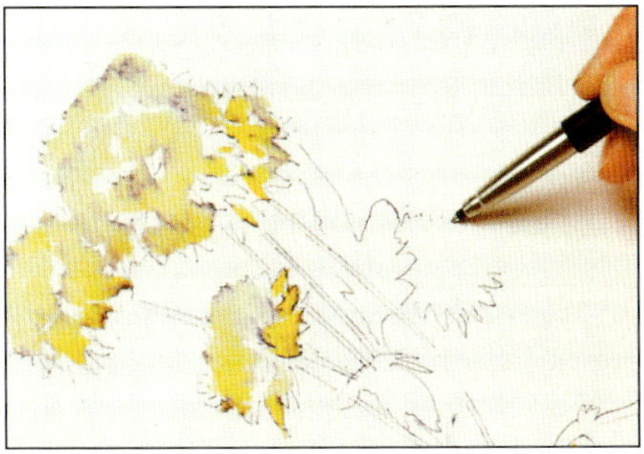

3 Mit dem Stift werden Details hinzugefügt. Ziehen Sie wieder nur zarte Linien, damit das Bild leicht wirkt.

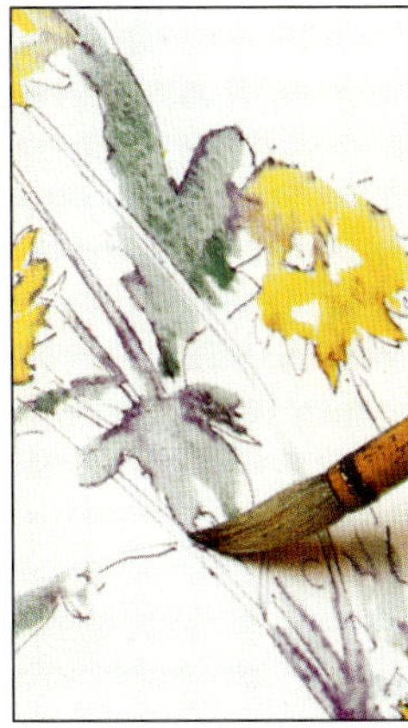

4 Grüne Farbe wird aufgelegt und mit der Tusche vermischt. So entstehen zarte Schatten auf den Blättern.

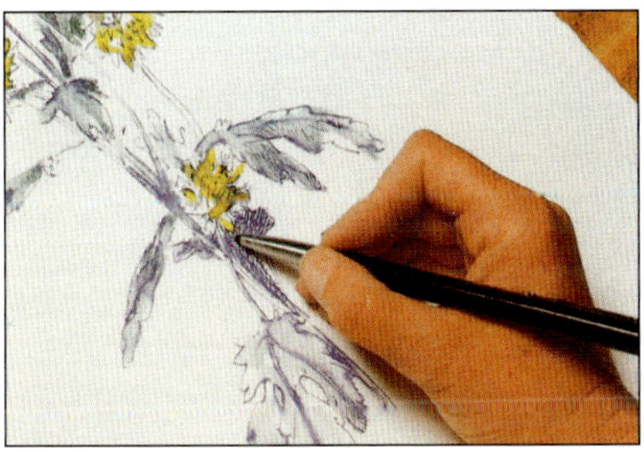

5 Der Stift wird nun kräftiger eingesetzt. Durch Schraffierungen und eine diagonale Federführung entstehen die Blätter.

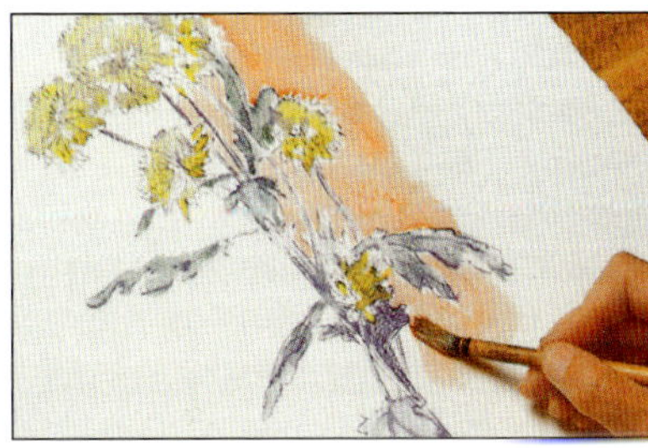

6 Der Hintergrund wird als Lasur aufgetragen. Achten Sie auf eine sorgfältige Umrandung der Blumen.

7 Um die Blumen in einen Kontext zu stellen und einen Farbkontrast zu erhalten, wurde der Hintergrund nach unten vergrößert und die Vase leicht mit dem Stift angedeutet.

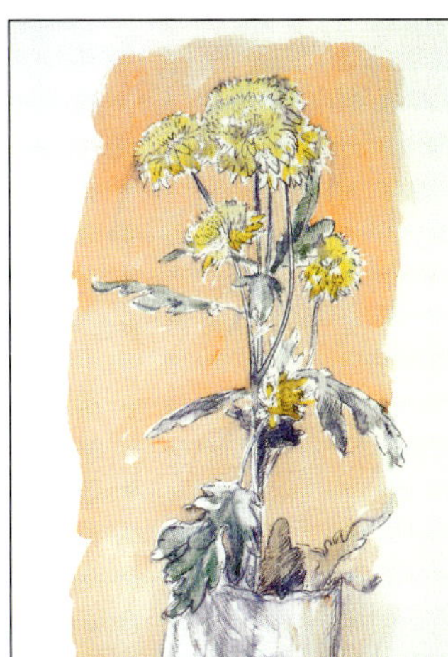

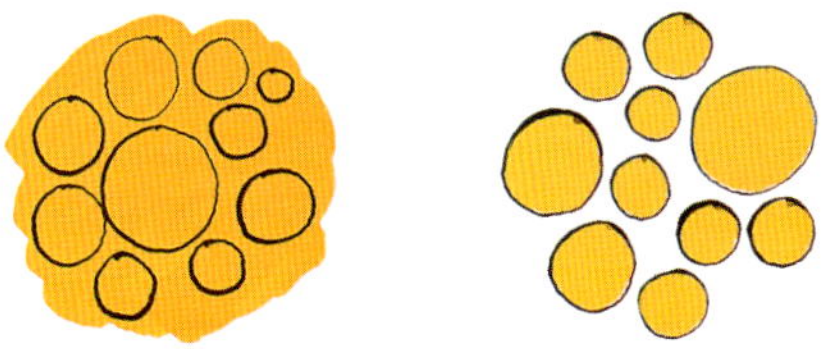

Oben: Wasserfeste Tusche mit Gouachefarbe

Nass-in-Nass-Technik

Wird eine zweite Farbschicht aufgelegt, bevor die erste trocken ist, vermischen sich beide Farben, ohne dass deutliche Ränder entstehen. Diese Nass-in-Nass-Technik wird sowohl für Öl- als auch für Aquarellmalerei verwendet – und daher auch bei transparenten Acrylmalmethoden.

Die Nass-in-Nass-Technik in der Ölmalerei wurde oftmals von Impressionisten, insbesondere von Claude Monet (1840–1926), eingesetzt. Dick aufgetragene Acrylfarben können ebenso genutzt werden. Allerdings müssen Sie dann sehr schnell arbeiten oder die Farbe wirklich pastos verwenden, ansonsten benötigen Sie einen Trocknungsverzögerer.

Nass-in-Nass-Effekte wie in der Aquarellmalerei können erzielt werden, wenn Sie auf feuchtem Papier arbeiten, denn solange der Malgrund nass ist, bleibt auch die Farbe feucht. Falls das Papier trocknet, bevor Sie Ihre Arbeit beendet haben, können Sie es mithilfe eines Pflanzenbesprühers wieder benetzen. Solche Sprühflaschen sind sehr hilfreich, da durch gelegentliches Einsprühen auch die Farben selbst feucht bleiben.

Um die Farben flüssig zu halten, kann ein Mittel zur Verbesserung des Farbflusses eingesetzt werden. Man fügt es entweder sparsam dem Wasser, das man zum Verdünnen verwendet, hinzu oder verwäscht es direkt auf der Bildoberfläche. Ein Trocknungsverzögerer wird für wasserverdünnte Farbe nicht verwendet, sondern für eine deckende Malweise.

FELD IN NASS-IN-NASS-TECHNIK

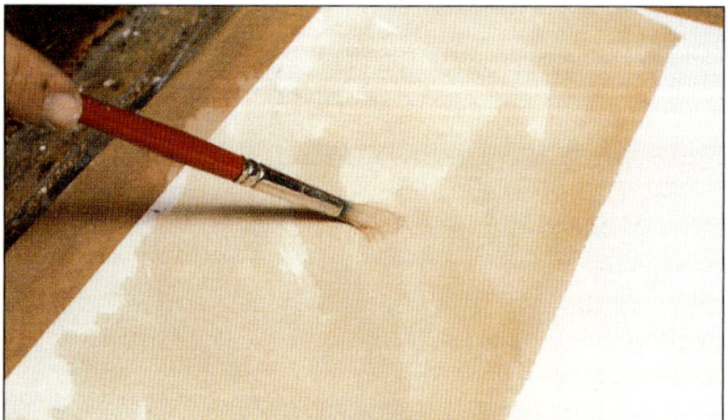

1 Hier wurde eine verdünnte Mischung aus Umbra natur, Siena gebrannt und dunklem Violett verwendet, um das gepflügte Feld anzulegen. Um Flecken bei der Auftrocknung zu vermeiden, muss die Farbe zügig verteilt werden.

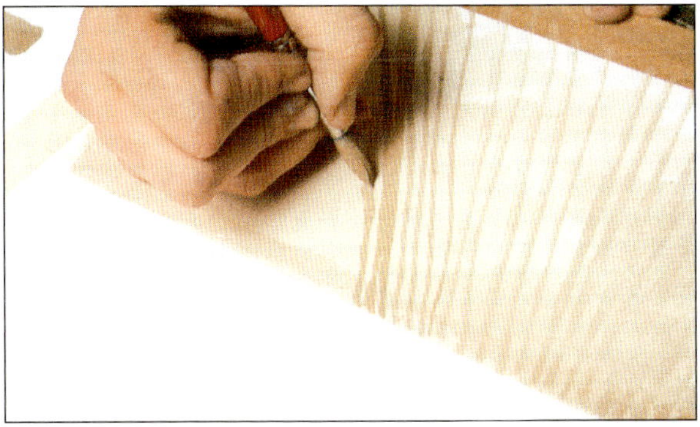

2 Zur Gestaltung der Furchen verwenden Sie die gleiche Farbe in einem etwas dunkleren Ton. Arbeiten Sie weiter, ehe die erste Schicht getrocknet ist, sodass die Farben leicht verlaufen und kein harter Rand entsteht.

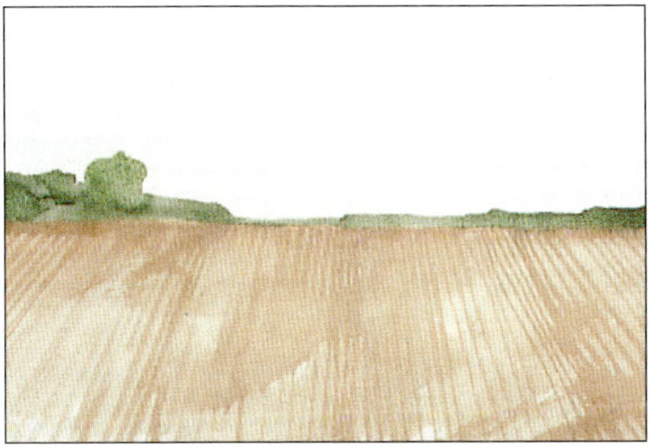

3 Die erste Baumreihe wird in Hookergrün hinzugefügt. Durch den kräftigen Farbton heben sich diese Bäume deutlich von den später noch hinzukommenden Sträuchern ab. Das Grün verläuft leicht mit der Farbe des Feldes, sodass der Übergang auch hier weich wirkt.

4 Die weiter entfernten Felder werden in hellem Grün und Kadmiumgelb als ebene Flächen angelegt. Eine Abstufung der Farben, um eine Distanzwirkung zu erzielen, bleibt hier aus. Stattdessen verlässt sich der Künstler auf die zurückweichenden Furchen des gepflügten Feldes als optischen Effekt und erzeugt auf diese Weise eine Raumwirkung.

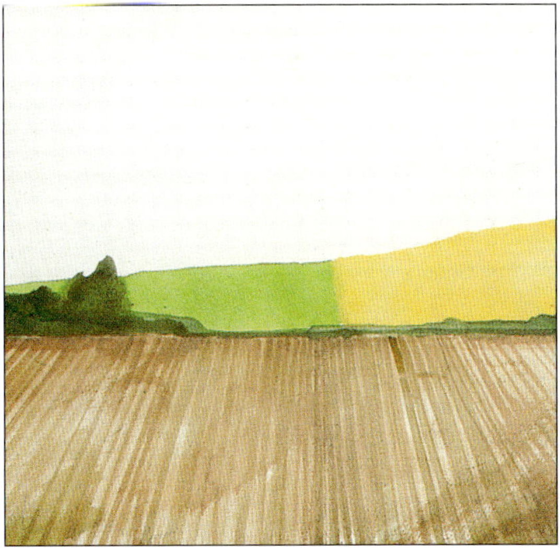

Lasieren

Eine Lasur ist ein transparenter Farbauftrag, der üblicherweise auf eine andere Farbschicht gelegt wird. Da sie eher wie ein feiner Film wirkt – nicht wie eine deckende Schicht –, kann sie die darunterliegende Farbe verändern, ohne sie zu verdecken. Wenn die Lasur klar auftrocknen soll, muss die darunterliegende Farbe heller sein als die Lasur selbst. Hin und wieder wird auch eine hellere Lasur über demselben oder sogar einem dunkleren Farbton aufgetragen. In einem solchen Fall ist das Ergebnis sehr zart: Es entsteht ein kaum wahrnehmbarer Glanz auf der lasierten Fläche, jedoch ohne Veränderungen in der Farbe.

Die Stärke einer Lasur hängt von der Farbkraft des verwendeten Pigments und von der genutzten Wasser- oder Malmittelmenge ab. Manche Pigmente ergeben einen stärkeren Farbton als andere. Phthalozyaningrün zum Beispiel erzeugt eine helle Lasur, die die darunterliegende Farbe dennoch dominiert. Dagegen wird eine Farbe mit geringerer Tönungskraft, wie Umbra natur, den Farbton der unteren Schicht abschwächen oder verändern, ohne zu übermächtig zu sein.

Wenn Sie nur Wasser zur Verdünnung verwenden, trocknet die Lasur trüb auf. Wird die Farbe mit einem Acrylmalmittel verdünnt, trocknet sie glänzend oder halb glänzend auf, je nachdem, wie stark die darunterliegende Oberfläche absorbiert. Eine mit Malmittel vermischte Lasur lässt die Farbe also kräftiger wirken als eine wassergemischte Lasur.

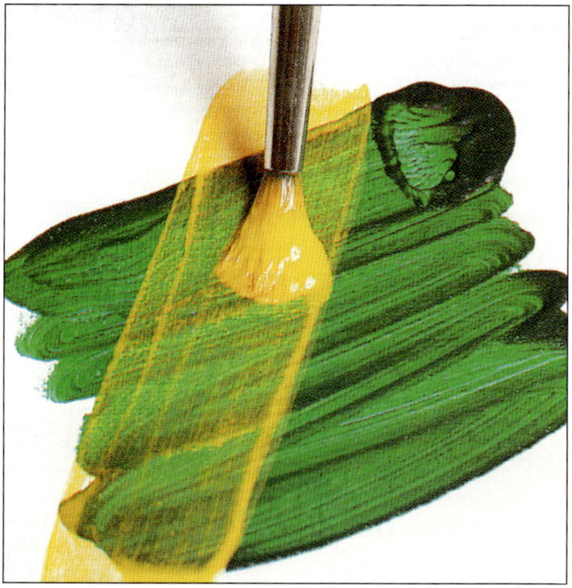

Sie können die Lasur mit Wasser oder Acrylmalmittel verdünnen – mit Letzterem erzielen Sie einen lebendigeren Farbton. Wenn eine deckendere Lasur nötig ist, bauen Sie die gewünschte Farbe in mehreren Schichten auf.

Durch das Auftragen mehrerer Lasuren können komplexe Farbvariationen geschaffen werden. Arbeiten Sie immer von hellen zu dunklen Tönen und bauen Sie den Farbton und die Farbe stufenweise auf, bis der gewünschte Effekt erreicht ist.

Lasuren werden auch oft über einem pastosen Farbauftrag und starken Oberflächenstrukturen aufgetragen. Durch die Lasur erhält das endgültige Bild eine zarte Farbtransparenz. Wird die Lasur sanft mit einem Papiertaschentuch oder einem Lappen auf die noch feuchte Farbe gelegt, bleibt sie vor allem in den Rissen und gekerbten Pinselstrichen sichtbar. Dadurch entsteht eine abwechslungsreiche Struktur, die – sofern die Lasurfarbe neutral gewählt wurde – der Textur eines alten Ölgemäldes ähneln kann. Die Rinde eines Baumes oder eine bemooste Mauer können beispielsweise leicht auf diese Art dargestellt werden.

Acrylfarben behalten meist ihre Transparenz; es sei denn, sie werden sehr dick aufgetragen. Daher ist das Lasieren mit diesem Medium – entweder von Teilen oder der ganzen Oberfläche – eine Arbeitsweise, die sich anbietet. Die Technik kann für jedes Motiv verwendet werden, ist jedoch besonders wirkungsvoll, wenn Sie das Glitzern des Wassers oder die zarten Schattierungen der Haut einfangen wollen.

Lasuren werden ebenfalls zum Abtönen der Farbe eingesetzt. Erscheint Ihnen eine Farbfläche in einem fast fertigen Bild zu hell, können Sie dies durch Auftragen einer grauen oder blaugrauen Lasur korrigieren.

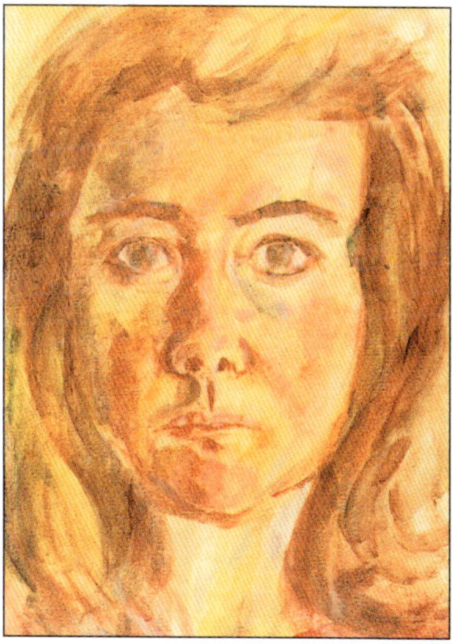

Dieses Gesicht wurde durch aufeinandergelegte transparente Farbschichten gestaltet. Zuletzt folgten einige deckende Lasuren in blassem Rosa.

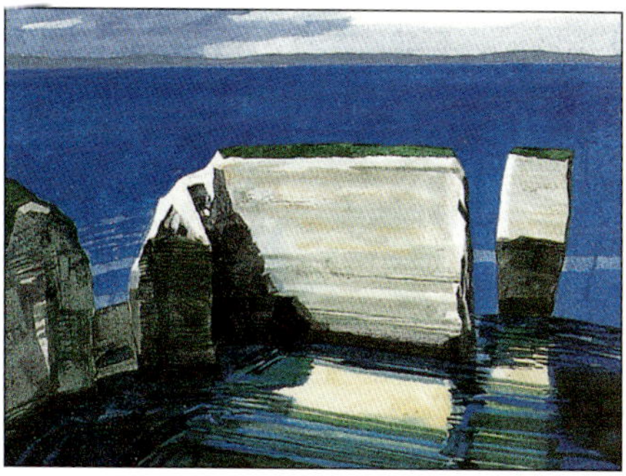

Die dunklen und kräftigen Farben der Klippen und des Wassers im Vordergrund wurden graduell in mehreren lasierten Farbschichten aufgebaut.

Transparente Techniken

Wie schon erwähnt, können Acrylfarben wie Aquarellfarben in transparenten Techniken verwendet werden. Dabei entsteht das Bild aus einer Reihe dünner Farblasuren. Acrylfarben sind hier sogar von Vorteil, da sie nach dem Trocknen wasserunlöslich sind und sich deshalb eine beliebige Anzahl von Lasuren auftragen lässt. Aquarellfarben hingegen bleiben wasserlöslich. Zu viele Schichten übereinander können die Farben trüben.

Für transparente Techniken verwenden Sie am besten Aquarellpapier, das – falls notwendig – gespannt werden muss. Allerdings lassen sich diese Techniken auch auf anderen Malgründen verwenden. Sehr schöne Effekte erhält man zum Beispiel auf Leinwand.

Auch der amerikanische Maler Morris Louis (1912–1962) arbeitete auf ungrundierter Leinwand. Er verwendete dünne, transparente Lasuren, um übereinanderliegende Formen in glänzenden, lichtdurchscheinenden Farben zu gestalten. Ähnliche Techniken können zur figürlichen Darstellung verwendet werden. Durch die leichte Saugfähigkeit der grundierten Leinwand verlaufen die Farben leicht, sodass sanfte Übergänge entstehen und die Farben verwischen, ohne den Glanz zu verlieren. Ebensolche Effekte entstehen, wenn Sie die Farbe in Schichten auf einen weißen Malgrund auflegen.

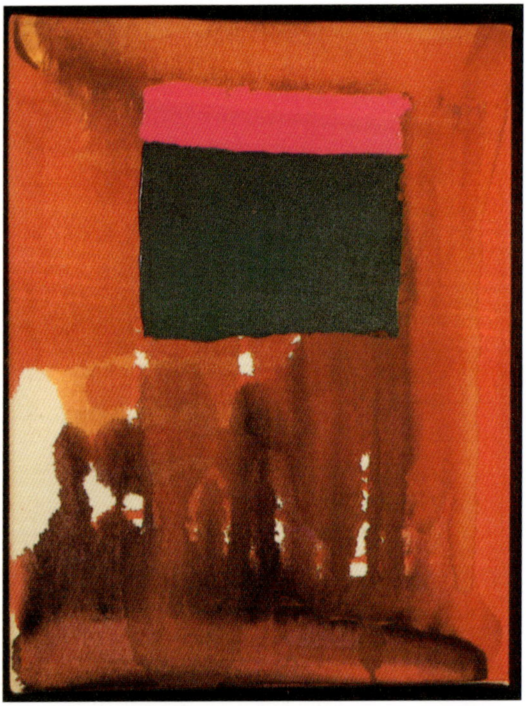

Dick aufgetragene deckende Farbe tritt optisch in den Vordergrund; dünne transparente Farbaufträge scheinen in den Hintergrund zu rücken, wie an diesem Bild deutlich zu sehen: Die gespachtelten Rechtecke schweben scheinbar über den dünn aufgetragenen Farben.

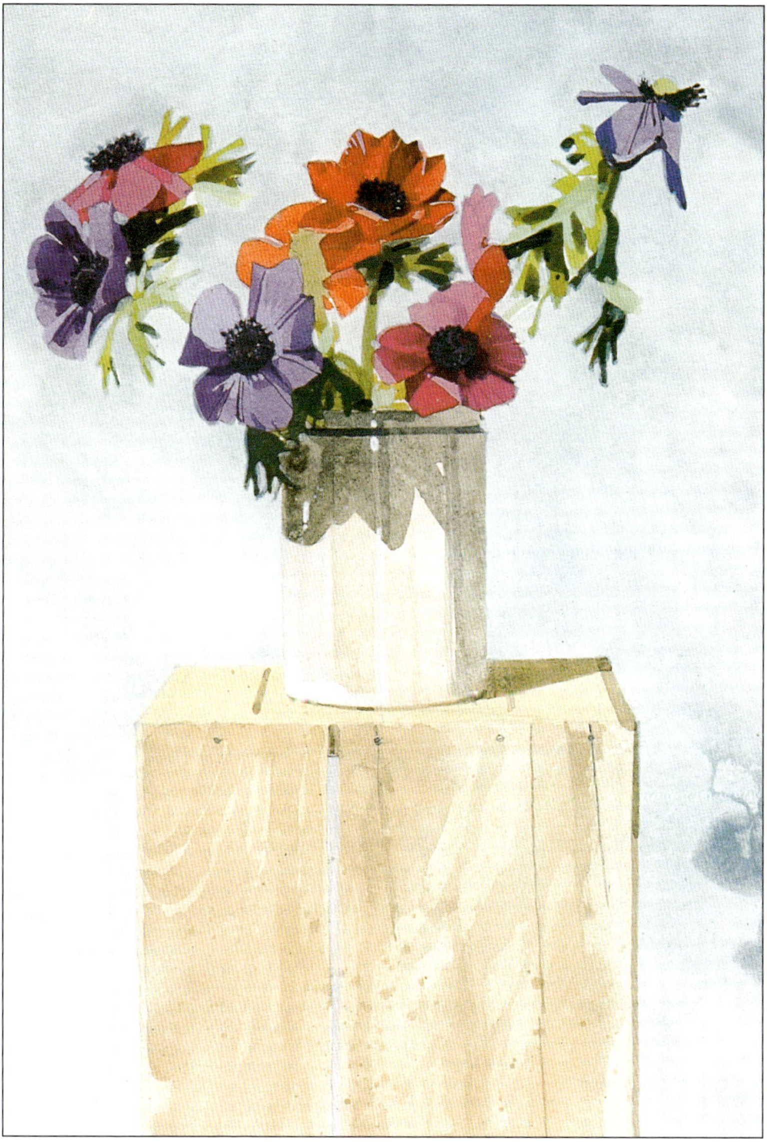

Ian Sidaway

Acrylfarben können lasierend aufgetragen werden und fast wie Aquarellfarben wirken. Im obigen Bild wurden transparente Lasurschichten verwendet, sodass die zarten Schattierungen der Blumen und des Hintergrundes entstanden.

Strichtechniken

Die Pinselstriche und die Art des Farbauftrags tragen ebenso zur Gesamtwirkung des Bildes bei wie Farbe und Bildaufbau selbst. Anfänger vergessen dies oft; ihre erste Sorge gilt meist der akkuraten Wiedergabe des Motivs. Tatsächlich ist die Pinselführung entscheidend wichtig, da sie bei falschem Gebrauch ein Bild sehr schnell verunstalten kann.

Pinsel sind Arbeitsgeräte. Jede Motivwiedergabe wird leichter, wenn Sie es verstehen, den richtigen Pinsel für die jeweilige Aufgabe auszuwählen. Auch seine Größe muss bedacht werden. Form und Material der Pinselhaare variieren stark, sodass Sie sich mit allen Varianten und deren Möglichkeiten vertraut machen müssen.

Arbeiten Sie auf einem glatten Untergrund wie Acrylskizzenpapier oder grundierter Leinwand, um Ihre Pinsel zu testen und herauszufinden, welche Art von Strichen sie produzieren. Üben Sie verschiedene Arten der Pinselhaltung; machen Sie schwingende Striche, wobei Sie den Pinsel am Ende fassen, und kleinere, enge Striche, bei denen der Pinsel fast an der Zwinge gehalten wird – mit diesem Griff haben Sie die größtmögliche Kontrolle für Detailarbeiten, bei denen Genauigkeit sehr wichtig ist.

Kunsthaarpinsel eignen sich gut für flächiges Gestalten, während Borstenpinsel eine rauere Textur ergeben.

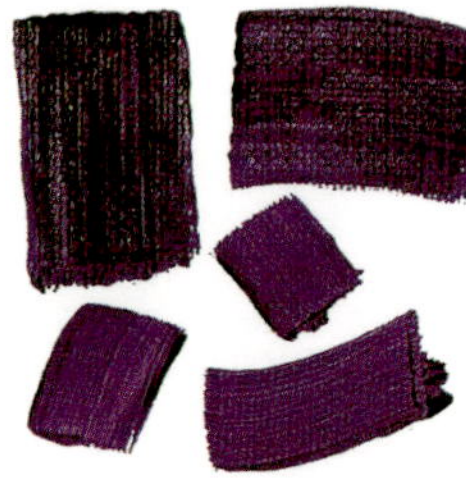

▲ *Mit großen breiten und mittelgroßen breiten Pinseln entstehen backsteinförmige Striche.*

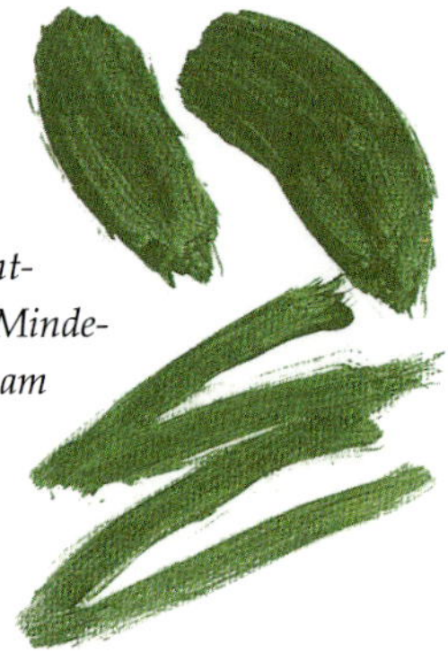

▶ *Ein Filbert- oder Katzenzungenpinsel lässt einen eher abgerundeten Strich entstehen, der durch Minderung des Druckes am Ende der Strichführung graduell abgestuft werden kann. Es kann auch mit der Pinselseite gearbeitet werden.*

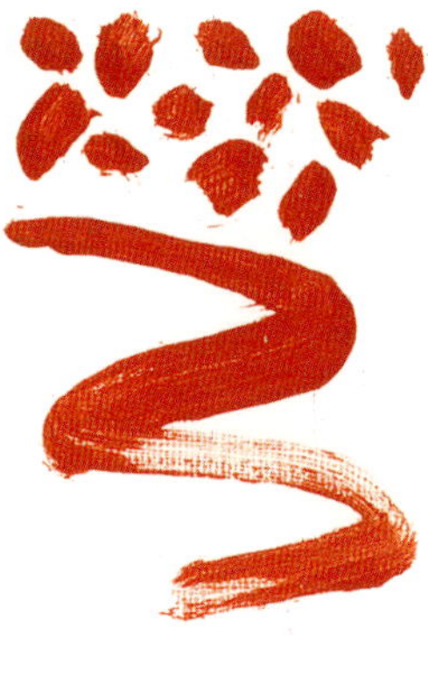

◀ *Ein runder Pinsel lässt kleine Tupfen, Abdrücke oder Linien entstehen, die von dick nach dünn variiert werden können, indem Sie den Pinseldruck verstärken oder abschwächen.*

▼ *Geschwungene Pinselführung mit einem Katzenzungenpinsel, der locker am hinteren Ende gehalten wird.*

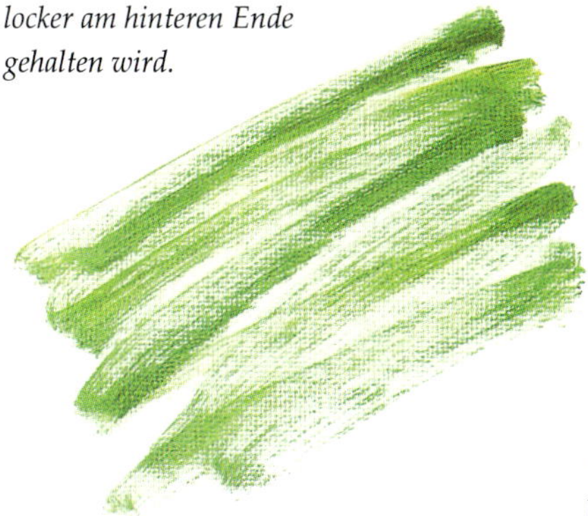

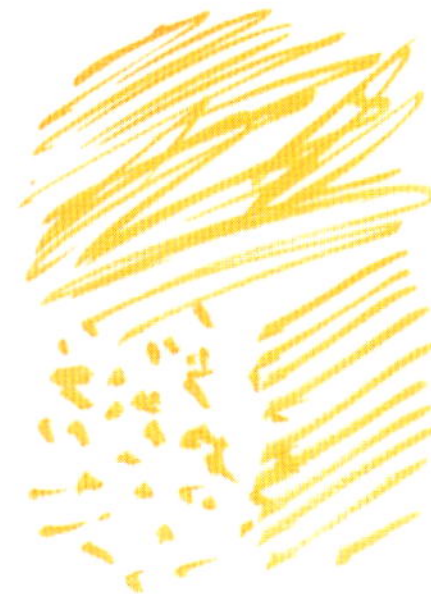

▲ *Striche des kleinsten, pointierten Nylonpinsels, der fest an der Zwinge gehalten wird.*

▼ *Striche eines kleinen, pointierten Nylonpinsels, der locker in der Mitte gehalten wird.*

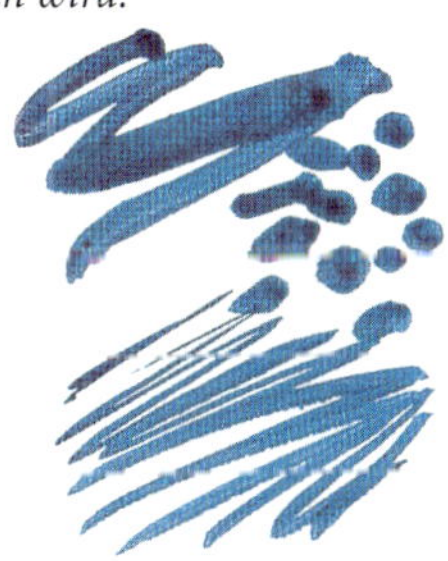

▲ *Ein mittlerer Rundpinsel, der am Ende des Griffs gehalten wird; die Oberseite befindet sich parallel zur Unterlage.*

▼ *Mit einem breiten Nylonpinsel flächig aufgelegte Farbe. Nach jedem Pinselstrich wurde erneut Farbe aufgenommen.*

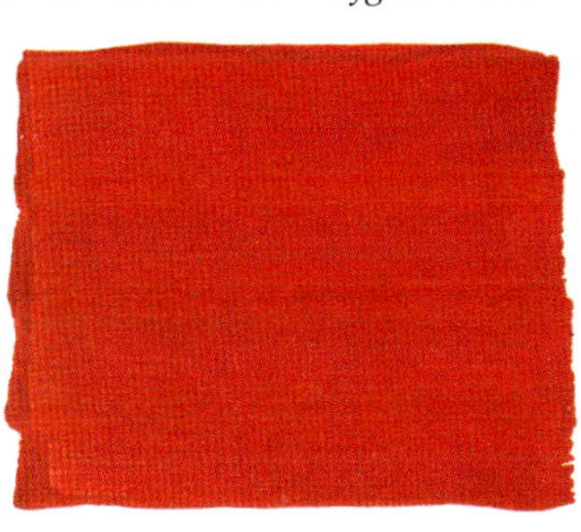

▶ *Stupfstriche eines mittelgroßen flachen Borstenpinsels, der nahe der Zwinge gehalten wird.*

Pinselführung

Das Gelingen eines guten Gemäldes ist auch abhängig von der Art und Weise, in der die Farbe aufgetragen wird. Ein Bild ist mehr als nur die Wiedergabe der Realität: Es ist ein Objekt, das nach eigenen Regeln und Gesetzen funktioniert, zu denen auch die Pinselführung zählt. Diese ist somit nicht nur Dekoration, sondern ein wesentlicher Bestandteil des Ganzen.

Abgesehen von der Gestaltung einer lebendigen und attraktiven Bildoberfläche hilft Ihnen die Pinselführung bei jeglicher Motivdarstellung. Wenn Sie mit pastoser Farbe Blumen malen, können Sie zum Beispiel ein Blatt oder Blütenblatt mit einem dicken Pinselstupfen darstellen. Oder Sie kreieren mit dem Pinsel die Linienstruktur eines Baumstammes oder die Furchen eines Ackers in einem Landschaftsbild. Dadurch erhält Ihr Bild zusätzliche Bewegung und Dynamik.

Gerade Acrylfarben lassen Pinselstriche deutlich hervortreten – besonders wenn die Farbe mit einem Malmedium angedickt wurde. Es wäre also schade, diese Möglichkeit außer Acht zu lassen.

Die Pinselführung kann auch bei Maltechniken mit dünnem Farbauftrag wirkungsvoll eingesetzt werden. Lange, gerade Striche eignen sich für die Darstellung von Haaren bei einem Porträt; kalligrafische Schnörkel und unterbrochene Linien dienen vielleicht als Spiegelungen in einer Wasserlandschaft und lockere Kleckse zur Darstellung von Laub. Es lohnt sich, eine Vielzahl von Pinselformen spielerisch auszuprobieren, um herauszufinden, welche Strichform mit welchem Werkzeug möglich ist.

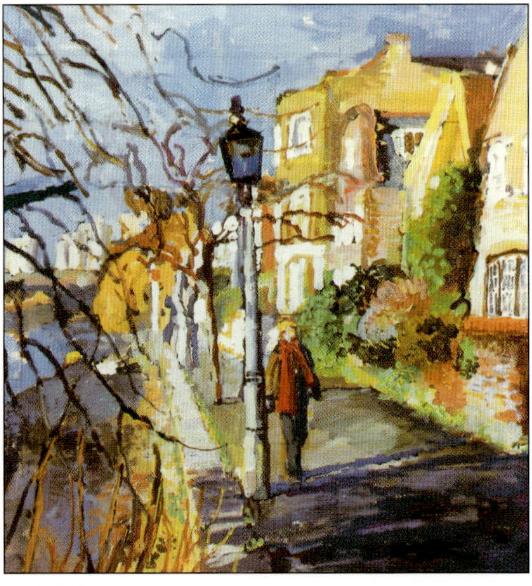

Gary Jeffrey
Der Künstler arbeitete mit dicker, buttriger Farbe auf grundiertem Papier. Seine energievolle Pinselführung vermittelt dem Betrachter ein Gefühl von Frische und Dynamik.

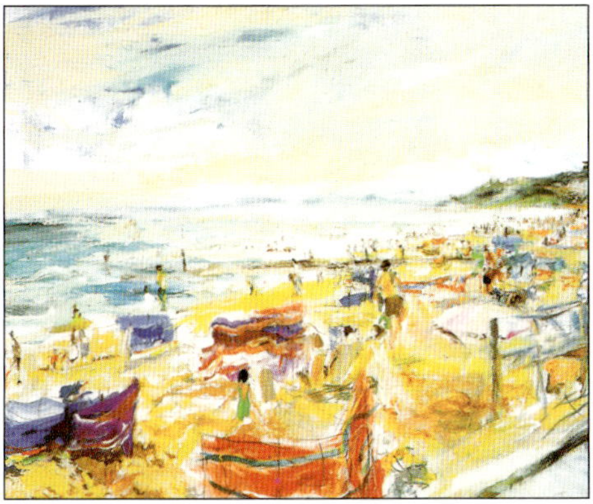

Jacquie Turner

In diesem Bild, entstanden auf glattem Aquarellpapier, kann ebenfalls eine lebendige Pinselführung beobachtet werden. Der Kontrast zwischen dick und dünn aufgetragener Farbe kommt gut zum Ausdruck, ebenso wie die groben Kleckse und die verwischte Farbe – die Künstlerin arbeitete hier mit Fingern und Pinseln.

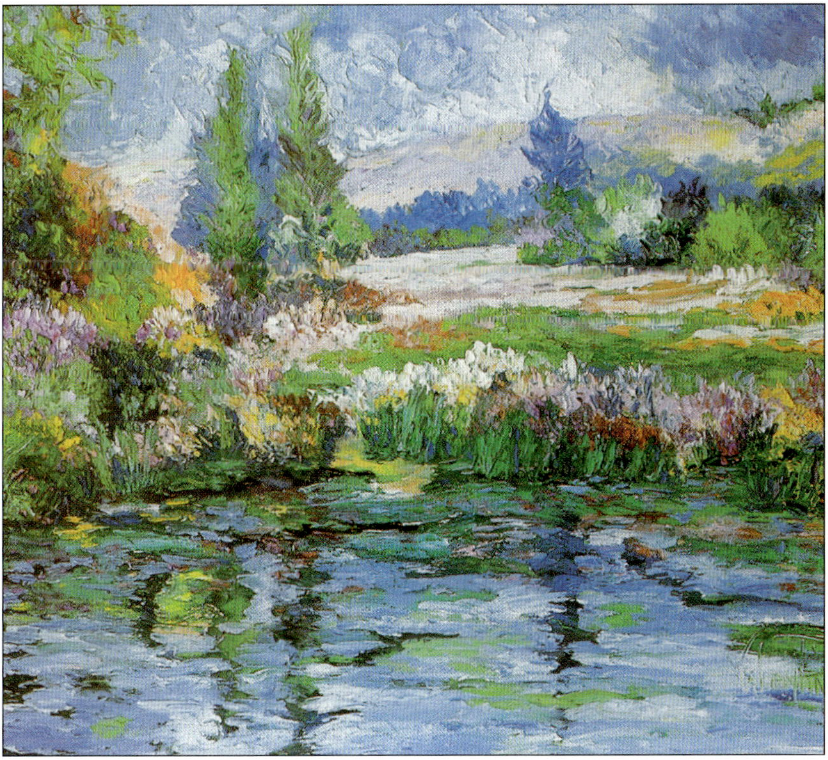

Valentina Lamdin

Kein Bereich dieses Bildes wirkt flach – alle Farbtöne wurden durch ein kompliziertes Netzwerk aus kleinen Pinselstrichen aufgebaut. Der Stil erinnert an den Impressionismus.

Trockenpinseltechnik

Die Trockenpinseltechnik besagt, dass der Künstler mit einer kleinen Menge Farbe auf dem Pinsel arbeitet, sodass die Schicht darunter nur zum Teil überdeckt wird. Der Pinsel sollte hart und absolut trocken sein, bevor er mit nur leichtem Druck über das Papier gezogen wird.

Sie können die Trockenpinseltechnik direkt auf einem unbemalten Malgrund wie Papier oder Leinwand anwenden. Normalerweise jedoch kommt sie auf einem vorher angelegten farbigen Untergrund zum Einsatz, sodass eine Art Struktureffekt entsteht, wie für Fell oder Haare, Gras oder Laub.

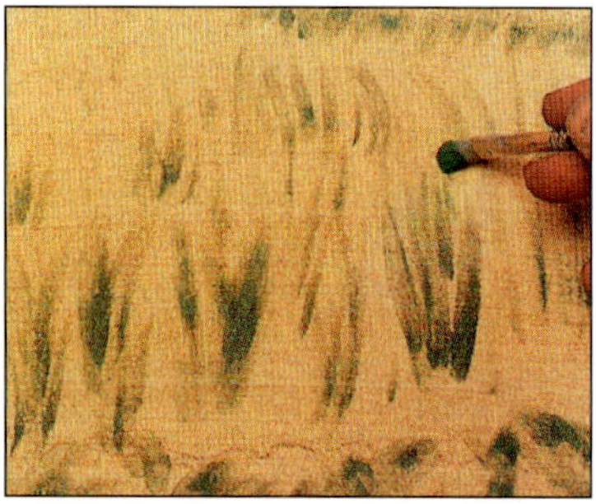

1 Arbeiten Sie auf einem strukturierten Malgrund und erstellen Sie eine pastose Farbmischung. Nehmen Sie nun die Farbe mit der Pinselspitze auf und streichen Sie sie behutsam in der Wuchsrichtung des Grases auf.

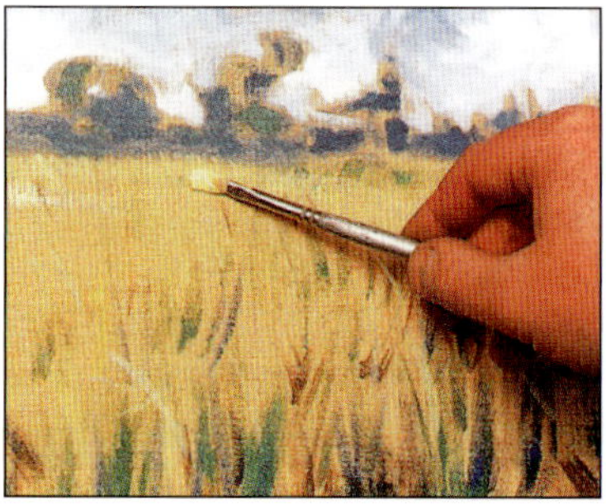

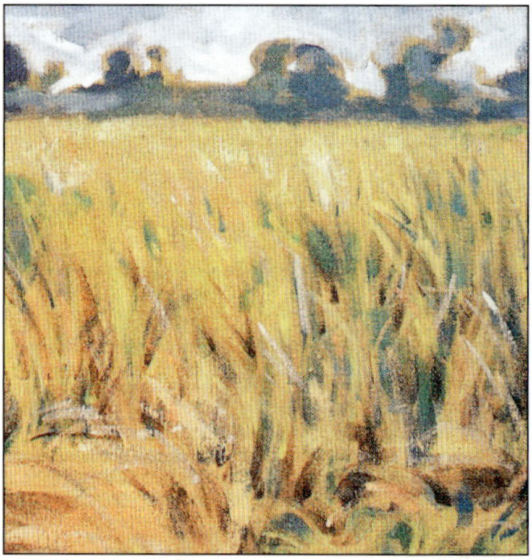

2 Gestalten Sie die Grashalme mit einer Vielzahl an Farben. Verwenden Sie für den weiter entfernten Teil des Feldes Querstriche. Im Vordergrund sehen Sie, wie die Farbe nur an den gröberen Körnern des Papiers haften bleibt.

Für einen dünnen Farbauftrag mit Acrylfarben sollten Sie einen weichen Pinsel verwenden – am besten einen flach auslaufenden, leicht fächerförmigen. Experimentieren Sie vorab auf einem Blatt Papier. Es ist wichtig, genau die richtige Menge an Farbe mit dem Pinsel aufzunehmen, da dieser sonst zu schwer wird.

Für einen mitteldicken oder pastosen Farbauftrag verwenden Sie am besten einen Borstenpinsel; auch fächerförmige Pinsel sind nützlich. Sie können damit – je nach gewünschtem Effekt – dicke, relativ steife Farbe gleichmäßig auf einen Untergrund legen oder dünne auf dicke Farbe auftragen.

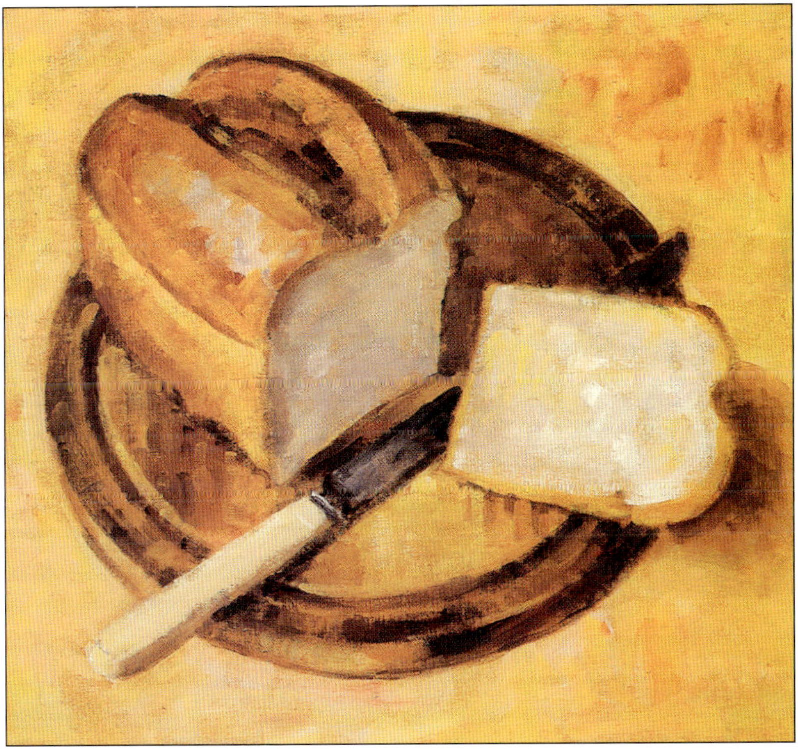

Dieses Bild entstand auf Leinwand mit Untergrundlasur. Die Struktur der Brotkruste wurde durch Schichten in Trockenpinseltechnik genauestens wiedergegeben. Da Acrylfarben sehr schnell trocknen, können die Schichten fast unmittelbar übereinandergemalt werden. Auch die verschiedenen Farbtöne des Schneidebretts entstanden auf diese Weise. Die Technik eignet sich hervorragend für das Andeuten von Strukturen und erzielt hier zudem zarte, aber lebendige Farbnuancen.

Alternative Techniken

COLLAGE

Das Wort Collage entstammt dem französischen Wort coller (dt. = kleben oder spachteln) und beschreibt jedes Bild, das durch Aufkleben von Papier, Stoff, Fotografien, Zeitungsausschnitten oder anderen beliebigen Dingen auf eine Bearbeitungsfläche entsteht. Dabei dürfen einzelne Teile mit Farbe kombiniert sein oder die gesamte Komposition kann aus aufgeklebten Fragmenten bestehen.

Acrylfarbe ist das perfekte Medium für Collagearbeiten. Sowohl die Farben als auch das Medium besitzen gute Hafteigenschaften, mit denen sogar relativ schwere Objekte auf der Bildoberfläche angebracht werden können. Wenn Sie Strukturpaste verwenden (wie im Bild unten) und Gegenstände daraufpressen – Muscheln, Baumrinde, Gräser oder sogar Schlüssel, Perlen oder kleinere Schmuckstücke –, können Sie dreidimensionale Effekte ähnlich einem Relief erzielen.

Mike Bernard

Obwohl diese Arbeit Elemente der Collage enthält, beschreibt der Künstler sein Bild als Gemälde in Mischtechnik. Er trug Pastellkreide, Acryl und farbige Tinte mit verschiedensten Geräten wie Walzen, Schwämmen, Zahnbürsten, Kartonstücken und Palettmessern auf.

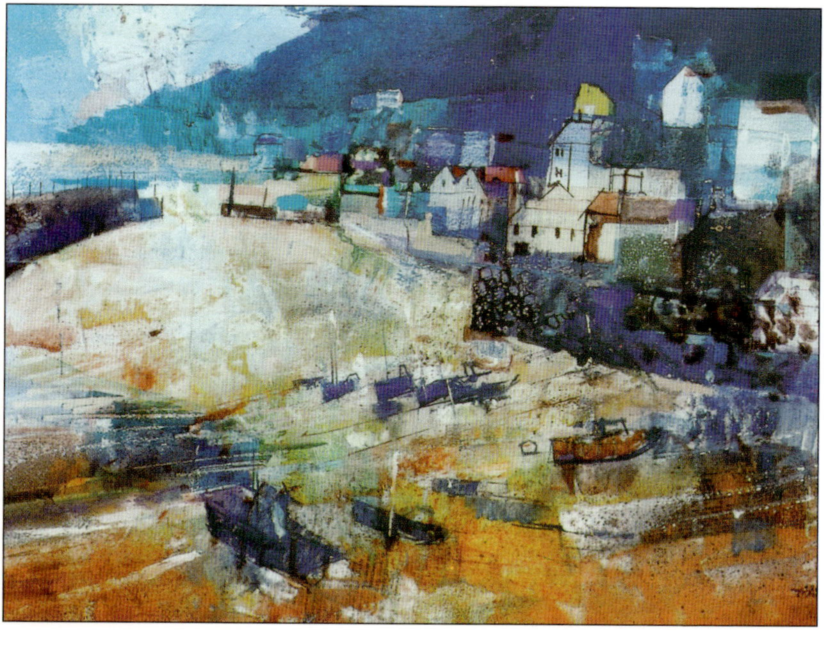

Bei solchen Kompositionen sollte abschließend ein farbloses Malmittel als Versiegelung und zum Schutz des Gemäldes aufgetragen werden. Alternativ dazu können Sie auch nur Farbe und Papier verwenden und den Akzent auf ein zweidimensionales Muster setzen.

Einige Künstler nutzen die Schichttechnik und kleben Fragmente farbigen Papiers mit Acrylfarbe auf, die wiederum mit Farbe und anschließend nochmals mit Papier und Farbe bedeckt werden. Andere setzen die Collagetechnik nur für einzelne Bereiche ein. Ganz nach Ihrem Wunsch kann eine Collage einfach oder komplex, abstrakt oder halbabstrakt, realistisch oder rein dekorativ sein. Sie ist im Wesentlichen eine experimentelle Technik ohne feststehende Regeln. Wenn Sie dreidimensionale Effekte erzielen sowie Farbe und Malmittel dick auftragen wollen, sollten Sie auf einem festen Malgrund arbeiten, zum Beispiel einer Sperrholzplatte, da die Farbe sonst nach dem Trocknen reißt.

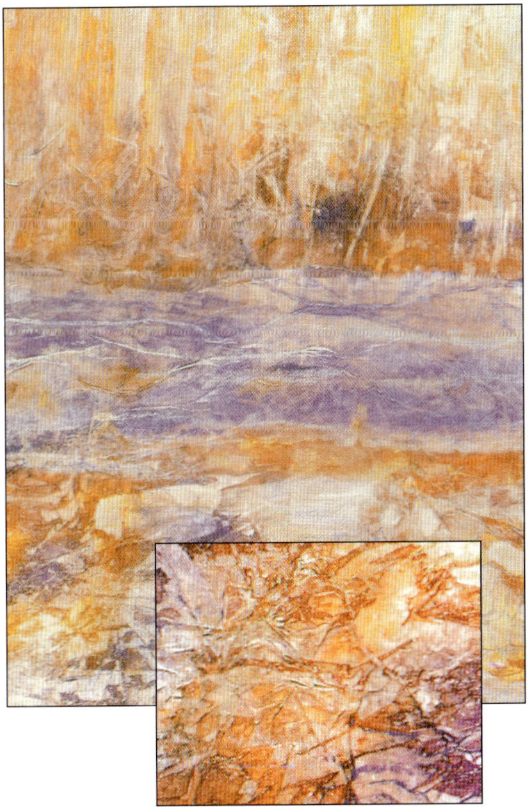

Jill Confavreux
Dieses Gemälde entstand als Teil einer Reihe zum Thema gefrorener Boden. Als Arbeitsoberfläche dient Aquarellpapier, auf das mit Glanzmittel Taschentuchpapier geklebt wird. Diese Textur bildet den Malgrund, der anschließend mit einer Acrylglasur überzogen wird; danach folgt eine leichte Glasur aus goldenen und silbernen Ölpastellkreiden. Diese dient als Abdeckung für weitere Farbaufträge und erzielt einen schönen Effekt.

Hier sehen Sie die Vielzahl von Farb- und Textureffekten, die durch die Schichtentechnik möglich sind. Zum Schluss wurde eine Glasur aufgetragen und die Bildoberfläche mit Folie bedeckt, die nach dem Trocknen wieder abgezogen wurde.

AUSGEDRÜCKTE FARBE

Die Vielseitigkeit der Acrylfarben und die große Anzahl von Hilfs- und Malmitteln, mit denen Sie den Charakter der Farben beeinflussen können, ermöglichen viele experimentelle Herangehensweisen. Sie müssen nicht bei den konventionellen Maltechniken bleiben. Tragen Sie zum Beispiel dicke Farbschichten mit einem Messer übereinander auf oder drücken Sie die Farbe aus der Tube direkt auf den Malgrund.

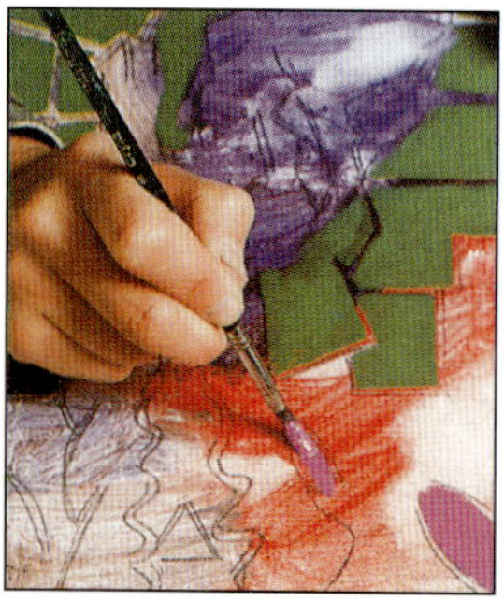

1 Hier wurde der Entwurf eines Stiefels im Skizzenbuch ausgearbeitet. Die Hilfslinien entstanden mit Bleistift auf bespanntem Keilrahmen. Dann folgt der Aufbau des Bildes mit unterschiedlichen Farbkonsistenzen.

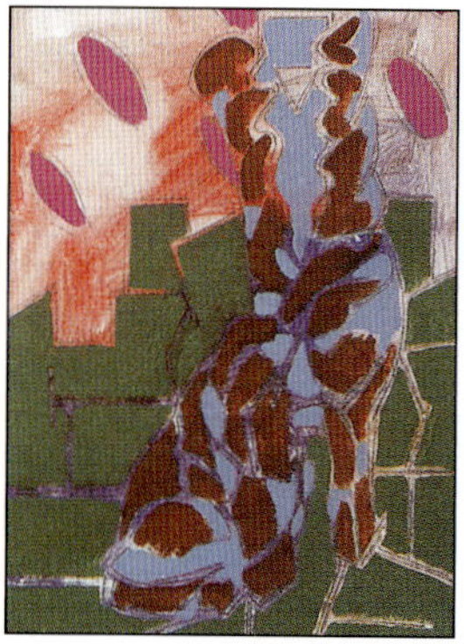

2 Nun wird mit dem plastischen Gestalten durch Ausdrücken der Farbe begonnen. Diese Methode erfordert eine entschiedene Herangehensweise, da Fehler nur schwer korrigiert werden können.

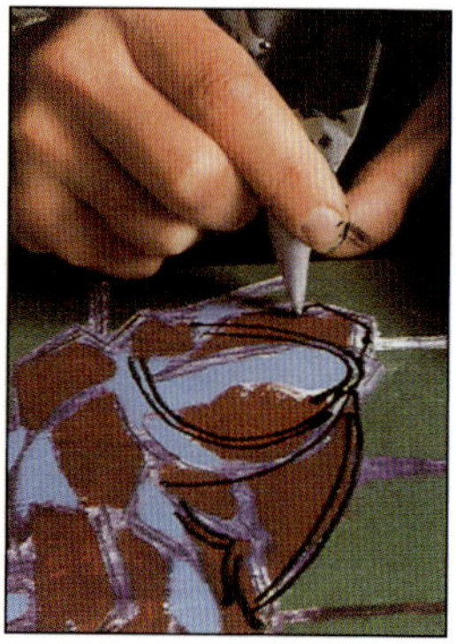

3 Mit einer improvisierten Spritztüte aus Transparentpapier beginnt der Künstler nun mit der Umrandung der Schuhspitze in Schwarz. Die Farbe erhält durch Zugabe eines Impastomittels eine dickere Konsistenz.

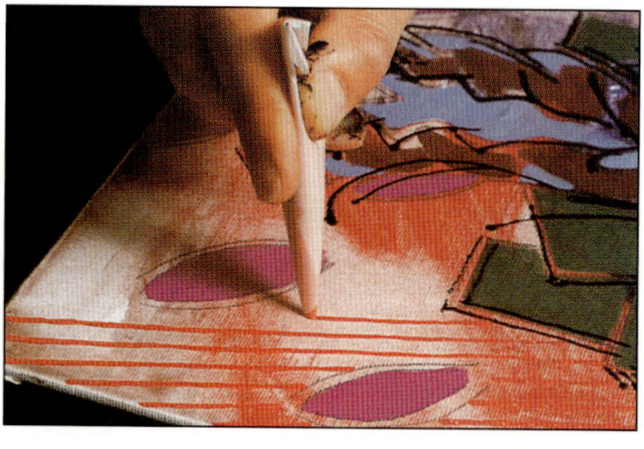

4 Um die verschiedenen Farben zu verarbeiten, sind mehrere Spritztüten notwendig, wie für das Ziehen der Linien. Diese sollten sorgfältig in diagonalen Abständen gezogen werden und die ovalen Farbflächen nicht berühren.

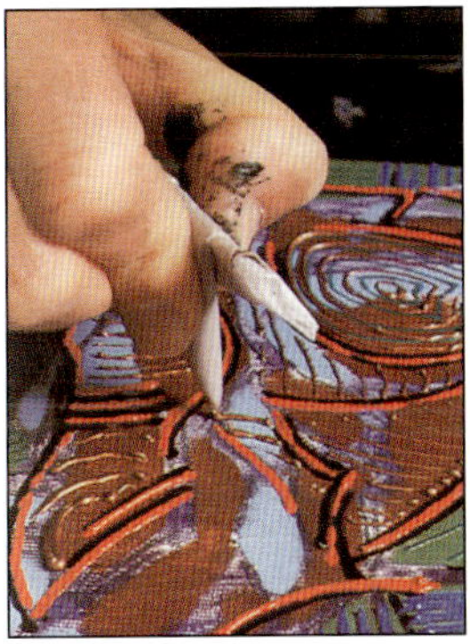

5 Anschließend wird die Oberfläche mit einem Netz aus Linien, Kreisen und kleinen Punkten bedeckt. Da die Hand hierbei nicht auf der Arbeitsoberfläche aufkommen darf, sollten Sie die Leinwand hin und wieder drehen.

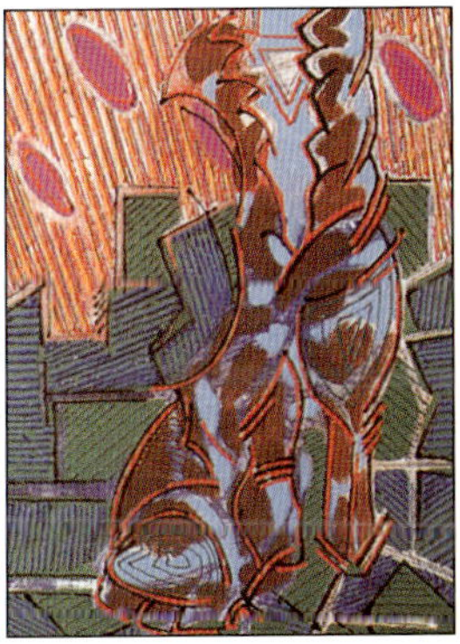

6 Betrachten Sie nun die Arbeit aus einiger Distanz, um besser beurteilen zu können, wo Farbe fehlt. In diesem Fall benötigt der Stiefel noch einige Farbaufträge, da er weniger Textur als der Hintergrund besitzt.

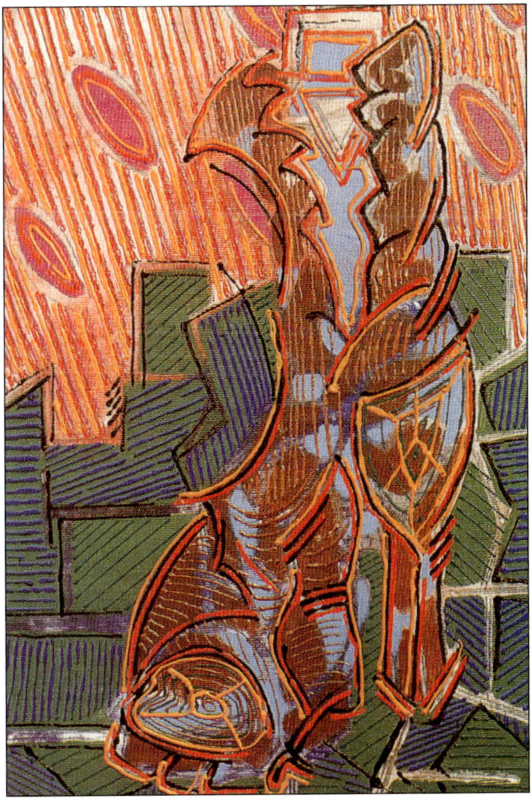

7 Wieder wird mit einer Spritztüte Farbe aufgetragen: Ziehen Sie dicke orange Linien innerhalb der vorher aufgetragenen roten Striche. Das gleiche Orange wurde für die Stiefelumrisse und zur Hervorhebung der ovalen Flächen des Hintergrundes verwendet. Für den restlichen Stiefel wird ein Netz aus feineren Linien aufgelegt.

ARBEITEN MIT DEM PALETTMESSER

Wenn Sie Farbe gern dick auftragen, sollten Sie probehalber zu einem Palettmesser greifen. Das Arbeiten damit ist eine andere Form der Impastomalerei; allerdings mit einer ganz anderen Wirkung als bei der Pinsel-Impastoarbeit. Die flache Klinge des Malmessers verteilt und zerdrückt die Farbe, sodass eine glatte Fläche entsteht, die am Ende des Striches eine Kante ausbildet. Die Ränder selbst werfen feine Schattenlinien, die Sie zur Begrenzung der Formen Ihres Motivs nutzen können. Die Kante oder Spitze des Messers dient zudem zum Ziehen feiner Linien.

Malmesser eignen sich ebenfalls sehr gut für das Nachahmen von Texturen. So können Sie beispielsweise eine raue Steinmauer aus einer Reihe von Messerstrichen aufbauen und anschließend mit anderen Farben lasieren. Dies ist nicht ungewöhnlich, denn Impastotechniken werden häufig mit Lasurtechniken kombiniert.

Ein vollständig in Spachteltechnik erstelltes Bild besitzt einen lebendigen Oberflächencharakter und kann die Dramatik des Motivs verstärken. Ebenso können Sie die Arbeit mit dem Malmesser auch auf einzelne Bildbereiche beschränken, um beispielsweise besondere Details im Vordergrund zu betonen.

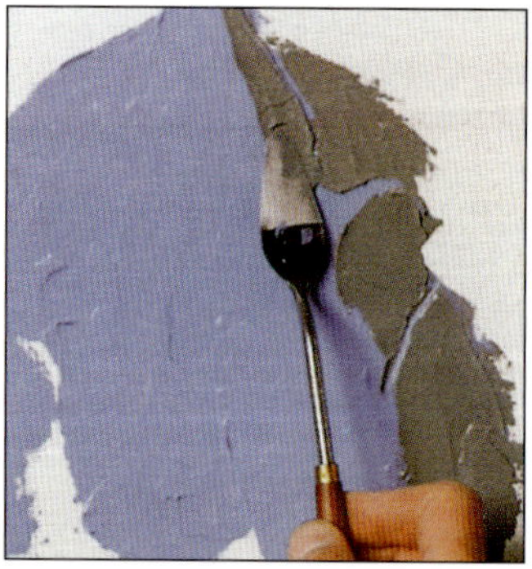

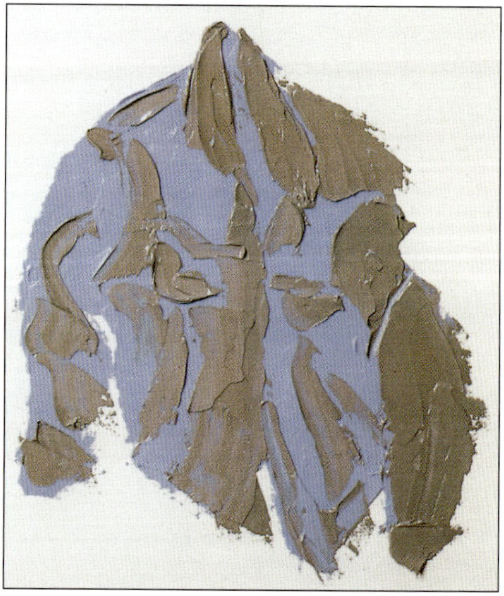

1, 2 Die erste Farbschicht muss leicht auftrocknen, ehe eine zweite darübergelegt werden darf. Hier ist ein Fön nützlich. Mit einem spitzen Malmesser und einer pastosen Farbkonsistenz (wie aus der Tube) streicht der Maler Farbe auf die Oberfläche. Der erste Farbauftrag wurde fest auf den Malgrund gedrückt, sodass er relativ eben ist. Die braune Farbe wird leichter aufgetragen, wodurch Kanten und deutliche Ränder entstehen.

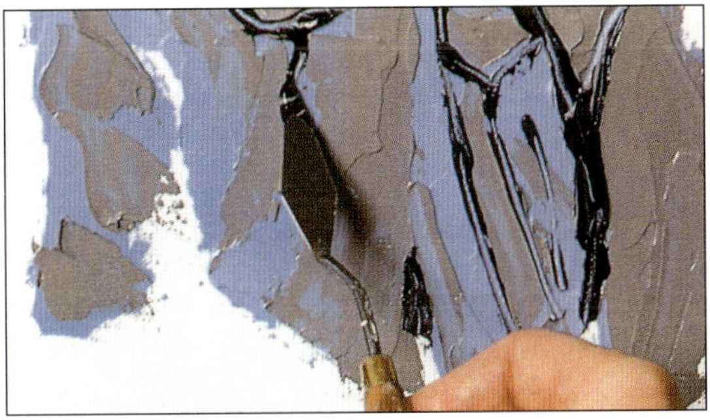

3 Durch leichtes Drehen wird mit der Spitze des Messers die Farbe zerkratzt. Die Umrandung bei den weißen Lichteffekten verstärkt den schneidigen Gesamteindruck des Bildes.

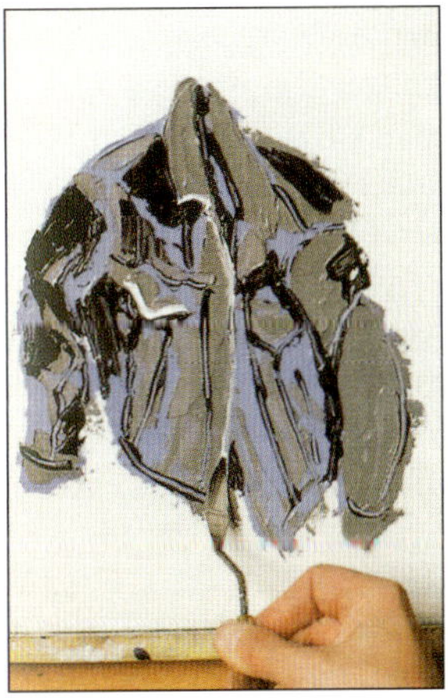

4 Mit der Messerspitze wird zur Verstärkung der linearen Elemente weiße Farbe aufgetragen. Die dreieckigen Malspachtel ermöglichen ein sehr genaues Arbeiten.

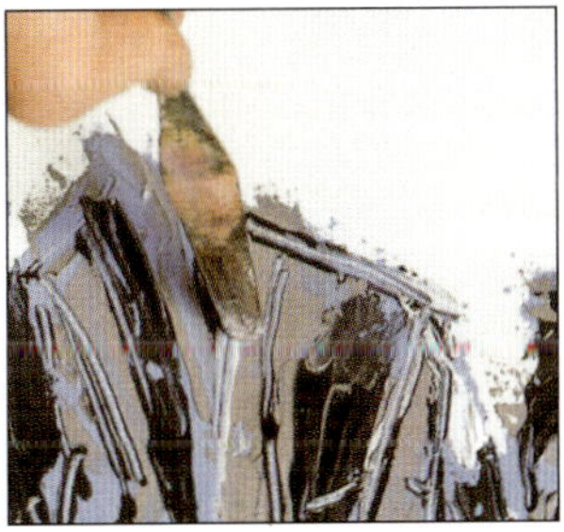

5 Jetzt kommt ein einfaches, gerade geformtes Palettmesser zum Einsatz, um kleinere Bereiche der noch feuchten braunen Farbe wieder zu entfernen. So werden die Knöpfe angedeutet. Dick aufgetragene Farbe trocknet langsamer und kann längere Zeit auf der Oberfläche bearbeitet werden.

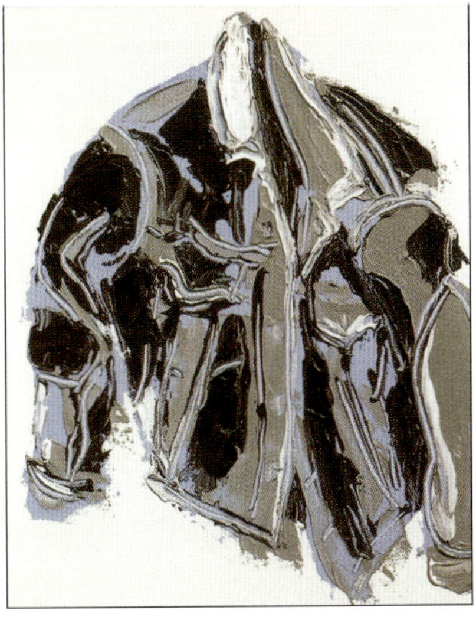

6 Weitere Messerstriche mit schwarzer und weißer Farbe werden am Ende hinzugefügt, um die Jacke vollständig auszugestalten.

ABDECKTECHNIK

Einen sauberen Rand oder eine vollkommen gerade Linie zu malen, ist durchaus nicht einfach. Selbst bei einem Lineal neigt die Farbe dazu, unter den Rand zu laufen, sodass die Verwendung von Abdeckband grundsätzlich vorzuziehen ist.

Abdecktechniken werden oft verwendet, um einzelne Formen scharf und klar gegeneinander abzugrenzen. Auch in der darstellenden Malerei kommen sie zum Einsatz, wenn zum Beispiel in der Lasurtechnik das Papier für die weißen Flächen freigelassen werden muss. Indem Sie die entsprechenden Bereiche mit Abdeckband abkleben, vermeiden Sie jegliches Übermalen der Ränder. Nach Fertigstellung des Untergrundes können Sie das Band problemlos wieder abziehen.

Auch für die Darstellung eines Fensters mit dahinter sichtbarer Landschaft bietet sich Abdeckband an, um den Fensterrahmen klar gegen den Ausblick nach draußen abzugrenzen. Ebenso wenn Sie abwechselnd mit dickem und dünnem Farbauftrag arbeiten und bestimmte Bildbereiche in Impastostruktur gestalten wollen: Schneiden Sie in diesem Fall das Band in passende Stücke und kleben Sie es auf die erste, dünn aufgetragene Farbschicht. So können Sie jede beliebige Form umranden und frei arbeiten, ohne die Ränder zu übermalen.

Abdeckband kann auf Papier oder Leinwand verwendet werden, vorausgesetzt der Untergrund ist nicht zu stark strukturiert. Ansonsten bleibt das Klebeband nur an der Oberfläche haften und die Farbe läuft unter das Band.

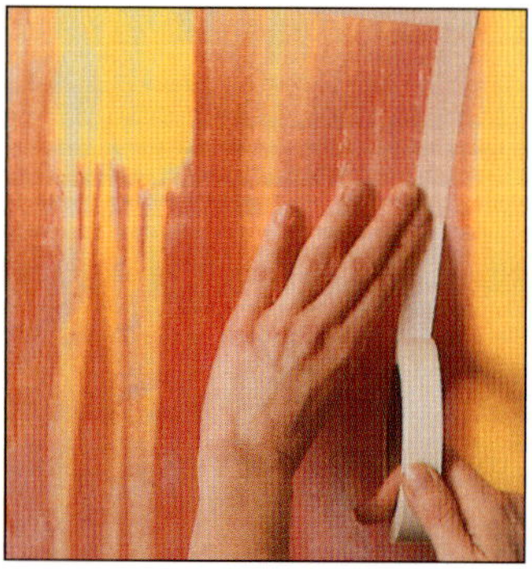

1 Dünne rote und gelbe Farbe wird auf einen Keilrahmen aufgetragen. Bevor das Abdeckband geklebt werden kann, muss die Farbe trocknen.

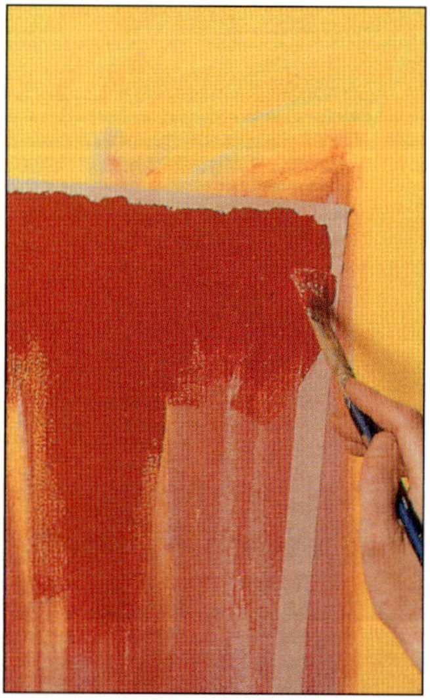

2 Der Kontrast zwischen deckender Farbe und dünnem, rauerem Farbauftrag ist ein Merkmal dieses Gemäldes. Das glänzende Rot wird mit einem weichen Pinsel aufgetragen, der kaum Strichspuren hinterlässt.

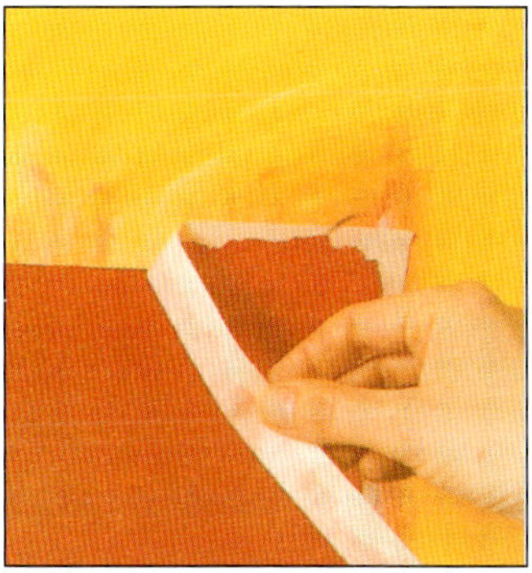

3 Zuletzt wird das Abdeckband vorsichtig entfernt. Es hinterlässt einen klaren Rand. Das Band muss abgezogen werden, solange die Farbe noch feucht ist, da getrocknete Acrylfarbe eine Kunststoffhaut bildet, die ansonsten mit entfernt wird.

ABSTRAKTE FORMEN SCHAFFEN

Im unteren Bild kamen viele Grundtechniken zum Einsatz, um abstrakte Effekte zu erzielen. Für den exakten Rand um die Ellipsen wurde Abdeckband verwendet. Um eine gebrochene Oberfläche zu erhalten und die Ellipsen in den Vordergrund treten zu lassen, wurde Texturpaste mit Farbe gemischt und dann mit einem Plastikkamm in Kratztechnik aufgetragen.

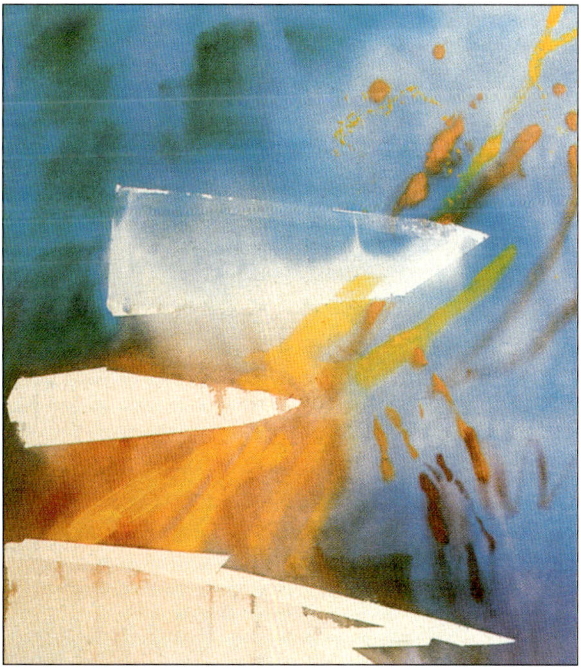

Mit Abdeckband lassen sich die drei Hauptformen vom jeweils nachfolgenden Farbauftrag abgrenzen und vor ihm schützen. Das Klebeband muss fest angebracht werden, damit die Farbe nicht darunterlaufen kann.

SPACHTELTECHNIK

Auch wenn ein Pinsel zum Aufbringen der Farbe am gebräuchlichsten ist, gibt es zahlreiche alternative Methoden. Farben können zum Beispiel ausgepresst (siehe Seite 60–61) oder auch aufgespachtelt werden.

Diese Technik – die mit einem improvisierten Spachtel wie einem Plastiklineal, einer alten Kreditkarte oder einem Tapetenabkratzer durchgeführt werden kann – ähnelt dem Arbeiten mit Mal- und Palettmessern, obwohl die Farbschichten dünner aufgetragen werden. Die Spachteltechnik ist ideal für eine schichtenförmige Arbeitsweise, bei der transparente Farbe über deckende aufgetragen wird oder andersherum. Ebenfalls können Sie ein getöntes Acrylmittel auf einen Farbgrund spachteln, sodass ein Glasureffekt entsteht, der die Farbe verstärkt und ihr Tiefe gibt. Durch den Kontrast zwischen dünn gespachtelten und strukturierten Bereichen ergeben sich zahlreiche Variationsmöglichkeiten. So erzielen Sie mit einem eingekerbten Plastikschaber zum Beispiel gezahnte Muster.

Sie können leicht Ihren eigenen Schaber herstellen, indem Sie Zacken in ein Stück festen Karton oder Plastik schneiden. Auch das Auftragen einer Untergrundstrukturpaste kann in Spachteltechnik erfolgen.

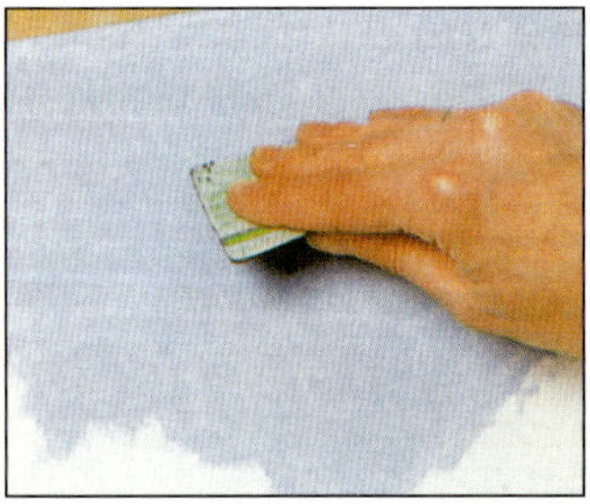

1 Hier wird eine Plastikkarte verwendet, um die Farbe dünn auf der Oberfläche zu verteilen. Als Malgrund dient ein bespannter Keilrahmen, der mit Klebeband befestigt wurde, um nicht wegzurutschen.

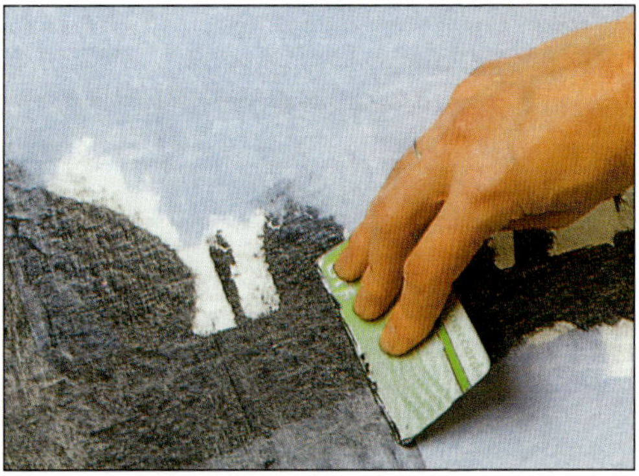

2 Über dem Blau folgt eine dunklere Farbschicht. Obwohl die Farbe in Tubenkonsistenz aufgelegt wird, ist die Deckung dünn genug, um die untere Farbe durchscheinen zu lassen. So entsteht eine Lasurwirkung.

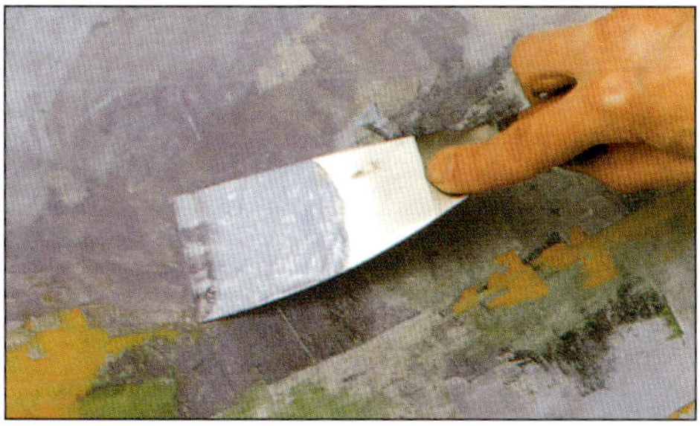

3 Je härter der Spachtel, desto dicker und unregelmäßiger die Farbdeckung. Dieser Effekt wird hier zum Aufbau der Oberflächenstruktur genutzt.

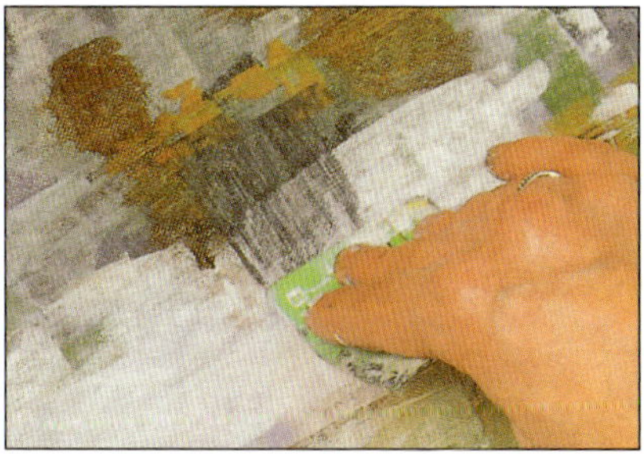

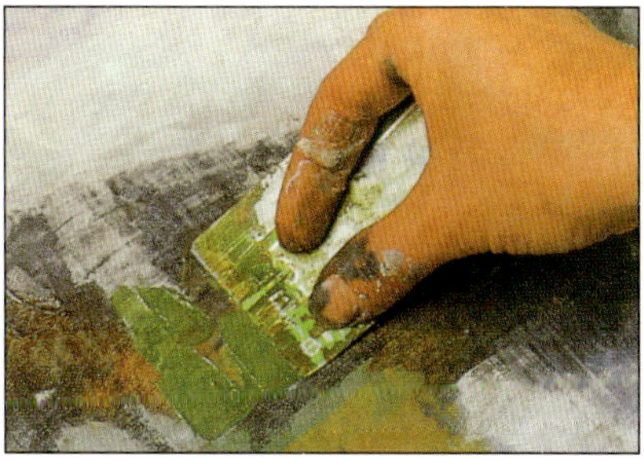

4 Indem die Plastikkarte nach unten gezogen wird, entsteht ein Farbschleier, der die Spiegelungen andeutet. Das hier verwendete Pigment ist relativ transparent.

5 Für das Laub am hinteren Seeufer wird die Farbe dicker aufgelegt. Ziehen Sie die Farbe in diesem Fall nicht quer über die gesamte Oberflache, sondern arbeiten Sie mit kurzen unterbrochenen Strichen.

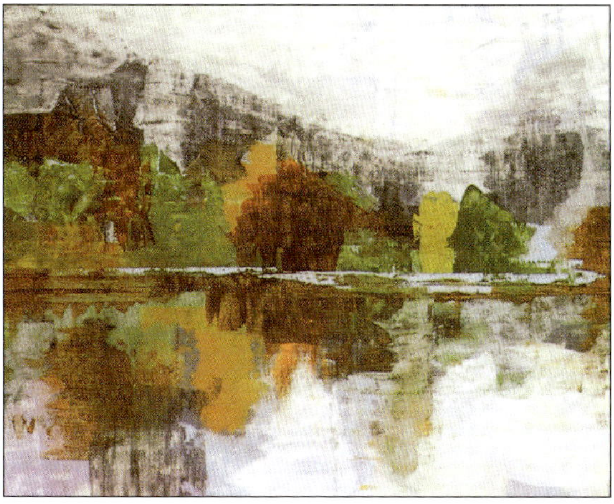

6 Das vollendete Gemälde zeigt eine Vielzahl von Effekten, die mit einem herkömmlichen Malwerkzeug nicht möglich gewesen wären. Dünne Farbschleier kontrastieren mit dezenten Halbimpastos und klaren Farbabgrenzungen.

ÜBERMALUNG

Eine der vielen Methoden, einen unregelmäßigen Farbauftrag zu erhalten, ist die Übermalung, bei der eine ungleichmäßige Farbschicht über eine bestehende Farbe gelegt wird. Vor allem Ölmaler verwenden die Technik häufig. Da jedoch die untere Schicht vollkommen getrocknet sein muss, bevor die darüberliegende aufgetragen werden kann, passt die Technik auch zur schnell trocknenden Acrylfarbe besonders gut.

Je nachdem, welche Wirkung Sie erzielen möchten, können Sie für die Übermalung eine zur ersten Schicht kontrastierende oder ähnliche Farbe wählen.

GESTALTUNG EINES HIMMELS

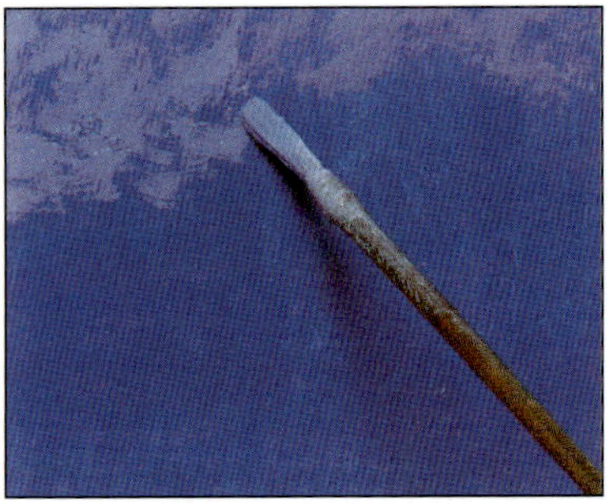

1 Tragen Sie eine Untergrundfarbe gleichmäßig auf und lassen Sie diese trocknen. Mit dem Pinsel legen Sie in einem blasseren Blau die unverdünnte Farbe vorsichtig darüber. Variieren Sie die Richtung der Pinselstriche; an einzelnen Stellen sollte die untere Farbschicht noch sichtbar bleiben.

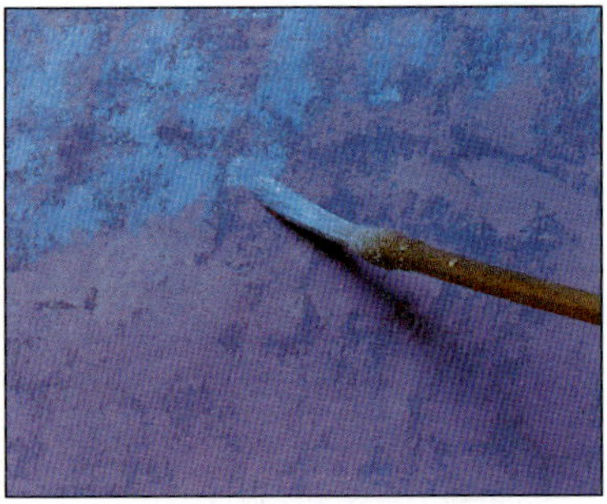

2 Ist die übermalte Schicht getrocknet, wird eine dritte Farbe aufgetragen – zum Beispiel Coelinblau. Achten Sie darauf, die ersten Farben nicht völlig zu bedecken, da die besondere Wirkung erst durch das Durchscheinen der unteren Farbschichten entsteht.

Legen Sie zum Beispiel mehrere zarte Farbtöne über einen mittelgrauen Untergrund, um eine Mauertextur zu suggerieren. Oder verstärken Sie eine lebhafte Farbe wie tiefes, dunkles Blau, indem Sie sie mit Schattierungen von Violett oder hellem Blau lasieren.

Vor allem sollten Sie daran denken, die untere Farbe nicht völlig zu überdecken und die Übermalung nur mit einer sanften reibenden Bewegung aufzutragen. Dazu werden ein harter Pinsel, ein Tuch oder sogar die Finger verwendet. Wenn Sie auf Leinwand oder bespanntem Keilrahmen arbeiten, wird Ihnen die Körnung behilflich sein, da sich die Farbe hier nur auf der oberen Webschicht absetzt. Eine Übermalung kann jedoch auch auf glatten Malgründen wie grundierter Hartfaserplatte sehr wirkungsvoll sein.

Normalerweise kommt die Farbe relativ dickflüssig zum Einsatz. Auch wasserverdünnte Übermalungen sind jedoch möglich, sofern Sie die Farbe dann so gut es geht aus dem Pinsel drücken. Ebenso lassen sich halbtransparente Übermalungen erstellen, bei denen die Farbe mit Glanz- oder Mattmalmittel vermischt wird.

Die Übermalung ist eine relativ unpräzise Technik, sodass es nicht möglich ist, sie auf kleine Bereiche zu begrenzen. Bevor Sie sich in diesem Bild dem Himmel zuwenden, müssen Sie die zu schützende Fläche daher abkleben. Nach dem Abziehen des Klebebands entsteht so ein scharfer Rand, der einen Kontrast zur weichen Übermalung bildet.

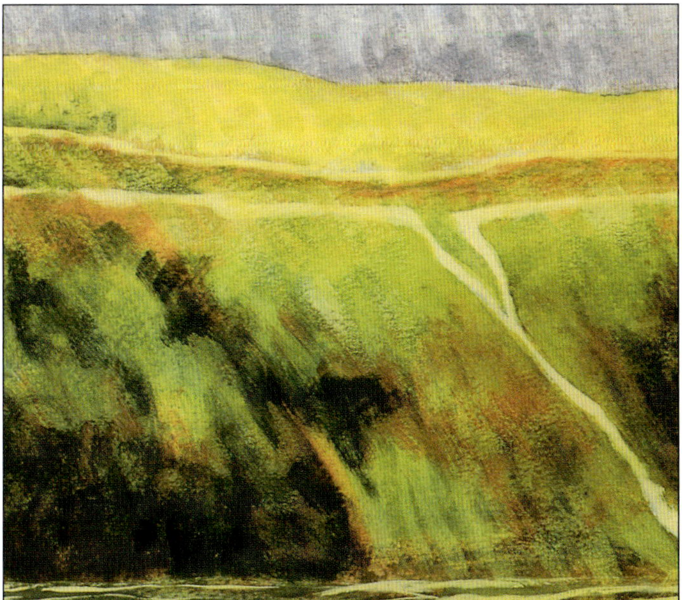

SGRAFITTO

Sgrafitto (aus dem Italienischen graffiare = kratzen) bezeichnet das Aufkratzen der Farbe, um dadurch entweder das Weiß der Leinwand oder eine andere unterliegende Farbe zum Vorschein zu bringen. Es handelt sich dabei ebenfalls um eine der Ölmalerei entlehnte Technik.

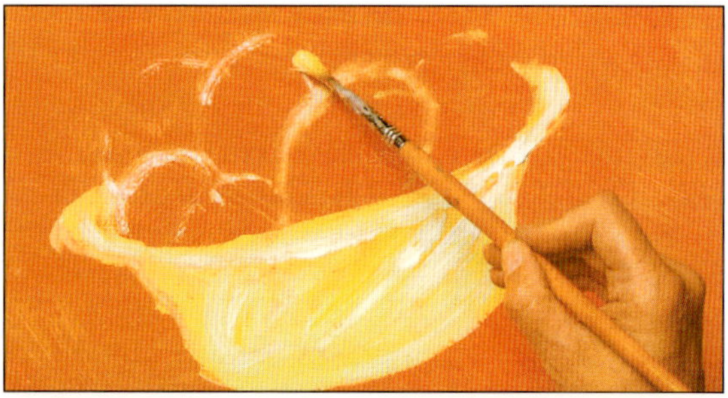

1 Durch Einritzen soll hier die untere Farbschicht wieder sichtbar werden. Daher wurde vor dem Aufmalen des Korbs zunächst eine rote Untermalung angelegt.

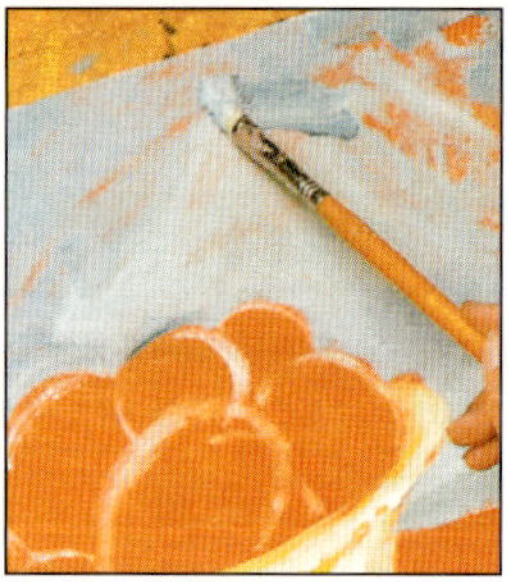

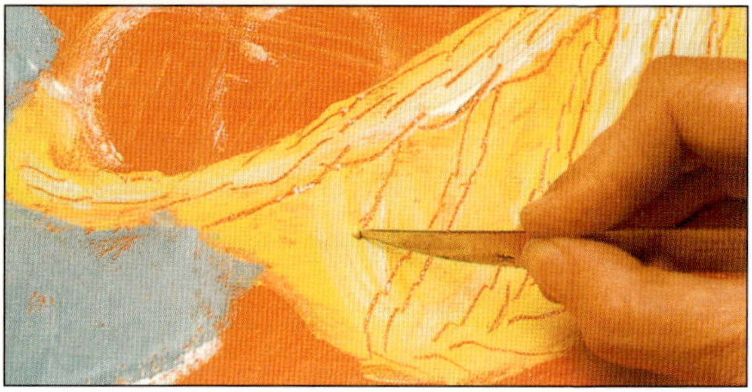

2 Beim Malen des blauen Hintergrundes bleibt absichtlich etwas Rot zwischen den Pinselstrichen stehen. Dieser Farbkontrast wird später durch das Aufkratzen der blauen Farbe noch verstärkt.

3 Durch Trocknungsverzögerer bleibt die Farbe feucht genug, um sie mit der Messerspitze abzunehmen. Wird die Farbe zu trocken, muss mit größerem Druck gearbeitet werden. Dies kann dazu führen, dass die erste Farbschicht mit abgekratzt wird.

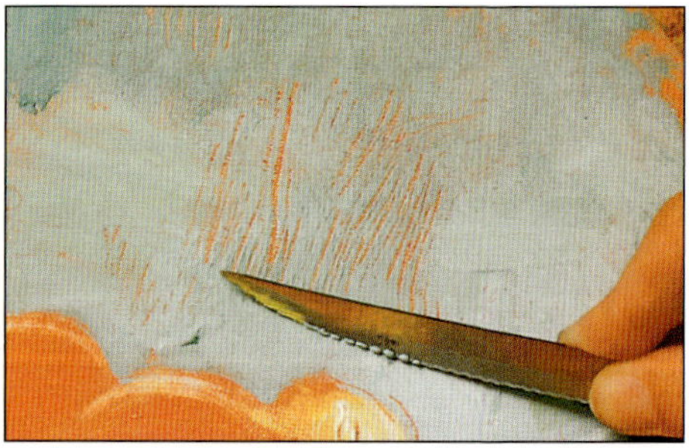

4 Sowohl die Spitze als auch die gezackte Klinge des Messers werden eingesetzt, um viele Linienvariationen in den blauen Hintergrund zu kratzen.

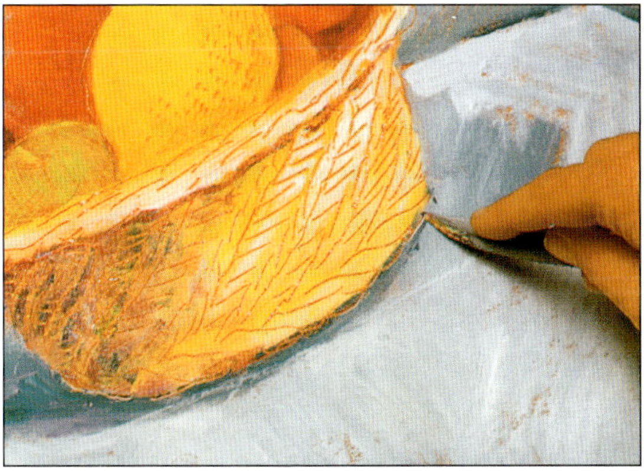

5 Nachdem das Obst gemalt ist, wird mit der Messerspitze Farbe von der Zitrone genommen, sodass rote Punkte entstehen. Um den Schatten am Korb anzudeuten, wird eine Lasur aufgetragen. Das Korbmuster vervollständigen Sie mit dem Messer.

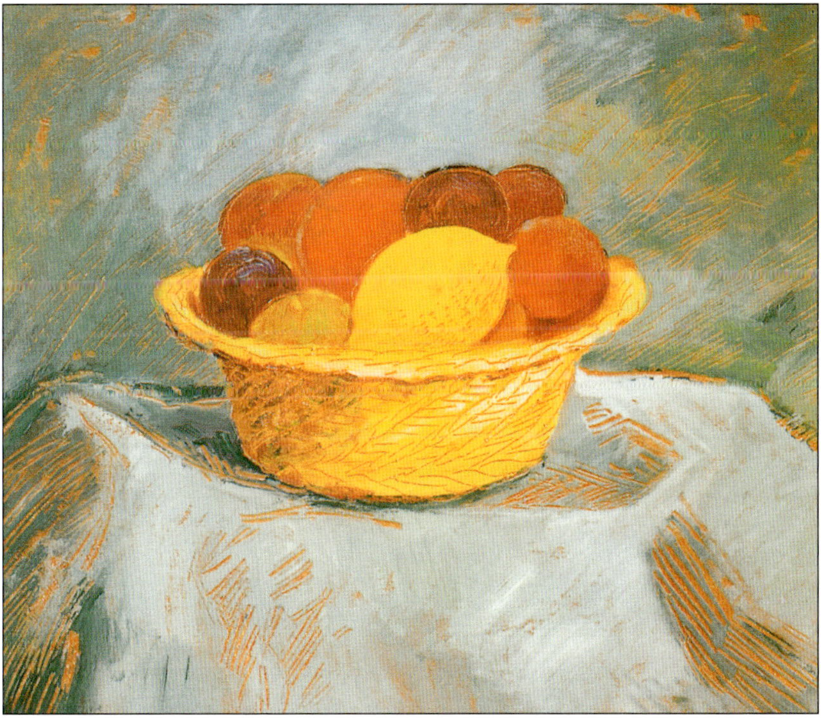

6 Die Wirkung des Gemäldes beruht zum Großteil auf dem verwendeten Farbschema, das sorgfältig ausgewählt wurde, um den Blau-Rot-Kontrast in jedem Bildbereich beizubehalten. Das rote Sgrafitto auf Blau gleicht die hellen Farben der Früchte aus und betont zusätzlich die gekratzten Linien.

SPRITZTECHNIK

Das Aufsprühen oder -tropfen von Farbe auf eine Bildoberfläche ist eine gute Methode, um Texturen anzudeuten, und kann auch eingesetzt werden, um einen ebenmäßigen Farbbereich lebendiger wirken zu lassen.

Aquarell-Landschaftsmaler verwenden aufgespritzte Farbe oft, um das Aussehen von Sandstränden einzufangen, oder sie sprühen weiße deckende Farbe auf, um die Gischt von brechenden Wellen darzustellen.

Meist kommt das Aufsprühen bei transparenten Malweisen zur Anwendung, doch kann es ebenso auf deckende Malweisen angepasst werden. Kontrastieren Sie zum Beispiel einen Bereich dünn aufgesprühter Farbe mit gleichmäßigem Farbauftrag oder bringen Sie eine dünne Farbschicht über eine dickere Untermalung auf.

Eine alte Zahnbürste ist beim Aufsprühen das am häufigsten verwendete Gerät. Doch auch ein Borstenpinsel, mit dem größere Farbtropfen entstehen, eignet sich gut. Für ganz fein aufgesprühte Farbe, die über eine große Fläche verteilt werden soll, können Sie einen Zerstäuber verwenden, wie er für den Gebrauch von Sprühfirnis erhältlich ist. In diesem Fall müssen Sie jede Fläche, die nicht besprüht werden soll, vorher abdecken.

Egal welche Methode Sie anwenden: Bedenken Sie stets, dass aufgesprühte Farbe meistens am falschen Ort landet – auf Ihrer Kleidung, dem Boden, den Wänden und Ihrem Arbeitstisch. Empfindliche Oberflächen sollten daher immer geschützt werden, denn Acrylfarben lassen sich im getrockneten Zustand nur schwer oder gar nicht entfernen.

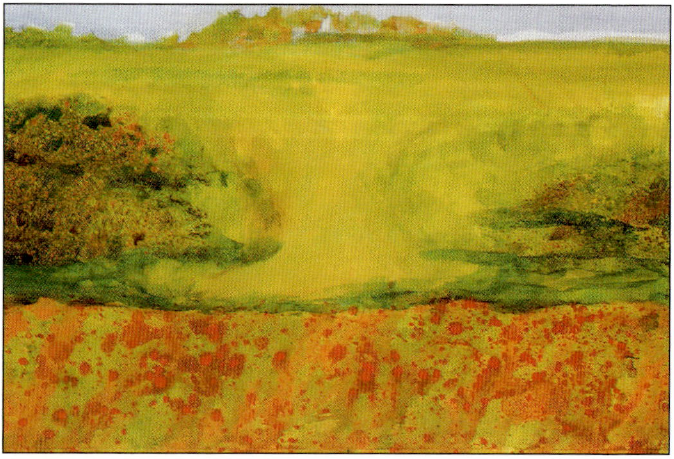

Die Landschaft in diesem Bild wurde mit wenig Details im Vordergrund vorgemalt. Dieser folgte später mit aufgesprühter Farbe.

AUFSPRÜHEN VON GOUACHEFARBE

Gelegentlich werden Sie Effekten begegnen – zum Beispiel feine Gischt über einer brechenden Welle –, die in transparenter Aquarellmalweise sehr schwer zu erzielen sind. In diesem Fall kann deckende weiße Gouachefarbe über die getrocknete Farbe aufgesprüht werden.

1 Weiße Gouachefarbe aufzusprühen sollte der letzte Arbeitsschritt für ein Bild sein, da ein nochmaliges Überarbeiten den Effekt zerstören würde. Die Farbe muss relativ dickflüssig sein. Eine zu dünne Konsistenz würde die unteren Farbschichten in Mitleidenschaft ziehen. Testen Sie die Mischung daher zuerst aus, um die Gouachefarbe notfalls wieder entfernen zu können.

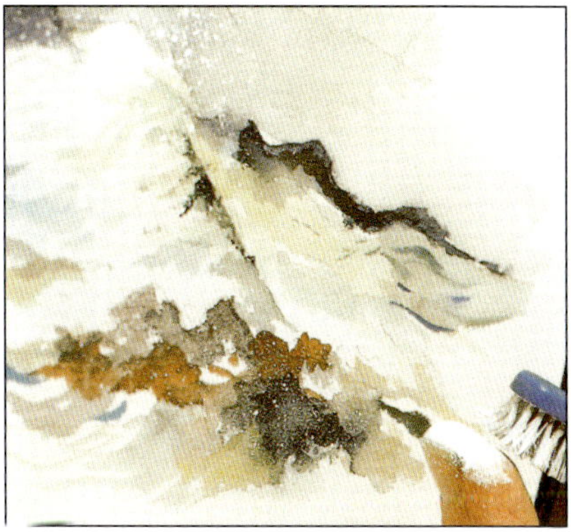

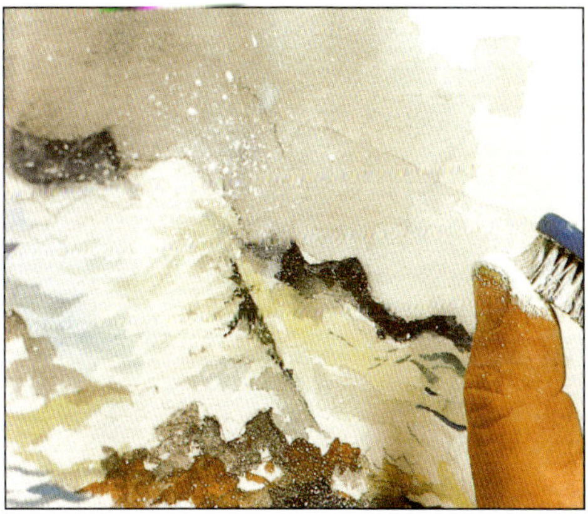

2 Gouachefarben sind leichter zu handhaben als Aquarellfarben. Sie sind dicker, sodass die aufgesprühte Farbe genauer platziert werden kann. Halten Sie die Zahnbürste ein paar Zentimeter über dem Papier und ziehen Sie mit dem Daumen (oder dem Griff eines Pinsels) schnell über die Borsten.

3 Sprühen Sie nicht zu viel Farbe auf. Die Technik ist am wirkungsvollsten, wenn sie wie hier sparsam eingesetzt wird.

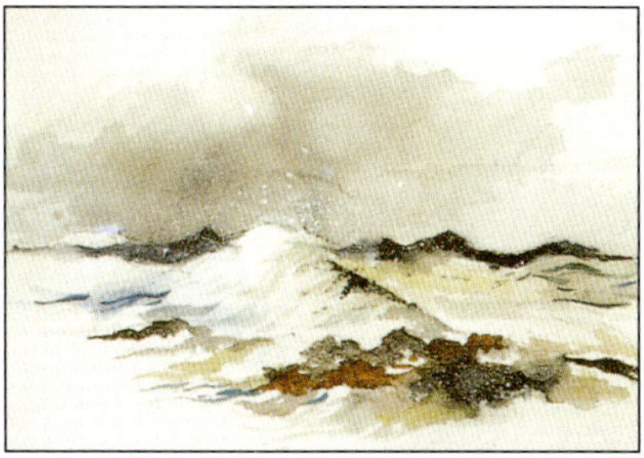

PLASTISCHES GESTALTEN

Acrylfarben sind für plastisches Gestalten hervorragend geeignet – es gibt fast nichts, was nicht mit Acrylfarbe gestaltet werden könnte. Plastische Effekte lassen sich zum Beispiel allein mit der Farbe, durch Impastotechniken, Spachteln, Kratztechniken und sogar mit ausgepresster Farbe erzielen – um nur einige zu nennen. Die Farbe kann auch mit anderen Materialien wie Sand, Sägespäne oder Strukturmalmittel gemischt werden.

Acrylmodellierpaste wurde speziell für Untergrundstrukturen entwickelt und kann, obwohl auch mit Farbe vermischt verwendbar, in jeder beliebigen Form auf die Bildoberfläche aufgetragen werden. Hierfür sollte der Malgrund allerdings fest sein, da die Paste auf nachgebender Leinwand zu Rissbildungen führt. Indem Sie das Mittel mit einem Palettmesser auftragen, können Sie raue, unregelmäßige Texturen schaffen.

Auch ein Kamm ist als Werkzeug geeignet und erzeugt gerade oder geschwungene Linien. Mit einem Lappen oder harten Pinsel kann die Paste aufgestupft werden. Schließlich bietet sich auch die Prägetechnik an: Dabei wird die Modellierpaste zunächst auf der Fläche verteilt und anschließend mit aufgedrückten Objekten gestaltet, solange die Farbe noch feucht ist. So entstehen druckähnliche Muster.

Abdrücke über der gesamten Oberfläche können mit zerknitterter Metallfolie oder einem harten Pinsel erstellt werden.

Generell sollten die Texturen eher kreativ genutzt werden, denn realistische Strukturen nachzuahmen gelingt mit dieser Technik nicht immer. Raue Steinmauern in einer Stadtszene lassen sich dennoch damit gut plastisch gestalten.

Erstellen Sie zunächst eine Reihe von Probetexturen, wie sie auf der nächsten Seite zu sehen sind.

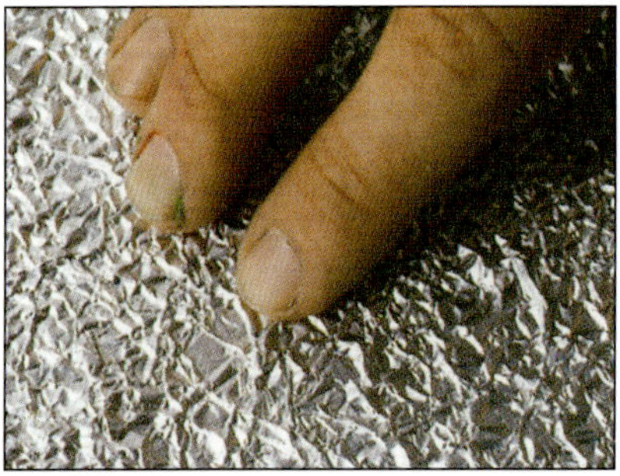

Alufolie
Ein Stück zerknitterte Alufolie wird auf nasse Strukturpaste gepresst.

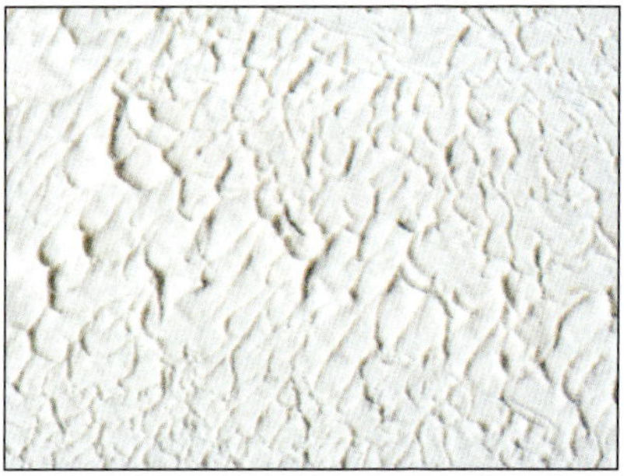

Es entsteht eine raue, getupfte Oberfläche.

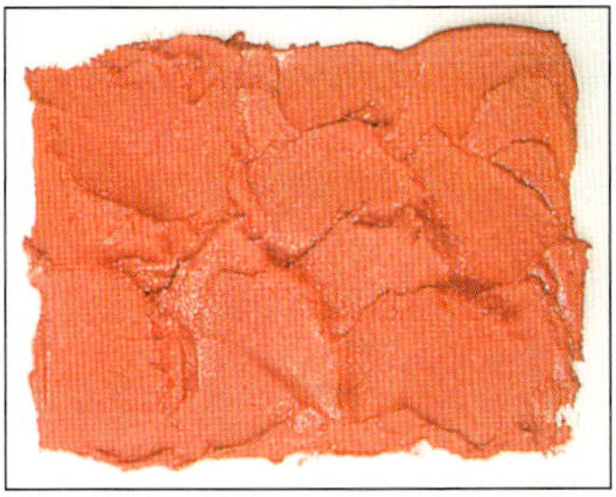

Mit Sand vermischte Farbe. Verwendet man dabei ein dumpfes Rot oder Grau, kann diese Textur gut für Mauern verwendet werden.

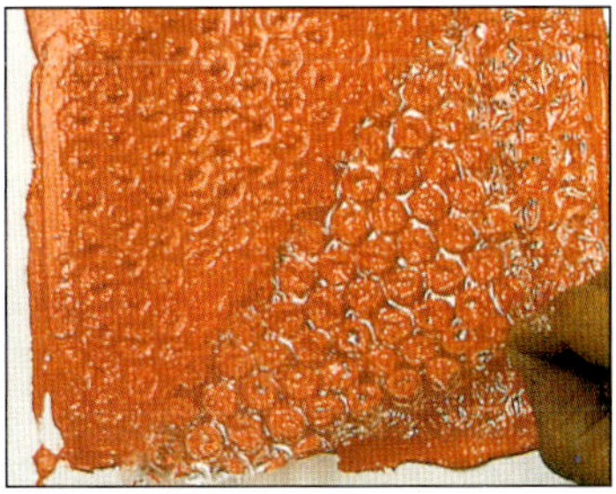

Auf Farbe gepresste Luftpolsterfolie lässt eine Textur entstehen, die sich gut für den Hintergrund eines Stilllebens eignet.

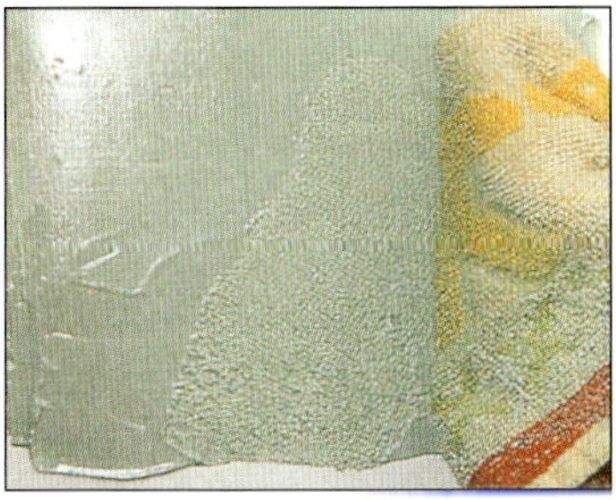

In feuchte, dickflüssige Farbe gepresster Stoff, zum Beispiel Frottee, lässt eine weniger auffällige Textur entstehen. Sie ist ideal zur Darstellung von Stoffen.

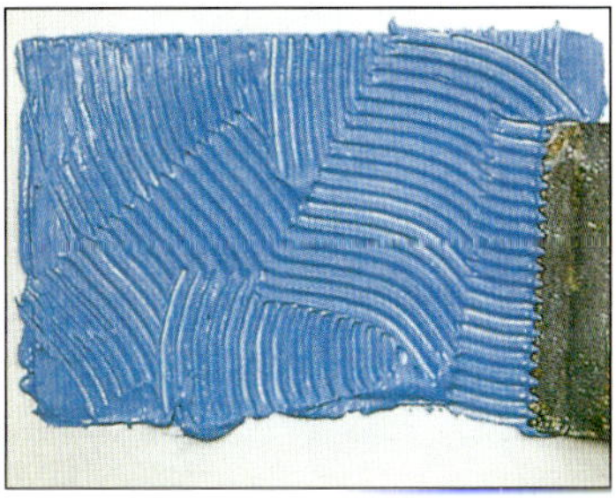

Die Farbe mit einem Kamm oder Messer zu bearbeiten, ermöglicht eine Vielzahl von Effekten. So können Sie windgebeugte Bäume oder Gräser gestalten.

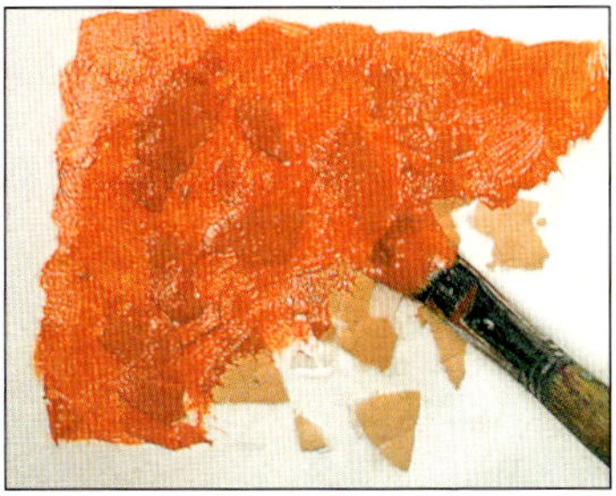

Zerstoßene Eierschalen wurden hier mit Glanzmalmittel aufgebracht und mit Farbe übermalt. Diese Variante eignet sich gut für den Vordergrund eines steinigen Strands.

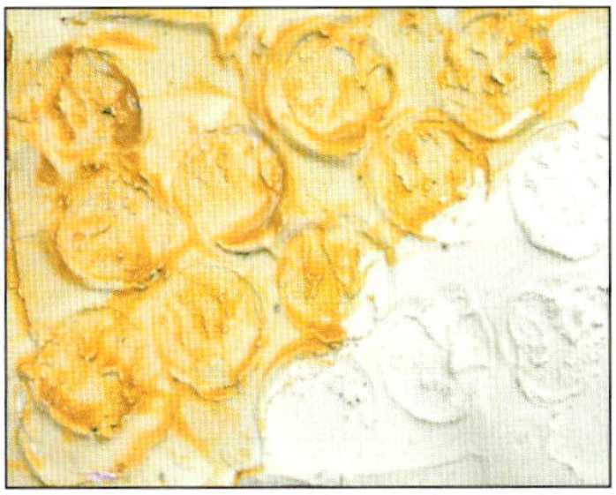

Hier sehen Sie Abdrücke von Münzen auf Acrylmodellierpaste, die anschließend mit transparenter Farbe bemalt wurden.

VORZEICHNUNGEN

Vorzeichnungen sind beim Malen nicht unbedingt notwendig. Manchen Künstlern reichen einige Bleistiftstriche oder Pinselmarkierungen, um die wesentlichen Umrisse des Motivs festzulegen. Wenn Sie jedoch noch nicht so routiniert sind und genau wissen, wie Sie Ihr Bild aufbauen wollen, ist es besser, vorab eine Skizze anzufertigen – besonders wenn Ihr Motiv kompliziert ist oder einige schwierige Elemente wie Figuren enthält.

Beim Arbeiten in deckender Malweise wird die Farbe Ihre Skizze vollkommen bedecken, sodass Sie jedes beliebige Medium verwenden können – egal ob Bleistift, Kohle, Pinsel oder verdünnte Farbe. Wenn Sie allerdings anfangs blasse Farbtöne einsetzen, sollten Sie Vorzeichnungen mit Kohle vermeiden, da die Farben sonst leicht verschmutzen können. Manche Künstler mögen diesen Effekt, während andere von Anfang an den reinen Farbton bevorzugen.

Transparente Malweisen müssen ausreichend geplant werden. Fehler können hier im Nachhinein nicht übermalt werden, ohne dass die Transparenz verloren geht, sodass Sie eine gute Vorzeichnung benötigen. Kräftige Linien sind hier durch die Lasuren hindurch sichtbar, besonders in hellen Bereichen. Dies muss nicht unbedingt störend wirken, da Bleistiftlinien mit Aquarelleffekten kombinierbar sind, aber Sie sollten sich dessen dennoch bewusst sein. Zeichnen Sie Hilfslinien daher immer so zart wie möglich und verzichten Sie in der Vorzeichnung auf Schattierungen. Erst wenn Sie sicher sind, dass Ihr Motiv korrekt wiedergegeben wird, sollten Sie mit dem eigentlichen Malvorgang beginnen.

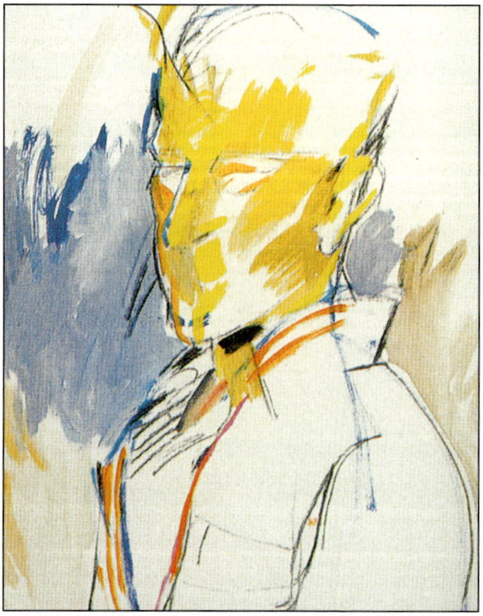

Bei dieser Vorzeichnung kamen Kohle und Coelinblau zum Einsatz, um eine schnelle Skizze des Motivs anzulegen. Der Hintergrund wurde in Schwarz und Weiß, die Hautfarbe in Ocker und Gelb angedeutet. Die Zeichnung wird in Kadmiumgelb und Hellorange fortgeführt. Die leuchtenden Farben unterstützen die lebendige Darstellung der Figur und die Entwicklung der Form.

UNTERMALUNG

Bevor die Impressionisten damit begannen, ihre Motive direkt im Freien auszuarbeiten, wurde normalerweise nach Skizzen und Vorstudien im Atelier gemalt. Die Gemälde bauten sich schichtweise auf. Anfangs wurde eine harmonische Untermalung – zumeist in Braun – angelegt, die die Grundlage der gesamten Komposition und aller zu gestaltenden Formen bildete. Der Auftrag der Farben folgte ganz zuletzt.

Mit Ölfarben gestaltet sich dieser Vorgang äußerst langwierig, da jede Schicht erst getrocknet sein muss, ehe die nächste aufgetragen werden kann. Schnell trocknende Acrylfarben sind hier umso geeigneter. Mittlerweile arbeiten viele Ölmaler auf einer Untermalung aus Acrylfarbe, während manche Acrylkünstler die traditionelle Technik aufgreifen und ihre Gemälde mit dünnen Lasurschichten auf einer Untermalung nach und nach aufbauen.

Diese Methode eignet sich zwar lediglich für die Arbeit im Atelier, ist für komplexe Kompositionen wie Figurengruppen oder Stillleben aber dennoch nützlicher als eine Vorzeichnung. Nur eine Untermalung ermöglicht das Herausarbeiten aller wichtigen hellen und dunklen Flächen.

Manchmal scheinen Bereiche der Untermalung durch die vollendete Arbeit hindurch, sodass die Farbe und auch der farbige Untergrund sorgfältig ausgewählt werden sollten. Sie können zum Beispiel eine einfarbige Untermalung als Kontrast zum Gesamtbild anlegen, einen Farbton wählen, der zur übergeordneten Farbzusammenstellung passt, oder sich für eine Untermalung in Grauschattierungen entscheiden.

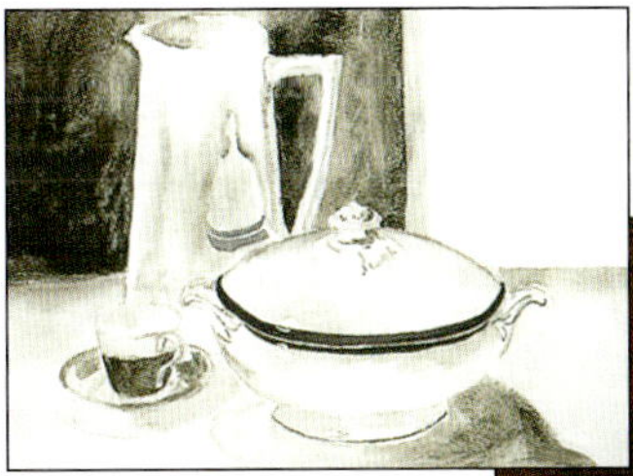

Durch eine graue Untermalung aus einer mit Wasser verdünnten schwarzen Farbe entsteht hier ein harmonisch abgestufter Bildaufbau.

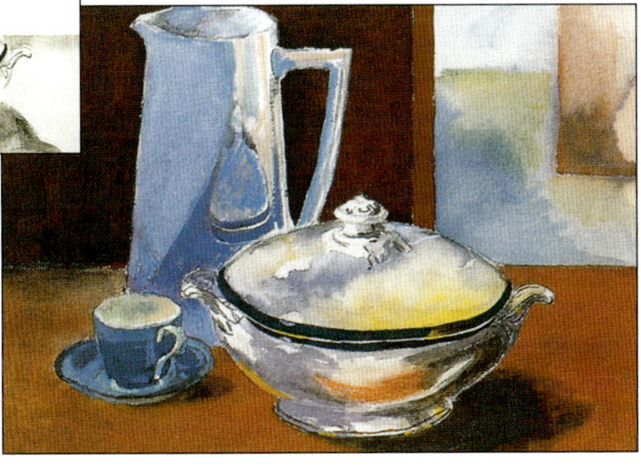

Wieder wurden einige Bereiche Weiß oder Hellgrau belassen, um ein Verschmutzen der transparenten, aquarellartigen Lasuren zu vermeiden.

WACHSABDECKUNG

Die Wachsabdeckung ist eine Technik, die auf der Unverträglichkeit von Öl und Wasser beruht. Ebenso wie die Abdecktechnik wird die Wachsabdeckung dazu verwendet, Farbe aus bestimmten Bereichen des Bildes herauszuhalten. Die Wirkung ist jedoch eine ganz andere.

Mit einer Kerze oder einem Wachsmalstift fahren Sie über das noch saubere Papier. Darauf folgt ein Farbauftrag mit verdünnter Acrylfarbe. Diese wird, da sie wasserlöslich ist, vom Wachs abgestoßen und hinterlässt eine leicht gesprenkelte weiße Fläche.

Es gibt keine Beschränkung auf weiße Kerzen oder Wachsstifte: Sie können ebenso bunte Ölpastellkreiden oder sogenannte Ölstifte verwenden. Fertigen Sie damit eine Zeichnung aus verschiedenen Farben an und legen Sie anschließend eine kontrastierende Farbe darüber. Ein ganzes Gemälde kann auch in einer Schichtentechnik erstellt werden: Das Wachs wird dabei eingeritzt, ehe ein neuer Farbauftrag folgt; dann wird wieder Wachs aufgetragen und so weiter. Wenn Sie diese Variante ausprobieren, sollten Sie auf festem Papier arbeiten, da sonst die Oberfläche beschädigt werden könnte. Denken Sie auch daran, die Farbe gut zu verdünnen – wenn sie zu sehr deckt, könnte der Effekt zerstört werden.

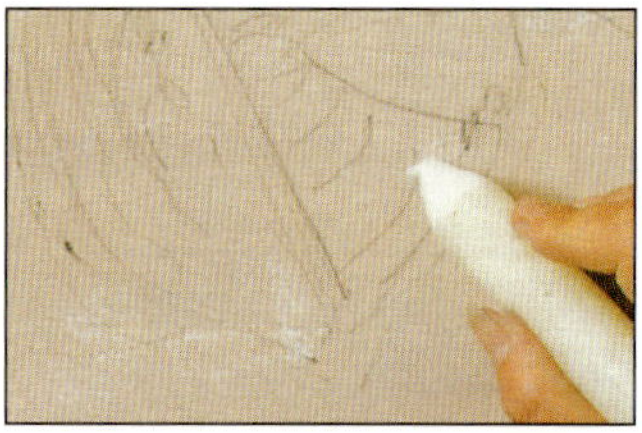

1 Aquarellpapier wurde mit farbigem Gesso eingefärbt, sodass eine leichte Textur entsteht und die Helligkeit des Papiers reduziert wird. Dann folgen eine Bleistiftzeichnung sowie ein Wachsauftrag im oberen Bereich.

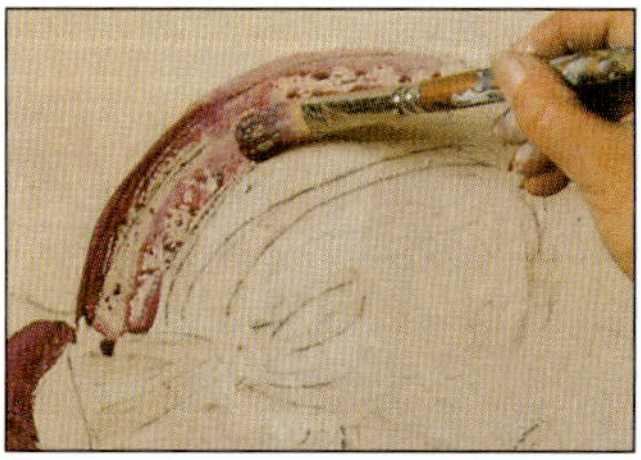

2 Die dünne Farbe perlt vom Wachs ab. Dickflüssige Farbe eignet sich weniger für diese Technik, da die feste Kunststoffhaut der Acrylfarbe das Wachs vollständig bedeckt.

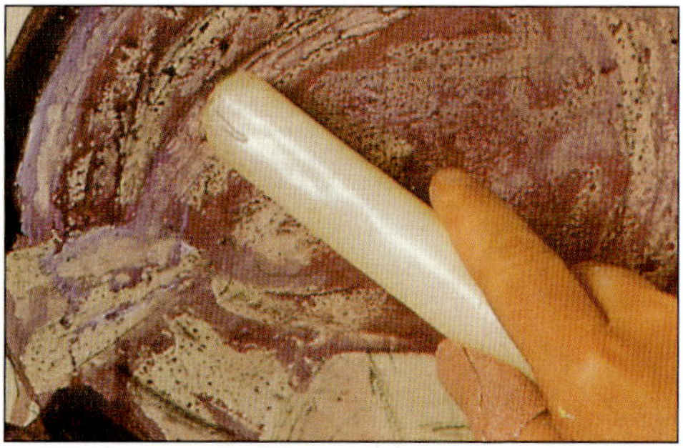

3 Mit dem angespitzten Ende einer Kerze wird weiter vorgezeichnet. Der farbige Untergrund hilft der Künstlerin zu erkennen, wo Wachs aufgetragen werden soll. Dies ist bei weißem Papier oftmals schwieriger.

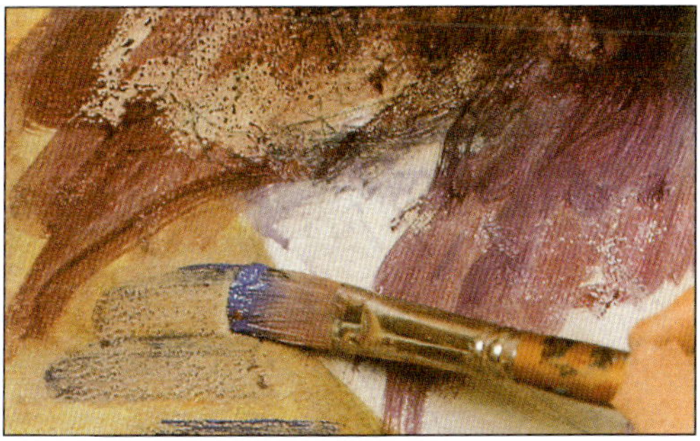

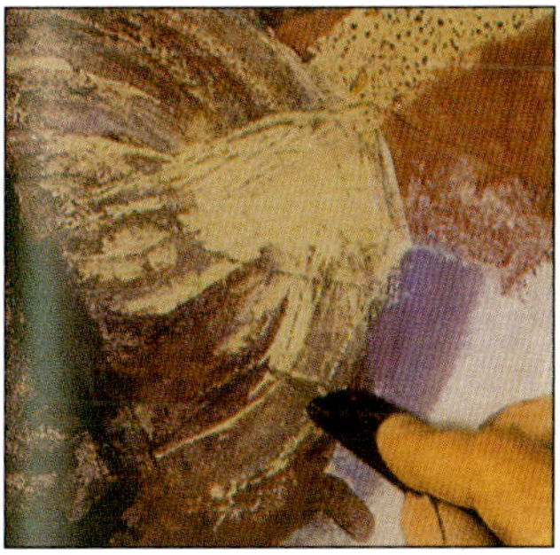

4 Ein weiterer Farbauftrag dient dem Aufbau der Oberflächenstruktur. Die Farbe bildet durch das Abperlen kleine Punkte und setzt sich in den ungewachsten Bereichen ab.

5 Um noch präzisere Effekte zu erzielen, werden mit der Messerspitze kleine Farbtropfen, die sich auf dem Wachs gesammelt haben, weggekratzt. Die Leinwand wurde hier gedreht, um den entsprechenden Bildbereich besser zu erreichen.

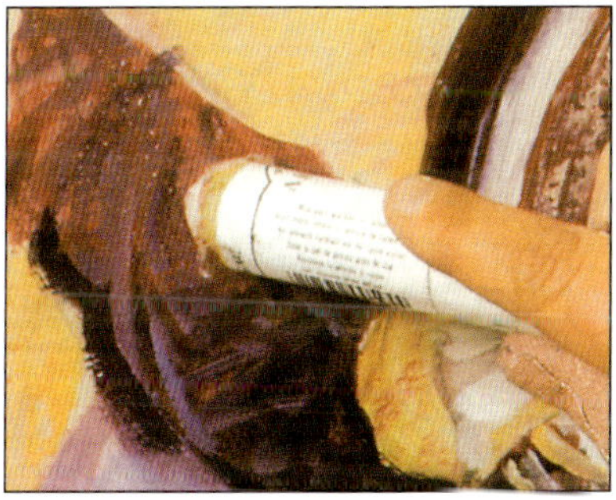

6 Ein weißer Ölstift wird nun zum Überzeichnen der Farbe verwendet. Das anfangs relativ formlose Kohlblatt erhält so mehr Kontur. Auch die Darstellung der Kohlmitte wird mit dem Stift stärker betont.

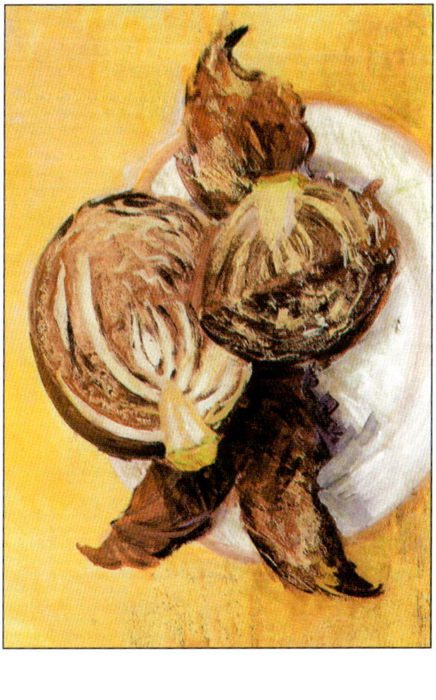

7 Das fertige Bild zeigt eine lebendige Kombination aus Muster und Textur. Der Ölstift, der sowohl für den Kohl als auch für den Teller verwendet wurde, gibt dem Bild eine Charakteristik, die an Ölmalerei erinnert.

Mischtechniken

Mehr als jedes andere künstlerische Medium sind Acrylfarben prädestiniert für das Gestalten in Mischtechnik. Sie können mit Pastell, Tusche, Aquarellfarbe, Gouache und vielen Zeichenmaterialien wie Bleistift, Buntstift, Conté Ölkreiden, Kreide und Kohle zusammen verwendet werden.

Illustratoren kombinieren Acrylfarben meist mit anderen Medien. So wird ein Bild manchmal über eine unregelmäßige Collagetextur aus Seidenpapier gemalt oder es werden Flächen im natürlichen Farbton vorgearbeitet, über die dann mit Bleistift, Kohle, Pastell oder Feder und Tusche ein detailliertes Bild gezeichnet wird. Solche Kombinationen machen ein Bild lebendig und interessant und geben Objekte oft besser wieder als Illustrationen in einer einzigen deckenden Farbe.

Obwohl oft als moderner Rivale der Ölfarbe angesehen, können Acrylfarben für Ölmaler auch sehr hilfreich sein und die Farben ergänzen, statt mit ihnen zu konkurrieren. Da Ölfarbe sehr gut auf Acrylfarbe aufgetragen werden kann, ist es möglich, in Acryl die Grundlage für ein Gemälde zu schaffen – das anfängliche Vormalen der Hauptflächen – und dann mit Ölfarbe weiterzuarbeiten. Dies kann eine Menge Zeit sparen, da der Künstler normalerweise das Auftrocknen der ausgemalten Flächen abwarten muss, bevor er weiterarbeiten kann. Bei Ölfarben dauert das Auftrocknen mitunter mehrere Tage. Wurde der Malgrund jedoch in Acryl angelegt, ist ein Fortfahren fast sofort möglich. Ölfarben können dann wieder in der Endphase verwendet werden, wenn langsam trocknende Farben nötig sind, um die letzten Anpassungen vorzunehmen.

Eines jedoch sollten Sie unbedingt beachten: Öl auf Acryl funktioniert sehr gut, aber Acrylfarben lassen sich im Gegenzug nicht auf Ölfarben verwenden. Selbst wenn sich die Farbe auf dem öl- oder fetthaltigen Malgrund auftragen lässt, wird dieser die Acrylfarbe später abstoßen – Ihr Gemälde wird nicht lange Bestand haben.

Auch Bildhauer und Kunsthandwerker entdecken den Vorteil des Acrylmediums. Für die meisten Kunststoff- und Glasfasermaterialien, die in der plastischen Kunst verwendet werden, ist es mittlerweile die gängige Farbe. Auch für das Auftragen auf Metall, Holz und Stein ist Acryl gut geeignet. Als besonders sinnvoll erweisen sich Acrylfarben für Arbeiten im Freien, bei denen witterungsbeständige Farben gefragt sind.

GOUACHE

Acryl- und Gouachefarben lassen sich aufgrund ihrer Vielseitigkeit gut miteinander kombinieren. Gouache kann pastos verwendet werden oder verdünnt mit Wasser ebenso für transparente Lasuren.

ACRYLFARBE UND KOHLE

Manche Acrylfarben können fast genauso wie Gouache- und Aquarellfarben dünn aufgetragen und auf Papier verwendet werden. Diese Farben lassen sich daher mit jedem Zeichenmedium, das sonst auf Papier eingesetzt wird, kombinieren.

Kohle an sich ist ein sehr vielseitiges Medium; sie eignet sich sowohl für feine Linien als auch für Bereiche mit großer Farbtiefe. Durch die Kombination mit Acrylfarbe erhalten Sie eine große Fülle an Toneffekten.

Es gibt viele verschiedene Arbeitsweisen. Für ein Porträt zeichnen Sie den Bildaufbau vielleicht mit Kohle vor und schraffieren damit auch den Hintergrund. Dann zeichnen Sie Gesicht und Kopf, bevor wieder mit Kohle weitergearbeitet wird. Für ein Landschaftsbild können zuerst großflächige Farblasuren angelegt und dann mit Kohle die Details und dunklere Bereiche eingezeichnet werden.

Jede Arbeit in Mischtechnik stellt eine Art Partnerschaft dar – die Medien gehen eine Beziehung miteinander ein, ohne dabei ihre individuellen Eigenschaften zu verlieren. Da Kohle zum Beispiel eine matte Oberfläche besitzt, sollte die Farbe ebenfalls matt angemischt und eher mit Wasser als mit einem Malmittel verdünnt werden. Es sei denn, Sie streben bewusst ein Bild mit Texturkontrast an.

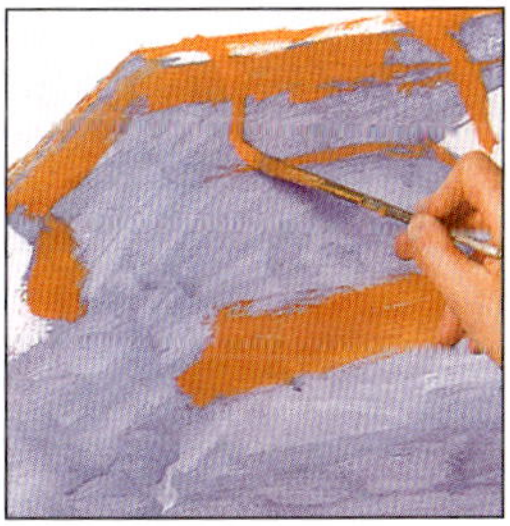

1 Der Künstler beginnt mit locker aufgelegten Farblasuren. Die Farbe bleibt dabei relativ dünnflüssig, sodass er sie mit Kohle übermalen kann. Gearbeitet wird hierbei auf Aquarellpapier.

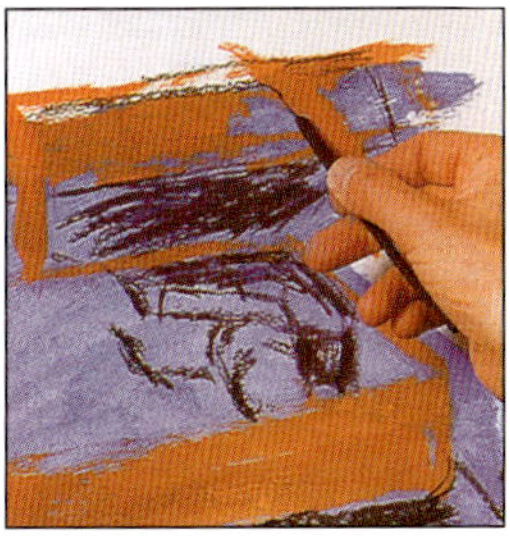

2 Ein dicker Kohlestift wird zum Übermalen und Malen in der Farbe verwendet – so entsteht nach und nach Kontur.

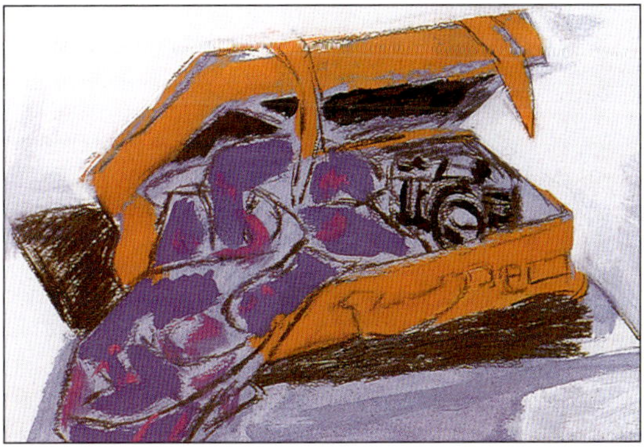

3 Bei Verwendung eines Malmittels ist es wichtig, Farbe und Form gleichzeitig aufzubauen. Hier folgten inzwischen Farbaufträge auf dem strukturierten Stoff.

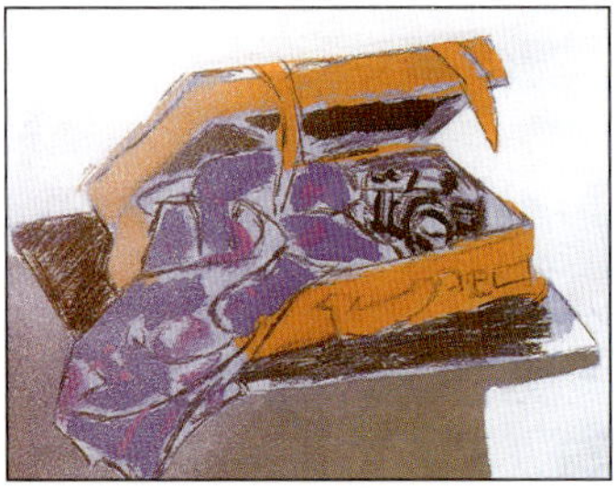

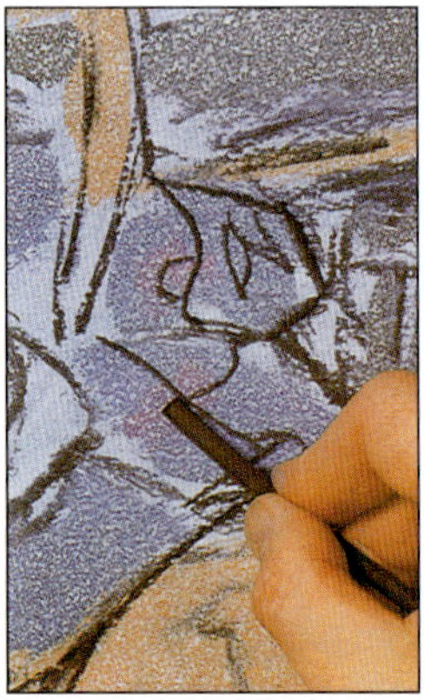

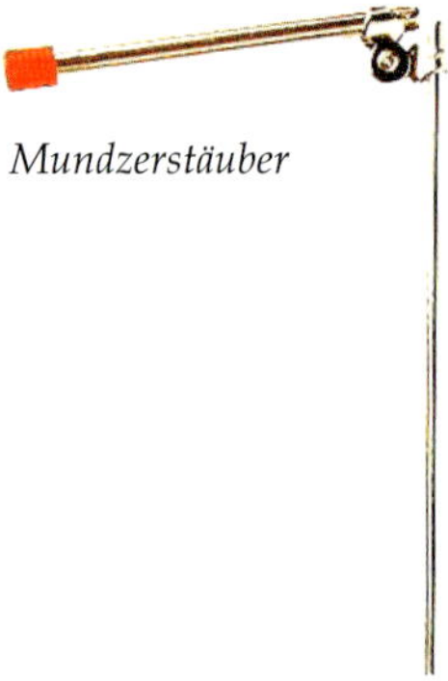

Mundzerstäuber

4 Noch während die Farbe feucht ist, wird die gesamte linke Seite mit Wasser besprüht; dazu wird ein Mundzerstäuber verwendet. Eine mit Wasser gefüllte Spritzflasche erfüllt jedoch den gleichen Zweck.

5 Hier sehen Sie den Effekt, den das Aufsprühen des Wassers bewirkt, im Detail: Es entsteht eine weiche, körnige Oberfläche. Lassen Sie nun das Papier trocknen, bevor Sie mit Zeichenkohle auf der Farbe weiterarbeiten.

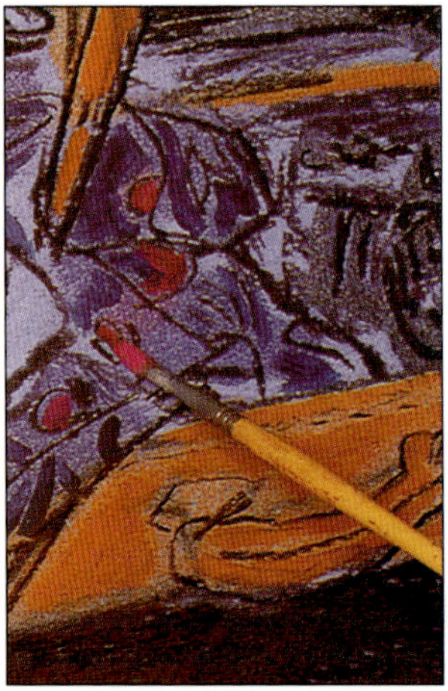

6 Sobald die Kohlezeichnung fertiggestellt ist, wird mit einem kleinen Borstenpinsel Magenta aufgetupft. Diese leuchtende Farbe bildet einen Ausgleich zum warmen Ton des Koffers, der sonst zu dominant wäre.

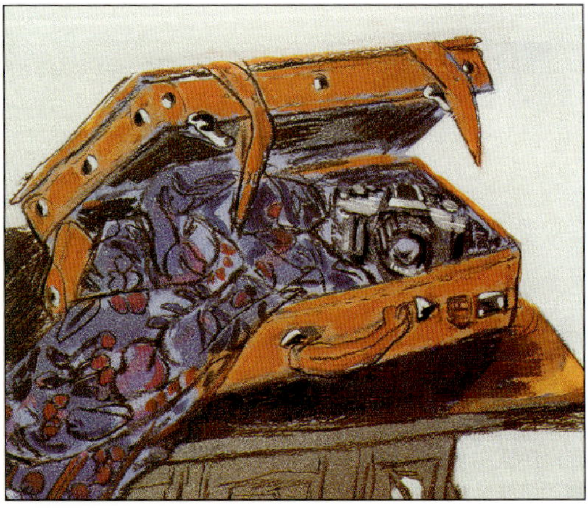

7 Zuletzt wurden die Lichtreflexe auf den Metallverschlüssen des Koffers gemalt und der Tisch mit einigen weiteren Kohlestrichen vollendet.

GOUACHE UND KOHLE

Bei diesem Gemälde wurde zuerst mit Kohle vorskizziert. Das weiche, staubige Schwarz gibt für die weiteren Arbeitsschritte eine starke Struktur vor und kann leicht korrigiert oder übermalt werden. Die Kohlezeichnung sollte allerdings immer sauber sein, da sich die anderen Farben sonst mit dem feinen Pulver der Kohle vermischen und ihre Farbintensität einbüßen. Bringen Sie die Farben anfangs dünn auf, um die Farbwerte allgemein festzulegen, und bearbeiten Sie dann jede einzelne Form, um die Farbe zu ändern und die Vorlage aufzubauen.

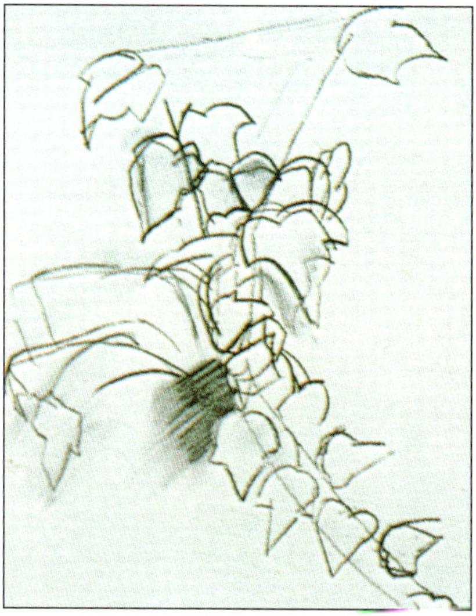

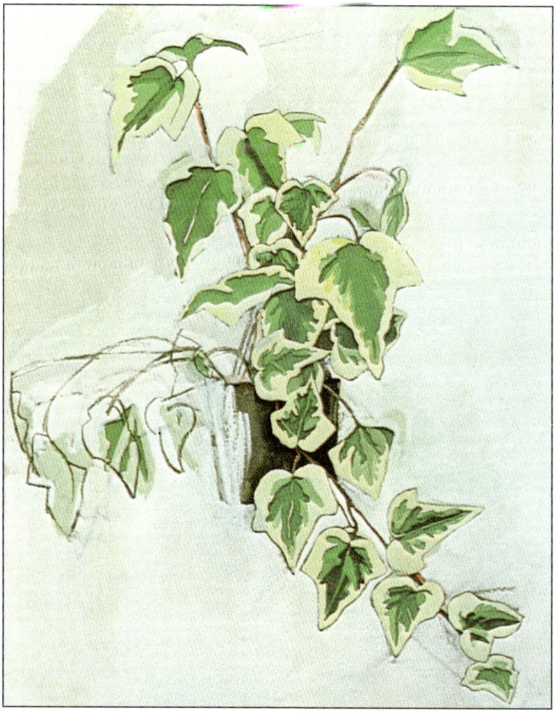

Hier wurden die Blattkonturen und Stängel des Efeus mit Kohle skizziert. Nach dem Abbürsten des überschüssigen Kohlestaubs von der Oberfläche verwendete der Künstler einen kleinen Marderhaarpinsel, um die restlichen Flächen in den entsprechenden Farbtönen auszumalen. Er arbeitete dabei direkt auf der Skizze.

TUSCHE UND ACRYLFARBE

Diese beiden Medien sind natürliche Partner und eignen sich besonders gut für transparente Malweisen auf Papier. Farbige Zeichentuschen (manche sind wasserlöslich, andere auf Schellack- oder Acrylbasis) sind transparent und besitzen eine beachtliche Farbtiefe. Sie können zum Verstärken von Lasuren aus transparenter Acrylfarbe gut genutzt werden.

Schwarze Zeichentusche (manchmal auch „Chinatusche" genannt) ist dickflüssiger, besser deckend und gut bei Strich- und Verwischtechniken mit verdünnter Acrylfarbe verwendbar. Da Sie in dieser Verwendung stets eine sehr klare Darstellung erzielen, passt die Vorgehensweise am besten zu grob gestalteten Arbeiten, bei denen farbintensive Flächen von tiefschwarzen Bereichen ergänzt werden.

Erproben Sie die Unterschiede zwischen den beiden Medien, indem Sie zum Beispiel Acrylfarben in Kombination mit transparenten farbigen Tuschen deckend einsetzen.

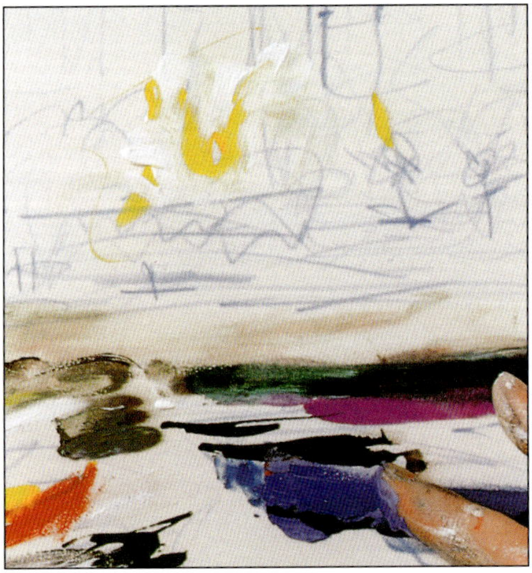

1 Da das Motiv relativ komplex ist, wurde vor dem Farbauftrag zunächst eine Vorzeichnung angefertigt. Dann folgt eine Kombination aus Farbe und schwarzer Tusche, die mit dem Finger vermalt wird. Es handelt sich dabei um Tusche auf Acrylbasis, auch „flüssige Acrylfarbe" genannt, die in verschiedenen Farben erhältlich ist.

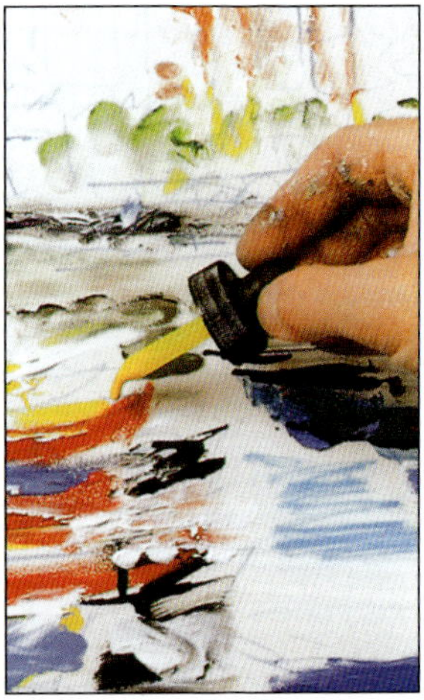

2 Aus der Pipette wird nun direkt gelbe Tusche aufgetragen. Ein Pinsel könnte ebenfalls zum Einsatz kommen. Die Pipette ergibt jedoch eine impressionistische Wirkung, die besser zum Stil des Bildes passt.

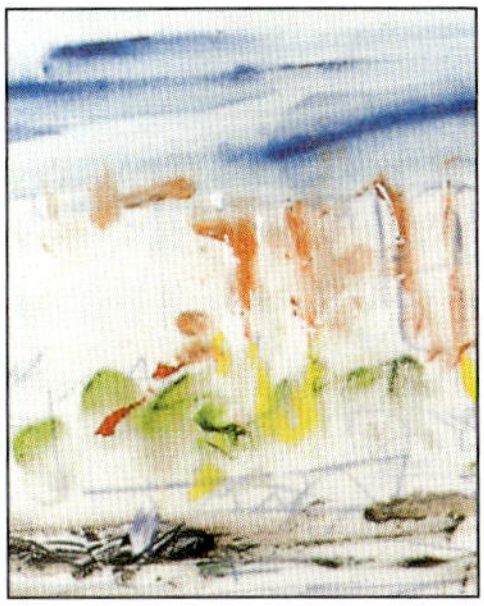

3 Da auch der Himmel luftig wirken soll, kommt ein leicht angefeuchteter Lappen zum Einsatz, um die wasserlöslichen Buntstifttupfen zu verwischen. Die Weichheit des Papiers erleichtert ein derartiges Vermalen der Farbe.

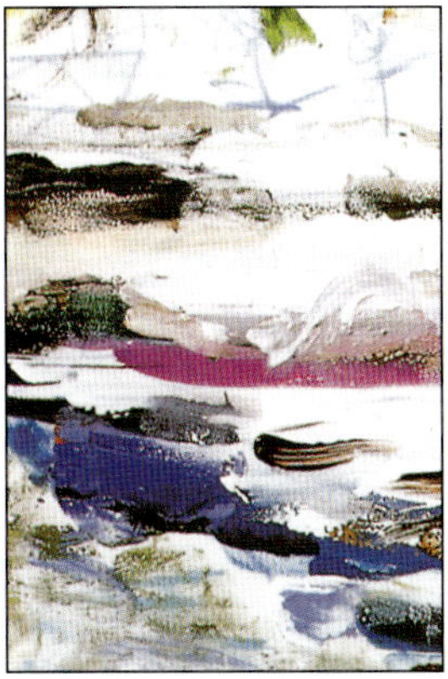

4 Hier sehen Sie im Detail die unterschiedlichen Texturen, die durch die Kombination von Tuschen und dicker aufgetragener Farbe entstehen. Das violette und das schwarze Boot wurden mit Tusche gemalt, die an manchen Stellen durch einige Pinselstriche mit Farbe überlagert wird.

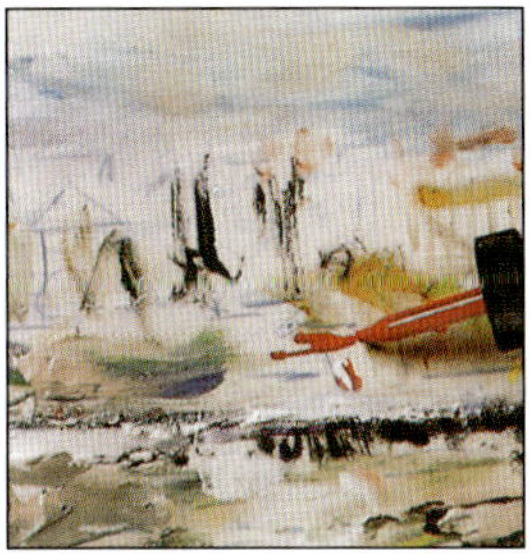

5 Wieder wird Tusche direkt aus der Pipette aufgetragen, um eine kleine unregelmäßige Bootsform im Hintergrund anzudeuten und das Rot der vorderen Boote zu wiederholen.

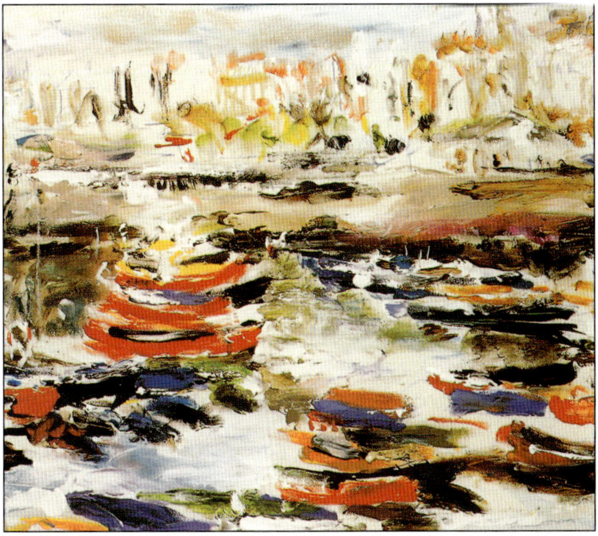

6 Von Anfang an wurde keine realitätsgetreue Darstellung angestrebt. Obwohl die Boote nicht detailliert ausgearbeitet sind, gibt das fertige Gemälde die Hafenatmosphäre mit allen Farben und Bewegungen sehr genau wieder.

ACRYL UND GOUACHE

In diesem Bild wurden sowohl Gouache als auch Acrylfarben verwendet. Obwohl sich die beiden Farbarten voneinander unterscheiden, sind sie dennoch miteinander kombinierbar. Im Gegensatz zu Gouache- und Aquarellfarben, die sogar nach dem Auftrocknen noch mit Wasser verändert werden können, kann einmal aufgetragene Acrylfarbe nicht wieder gelöst werden. Für einfarbige Untermalungstechniken ist sie jedoch sehr nützlich, da sie schnell trocknet und einen stabilen Untergrund ergibt. Gouache kann mit Wasser korrigiert, vermalt oder vermischt werden, ohne dass die Acrylfarbe darunter in Mitleidenschaft gezogen wird. Dies ermöglicht Ihnen, in einzelnen Stufen zu arbeiten.

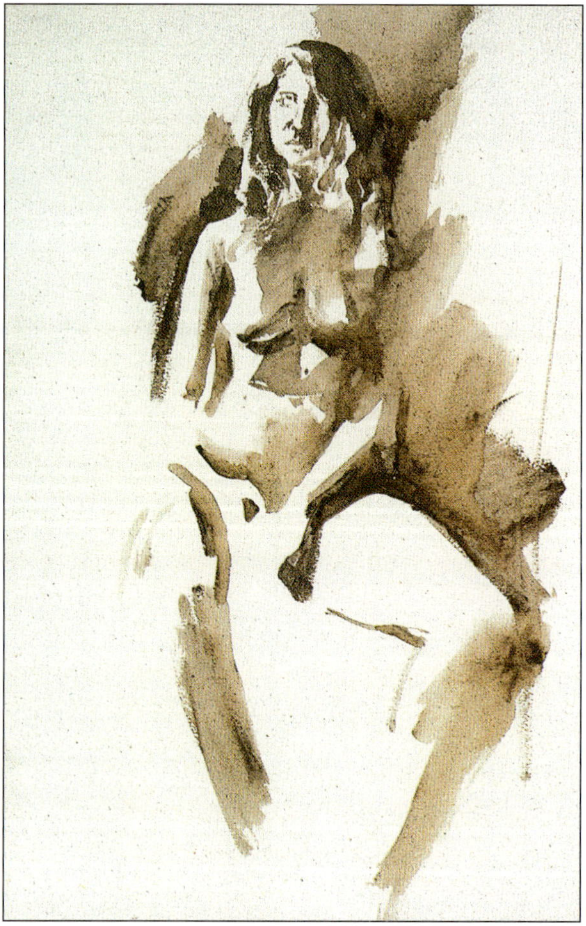

1 Hier nutzt der Maler die schnellen Trocknungseigenschaften der Acrylfarbe, um sie für eine harmonische Untermalung zu verwenden; darüber folgen Schichten in Gouache. Acryl ist nach dem Auftrocknen nicht mehr lösbar und daher eine stabile Basis für die wasserlösliche Gouachefarbe. Die Untermalung aus dünnen Acrylfarbschichten in Umbra natur kann somit trotz der nassen Gouachefarbe nicht mehr verlaufen.

Ohne diese Eigenschaft würde sich die Acryluntermalung auflösen, und die darüber aufgetragenen Farbschichten würden schnell grau werden. Durch die verwendete Methode bleibt sie rein.

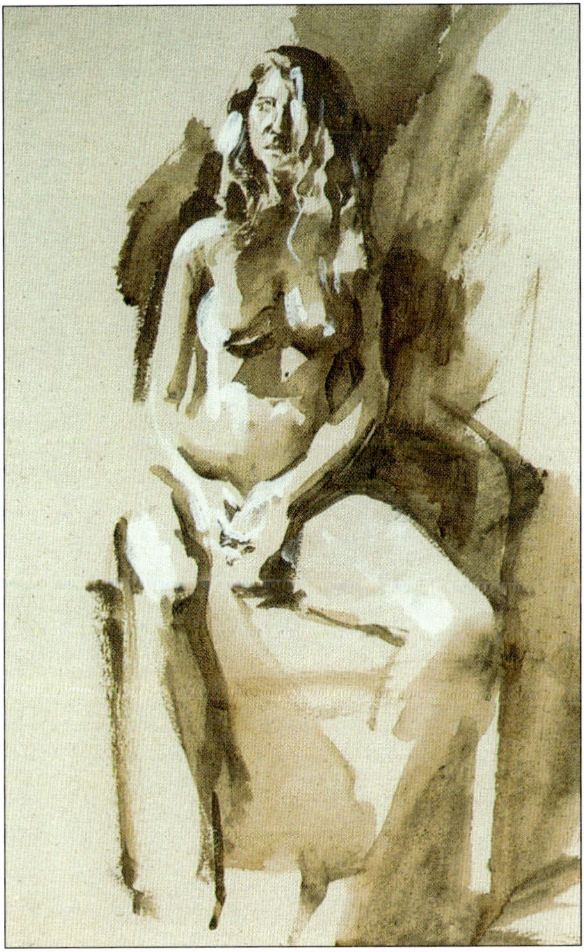

2 In diese Untermalung wurden kontrastierende Farbtöne eingebracht. Deckende Farben zeigen die dunklen Schatten hinter dem Modell an, während weiße Acrylfarbe in den helleren Bereichen aufgetragen wurde. Der helle Untergrund mit dünnen Gouacheschichten bewirkt einen halb transparenten Farbeffekt.

PASTELLKREIDEN UND ACRYLFARBE

Wie viele Mischtechniken kann auch die Kombination aus Pastellkreiden und Acryl sowohl die Unterschiede der beiden Medien betonen als auch ein homogenes Ganzes ergeben.

Hier ein Beispiel der letzten Variante: Legen Sie zunächst eine Untermalung aus Acrylfarbe an und bearbeiten Sie den Malgrund im Anschluss daran mit Pastellkreiden. Da es meist schwierig ist, die gesamte Oberfläche eines Bildes mit Pastellkreidestrichen zu füllen, bleibt häufig weißes Papier zwischen den Kreidestrichen zurück, was die Wirkung schmälern kann. Durch die zuvor aufgelegte Acrylfarbe wird dies jedoch verhindert. Wenn Sie Acrylfarbe bis zu einer Konsistenz von Aquarellfarbe verdünnen und dann mit Pastell- oder Ölpastellkreide darübermalen, erzielen Sie einen stärkeren Kontrast zwischen den Medien. In diesem Fall sollten die Ölpastellkreiden lediglich eine untergeordnete Rolle spielen.

Beide Medien können aber auch abwechselnd eingesetzt werden. Sowohl Acrylfarben als auch Acryl-Mattmalmittel oder -Glanzmalmittel sind hervorragende Fixiermittel für Pastellkreiden. Sie können ein Bild daher ebenso gut schichtenweise aufbauen: Tragen Sie dafür zuerst etwas Farbe und Pastellkreide auf, bedecken Sie die Pastellkreide anschließend mit Malmittel oder Farbe und arbeiten Sie danach wieder mit Kreide weiter. Feuchte Farbe oder Malmittel lassen die Pastellkreide verlaufen, sodass ein Aquarellfarbeneffekt am Ende eines jeden Pinselstrichs entsteht, der durchaus attraktiv wirken kann.

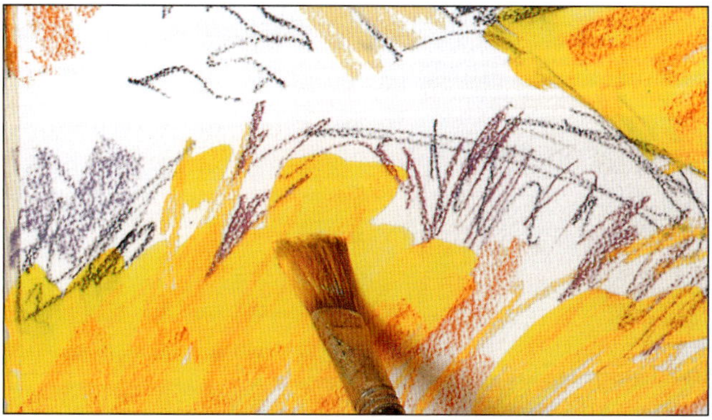

1 Der Bildaufbau wurde zunächst mit weicher Pastellkreide vorskizziert. Dazu kombinierte man gerade Striche und Querstriche – ausgeführt mit der Seite eines kürzeren Kreidestücks. Es folgt wasserverdünnte Farbe, die leicht lasierend über die Kreide gelegt wird. Da die Farbe eine Kunststoffhaut bildet, wird die Kreide fixiert. Nun kann weiter auf ihr gearbeitet werden, ohne etwas zu verschmieren.

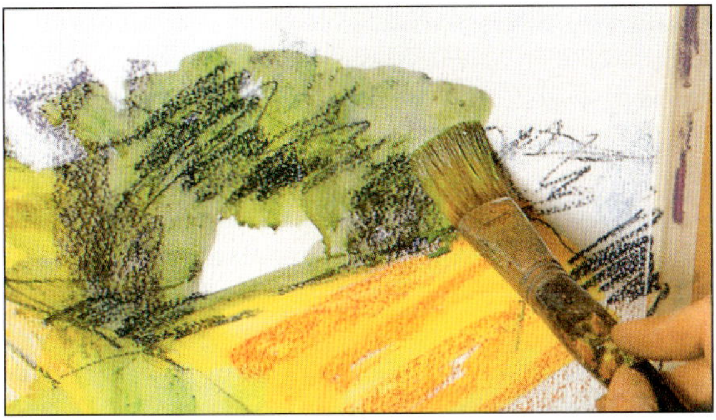

2 Weitere Lasuren werden nun über den Hintergrund gelegt. Der Maler entwickelt den Aufbau beider Medien gemeinsam, sodass das Bild von Anfang an einheitlich gestaltet ist.

3 Der Künstler baut das Bild mit Acrylfarben und Pastellkreide weiter auf. Durch die leicht angeraute Oberfläche des Aquarellpapiers werden die Kreidestriche aufgebrochen. Es entsteht ein leichter Risseffekt.

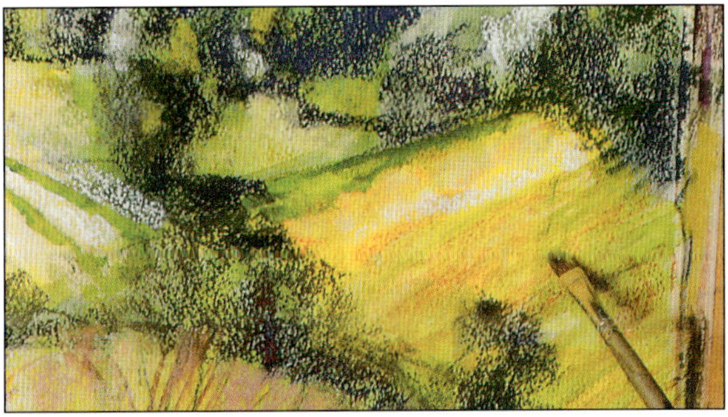

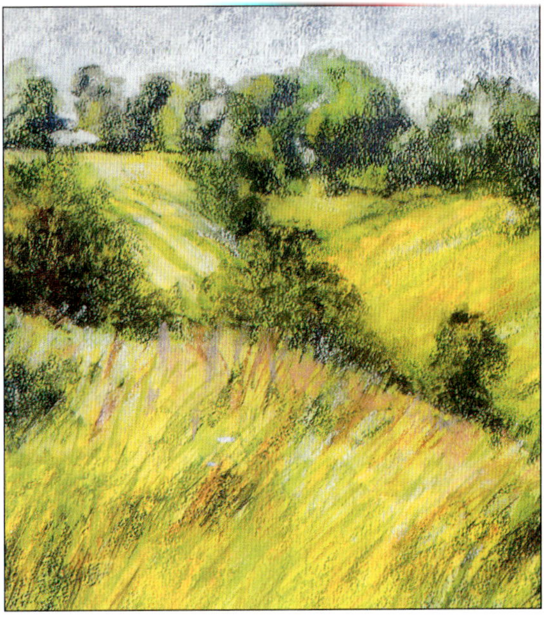

4 Das fertige Gemälde ist ein gutes Beispiel für die erfolgreiche Kombination zweier Malmedien. Obwohl es Unterschiede in der Textur gibt, kann doch kein Bildbereich ausgemacht werden, der allein in Acryl oder Pastellkreide erstellt wurde.

BLEISTIFT UND ACRYL

Bleistift kann sowohl unter Lasuren aus Acryl als auch auf deckender oder transparenter Farbe aufgetragen werden. Wenn Sie einen starken Kontrast von Farbe und Linie erzielen wollen, sollten Sie den Bleistift für den einen Bereich des Bildes und die Farbe für einen anderen verwenden. Diese Variante wird manchmal von Illustratoren eingesetzt, die absichtlich Medien kontrastieren und gegensätzliche farbige und monochrome Flächen zusammenstellen wollen.

In jedem Fall benötigen Sie eine gewisse Fertigkeit im Zeichnen, um diese Technik wirkungsvoll einzusetzen. Es ist daher empfehlenswert, anfangs zwei Medien auf eine eher ganzheitliche Weise zu kombinieren. Wenn Sie in transparenter Malweise arbeiten, erweist sich hier eines der typischen Probleme der Acrylfarben als Vorteil: Aquarellfarben und -effekte benötigen eine gute Untermalung. Bei der Aquarellmalerei kann diese durch die ersten Lasuren überlagert werden, während dies bei Acrylfarben, die wie ein Fixiermittel auf dem Bild liegen, nicht möglich ist. Lassen Sie die Vorzeichnung daher von Anfang an Teil des Bildes sein und tragen Sie Farbschichten über und um die Bleistiftstriche herum auf.

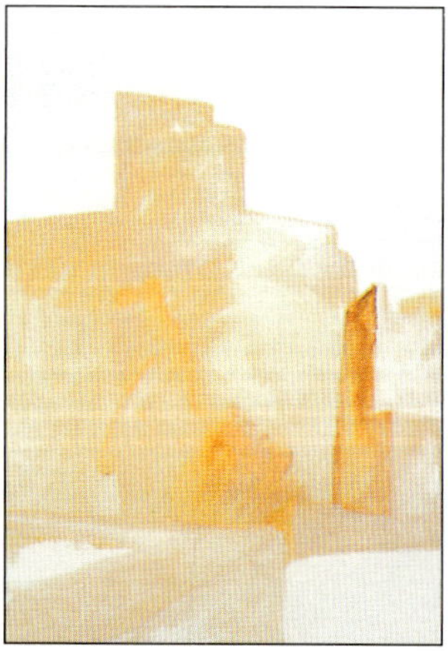

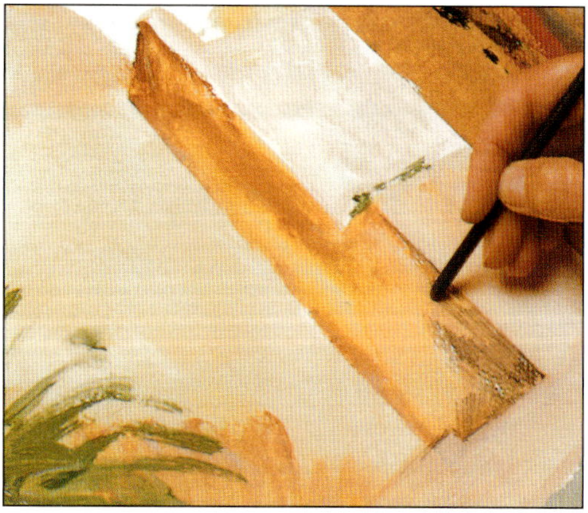

1 Der Umriss wird auf weichkörnigem Papier angelegt. Da dieses weniger saugfähig als Aquarellpapier ist, verteilt sich die Farbe nicht so ebenmäßig. Auf diese Weise kann die Pinselführung in den Bildaufbau mit einbezogen werden.

2 Der Maler zeichnet nun in die Farbe, sobald diese getrocknet ist. Dazu verwendet er einen Grafitstift. Anschließend wird der Himmel in lockeren blauen Lasuren gestaltet und die Details am oberen Turm werden eingezeichnet.

Anschließend arbeiten Sie weiter mit Bleistift, um dem Bild Form zu geben.

Natürlich wird Ihr Gemälde durch deckende Farben dunkler, doch können Sie immer noch mit Bleistift auf der Farbe zeichnen. Wie viel und auf welche Art Sie mit dem Stift gestalten, hängt ganz von der gewünschten Wirkung ab: Sie können die Bleistiftzeichnung auf kleine Detailbereiche beschränken, die leichter zu zeichnen statt zu malen sind. Auch bei der Formgestaltung eignet sich ein weicher Bleistift sehr gut für Schattierungen; dies ist mit Acrylfarben aufgrund der schnellen Auftrocknung schwieriger.

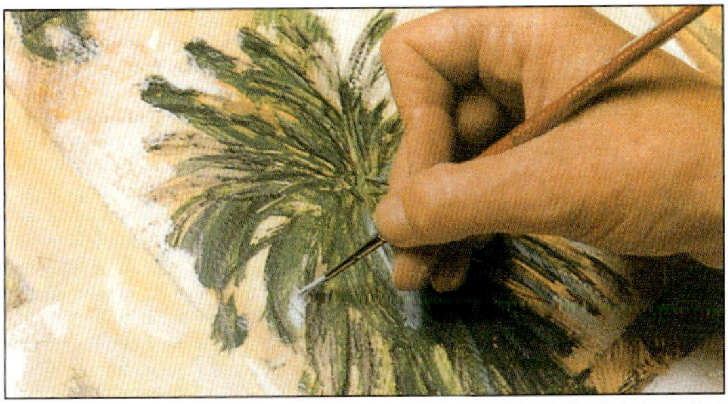

3 Die Umrisse der Palmblätter wurden durch eine Kombination aus Pinselstrichen und Grafitzeichnung erstellt. Nun folgen mit einem kleinen Pinsel die Lichtreflexe mit blaugrauer Farbe.

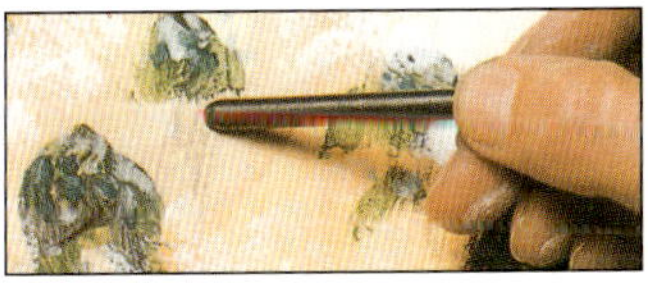

4 An einigen Stellen wird mit dem Bleistift das Mauerwerk angedeutet, ebenso wie die Schatten unterhalb der kleinen Büsche.

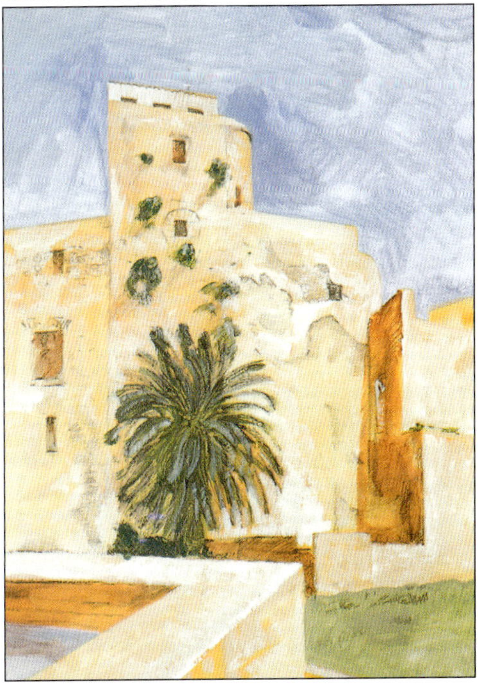

5 Zuletzt wird das Gebäude mit Grafitstift weiter bearbeitet, um die Oberflächenstruktur des Mörtels und der Mauern genau wiederzugeben. Die Zeichnung, die hellen Farben und der locker gezeichnete Himmel tragen entscheidend zur Schaffung der Bildatmosphäre bei.

AQUARELL- UND ACRYLFARBE

Über einige Vor- und Nachteile von Acrylfarben, die als Ersatz für Aquarellfarben verwendet werden, wurde hier schon gesprochen. Acrylfarben können jedoch auch mit Aquarellfarben kombiniert werden; dies ist eine wunderbare Arbeitsweise, die es Ihnen ermöglicht, beide Medien zu ihrem Vorteil zu nutzen.

Aquarellmaler verwenden hin und wieder gern einen Hauch deckende Farbe, um vielleicht einen Vordergrund hervorzuheben, den Lichteinfall mit weißer Farbe darzustellen oder einfach nur um einen Fehler zu korrigieren. Normalerweise kommt hierbei Gouachefarbe oder mit Chinaweiß gemischte Aquarellfarbe zum Einsatz, doch ist Acrylfarbe zweifellos die bessere Wahl, da sie eine glänzendere Oberfläche hinterlässt.

Gemälde, die offiziell als Aquarellbilder gelten, enthalten häufig Acrylfarben. Wenn diese geschickt eingesetzt wurden, ist eine Unterscheidung zwischen Aquarell- und Acrylfarben im Nachhinein kaum möglich. Der Trick besteht darin, die Bereiche, die ihre besonders transparente Qualität behalten sollen, lediglich in Aquarell zu gestalten und die Acrylfarbe nur relativ dünn aufzutragen, sodass sie die darunterliegenden Farben bedeckt, ohne selbst hervorzustechen. In einem Landschaftsbild würde man beispielsweise für den Himmel und für weiter entfernt liegende Dinge ausschließlich Aquarellfarbe verwenden; für den Vordergrund und etwaige Texturbereiche jedoch Acrylfarbe.

Da die etwas dickflüssigere Acrylfarbe zudem mehr Präsenz als dünnflüssige Aquarellfarbe zeigt, wird sie eher in den Bildvordergrund treten. Das ermöglicht Ihnen hier, nicht nur Details und Struktur besser hervorzuheben, sondern auch die räumliche Darstellung zu akzentuieren.

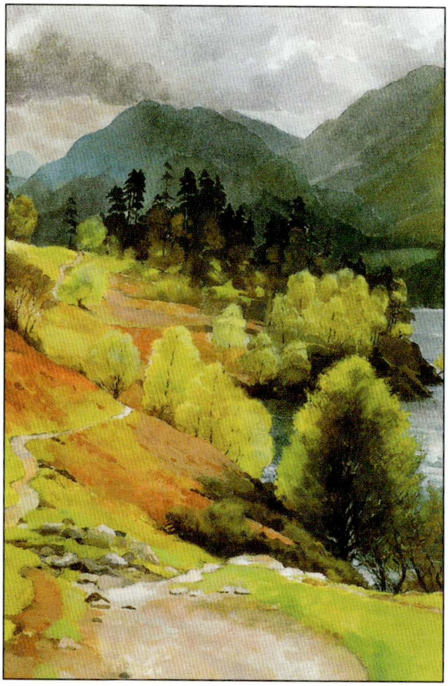

Hazel Harrison
Hier wurden nur für die problematischen Bildbereiche wie Bäume und Vordergrund, die Konturentreue erfordern, Acrylfarben verwendet. Sie sind einfacher zu handhaben als Aquarellfarben.

AQUARELL UND GOUACHE

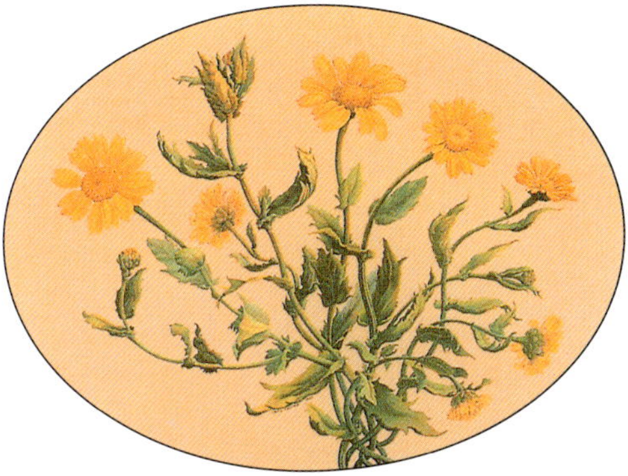

Jean Canter
Aquarellfarbe, vermischt mit ein wenig weißer Gouachefarbe. Das für diese schöne Studie ausgewählte ovale Bildformat vermittelt den Eindruck, es stamme aus der viktorianischen Ära. Das Stillleben wirkt sehr lebendig und voller Bewegung, die gewundenen Stängel und Blätter scheinen geradezu aus dem Bild herauszuwachsen.

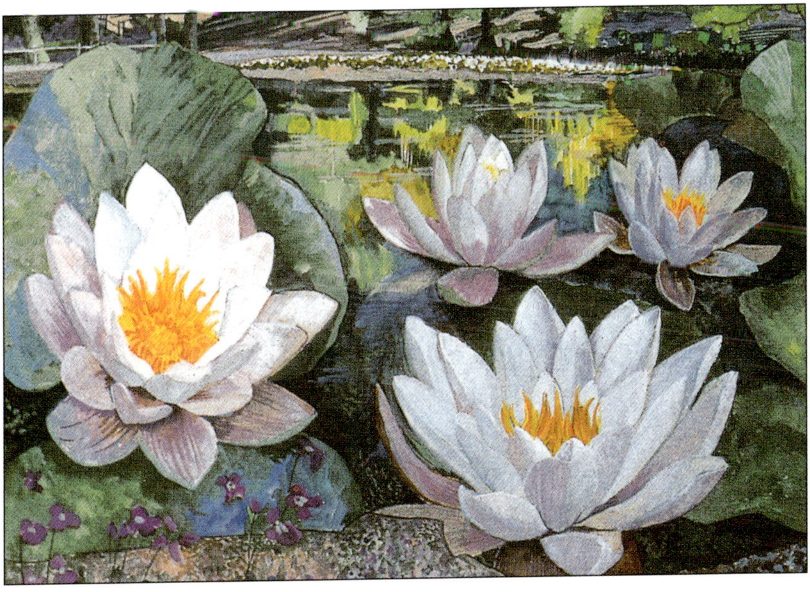

Norma Jamieson
Gouache und Aquarell auf Zeichenkarton. Jamieson arbeitet teils vor Ort und teils mit Farbdias. Für spezielle Blütenformen verwendete sie mehrere Dias aus verschiedenen Winkeln und Positionen sowie in Nahaufnahme. Sie nutzte den Fotoapparat wie ein Skizzenbuch und sortierte vor Arbeitsbeginn die geeignetsten Aufnahmen aus.

Änderungen vornehmen

Einer der großen Vorzüge deckender Acrylfarben besteht darin, dass sie in jeder Phase der Arbeit Änderungen ermöglichen und Ihnen damit die Freiheit geben, verschiedene kompositorische Ideen und Farbkombinationen auszuprobieren. Wenn Sie zum Beispiel meinen, ein Stillleben mit zu vielen Objekten gezeichnet zu haben, können Sie ein oder zwei übermalen. Wenn der Himmel in einem Bild farblich nicht zu den anderen Landschaftselementen passt, können Sie ihn mit einer deckenden Farbe überziehen oder eine transparente Lasur auflegen, um den Farbton zu ändern. Lasuren sind ein einfaches Mittel, Farbausgewogenheit in einem Gemälde herzustellen.

Wird Acrylfarbe in einer mittleren Konsistenz verwendet, kann es vorkommen, dass der neue Farbauftrag die darunterliegenden Schichten nicht völlig abdeckt. Einige Farben wie Karmesinrot und Ultramarinblau sind – außer in der Mischung mit Weiß – relativ transparent. In solchen Fällen malen Sie mit unverdünnter weißer Farbe oder Gesso über die betroffene Stelle und tragen eine neue Farbe erst nach dem Trocknen auf.

Die Aquarellmalerei hingegen erlaubt keine größeren Veränderungen wie das Übermalen oder die Formveränderung eines Gegenstandes. Dennoch kann ein deckender Farbauftrag gut genutzt werden, um neu zu konturieren oder den Lichteinfall zu betonen.

Die gelbe Lasur intensiviert die ursprünglichen Grüntöne und gibt den blauen Streifen des Krugs einen leicht grünen Stich.

Zum Vergleich mit den gelb lasierten Flächen auf der linken Seite wurde dieser Bereich nicht lasiert.

Farben verändern
Diese Abbildung zeigt ein in vier Teile geteiltes Bild, von denen drei in unterschiedlichen transparenten Farben lasiert sind. Dazu wurde die Farbe ohne Malmittel mit Wasser verdünnt.

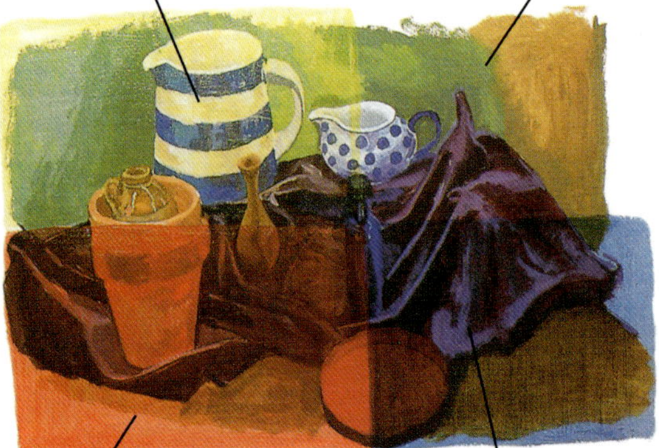

Durch die rote Lasur bekommt das violette Tuch einen Magentaton und der Blumentopf ein kräftiges Rotorange.

Die blaue Lasur tönt das violette Tuch fast rein Blau. Der rote Deckel wirkt deutlich Violett.

VERÄNDERUNGEN IM BILDAUFBAU

1 Eines der Lauchblätter wurde übermalt und ein anderes höher angesetzt. Eine Schicht weißer Farbe wurde mit Gelbgrün übermalt.

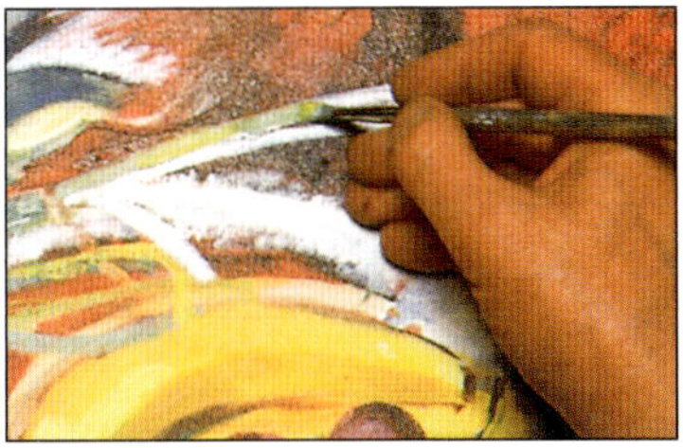

2 Alle Spuren des ursprünglichen Blatts sind verschwunden. Dazu wurde der gleiche Rotton in der entsprechenden Konsistenz wie für den Hintergrund verwendet.

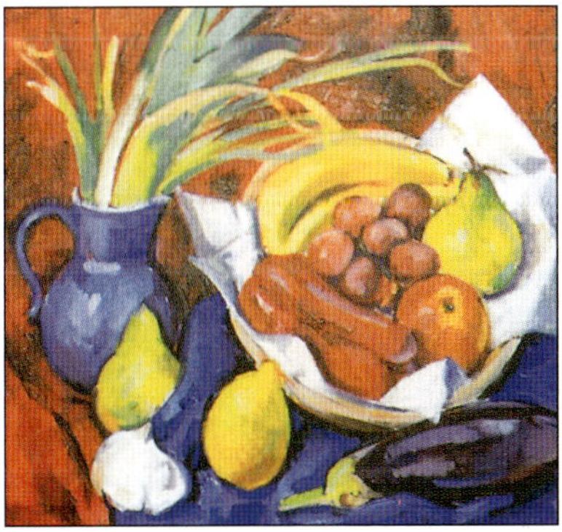

FEHLER VERMEIDEN

Treffen Sie stets Vorkehrungen, um nicht zu viele Korrekturen durchführen zu müssen. Beginnen Sie mit einer Vorzeichnung und stellen Sie sicher, dass diese richtig ist, ehe Sie mit dem Farbauftrag beginnen.

FEHLER KORRIGIEREN

1 Symmetrische Formen sind oft problematisch – diese Vase wurde schief gemalt. Ihre Umrisse werden nun neu festgelegt, indem eine helle blaugraue Hintergrundfarbe eng um die Vase gemalt wird.

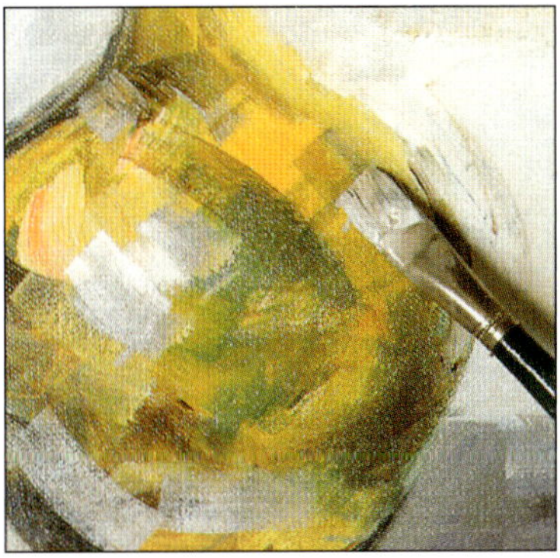

2 Der Rand wirkte außerdem zu hart – es entstand nicht der Eindruck einer plastischen Form. Daher wurde etwas Hellgrau aufgetragen, um den Rand zu verwischen und mit dem Hintergrund zu verbinden.

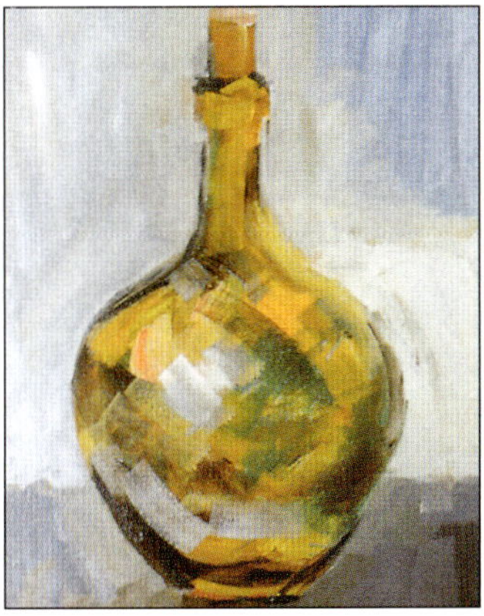

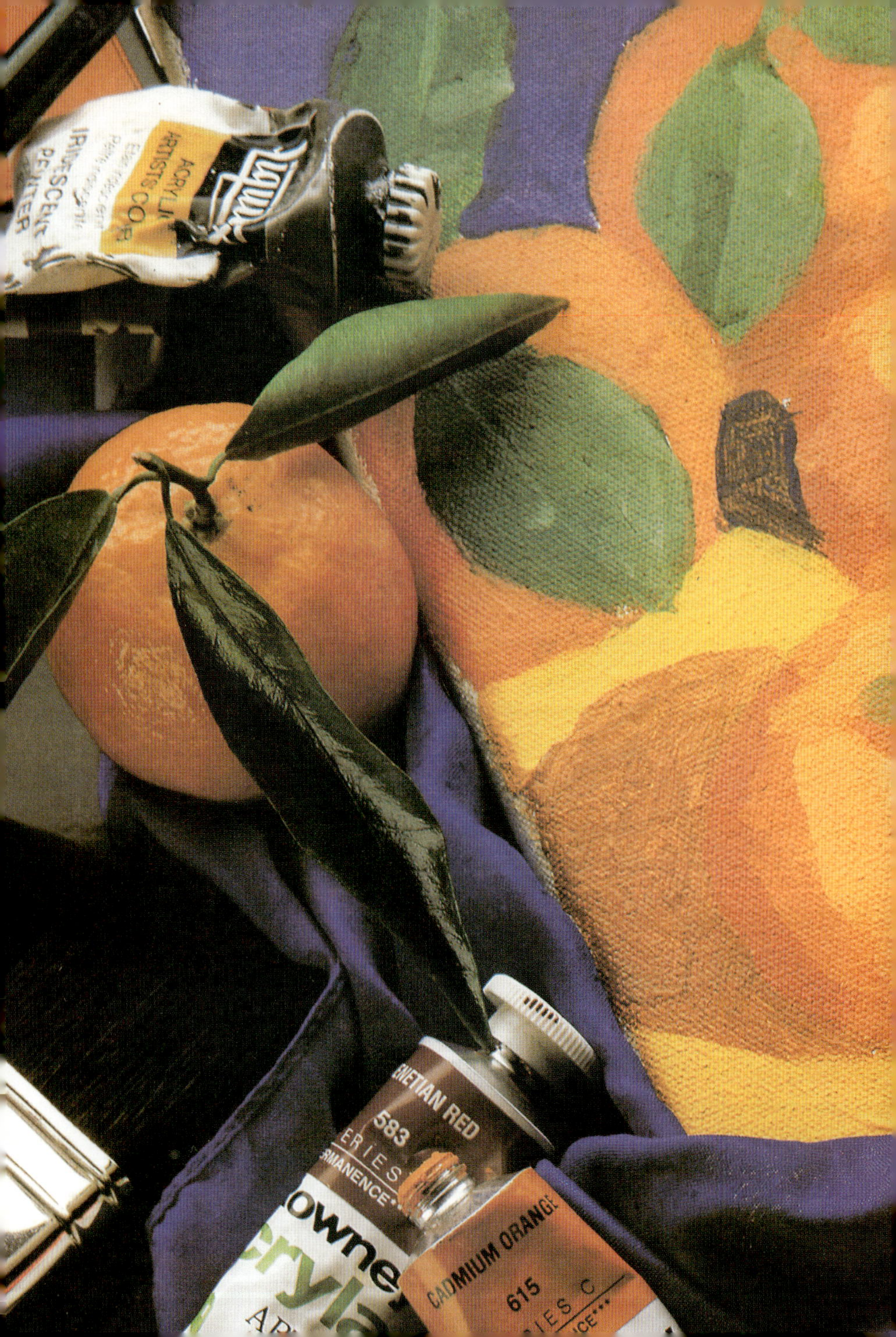
583
CADMIUM ORANGE
615

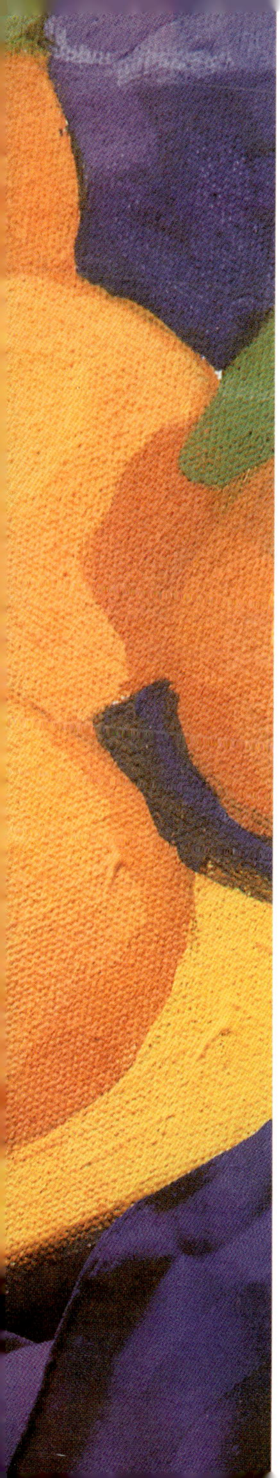

Farbe und Komposition

Bei der Gestaltung eines Gemäldes gibt es eine Reihe verschiedener Faktoren, die die Interpretation Ihres Themas beeinflussen. Am wichtigsten darunter sind sicherlich die Beschaffenheit der Farbe sowie die Breite der Farbpalette des von Ihnen verwendeten Mediums. Diese beiden Faktoren bestimmen wesentlich den Charakter eines Werkes. Nach ihnen wird ein Betrachter, der Ihr Originalmotiv in natura nicht kennt, Ihr Gemälde beurteilen.

Der Bildaufbau schafft Ordnung im Gemälde und setzt die dargestellten Objekte optisch in Beziehung zueinander. Er bezeichnet die Art und Weise, auf die der Künstler seine bildliche Welt gestaltet und in bestimmte Kontexte bringt, kurz gesagt: wie er die Gegenstände auf seinem Bild arrangiert. Erst ein wirkungsvoller Aufbau macht aus einem Bild ein Gemälde und aus dem passiven Abmalen aktive Kunst.

Geometrie des Bildaufbaus

Ein vollkommen symmetrischer Bildaufbau ist – außer wenn Sie sich bewusst dafür entscheiden – meist nicht empfehlenswert. Sobald ein Bild gleichmäßig aufgeteilt wird – egal ob horizontal oder vertikal –, ist es sehr schwer, dies zu vollenden, ohne dass es letztendlich unnatürlich wirkt. Hin und wieder sieht man eine Landschaft oder ein Stillleben, bei denen der Horizont oder der Hintergrund das Gemälde in zwei Hälften teilt. Bei solchen Bildern wurde die Symmetrie des Bildaufbaus jedoch meist mit anderen Mitteln aufgebrochen oder – etwas seltener – die entsprechenden Abschnitte in positiver Hinsicht genutzt.

Eine gute Komposition beruht auf der Fähigkeit des Künstlers, sein Motiv in einem abstrakten, größeren Zusammenhang sehen zu können. Dazu müssen zunächst alle Details ausgeblendet werden. Die Konzentration darf anfangs nur auf den Hauptstrukturen und Umrissen liegen, die die Komposition zusammenhalten. Sobald diese zufriedenstellend angelegt sind, ergibt sich der restliche Bildaufbau fast wie von selbst.

Zeichnen Sie anfangs verschiedene Skizzen – jeweils reduziert auf die geometrischen Formen der Objekte –, ehe Sie Ihre Komposition auf die Leinwand übertragen. Auf diese Weise können Sie verschiedene Versionen besser vergleichen und schließlich den optimalen Grundaufbau aus Ihren Skizzen auswählen.

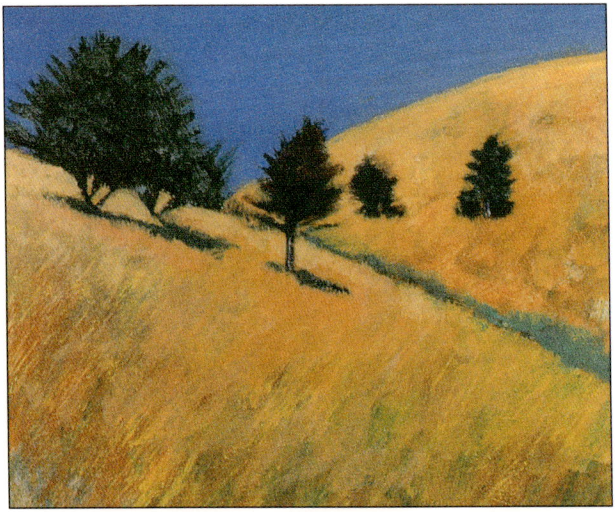

Paul Powis
Die Wirkung dieses Bildes beruht darauf, dass der Künstler die Szene auf ein Minimum reduzierte. Seine Komposition basiert auf dem Kontrast der Farben und dem Zusammenspiel einfacher Formen. Hauptelemente sind der Himmel und die beiden Hügel, getrennt durch den Pfad.

Verlassen Sie sich nicht auf Ihre erste Skizze, denn diese wird nicht unbedingt Ihre beste sein. Eine gute Komposition lenkt den Blick und die Aufmerksamkeit des Betrachters in die Bildmitte. Dies erreichen Sie am besten, indem Sie sich ein Oval innerhalb der rechteckigen Leinwand vorstellen oder auch einen Kreis, wenn Ihr Gemälde eine quadratische Form hat. Belässt man die Hauptaussage des Bildes innerhalb dieses Ovals, wird der Blick des Betrachters nicht aus dem Bild herausgelenkt, sondern bleibt in der Gestaltungsmitte. Jedes unstimmige Element des Bildaufbaus, zum Beispiel eine Figur, die uns anschaut oder nach oben zum Bildrand weist, lenkt den Blick unweigerlich direkt aus dem Bild – egal ob diese Figur im Zentrum angelegt ist oder nicht.

BILDAUSSCHNITT

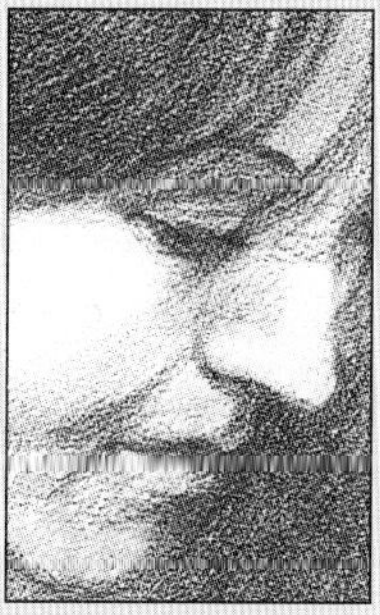

Dieser Porträtausschnitt folgt einem strengen Bildaufbau aus zwei ineinandergreifenden Dreiecken: das blasse Gesicht und das dunklere Dreieck des Hintergrunds.

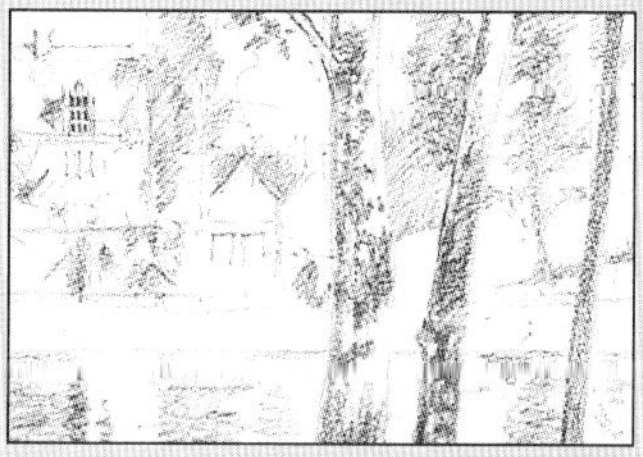

Die Baumstämme im Vordergrund bilden eine Balance zu den vertikalen Linien des Gebäudes und den Reflektionen auf dem Wasser. Da die Stämme nur angeschnitten zu sehen sind, scheinen sie dem Betrachter näher.

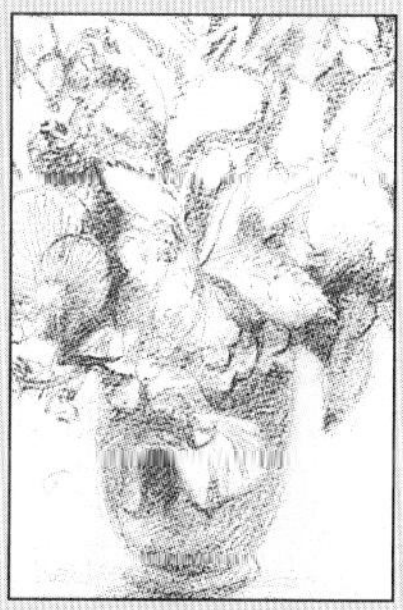

Die ebenfalls angeschnittene Darstellung der Blumen lenkt die Aufmerksamkeit des Betrachters auf die mittleren Blüten, die Vase und deren Schatten.

Manchmal können Sie eine Komposition verbessern, indem Sie nur einen bestimmten Ausschnitt darstellen, sodass sich Teile des Motivs scheinbar außerhalb des Bildes fortsetzen. Hohe Bäume im Vordergrund einer Landschaft können sich zum Beispiel über das ganze Bild erstrecken. Dadurch wird die Räumlichkeit betont, denn durch das „Anschneiden" der Bäume fungieren sie in der vorderen Bildfläche als Rahmen für die dahinterliegende Landschaft.

Einheit und Ausgewogenheit

Es gibt keine feststehenden Regeln für eine Komposition, aber einige Anhaltspunkte, die Sie beachten sollten. Formen, Farben und Farbtiefen sollten ausgewogen sein, damit jeder Bildbereich Interesse erregt. Versuchen Sie, visuelle Verbindungen zwischen den verschiedenen Elementen einzubauen, damit ein einheitliches Ganzes entsteht. Dies kann mithilfe von Farben erzielt werden, aber auch, indem Sie Formen so anlegen, dass sie harmonisch aufeinander abgestimmt sind. Dunkle eckige Bereiche können zum Beispiel durch helle Rundungen augeglichen werden.

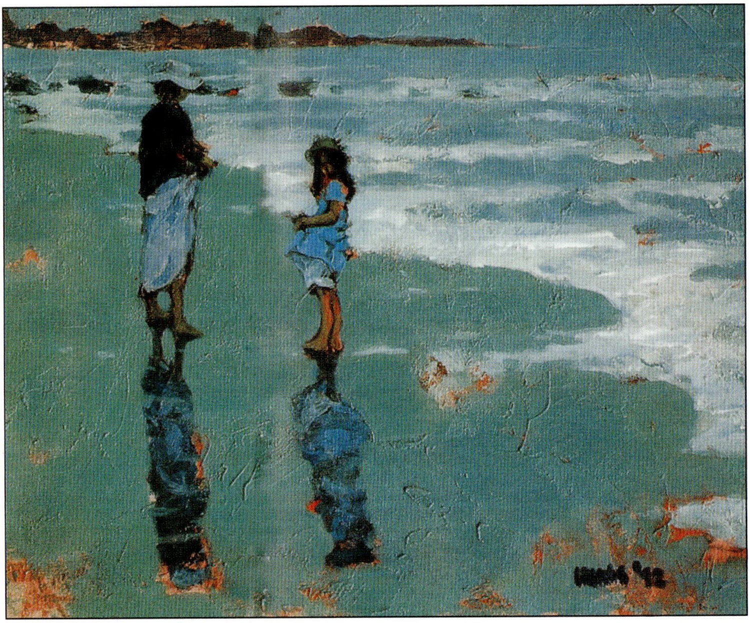

W. Joe Innis

Um eine Farbmonotonie zu vermeiden, arbeitete der Künstler hier auf einem rot getönten Untergrund, dessen warme Farbe stellenweise durch die kühlen Blau- und Türkistöne scheint und so eine Verbindung zur Hautfarbe der Figuren schafft.

Vermeiden Sie allzu große Symmetrien im Bildaufbau. Ein Bild, das zu gleichen Teilen aus Himmel und Erdboden besteht, wirkt meist langweilig. Auch sollte die Bildmitte keine zu dominanten Elemente beinhalten, da dies den Bildaufbau statisch erscheinen lässt.

DER GOLDENE SCHNITT

Einen sehr wirkungsvollen Aufbau einer Komposition erhalten Sie mit dem Goldenen Schnitt. Diese Technik unterteilt eine Form oder Länge im Verhältnis von 1:1,618 und wird in der Kunst als die ideale Proportion verschiedener Längen zueinander angesehen. Der Goldene Schnitt gilt damit als Inbegriff von Ästhetik und Harmonie.

Das Konzept des Goldenen Schnitts, das seit mindestens 2000 Jahren bekannt ist, beinhaltet, dass das harmonischste Verhältnis zwischen den ungleichen Seiten eines Rechtecks erreicht wird, wenn die kürzere Seitenlänge zur größeren das gleiche Verhältnis hat wie die größere Seitenlänge zum Ganzen.

Tatsache ist, dass der Goldene Schnitt nicht nur in der Kunst zur Anwendung kommt, sondern auch in der Natur bei Pflanzen, Tieren und selbst beim menschlichen Körper zu finden ist. Die Anzahl von Gemälden, die auf diesem Prinzip basieren, ist erstaunlich hoch, besonders wenn man bedenkt, dass viele der Künstler sich zum Zeitpunkt des Malens nicht über dieses Aufteilungskonzept bewusst waren.

Der Goldene Schnitt wird geometrisch konstruiert. Obwohl die meisten Künstler die Längenverhältnisse nicht exakt errechnen, da sie ihre Entscheidungen eher nach visuellen statt mathematischen Gesichtspunkten fällen, enthält die Mehrzahl der Kompositionen irgendwo den Goldenen Schnitt. Es ist meist besser, sich von dem eigenen Auge und Instinkt leiten zu lassen, als sich fest an eine Theorie zu binden, die den Bildaufbau eher behindert als unterstützt. Allerdings kann der Goldene Schnitt ein guter Ausgangspunkt sein, wenn Sie mit einer Idee nicht weiter kommen oder keinen Einstieg in Ihr Bild finden.

Tatsächlich gibt es keine festen Regeln darüber, was einen guten Bildaufbau ausmacht. Was dem einen Künstler nutzt, muss dem anderen nicht unbedingt dienlich sein. Seien Sie sich stets darüber im Klaren, wie und warum Sie Ihre Komposition so aufbauen, wie Sie es tun. Nur Sie wissen, was Sie an einem Motiv interessiert und wie Sie dies auf der Leinwand ausdrücken wollen.

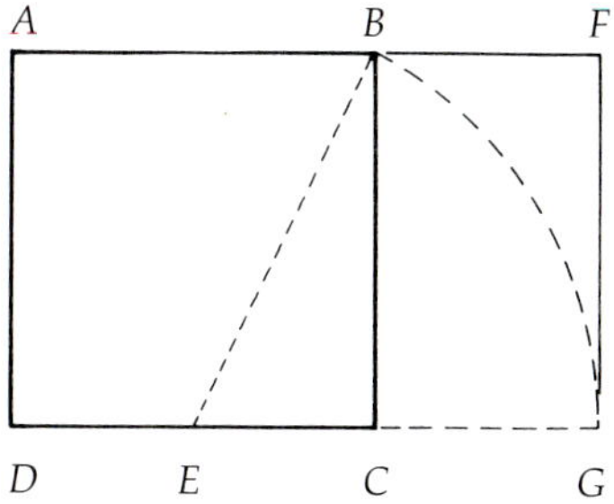

Festlegung des Goldenen Schnitts

Zeichnen Sie ein Quadrat ABCD. Teilen Sie die Strecke DC genau in der Mitte (Punkt E). Von E ausgehend schlagen Sie einen Kreis durch B. Verlängern Sie die Linie DC bis zum Schnittpunkt mit dem Kreisbogen G. Konstruieren Sie das Rechteck ADGF.

Auswahl des Blickwinkels

Malen ist ein ständiger Prozess der Entscheidungsfindung, sowohl während der Arbeit als auch vorab. Ihre erste Entscheidung sollte aber nicht das Motiv betreffen, sondern den Blickwinkel. Es ist erstaunlich, wie grundlegend der Wechsel der Perspektive ein Motiv verändern kann, selbst wenn Sie dazu nur den Blick heben oder senken. Ein niedriger Standpunkt betont den Vordergrund; ein dort befindliches großes Objekt kann dann sogar den Blick auf den Hintergrund verstellen. Bei einem Stillleben kann die Perspektive von oben oft eine bessere Komposition ermöglichen als die Darstellung auf Augenhöhe, denn von einem erhöhten Blickwinkel aus bilden die Objekte ein Muster aus Formen.

Unser Blickwinkel beeinflusst stets die räumliche Wahrnehmung der einzelnen Objekte. Bäume, die in einer Landschaft hintereinanderstehen, können beispielsweise allein durch die Verlagerung des Blickwinkels nach rechts oder links sichtbar werden. Experimentieren Sie eine Weile mit verschiedenen Perspektiven und nutzen Sie die unten erläuterte Methode mit Rahmen, um verschiedene Ausschnitte des Motivs zu betrachten. Wenn Sie nach Fotografien malen, können Sie natürlich den in der Kamera eingebauten Bildsucher verwenden.

Durch einen weiter unten angesetzten Blickwinkel wäre weniger Meer zu sehen gewesen. Die Wirkung der Komposition wäre so unharmonischer geworden.

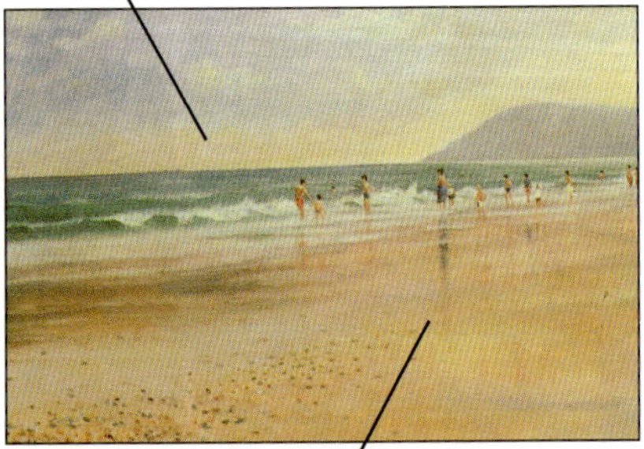

Die vertikalen Lichtspiegelungen der Figuren bilden den Gegensatz zum quer verlaufenden Himmel; sie wurden mit nach unten gerichteten Pinselstrichen gemalt.

DEN VORDERGRUND BETONEN

Der Maler wählte eine Perspektive, die die Figuren in den Hintergrund verlagert und den glitzernden nassen Sand betont. Er arbeitete im Stehen, sodass er sich ungefähr auf Augenhöhe mit den Figuren befand.

BETONUNG DER GRUNDMUSTER

Die für dieses Stillleben (rechts) gewählte erhöhte Perspektive betont das breitflächige Grundmuster und den Kontrast der Formen. Die Schatten unter, neben und in den Objekten wurden als eigenständige Formen entwickelt und durch die deutliche Trennung von hellen und mittleren Farbtönen verstärkt. Sie tragen so zum Entstehen eines Gesamtmusters bei.

NAH UND FERN

Ein Sucher (siehe Beispiel unten) hilft Ihnen dabei, sich für den Ausschnitt des Objekts, das fokussiert werden soll, zu entscheiden. Wollen Sie einige Bäume in der Bildmitte nach vorn bringen? Oder möchten Sie die Bäume nach hinten verlagern und den Vordergrund betonen? Wie viel Hintergrund erscheint Ihnen für Ihr Bild notwendig? Halten Sie sich den Ausschnittrahmen in unterschiedlichen Entfernungen vor die Augen: Je weiter er von Ihnen entfernt ist, desto näher erscheint das Motiv. Wenn Sie keinen Ausschnittrahmen zur Verfügung haben, können Sie auch mit Ihren Daumen und Zeigefingern ein Rechteck formen.

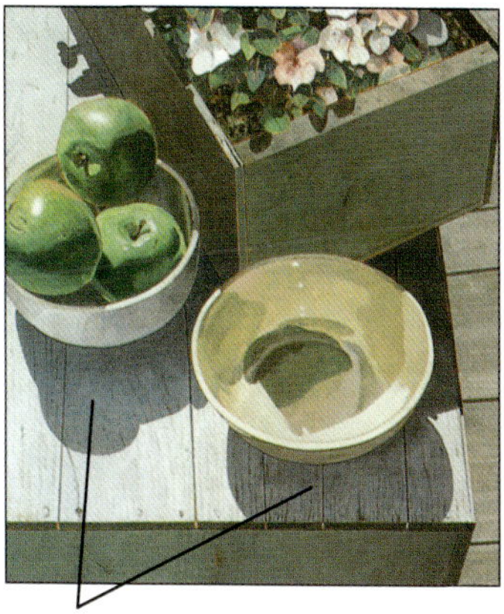

Licht und Schatten bilden ein eigenes Muster.

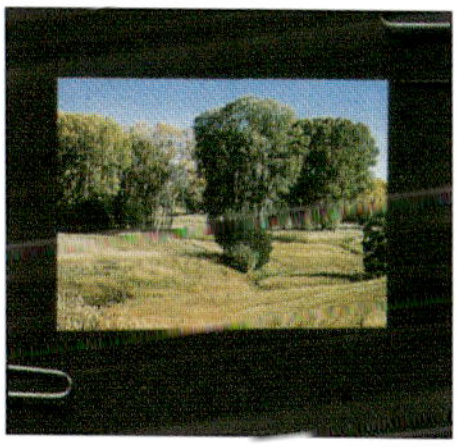

Eine traditionelle Landschaftsszene belässt die Bäume in der Bildmitte; der gewundene Weg verläuft vom Vordergrund aus zur Mitte des Bildes.

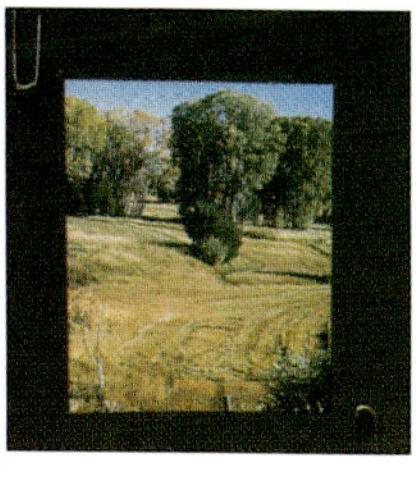

Ein hochkantiges Rechteck als Ausschnitt zeigt weniger Bäume und dunklere Töne im Vordergrund.

Ein variabler Ausschnittrahmen entsteht, indem zwei aus Karton geschnittene L-Formen übereinander gelegt werden, sodass sie quer oder hochkant, als Rechteck oder Quadrat verschoben werden können. Der Karton sollte am besten schwarz oder grau sein.

AUSWÄHLEN DES FORMATS

Wenn Sie sich für eine Perspektive entschieden haben, wählen Sie als Nächstes das Format Ihres Gemäldes. Die Mehrzahl der Landschaftsgemälde hat ein Querformat, aber für bestimmte Objekte – zum Beispiel ein Arrangement hoher Bäume – könnte ein hochkantiges Format die bessere Wahl sein.

Der Fokus

Gemälde müssen nicht unbedingt einen Schwerpunkt oder Fokus haben. Oftmals entsteht er aber aus dem Motiv heraus. Wenn Sie eine Landschaft malen, werden Sie oft zwangsläufig etwas in den Fokus setzen, weil Ihnen ein besonderes Merkmal der Umgebung ins Auge sticht; vielleicht ein Gebäude in einiger Entfernung, das dann automatisch als Schwerpunkt fungiert. Bei einem Ganzkörperporträt bildet das Gesicht den natürlichen Fokus, bei einem Porträt sind es die Augen.

Manchmal müssen Sie den Schwerpunkt aber auch selbst bestimmen, indem Sie zum Beispiel in einem Stillleben einen Gegenstand durch Farbe, tonige Kontraste oder Texturen hervorheben.

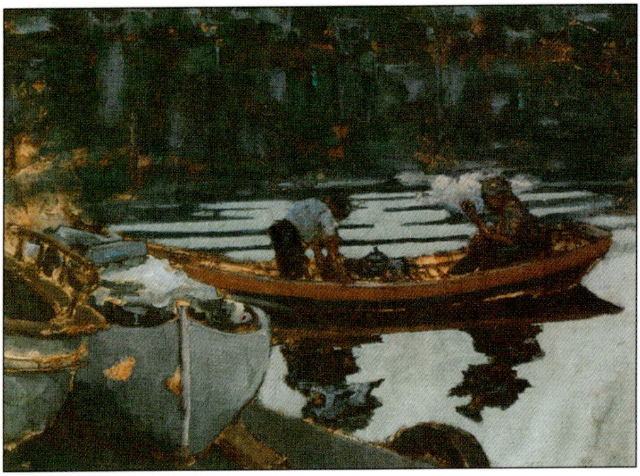

W. Joe Innis

Das Gemälde beinhaltet ein abstraktes Arrangement von Formen; die verlängerte Flusskurve bestimmt hierbei den Bildaufbau. Beachten Sie die Bedeutung der im Vordergrund befindlichen Negativformen im Wasser, die ebenso wichtig sind wie die positiven Reflexionen.

FARBTÖNE UND FORMEN

Die farblich starken Kontraste in der Bildmitte, die vom dunklen Hintergrund noch verstärkt werden, lenken das Auge auf die Figuren im Boot. Ebenso wichtig ist die Anordnung der Formen. Die Diagonale im Vordergrund verläuft von der abgerundeten Seite des grauen Boots nach unten und greift die Form des Ruderboots auf. Diese wiederum wird von den weniger augenfälligen Kurven der Figuren und deren Reflexionen gespiegelt und findet einen Kontrast in den horizontalen Linien der Wellen.

DEN FOKUS FESTLEGEN

Die räumliche Platzierung des Fokus ist davon abhängig, wie weiträumig Ihr Bild generell angelegt ist.

In einem Landschaftsgemälde liegt der Fokus traditionell in mittlerer Distanz, wodurch das Auge des Betrachters von außen in das Bild hineingelenkt wird.

Beachten Sie, was Sie bereits über Symmetrie und Asymmetrie gelernt haben, und legen Sie den Fokus nicht in die Bildmitte. Dies wäre zu offensichtlich und würde das Auge lediglich auf einen Punkt konzentrieren, statt es überall im Bild herumwandern zu lassen.

DAS AUGE LENKEN

Obwohl die Aufmerksamkeit des Betrachters auf den Fokus gelenkt werden soll, darf dies nur auf subtile Art und Weise geschehen. Unsere Augen folgen naturgemäß diagonalen Linien oder Kurven, die zum Schwerpunkt leiten. Bei einem Landschaftsgemälde ist dies häufig ein Weg oder Fluss, der aus dem Vordergrund in das Bild hineinführt. Bei einem Stillleben können Tischtuchfalten dieselbe Funktion erfüllen.

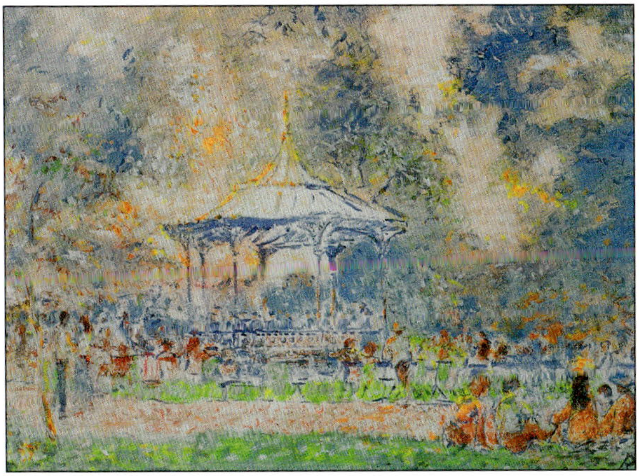

John Rosser
Obwohl der Fokus nicht auffällig betont ist, wird das Auge des Betrachters in das Bild hineingelenkt: von den Figuren rechts zu den Figuren links und dann zum Pavillon. Die helle Form zwischen den Bäumen führt den Blick wieder in den unteren Bildbereich.

DEN FOKUS ABSCHWÄCHEN

Bei einer Landschaftsdarstellung stechen Gebäude gegenüber natürlichen Elementen zwangsläufig heraus und können daher zu dominant werden. In diesem Bild liegt der Schwerpunkt auf dem Pavillon, da er zum einen das einzige Gebäude ist und zum anderen das Hauptmotiv des Bildes darstellt. Hauptsächlich wollte der Künstler jedoch die unbeschwerte Atmosphäre eines sonnigen Nachmittags einfangen. Der Pavillon wurde daher so dargestellt, dass er mit den Bäumen im Hintergrund und den Figuren im Vordergrund verschmilzt. Die farblichen Wiederholungen der Gelb- und Blautöne gewährleisten die kompositorische Einheit des Werkes.

Tonwerte

Farbton und Tonwert spielen für jedes Gemälde eine wichtige Rolle. Meist reicht es nicht aus, das Motiv als eine Reihe aufeinanderbezogener Formen darzustellen – egal wie gut dieses lineare Arrangement auch sein mag. Helligkeit und Dunkelheit aller Töne müssen immer beachtet werden, weil sonst die gesamte Komposition schnell langweilig wirken kann, da dem Motiv Plastizität fehlt.

Jede Farbe hat einen Tonwert. Blasse Farben beispielsweise sind vom Tonwert betrachtet hell. Wenn Sie jedoch ein Stillleben malen, in dem eine blasse Vase zu sehen ist, reicht es nicht, deren Farbe als einheitlich hellen Farbton wiederzugegeben. Licht und Schatten erschaffen eigene Farbtöne, und die Eigenfarbe der Vase spielt im Vergleich zu den kontrastierenden Licht- und Schattenbereichen, die von dem Lichteinfall auf der Vase gestaltet werden, nur eine kleine Rolle. Egal ob nun ein Gegenstand hell oder dunkel ist – die vom einfal-

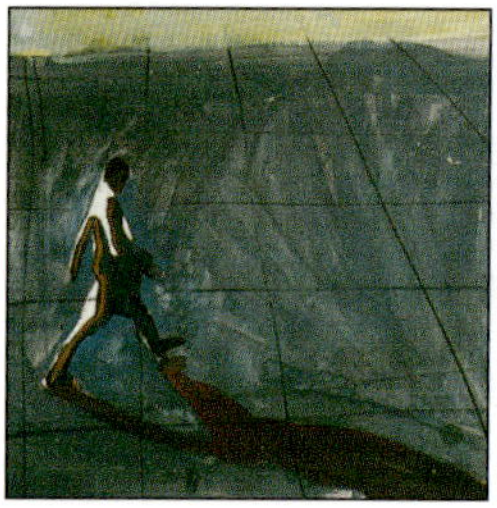

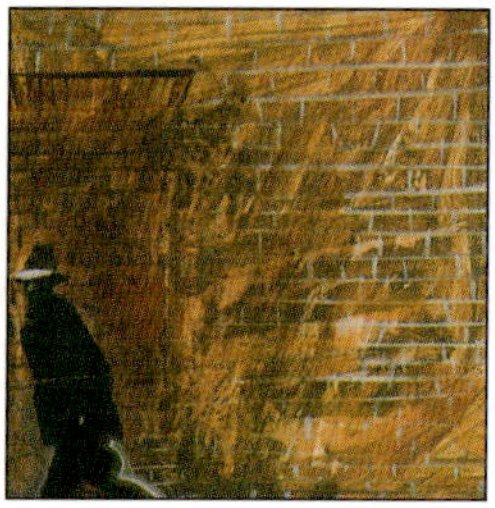

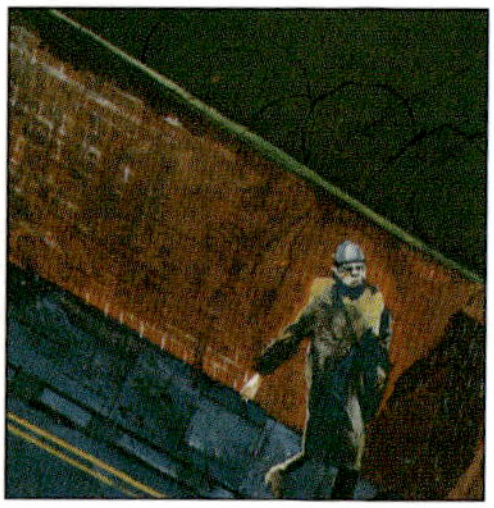

Komposition

Diese drei Bilder sind insofern offene Kompositionen, als die Figuren fast aus dem Bild herauszugehen scheinen.

Im Gegensatz dazu gründet diese gemütliche Szenerie auf eine geschlossene Komposition. Der Fokus ist Bestandteil des Bildes.

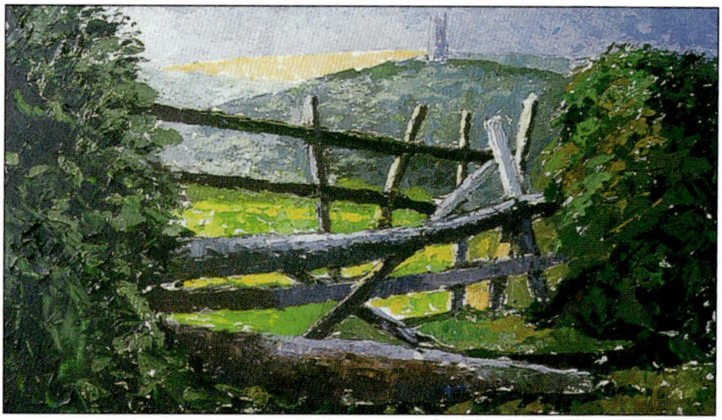

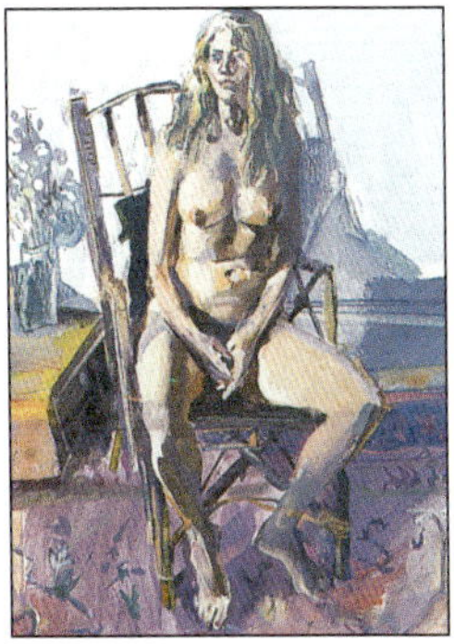

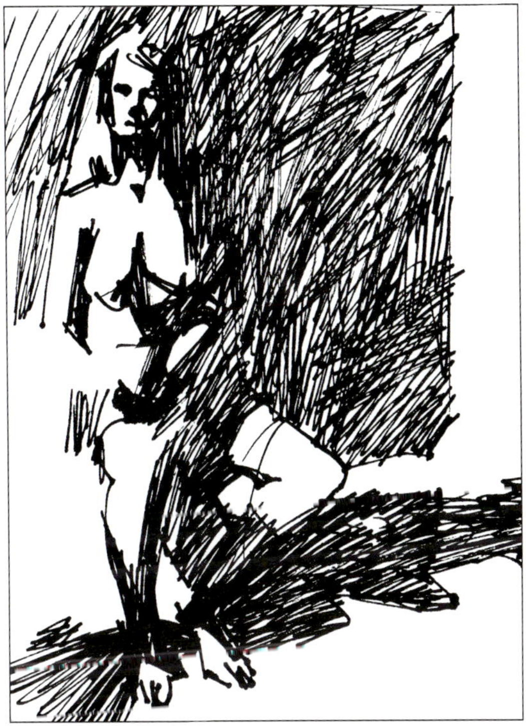

Tonwert

Die Tonwerte eines Gemäldes spielen eine ebenso große Rolle wie Komposition und Farbauswahl. Ehe der Maler mit dem obigen Bild begann, fertigte er eine Schwarz-Weiß-Skizze an, in der die tonigen Abstufungen der Komposition herausgearbeitet wurden.

lenden Licht geschaffenen Farbtöne sind in den meisten realistischen Bildern von noch größerer Bedeutung, denn sie geben den Objekten die nötige Plastizität.

So wie eine Form also durch ihren Tonwert gestaltet werden kann, kann dieser auch zur Vermittlung von Raumtiefe eingesetzt werden. Indem Sie den Tonwert der Gegenstände, je weiter diese in die Ferne rücken, sorgfältig abstufen, also heller werden lassen, können entfernte Objekte unscharf und damit naturgetreu wiedergegeben werden. Man spricht hier von der sogenannten Luftperspektive.

Die sorgfältige und genaue Wiedergabe der Tonwerte ist daher in jedem Gemälde, das eine dreidimensionale Wirkung aufweisen soll, überaus wichtig.

Sie sollten die Tonwerte schon zu einem frühen Zeitpunkt des Bildentwurfs mitberücksichtigen und Ihre Komposition nicht nur linear, sondern auch hinsichtlich der Gestaltung der Licht- und Schattenbereiche planen.

Anordnung der Tonwerte

So wie die Farben in einem Bild zusammenpassen müssen, so müssen auch die Tonwerte aufeinander abgestimmt sein. Ein Gemälde braucht ein Gesamtkonzept für die Anordnung der Tonwerte, in dem sich die hellen und dunklen Farbtöne gegenseitig ausbalancieren und einander gegenüberstehen. So entwickelt sich ein Muster unabhängig von den verwendeten Farben. Betrachten Sie einfach einige Schwarz-Weiß-Kopien von Gemälden berühmter Künstler, um das Prinzip der Tonwertanordnung zu verstehen.

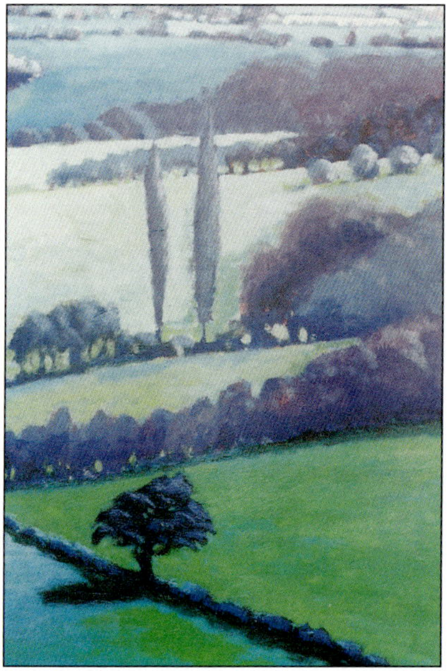

Paul Powis
Die dunkelsten Farbtöne des Bildes im Vordergrund liegen auf der Grauskala betrachtet noch weit von Schwarz entfernt.

VERWENDUNG HELLER TONWERTE

Dieses Bild basiert auf hellen Tonwerten. Obwohl keine wirklich dunklen Töne verwendet wurden, enthält die Komposition dennoch genug Kontraste. Die sanfte Abstufung innerhalb der einzelnen Bereiche – zum Beispiel der Baumkronen – stellen die Form klar dar. Das Bild vermittelt den Eindruck flirrender Hitze, die Sonne scheint die Farben auszubleichen und den Kontrast zu verringern. Gerade in der Landschaftsmalerei ist die sorgfältige Auswahl der Tonwerte sehr wichtig, denn sie tragen dazu bei, die besondere Lichtqualität zum Ausdruck zu bringen.

AUFEINANDER ABGESTIMMTE TONWERTE

Tonwerte müssen immer im Zusammenhang stehen und dürfen nie isoliert betrachtet werden; Objekte sehen nur dann dunkel aus, wenn danebenliegende Gegenstände heller sind. Auf einem Farbgrund von mittlerem Tonwert zu arbeiten ist daher hilfreich, denn so haben Sie eine Grundlage, auf der Sie dunkle und helle Farbtöne objektiv beurteilen können. Wenn Sie hingegen auf einem weißen Malgrund arbeiten, sollten Sie nicht mit den hellsten Farbtönen beginnen, denn dadurch kann das gesamte Gemälde schnell zu hell werden.

STARKER UND GERINGER KONTRAST

Sie benötigen keine starken Hell-Dunkel-Kontraste, um ein Bild mit verschiedenen Tonwerten zu erstellen; irgendeine Art von Kontrast muss jedoch immer vorhanden sein, damit es nicht flach und langweilig wirkt. Die Kontraststärke selbst ist abhängig von Ihrem Motiv und den Lichtverhältnissen. Porträts werden manchmal beleuchtet, um einen dramatischen Hell-Dunkel-Kontrast zu erreichen. Die Mehrzahl der Motive liegt bei normalen Lichtverhältnissen aber im Bereich der mittleren Tonwerte. Dies bedeutet, dass weder die hellsten noch die dunkelsten Farbtöne auf der Grauskala in der Nähe von Weiß oder Schwarz liegen.

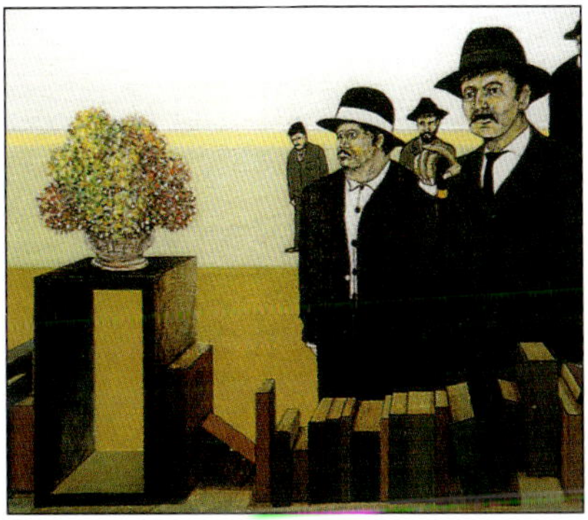

Barrington Magee
Die dunklen, aufrechten Formen der Figuren und die vertikale Kiste kontrastieren mit den mittleren und helleren Farbtönen der horizontalen Streifen im Hintergrund.

STARKE KONTRASTE

Ein solch starker Tonwertkontrast existiert in der realen Welt nicht. In der Realität würde das vorherrschende Licht den Tonwert der schwarzen Kleidung verändern und Bereiche von mittlerem bis hellem Grau entstehen lassen. Allerdings handelt es sich hier nicht um ein realistisches Gemälde. Der Künstler verwendete bewusst starke Kontraste und scharfe Umrisse, um die seltsame Unbeweglichkeit der Figuren zu betonen. Abgesehen von den Gesichtern wirkt das gesamte Bild sehr flach und zweidimensional.

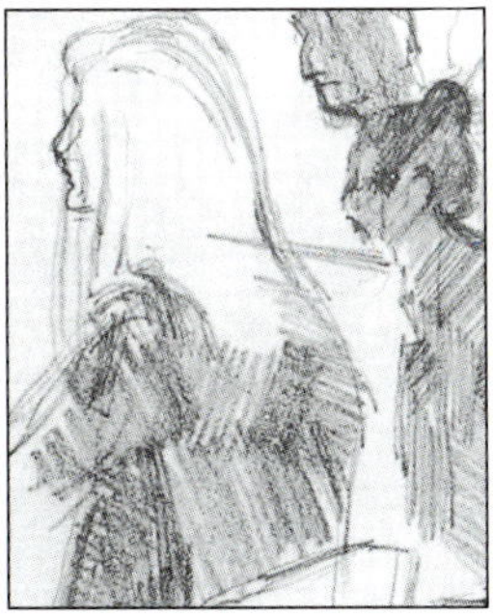

TONABSTUFUNGEN SKIZZIEREN

Manche Maler planen die Anordnung der Tonwerte in ihrem Gemälde, indem sie vorab eine einfarbige Skizze anfertigen. Verwenden Sie einen weichen Bleistift oder einen Pinsel und verdünnte Tusche. Versuchen Sie nicht, jeden sichtbaren Tonwert darzustellen, sondern nur die wesentlichen hellen und dunklen Flächen.

Farbton und Tonwert

Farbe spielt eine große Rolle bei der Erkennung von Gegenständen. Wenn Sie eine Zitrone innerhalb einer gelben Fläche malen, würde die Frucht allein anhand ihrer Form sofort erkennbar sein. Allerdings würde die Zitrone aufgrund der fehlenden Plastizität nicht realistisch aussehen. Erst die Farbabstufungen, die durch den Einfall des Lichtes entstehen, lassen die Gegenstände dreidimensional erscheinen.

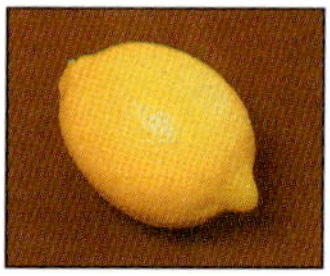

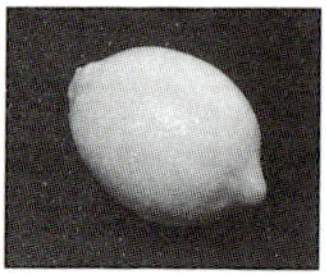

Die Zitrone links erscheint fast wie eine ausgeschnittene Form, da sie viel heller als der Hintergrund ist. Das Schwarz-Weiß-Foto zeigt deutlich die unterschiedlichen Tonwerte.

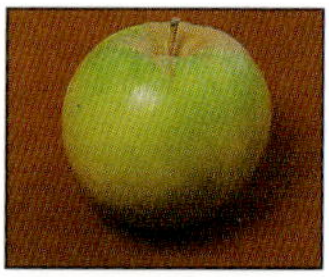

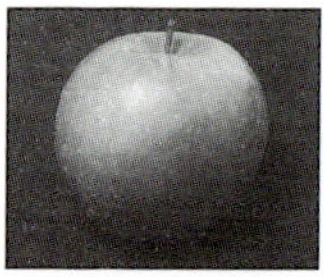

Der natürliche Farbton des Apfels ist dunkler als der der Zitrone, aber heller als der braune Hintergrund. Die Tonwerte sind insgesamt einheitlicher.

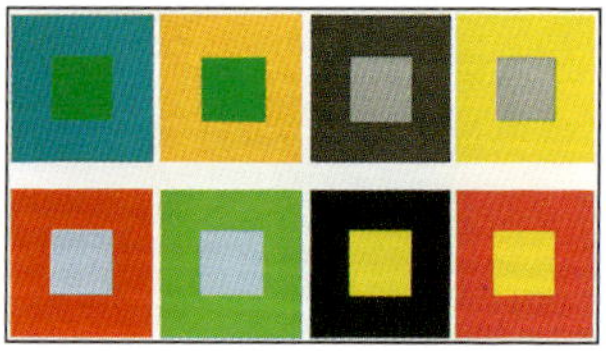

Die Wirkung einer Farbe wird von ihrer Umgebung beeinflusst. Hier sehen Sie je zwei Kästchen mit der gleichen Innenfarbe, aber unterschiedlicher Wirkung.

TONWERTE VERGLEICHEN

Statt einen Gegenstand alleine zu betrachten, empfiehlt es sich, seinen Tonwert mit dem der ihn umgebenden Gegenstände zu vergleichen. Nur so können Sie feststellen, ob er insgesamt heller oder dunkler ist oder nur an einigen Stellen mehr Kontrast aufweist. Sie werden merken, dass Gegenstände mit unterschiedlichen Lokalfarben wie Gelb und Violett oftmals Bereiche mit gleichem Tonwert besitzen, da das einfallende Licht starke Abstufungen hervorruft.

TONWERT UND LOKALFARBE

Die tatsächliche Farbe eines Gegenstandes wird Lokalfarbe genannt. Um genau wiederzugeben, was Sie sehen, müssen Sie jedoch sowohl die Lokalfarbe als auch die unterschiedlichen Tonwerte des Gegenstandes in der entsprechenden Situation mit einbeziehen. Tonwerte richtig zu beurteilen ist relativ schwierig, da wir mit unseren Augen primär die Farbe wahrnehmen. Schließen wir die Augen jedoch halb, so wird die Wirkung der Farbe reduziert und die Details verwischen. Der Tonwert kann so besser wahrgenommen werden.

Die exakten Farbtöne eines Objekts lassen sich nicht einfach nur durch ein helleres oder dunkleres Anmischen der Lokalfarbe wiedergeben, sondern bedeuten fast immer das Mischen verschiedener Farben. Sowohl die schattigen Seiten eines Gegenstandes als auch die beleuchteten Flächen können von der Lokalfarbe abweichen. Der Schatten einer gelben Frucht kann daher durchaus grünlich oder bräunlich erscheinen oder ein Baum im hellen Sonnenlicht an einigen Stellen gelb oder sogar violett.

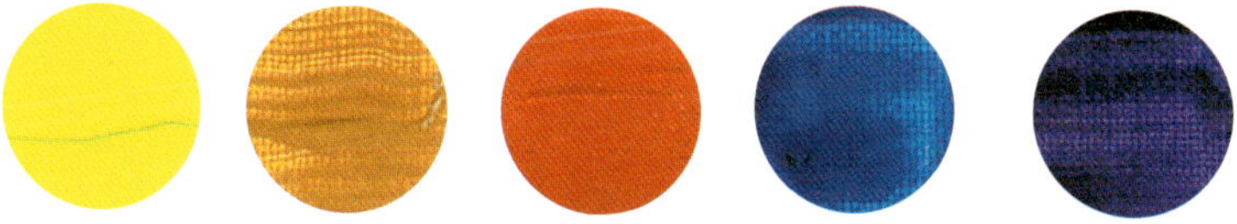

Kadmiumgelb *Ockergelb* *Kadmiumrot* *Phthaloblau* *Dioxazin Lila*

Verwenden einer Grauskala

Eine Grauskala ist sehr nützlich zur Beurteilung eines Tonwertes. Halten Sie die Skala gegen eine dunkle Fläche in Ihrem Gemälde, um abzuschätzen, wie weit sie zu Schwarz tendiert. Im Beispiel oben sehen Sie, inwiefern die Tubenfarben in die harmonische Tonwertskala einzuordnen sind: Gelb am Anfang, Blau und Violett am Ende der Skala.

SCHATTENFARBEN

Bei runden Gegenständen, wie diesen Äpfeln, ist die eigentliche Lokalfarbe am besten in der Mitte des Objekts sichtbar. Die Farbe der Schatten- und Lichtbereiche ist abhängig von der Beleuchtungssituation und den Reflektionen in der Umgebung. Der von den Äpfeln geworfene blaue Schatten entsteht hier jedoch nicht durch reflektierte Farben, sondern durch kaltes Licht.

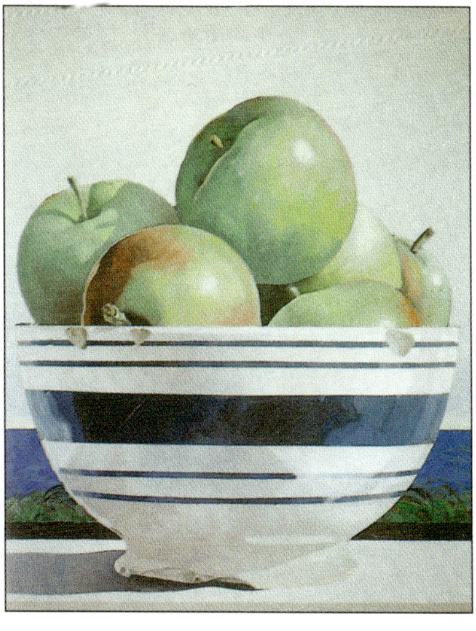

William Roberts

Das Blau der Schatten wurde hier übertrieben, um das Farbthema zu betonen.

Farbe und Stimmung

Farbe kann nicht nur die Form und Plastizität eines Gegenstandes gestalten, sondern auch genutzt werden, um eine bestimmte Stimmung oder Atmosphäre einzufangen. Leuchtende Farben sowie starke Primär- oder Komplementärkontraste bewirken meist eine fröhliche Stimmung. Dunkle schwere Farben wie Braun oder gedeckte Blau- und Violetttöne vermitteln je nach Situation eher Ruhe und Stabilität. Ein Porträtmaler kann bestimmte Eigenschaften seines Modells daher durch Farbe zum Ausdruck bringen, indem er helle, leuchtende Farben für ein fröhliches Modell und dunklere Farben für eine ernste Figur auswählt.

FARBWAHRNEHMUNG

Farben rufen in jedem von uns unterschiedliche Assoziationen hervor. Rot ist zum Beispiel eine traditionelle Signalfarbe, die in anderen Kontexten aber auch aggressiv oder positiv wirken kann. Blau-, Grün-, Grau- und Pastelltöne, die häufigsten Farben für Innenräume, sind eher zurückhaltend. Ein von roter Farbe dominiertes Gemälde wird voraussichtlich schneller die Aufmerksamkeit auf sich ziehen als eines, in dem harmonisch aufeinander abgestimmte Blau- und Grüntöne vorherrschen oder helle Neutralfarben.

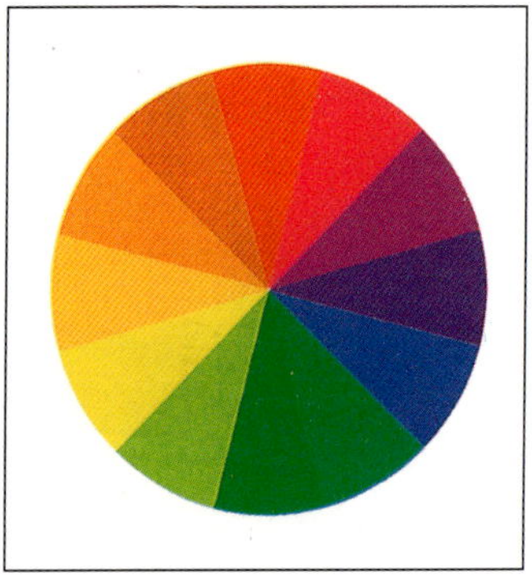

FARBHARMONIE

Indem Sie starke Kontraste vermeiden, können Sie jedem Bild eine freundliche Atmosphäre verleihen. Den gleichen Effekt erzielen Sie mit der Verwendung harmonisch abgestimmter Farben. Landschaftsgemälde strahlen oft eine solch friedliche Stimmung aus, da die Farben in der Natur meistens eine farbliche Einheit bilden: Es dominieren Grüntöne von Gelbgrün bis Blaugrün und Schattierungen von Blau bis Hellviolett. Blumenstillleben werden oft als harmonische Arrangements in Hellviolett und Pink oder Gelb und Orange erstellt, wobei manche Künstler ein oder zwei weiße Blüten hinzufügen, um einen Kontrast zu erhalten.

FARBHARMONIE UND KONTRAST

Die sich im Farbkreis genau gegenüberliegenden Farben bilden die wirkungsvollsten Kontraste (Komplementärfarben). Benachbarte Farben hingegen wirken harmonisch. Der Kreis stellt so eine Verbindung zwischen den Farben her.

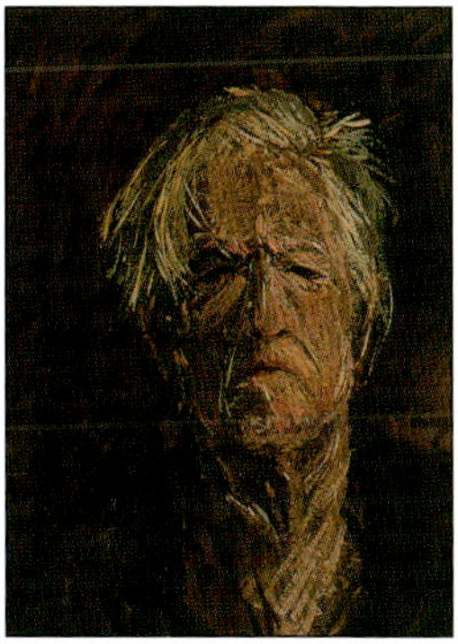

Gerald Cains

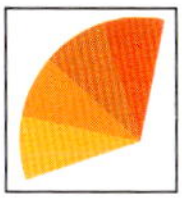

DUNKLE FARBEN

Die für dieses Porträt gewählte düstere Farbpalette, die starken Hell-Dunkel-Kontraste und die ausdrucksstarke Pinselführung verleihen dem Gemälde Atmosphäre und Dramatik. Die Farben sind im Wesentlichen gedeckte oder aufgehellte Varianten des links abgebildeten Farbkreissegments.

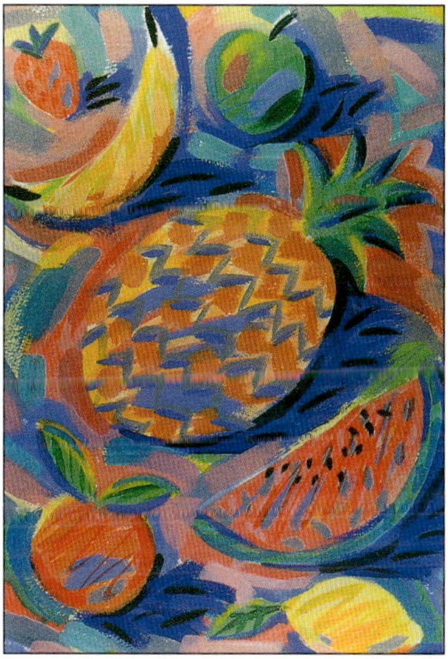

Sara Hayward

LEUCHTENDE FARBEN

Im Gegensatz zum obigen Gemälde herrscht im Bild rechts eine fröhliche Stimmung. Ursache dafür sind die verwendeten Primärfarben und eine ebenso lebendige Sekundärfarbenmischung (hier Grün und Orange). Die Malerin strebte keine realistische Darstellung an. Ihr Schwerpunkt liegt auf den Farben und Mustern.

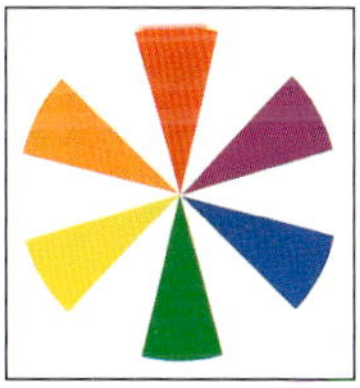

KOMPLEMENTÄRE FARBKONTRASTE

Komplementärfarben liegen sich im Farbkreis direkt gegenüber. Miteinander vermischt ergeben sie neutrale Töne; nebeneinandergelegt jedoch entfalten sie eine dynamische Wirkung. Indem Sie zum Beispiel gelbe Gegenstände mit violetten Schatten versehen, kleine rote Flächen in eine grüne Landschaft einfügen oder blaue und orangefarbene Blüten in einem Blumengemälde darstellen, können Sie diesen Kontrast nutzen. Die Farben müssen nicht in ihrer vollen Intensität verwendet werden, blassere Farbvarianten lassen einen subtileren, aber ebenso wirkungsvollen Komplementärkontrast entstehen.

Farbliche Einheit

In einem gelungenen Gemälde ergänzen sich alle Farben zu einer Einheit. Betrachten Sie daher niemals nur einzelne Objekte oder Bildbereiche, sondern ihre Komposition immer im farblichen Zusammenhang. Fehlt der Farbgestaltung das Gesamtkonzept, kann ein Gemälde schnell unzusammenhängend wirken. Legen Sie fest, welche Farben Sie verwenden wollen – warme oder kalte Farben, helle oder dunkle – und arbeiten Sie damit auf dem gesamten Bild, statt jeden Bereich einzeln fertigzustellen und dann zum nächsten überzugehen.

AUFHELLUNG DER FARBEN

Dies geschieht oft unbeabsichtigt, wenn Sie von der realen Farbgebung eines Motivs abweichen. Eine absichtliche Aufhellung kann jedoch eine interessante Gestaltungsmöglichkeit sein, bei der Sie sich aber daran erinnern sollten, dass keine Farbe nur für sich allein betrachtet werden darf. Wenn Sie also einen Schatten intensivieren wollen, müssen Sie auch über das restliche Bild mehr Farbe legen, denn der dunkle Schatten würde zwischen den blasseren Tönen sonst deplatziert wirken. Als Gegengewicht zu violetten Schatten böten sich zum Beispiel lebendige Gelbtöne an.

Wolken verbinden sich mit dem Gelb der Hauswände und den kleinen Blumen im Vordergrund.

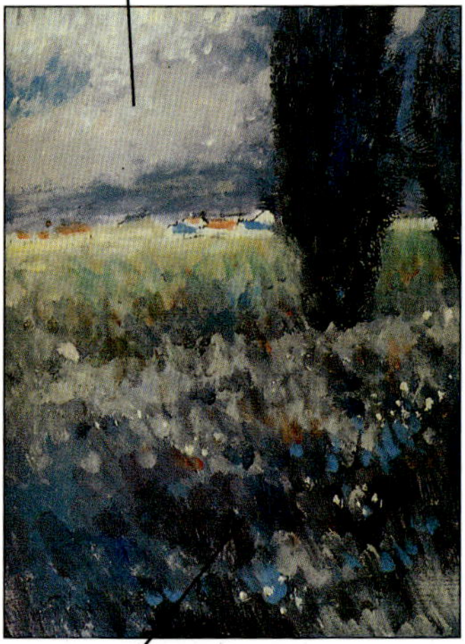

James Harvey Taylor

Die hellvioletten Farbtöne wiederholen sich im Himmel; die blasseren Rottöne der Blumen finden sich in den Dächern wieder.

GEDECKTE FARBEN

Der Künstler wählte eine Zusammenstellung aus kühlen, blassen Farben, um die sanfte Stimmung der Landschaft zum Ausdruck zu bringen. Die Farben werden über das gesamte Bild aufgelegt; Blau- und Blaugrautöne wiederholen sich in den Bäumen und im Himmel; leuchtende Farbakzente werden vermieden. Die Blumen im Vordergrund haben einen gedeckten Farbton. Obwohl die Tonwertkontraste nicht betont werden, wirkt dieses Bild lebendig und interessant.

FARBWIEDERHOLUNGEN

Egal ob Sie nun die Farben aufhellen oder bei den natürlichen Farbtönen bleiben, Sie können immer die einzelnen Bildbereiche durch Farbwiederholungen miteinander verbinden. Dabei findet sich die gleiche oder eine ähnliche Farbe in verschiedenen Bildbereichen wieder. Manche Landschaftsgemälde scheinen wirkungslos, da der Himmel nicht in Bezug zur Landschaft steht. Schaffen Sie daher eine Verbindung, indem Sie einzelne Tupfer der Himmelsfarbe in das Grün der Bäume einbringen. Oder nutzen Sie Brauntöne für die Unterseite der Wolken, wenn auch der Erdboden in Braun gemalt ist.

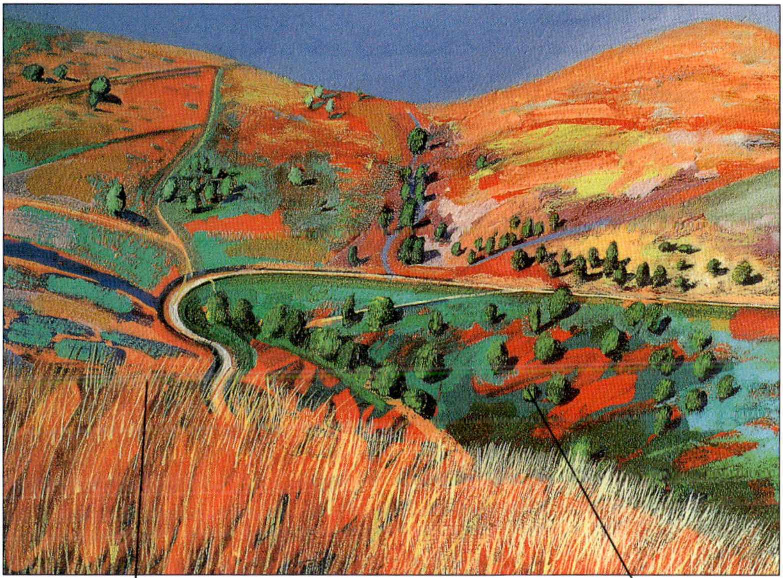

Paul Powis

Einige der in diesem Bildbereich verwendeten Farben wirken vielleicht vor einer neutralen Farbe zu hell, passen hier jedoch gut zusammen.

Dieser gewundene Pinselstrich in leuchtendem Rot entspricht nicht der realen Landschaftsfarbe. Er dient als Kontrast für das Türkis und als Spiegelung der Rottöne im Vordergrund und der Berge.

INTENSIVIERUNG DER FARBEN

Das Gemälde oben verfügt über eine perfekte farbliche Einheit. Die Farben wurden aufgehellt, um intensives Licht und Hitze zum Ausdruck zu bringen. Warme Töne sind vorherrschend: Rot, Orange, Gelb sowie helles Blauviolett als Ausgleich für das kühlere, aber ebenso lebendige Türkis im mittleren Bildbereich. Farbwiederholungen ziehen sich durch die gesamte Komposition.

Innenräume

Sie müssen keine weiten Reisen unternehmen, um interessante Motive zu finden. Oftmals sind Bilder, die alltägliche Dinge und Orte zeigen, die interessantesten. Schon ein normaler Innenraum bietet eine unendliche Quelle an Inspirationen.

Wie bei einem Stillleben können Sie die Einrichtungsgegenstände zu einem Arrangement zusammenfügen und den Lichteinfall festlegen, um eine bestimmte Stimmung zu schaffen. In diesem Gemälde schuf der Maler eine karge, fast schon abstrakte Komposition, um die melancholische Stimmung eines großen, spärlich möblierten Raumes an einem kalten Wintertag einzufangen. Durch das Fenster erhalten wir einen Blick auf die graue Winterlandschaft; die Wände werden fast ausschließlich durch den Schattenwurf der Fenster gestaltet. In der Ecke steht ein halb verdeckter Flügel. Alles zusammen bildet eine atmosphärische, nachdenklich stimmende Komposition.

Um die Stimmung der Szene, die unter anderem durch den besonderen Lichteinfall lebt, einzufangen, war schnelles Arbeiten erforderlich, denn die Lichtverhältnisse eines Raumes können sich schnell verändern und damit die spätere Bildwirkung. Schnell auftrocknende Acrylfarben sind daher ein großer Vorteil. Der Maler arbeitete mit einer begrenzten Palette neutraler Farben, die er mit breiten, flächigen Strichen auftrug.

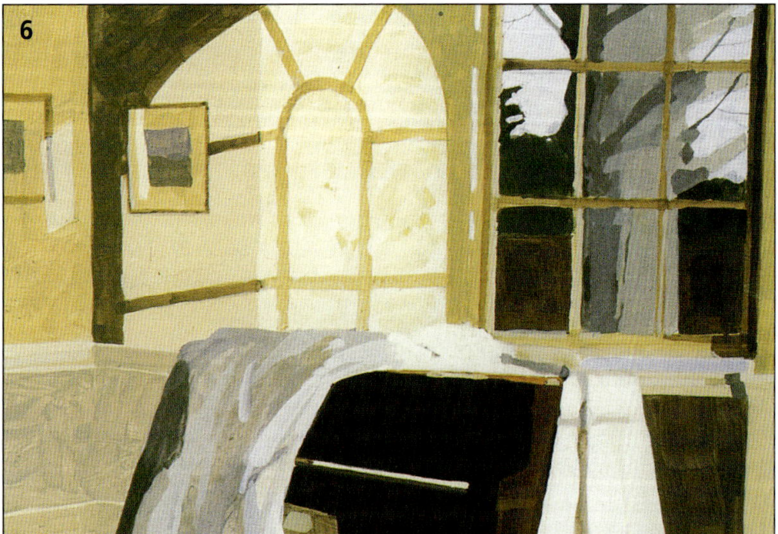

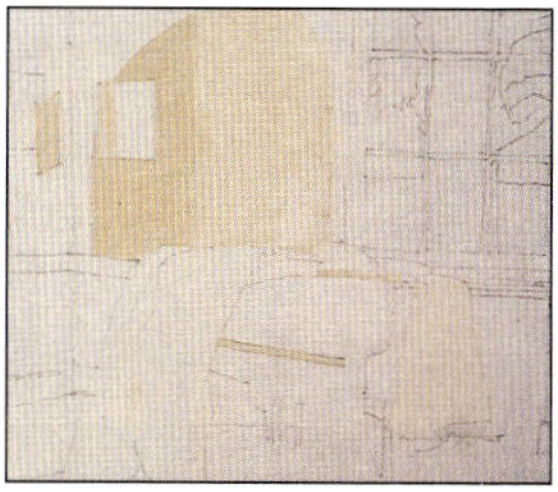

1 Der Maler skizzierte zuerst das Motiv mit einem Bleistift der Stärke B. Danach folgten die blassen Farbtöne der Wand in einer Mischung aus Weiß mit Ockergelb. Die hellsten Bereiche erhalten ein Zitronengelb.

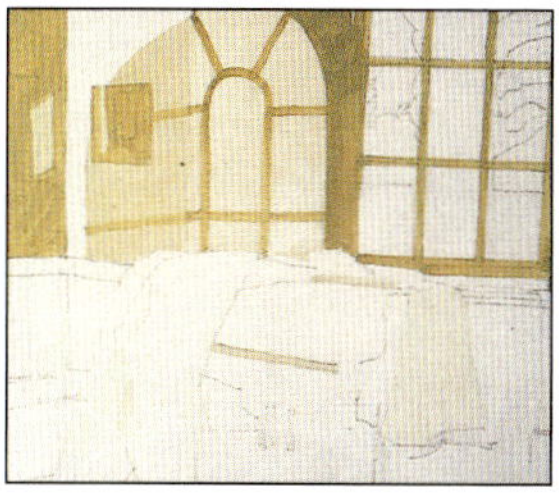

2 Mit einem flachen Pinsel der Größe 4 werden die Linien des Fensterrahmens und dessen Schatten in Siena natur auf der Wand eingezeichnet.

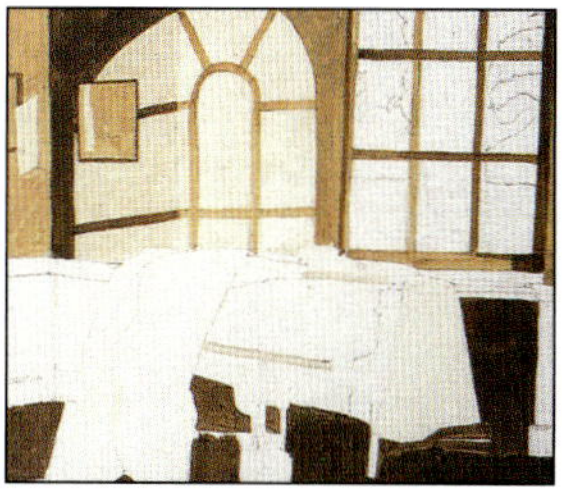

3 Nun folgen die dunklen Farbtöne des Vordergrunds in mit Schwarz vermischtem Umbra gebrannt.

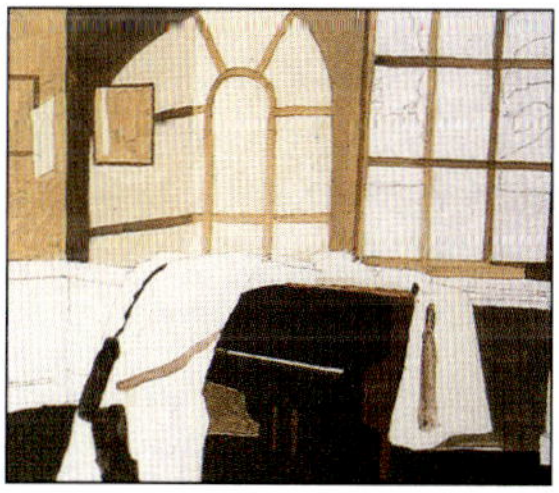

4 Jetzt werden die Negativflächen in dunklen Farbtönen um die weißen Formen des Tuchs gemalt. Die Tuchfalten werden mit Pinselstrichen in Umbra gebrannt angedeutet.

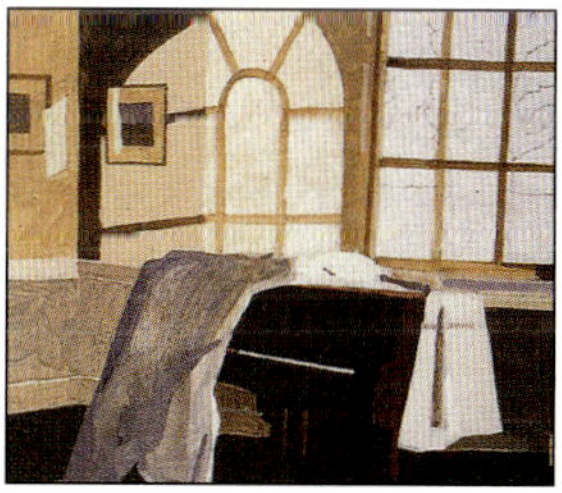

5 Die Schatten auf der hinteren Wand und auf dem Tuch werden in Paynes Grau, Kobaltblau, Ockergelb und Titanweiß aufgebaut.

6 Zuletzt malen Sie die Landschaft jenseits des Fensters. Dazu verwenden Sie Paynes Grau, Schwarz, Umbra gebrannt und Titanweiß. Der durchgängige Einsatz zarter neutraler Farben verleiht dem Bild eine ruhige, beschauliche Stimmung.

LICHTEFFEKTE

Licht spielt beim Malen von Innenräumen eine große Rolle. Helle Tage, an denen das Sonnenlicht Muster auf den Boden, die Wände oder Fensterbänke wirft, erwecken einen Raum erst richtig zum Leben. Abendstimmungen mit künstlichem Licht machen die Farben kräftiger und die Atmosphäre gemütlicher. Da natürliches Tageslicht oft nur von kurzer Dauer ist, kann es notwendig sein, dass Sie in Schichten arbeiten; immer zur gleichen Tageszeit. Künstliches Licht bleibt in der Wirkung zwar einheitlich, ist aber vielleicht nicht ausreichend hell für Ihr Gemälde. Schaffen Sie in diesem Fall mit einer gesonderten Lichtquelle neben Ihrer Staffelei Abhilfe. Oder machen Sie sich Skizzen und Notizen zur Farbgestaltung.

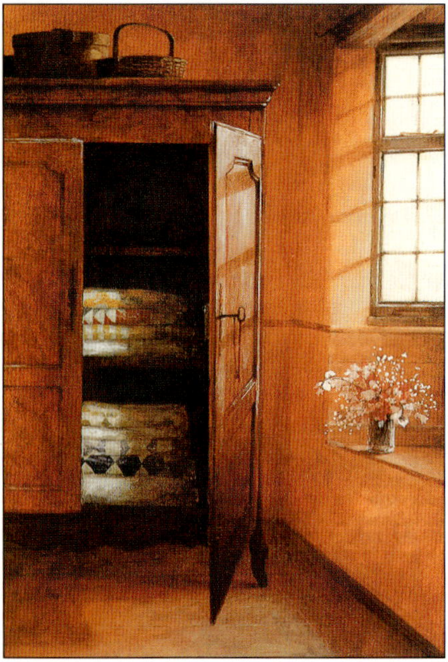

EINRICHTUNG ARRANGIEREN

In diesem Beispiel verleiht der Künstler durch kleine Veränderungen in der Einrichtung dem Arrangement Spannung: Die Schranktür wurde geöffnet und eine Vase auf der Fensterbank platziert. Die Tür und die linke Hälfte der Bettwäsche im Schrank fangen das durch das Fenster fallende Licht ein. Auf diese Weise findet sich das Muster aus Licht und Schatten im gesamten Bild wieder.

Ron Bone

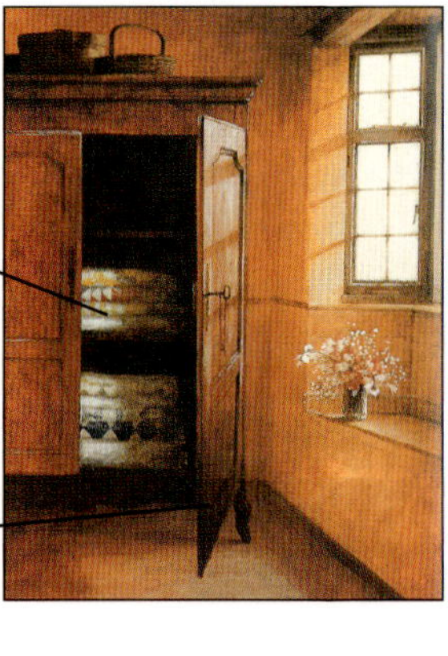

Der halb geöffnete Schrank rückt die Bettwäsche ins Zentrum der Aufmerksamkeit. Der helle Farbton der Tür bildet einen schönen Gegensatz zu Blumen und Fenster.

Die geöffnete Tür erscheint als schmale hohe Form mit diagonalen Verläufen am oberen und unteren Ende. Diese kontrastieren mit den horizontalen Linien von Boden und Schrank.

Die zarte, skizzenhafte Darstellung verstärkt den Eindruck von Leichtigkeit.

Der durchbrochene Farbauftrag mit mehreren übereinanderliegenden Schichten verleiht dem Bild einen schimmernden Effekt.

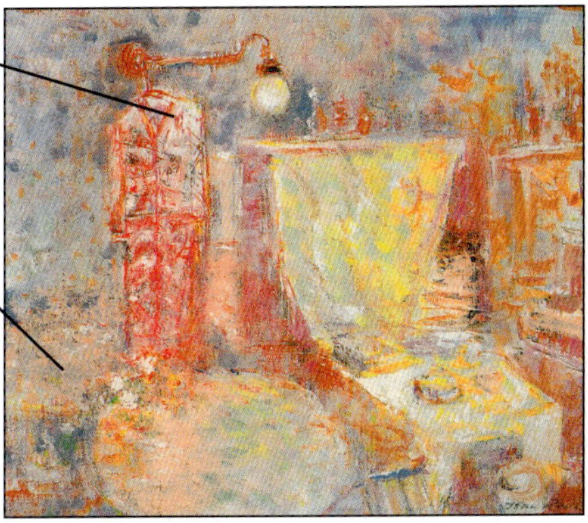

John Rosser

LICHT UND FARBE

Dieses Bild befasst sich ebenfalls mit Lichteffekten, doch wurde das Thema weniger gezielt angegangen als im vorherigen Bild. Hier kommt das Licht im Wesentlichen durch die Verwendung heller Tonwerte zum Ausdruck.

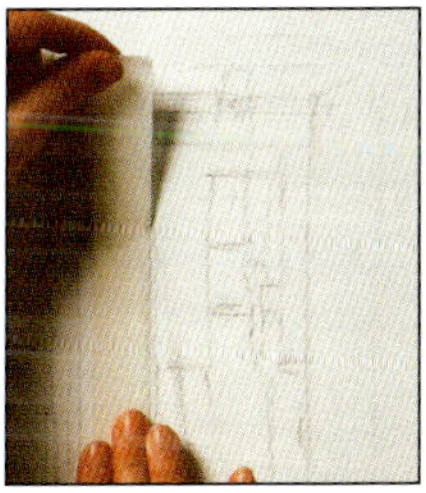

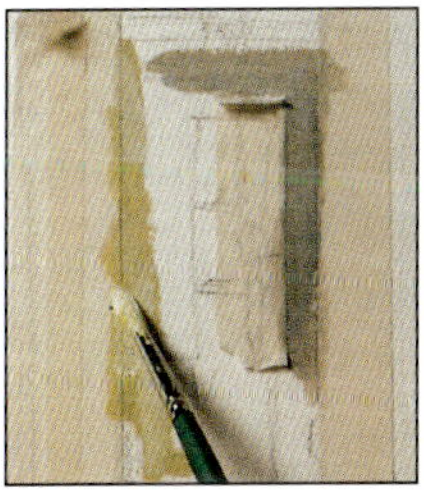

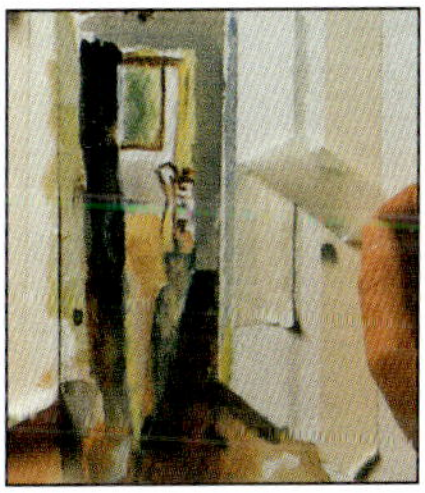

1 Fertigen Sie eine Bleistiftzeichnung an und achten Sie auf exakt gezogene Linien. Anschließend befestigen Sie darauf das Abdeckband.

2 Die Farbe kann nun aufgetragen werden. Wenn das Abdeckband fest aufgeklebt wurde, werden die Ränder nicht verlaufen.

3 Nach dem Trocknen der Farbe ziehen Sie das Band ab und erhalten eine perfekte, saubere Kante.

TIPP ZUR HANDHABUNG DER FARBE

Innenraumbilder können durch ungenaue Linien schnell verdorben werden. Da es oft schwierig ist, gerade Umrisse nicht zu übermalen, sollten Sie Abdeckband zu Hilfe nehmen. Dies ist immer nützlich, wenn es um die Einhaltung einer geraden, sauberen Kante geht. Das Band kann auf Papier und Leinwand verwendet werden, vorausgesetzt sie ist nicht zu stark texturiert. Sonst würde das Band nur auf der Körnung haften und die Farbe trotzdem darunterlaufen.

Auswahl der Farben

Der nächste und sehr wichtige Schritt ist die Auswahl der Farben, denn erst danach kann ihr Mischen und Auftragen erfolgen. Die unten beschriebenen Übungen bilden eine einfache Grundlage. Verwenden Sie dafür am besten dünne deckende Farbe. Dickflüssige oder transparente Farbe eignet sich weniger. Dazu erfahren Sie später mehr.

Wählen Sie eine Palette, die die Farbe gut aufnehmen kann, denn dünnflüssige Farbe verkleckert schnell. Probieren Sie zum Beispiel verschiedene Paletten oder kleine Untertassen aus. Auch sollten Sie daran denken, dass Acrylfarben, sobald sie einmal gemischt sind, nur ungefähr so lange halten, wie das in ihnen enthaltene Wasser nicht verdunstet. Jede gemischte Farbe, die nicht sofort verwendet wird, sollte in einem geschlossenen Glas oder Behälter aufbewahrt werden. Leere Filmdosen zum Beispiel sind ideal für fertig gemischte Farben und sehr nützlich für das Arbeiten im Freien. Markieren Sie die Deckel mit der Farbe im Inhalt, damit Sie die Behälter gut auseinanderhalten können und die Farben nicht verwechseln.

Die Auswahl der Farben ist eine der wichtigsten Entscheidungen, die Sie beim Malvorgang treffen müssen. Welche Regeln oder Prinzipien gibt es? Wie finde ich die richtige Farbpalette für mich? Am Anfang stehen Sie sicher hilflos vor dem riesigen Angebot an Farbtönen im Handel und möchten am liebsten alle verwenden. Dies jedoch ist erstens zu teuer und zweitens nicht notwendig, da in der Regel fünf Grundfarben ausreichen, um daraus alle notwendigen Farbtöne zu mischen.

WARM UND KALT

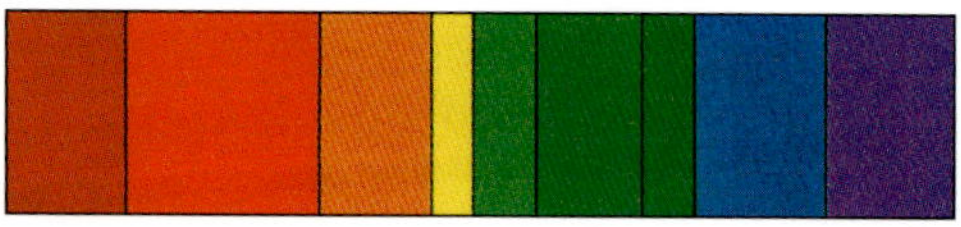

Warme Farben befinden sich im Rotbereich des Spektrums.

Kalte Farben tendieren eher zu Blau.

WAS BRAUCHEN SIE?

Viele Hersteller verkaufen Startersets, die meist aus sechs bis acht Farbtuben bestehen. Manchen Sets jedoch fehlen wichtige Farben und sie enthalten stattdessen einige, die Sie leicht selbst mischen könnten. Eine eigene Farbauswahl kann daher von Vorteil sein.

Alternativ können Sie auch ein Set kaufen und dieses nach Belieben ergänzen. Eine gute Starterpalette sollte jede Primärfarbe (Rot, Gelb und Blau) in jeweils zwei Varianten enthalten – die Farbmuster unten zeigen Ihnen dazu einige Beispiele. Diese Farbvarianten sind notwendig, um Sekundärfarben wie Grün-, Orange- und Violetttöne erfolgreich zu mischen. Für Anfänger sind wenige Farben sinnvoll, da eine zu große Auswahl schnell zur Verwirrung führen kann.

VORSCHLAG EINER FARBPALETTE

Dieser Vorschlag enthält 13 Farben plus Weiß, Schwarz und Grau. Sie sind für die meisten Motive ausreichend und erzielen beim Mischen eine große Bandbreite an Farben. Wenn Sie die anfänglichen Ausgaben reduzieren wollen, können Sie auf Coelinblau und Kobaltgrün verzichten.

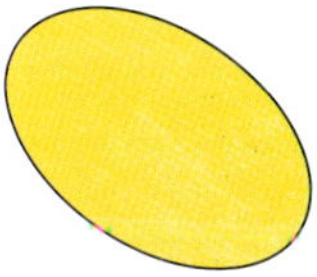

Kadmiumgelb zitron

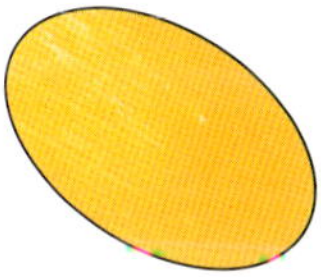

Kadmiumgelb dunkel

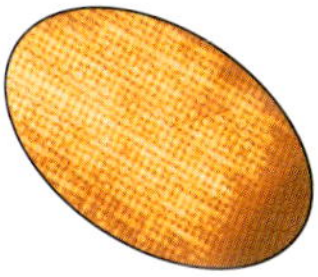

Ockergelb

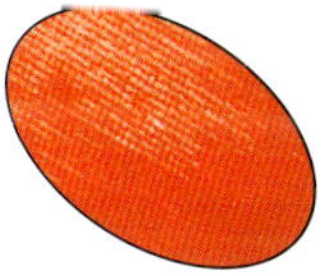

Kadmiumrot mittel

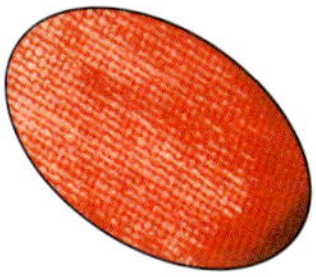

Alizarinrot

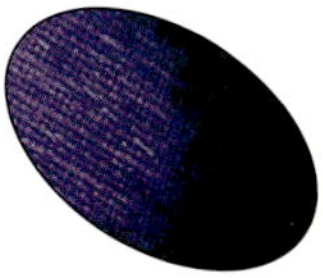

Dioxazin Lila

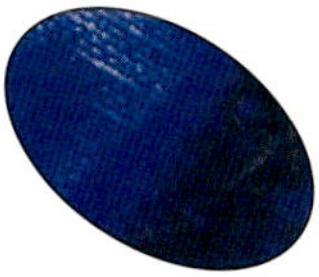

Ultramarinblau

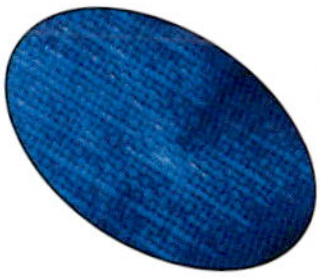

Phthaloblau

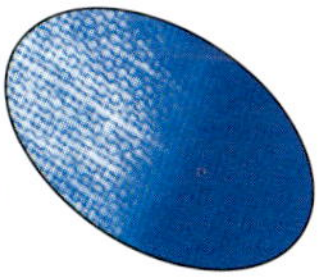

Coelinblau

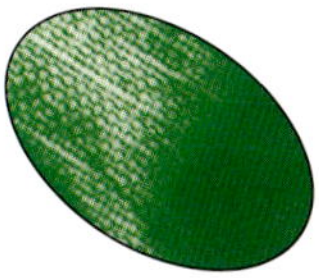

Kobaltgrün hell

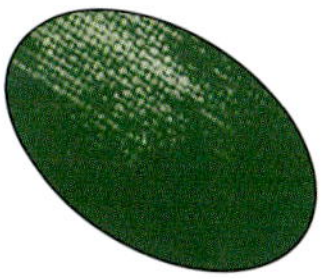

Chromoxydgrün

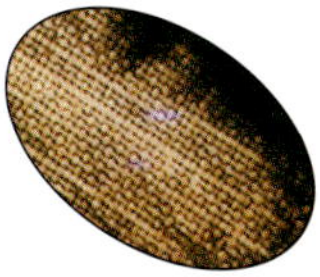

Umbra natur

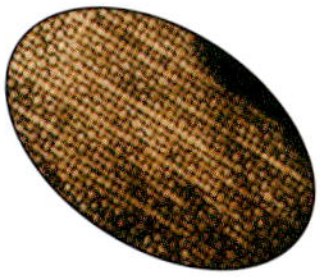

Umbra gebrannt

Sekundärfarben bestehen aus der Mischung zweier Primärfarben. Daher können Sie mit sechs Grundfarben und Weiß zwar problemlos arbeiten, benötigen allerdings noch viel Zeit für das Anmischen der Farben. Einige der fertig gemischten Sekundärfarben, insbesondere die Violetttöne, sind außerdem leuchtender und reiner als die selbst gemischten. Eine kleine Auswahl an Fertigfarben ist also durchaus empfehlenswert.

Brauntöne erhalten Sie durch Mischen von Primär- und Sekundärfarben (Tertiärfarben), doch können Sie auch hier mit fertig gemischten Farben Zeit gewinnen. Tertiär- und Sekundärfarben sind sowohl als Einzelfarben als auch für das weitere Mischen sehr nützlich. Mit etwas Violett können Sie zum Beispiel einem Himmelblau einen tieferen Farbton geben oder ein grelles Grün oder Rot durch Hinzufügen von Braun abschwächen. Das in der Starterpalette empfohlene Grau wurde speziell für das Trüben der Farben entwickelt, ohne deren Reinheit zu mindern.

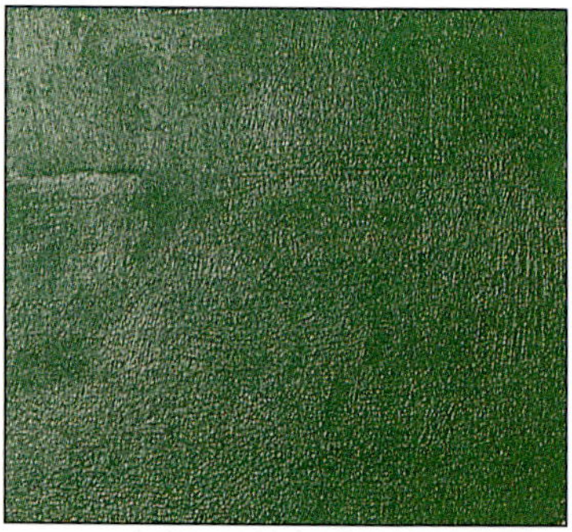

Die Farbe schimmert im feuchten Zustand.

Sie trocknet matt auf und dunkelt nach.

DUNKLERE AUFTROCKNUNG

Acrylfarben werden beim Auftrocknen auf dem Papier um einiges dunkler. Dies liegt an einem Zusatz, der bei der Papierherstellung verwendet wird. Er ist im Trockenzustand nicht sichtbar, verfärbt sich bei Feuchtigkeit jedoch weiß. Aus diesem Grund müssen die Farben immer ein bisschen heller, als eigentlich benötigt, angemischt werden. Wenn Sie eine Farbe nochmals exakt gleich nachmischen wollen, sollten Sie eine Probe der Farbe auf Papier malen und gegen die erste Farbe halten. So können Sie den Ton genau anpassen.

GRUNDLAGEN DER FARBENLEHRE

Kenntnisse der Farbenlehre sind für jeden Maler unerlässlich. Es wäre schwer mit dem Malen zu beginnen, ohne zu wissen, dass Orange aus Rot und Gelb entsteht. Allerdings gibt es immer auch eine Grenze. Wie viel

Theorie für Sie wirklich relevant ist, sollten Sie deshalb am besten selbst entscheiden.

Eine der Hauptschwierigkeiten beim Malen besteht darin, dass die Farbenlehre auf den reinen Farben des Spektrums beruht: Rot, Orange, Gelb, Grün, Blau, Indigo und Violett. Diese sieben reinen Farben – die Farben des Regenbogens – sind die Grundlage aller farbtheoretischen Studien, egal ob von Wissenschaftlern oder Malern durchgeführt.

Der im Allgemeinen als Richtwert für die Farben verwendete Farbkreis ist normalerweise in sechs Bereiche unterteilt. Darin enthalten sind die drei Grundfarben Rot, Gelb und Blau – auch bekannt als Primärfarben der Malerei, die sich nicht aus anderen Farben mischen lassen. Zwischen den Primärfarben liegen die Farben, die aus ihnen gemischt werden können: Dabei handelt es sich um Orange, Grün und Violett. Dies sind die so genannten Sekundärfarben.

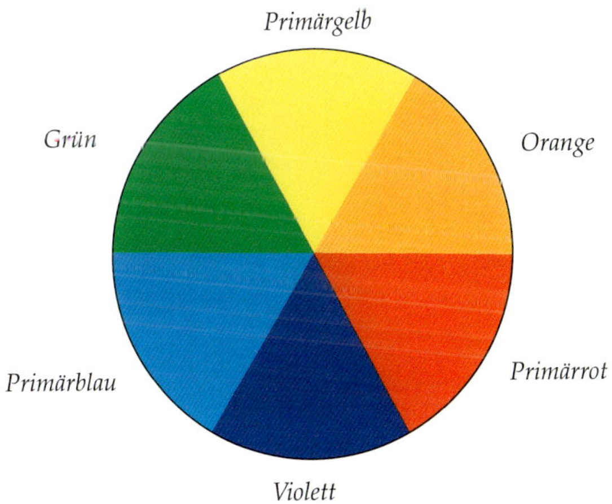

Der „theoretische" Farbkreis, basierend auf den reinen Farben des Spektrums.

Leider lassen sich Pigmente für Künstlerfarben nicht auf die gleiche Weise mischen wie die Farben aus Newtons Farbenspektrum. Zwar stimmt es, dass die Primärfarben Rot und Gelb Orange ergeben, doch kann man nicht grundsätzlich sagen, dass Blau und Rot auch Violett ergeben. Dies hängt davon ab, welche Rot- und Blauvarianten Sie verwenden – mitunter erzielen Sie lediglich ein dumpfes Braun.

Es ist daher sehr wichtig sicherzustellen, dass Sie die gewünschten Mischfarben auch tatsächlich mit den Pigmenten Ihrer Palette erstellen können. Neben der Theorie sind regelmäßiges Üben und das Sammeln von Erfahrungen somit ebenfalls für jeden Maler unerlässlich.

Komplementärfarben

Komplementärfarben liegen sich auf dem Farbkreis genau gegenüber und bilden besonders starke Kontraste zueinander. Da Menschen unterschiedlich auf verschiedene Farbanordnungen reagieren, ist es für einen Künstler durchaus notwendig zu verstehen, wie sich die unterschiedlichen Farben zusammensetzen.

Komplementärfarben sind: Gelb und Violett, Blau und Orange sowie Rot und Grün. In all diesen Paaren sind jeweils alle Primärfarben enthalten. Blau ist zum Beispiel komplementär zu Orange, das sich wiederum aus Gelb und Rot zusammensetzt. Jedes Komplementärfarbenpaar besteht somit aus einer Primär- und einer Sekundärfarbe (der Mischung der anderen beiden Primärfarben).

Komplementärfarben sind zwar sehr gegensätzlich, ergänzen sich aber dennoch besonders gut. Werden sie nebeneinander aufgetragen, so strahlen sie eine besondere Lebendigkeit aus, da alle drei Primärfarben in ihnen enthalten sind. Miteinander vermischt heben sie sich gegenseitig auf und werden zu einem dunklen Grau, das als neutraler Hintergrund oder Untermalung verwendet werden kann.

Komplementärfarben besitzen somit die erstaunliche Fähigkeit, gleichzeitig vollkommen harmonisch und doch gegensätzlich zu wirken.

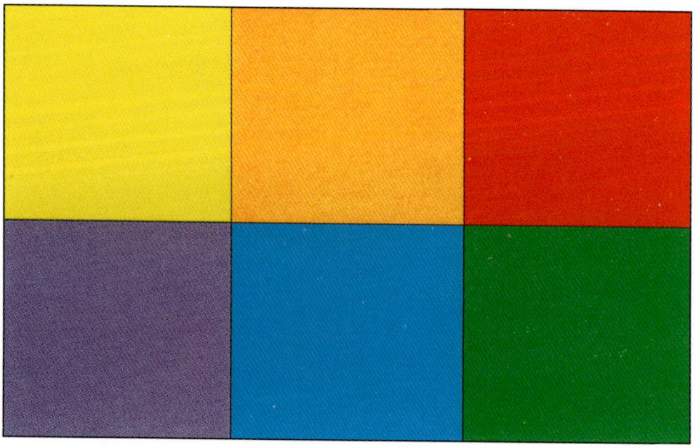

Die Primärfarben

Diese Mustertabelle zeigt Gelb, Blau und Rot mit ihren jeweiligen Komplementärfarben Violett, Orange und Grün.

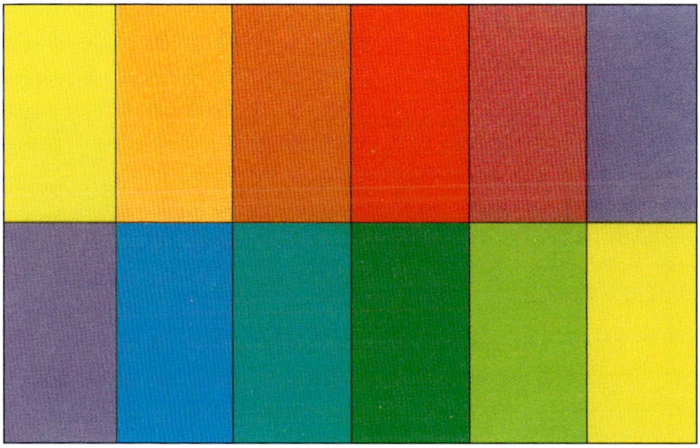

Komplementärkontraste

Die Tabelle der Komplementärkontraste mit Zwischentönen und Farben.

Dies macht sie zu einem wunderbaren Instrument für die Bildgestaltung. Die vorliegende Tabelle der Komplementärkontraste ist daher sehr gut geeignet, um Ihnen zu zeigen, welche Mischungen mit gebrauchsfertigen Farbpaletten ganz leicht realisiert werden können.

In der oberen Reihe verläuft die Leiste von Gelb, Orange und Rot zu Violett; in der unteren Reihe von Violett zu Blau und Grün und wieder zu Gelb. Legen Sie die Farben direkt gegenüber ihren Kontrastfarben an und setzen Sie die Zwischentöne entsprechend in der korrekten Reihenfolge. Die Abstufungen von Grün sollten direkt unter den entsprechenden Violetttönen liegen.

Auch das Malen eines eigenen Farbkreises bietet wertvolle Erfahrungen, denn Sie bekommen ein Gefühl für die richtige Verwendung Ihrer Farben und deren Wirkungsweisen. Alternativ dazu können Sie auch alle Sekundärfarben aus den Ihnen zur Verfügung stehenden Primärfarben mischen. So lernen Sie, eine häufig benötigte Maltechnik erfolgreich zu bewerkstelligen und die Vielfalt Ihrer Farben kennen.

Das Studium der Komplementärfarben bringt ebenso wie alle anderen Farbstudien Vorteile mit sich. Eine weitere einfache Übung ist das Malen auf einer farbigen Untermalung statt auf weißem Malgrund. Hierdurch ergeben sich viele Möglichkeiten und völlig neue Farbwirkungen, die Sie austesten sollten, bevor Sie mit dem eigentlichen Malvorgang beginnen.

Farbbeziehungen

Wenn Sie mit dem Malen eines Bildes beginnen, werden Sie möglicherweise von der Wirkung der Farben überrascht sein. Sie haben beispielsweise die perfekte Farbe gemischt, nur um nun zu sehen, dass diese – sobald sie neben einer anderen Farbe aufgetragen wird – zu hell oder zu dumpf, zu dunkel oder zu blass ist. Die Wirkung von Farben ist immer relativ und richtet sich nach der farblichen Umgebung oder Untermalung. Ein Braun, das auf weißem Untergrund fast schwarz wirkt, wird in schwarzer Umgebung wesentlich blasser sein. Ebenso kann ein klares Blau neben einem violetten Blau grünlich wirken. Diese Beziehungen sollten Sie beim Malen immer beachten.

WARME UND KALTE FARBEN

Eine Farbe kann ebenfalls sehr dominant wirken, ohne dass Sie dies beabsichtigt hatten. Dies ist meistens bei sehr warmen Farbtönen der Fall. Künstler teilen Farben nach ihrer Temperatur ein. Rot- und Gelbtöne sowie deren Mischungen werden als warm wahrgenommen, wohingegen Blau-, Blaugrün- und Blaugrautöne als kalt empfunden werden. Warme Farben scheinen grundsätzlich aus dem Bild hervorzutreten, während kalte eher in den Hintergrund rücken. Diesen Effekt können Sie nutzen, um in einem Gemälde den Eindruck von Räumlichkeit zu erzeugen: Verwenden Sie warme Farben im Bildvordergrund und lassen Sie die Töne kälter werden, je weiter Ihre Objekte in die Ferne rücken.

Genau wie Farbton und Tonwert ist die Temperatur einer Farbe relativ. Ein kühles Blau kann neben einem kalten neutralen Grau durchaus warm wirken.

Auch innerhalb einer Farbfamilie gibt es warme und kalte Töne. Ein grünstichiges Gelb wirkt zum Beispiel kalt, während ein rötliches Gelborange eine warme Wirkung entfaltet. Sogar die sogenannten neutralen Farben können eine Tendenz zu warm oder kalt haben.

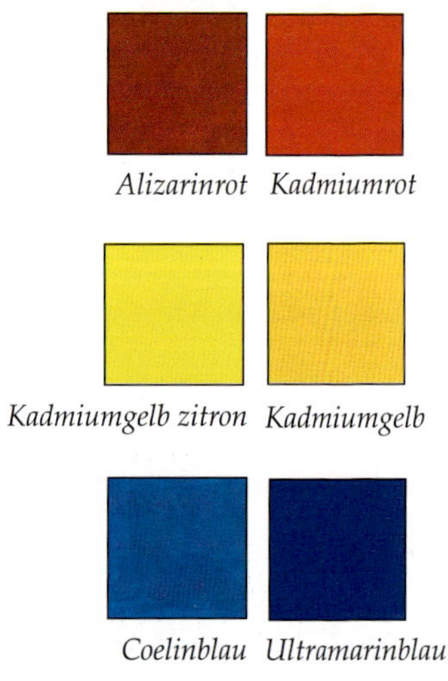

Warme und kalte Primärfarben

Die oben abgebildeten Muster zeigen je zwei Rot-, Blau- und Gelbtöne aus der Anfangspalette. Die rechte Farbe ist dabei jeweils wärmer als die andere. Alizarinrot zum Beispiel hat einen leichten blauvioletten Anteil und ist kälter als Kadmiumrot.

Warm-Kalt-Kontrast

Die Farben auf der rechten Seite – Grün- und violette Blautöne – sind kälter als die Farben auf der linken Seite; dort stufen sich die Gelbtöne von Orange und Rot zu Magenta ab.

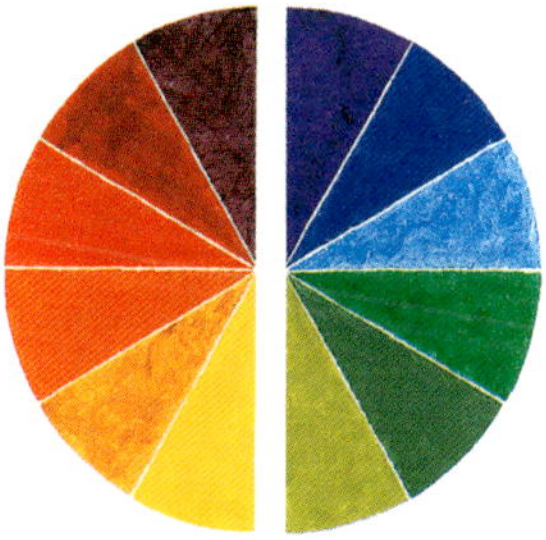

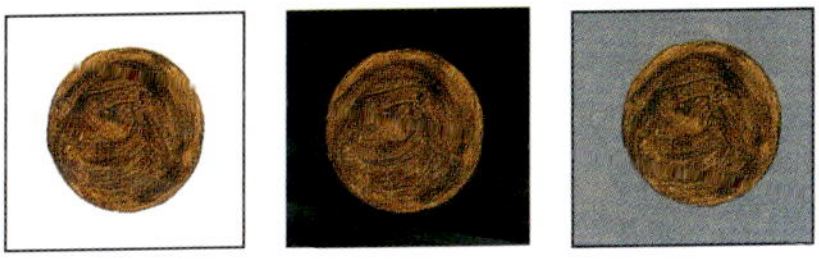

Simultankontrast

Die Farbwirkung ist abhängig von der farblichen Umgebung. Dieses Braun sieht auf Weiß dunkler aus als auf Schwarz. Im dritten Kasten sind die Tonwerte der Münze und des grauen Hintergrunds fast identisch.

Farbwirkung und -ton

An den linken vier Quadraten sehen Sie, wie sich das warme Rot und Gelb von den kälteren Blau- und Grüntönen abhebt. Betrachtet man diese kalten Farben jedoch neben einem neutralen Grau, wie bei den rechten Quadraten, treten sie plötzlich hervor. Auch die relative Lebendigkeit einer Farbe ist somit entscheidend für ihre Wirkung.

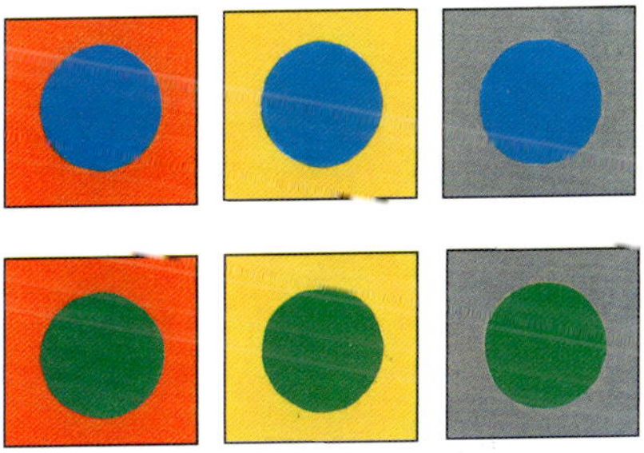

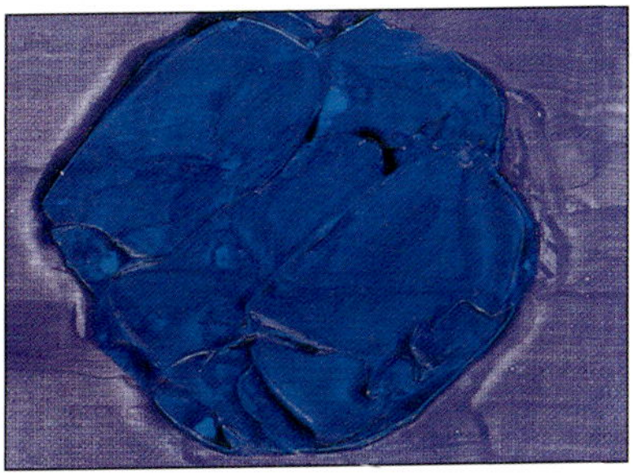

Farbtextur

Neben der relativen Wärme oder Kälte einer Farbe kann auch die Textur ihre Wirkung beeinflussen. Pastose, also dickflüssige Farbe hat eine stärkere Präsenz als dünne und wird in jedem Farbton hervortreten. Maler wie Rembrandt gestalteten starke dreidimensionale Effekte, indem sie dünne Farbe für den Porträthintergrund verwendeten und dicke Impastos für die Betonung des Lichts auf den Gesichtern.

Primär- und Sekundärfarben

Eine der größten malerischen Fertigkeiten besteht darin, Farben so zu mischen, dass sie exakt den Farbton des realen Motivs wiedergeben. Bis zu einem gewissen Grad kann dies durch Praxis erlernt werden. Wenn Sie sich eine Weile mit dem Malen beschäftigen, werden Sie beginnen, Farben hinsichtlich ihrer Pigmente oder speziellen Schattierungen zu beurteilen. Statt einen Himmel einfach nur blau zu sehen, erleben Sie ihn vielleicht als Mischung aus Coelin- und Ultramarinblau. Der erste Schritt für erfolgreiches Mischen ist daher das Kennenlernen der eigenen Farben.

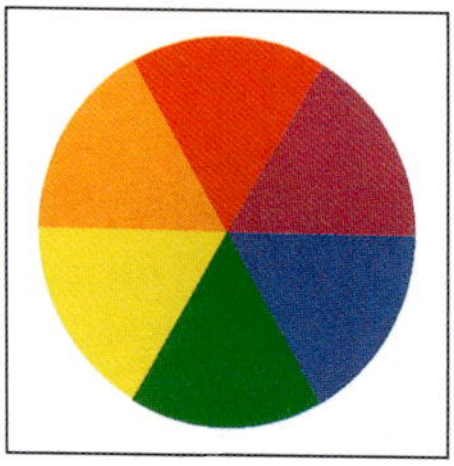

Sechsteiliger Farbkreis
Dieser sechsteilige Farbkreis aus Druckertinte zeigt die drei Primär- und die drei Sekundärfarben, die eine Mischung ihrer jeweils benachbarten Primärfarben sind. Der Farbkreis könnte auf 12 oder sogar 24 Farben erweitert werden, dann würden auch Tertiärfarben hinzukommen.

DER FARBKREIS

Rot, Blau und Gelb sind Primärfarben, da sie sich nicht aus anderen Farben mischen lassen. Auf dem Farbkreis liegen sie jeweils im gleichen Abstand zueinander. Dazwischen befinden sich die Sekundärfarben Orange, Grün und Violett, die bekanntlich aus der Mischung zweier Primärfarben entstehen.

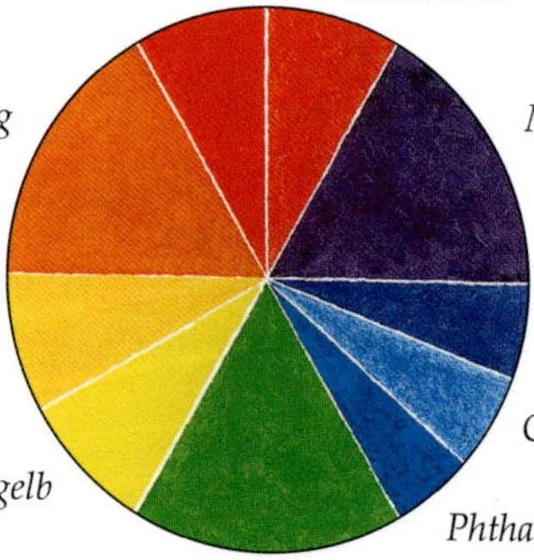

Pigmentfarbkreis
Dieser gemalte Farbkreis entstand aus den Primärfarben der ausgewählten Starterpalette. Er zeigt, dass die Tonwerte nicht unbedingt den Primärfarben des sechsteiligen Farbkreises entsprechen. Durch Variation der Primärkomponenten kann hier eine viel breitere Palette erstellt werden. Einige mögliche Mischungen sehen Sie auf der folgenden Seite.

Sekundärfarben mischen

Der Pigmentfarbkreis auf der vorherigen Seite zeigt, dass alle Primärfarben (Rot, Gelb und Blau) farblich zu einer bestimmten Sekundärfarbe tendieren. Ultramarinblau tendiert zum Beispiel zu Violett, während Phthaloblau eher einen Anteil Grün enthält. Die lebendigsten Sekundärfarben erhalten Sie, wenn die verwendeten Primärfarben jeweils in die gleiche Farbrichtung tendieren, also grünliches Blau und grünliches Gelb oder beide Töne mit Rotanteil. Gedecktere Sekundärfarben entstehen, wenn Sie Farben mit gegensätzlichen Farbanteilen mischen. In jedem der Schemata rechts zeigt die obere Reihe zwei „gleiche" Primärfarben sowie die aus ihnen resultierende Sekundärfarbe, während die untere Reihe eine Mischung „ungleicher" Primärfarben demonstriert. Letztere können nützliche Ideengeber für Grün- und Brauntöne sein, bei denen oft eher zarte Farbtöne benötigt werden.

Gleiche Primärfarben

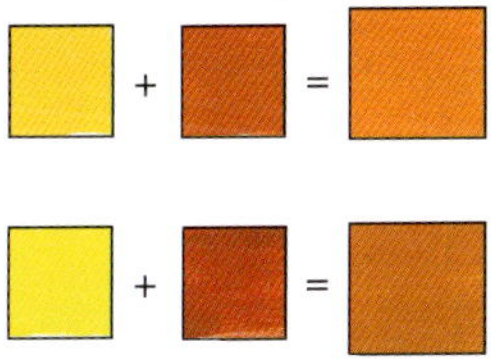

Ungleiche Primärfarben

Gleiche Primärfarben

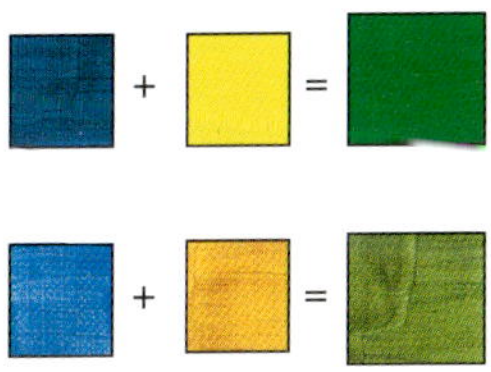

Ungleiche Primärfarben

Gleiche Primärfarben

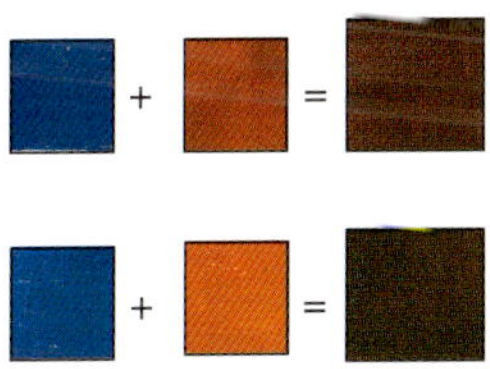

Ungleiche Primärfarben

Orangetöne mischen

Die erste Mischung hat die größte Farbintensität, ideal für den reinen Farbton von Blumen. Die zweite Mischung eignet sich für Motive wie Herbstlaub oder – mit etwas Weiß vermischt – für Hauttöne.

Grüntöne mischen

Die obere Mischung aus Gelbgrün und grünlichem Blau könnte in einem Porträt als Stofffarbe verwendet werden; für Naturdarstellungen wäre der Farbton jedoch zu aufdringlich. Hier ist die Mischung der ungleichen Primärfarben geeigneter.

Violetttöne mischen

Ein reines Violett kann nur aus dem Rot und Blau der oberen Reihe entstehen. Für das Rotbraun mancher Baumstämme oder für hellviolette Brauntöne eignet sich eher die Mischung der ungleichen Primärfarben.

Schwierige Mischungen

Obwohl die meisten Sekundärfarben selbst gemischt werden können, sind manche fertig gekauften Farben kräftiger und leuchtender als die selbst erstellten. Es ist so gut wie unmöglich, ein Violett in derselben Intensität wie der Tubenfarbe zu mischen. Auch das hier gezeigte Kadmiumorange aus der Tube ist lebendiger als die gelbrote Mischung. Hier können Sie zu Ihrer Starterpalette ruhig hinzukaufen.

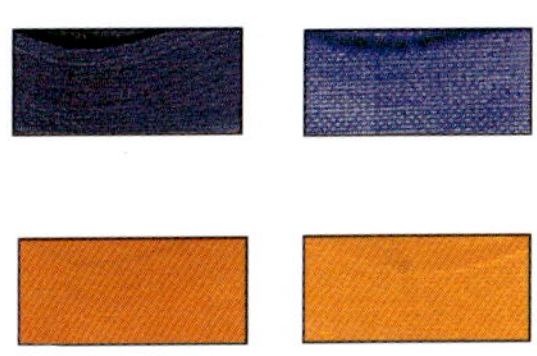

Neutrale Farben

Die Palette neutraler Braun-, Grau- und Beigetöne ist in der Malerei sehr wichtig, da sie andere Farben leuchtender zur Geltung bringt. Tatsächlich entsprechen die wenigsten dieser Farben der Wörterbuchdefinition von „neutral", also ohne Farbanteil. Die einzigen wirklich neutralen Farben sind Schwarz und Weiß, die jedoch nicht als Farben klassifiziert werden, und das aus ihnen gemischte Grau. In der Malerei und in der Natur besitzen die sogenannten Neutralfarben alle einen Farbanteil. Grau ist selten nur aus Schwarz und Weiß gemischt; es kann einen blauen, hellvioletten oder braunen Farbanteil haben. Brauntöne können zu Rot, Grün oder Blau tendieren und Beige kann Anteile von Rosa oder Gelb enthalten. Die sogenannten neutralen Farben der Malerei überschneiden sich daher im Wesentlichen mit der Palette der Tertiärfarben.

Neutrale Farben lassen sich schwieriger als Sekundärfarben mischen: Erstens müssen meist mehr als zwei Farben vermengt werden, zweitens ist ihre exakte Farbzusammenstellung nur sehr schwer zu identifizieren, und drittens wird ihre Wirkung von den sie umgebenden Farben beeinflusst. So kann ein bläuliches Grau, das auf der Palette passend aussieht, nach dem Auftragen neben einer neutraleren Farbe zu hell wirken.

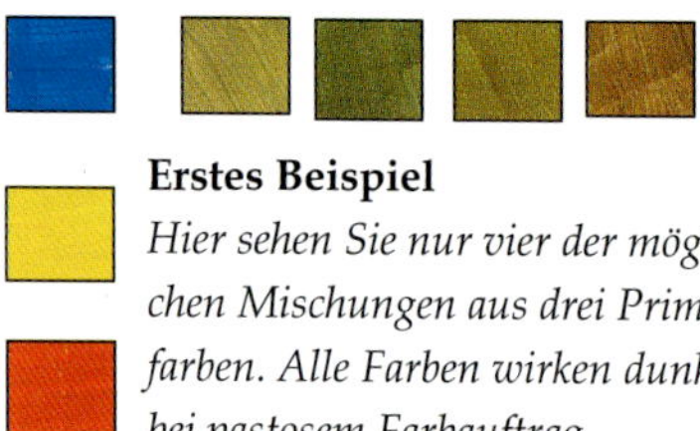

Erstes Beispiel

Hier sehen Sie nur vier der möglichen Mischungen aus drei Primärfarben. Alle Farben wirken dunkler bei pastosem Farbauftrag.

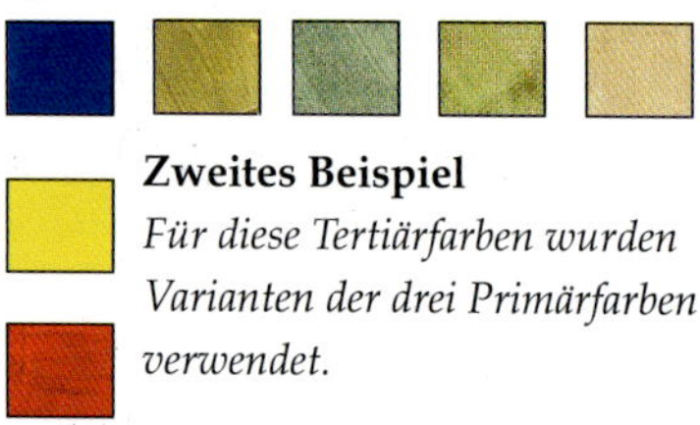

Zweites Beispiel

Für diese Tertiärfarben wurden Varianten der drei Primärfarben verwendet.

MISCHUNGEN

Sie können neutrale Farben durch Zugabe kleiner Mengen Farbe zu Schwarz oder Braun erhalten, doch die daraus resultierenden Farbtöne sind eher gedeckt. Kräftigere Neutralfarben entstehen, wenn Sie die drei Primärfarben oder eine Primär- und eine Sekundärfarbe mischen. Einige dieser Mischungen sehen Sie hier; aber es gibt unzählige weitere Möglichkeiten. Künstler verwenden meist ihre eigenen Rezepturen zur Herstellung neutraler Farben. Sie sollten sich daher die Farbzusammensetzungen aller gelungenen Mischungen notieren.

Mischungen aus drei Farben

Bei der Mischung der drei Primärfarben zu gleichen Teilen entsteht eine Neutralfarbe. Um den Farbton aufzuhellen, müssen Sie Weiß hinzufügen oder Wasser, wenn Sie transparente Farbe verwenden.

Farben mit Grau neutralisieren

Davy's Grau ist eine neue Farbe, die speziell zum Trüben oder Neutralisieren anderer Farben entwickelt wurde. Dies ist nützlich, wenn Sie die Intensität einer Farbe reduzieren, aber keine reine Neutralfarbe erhalten wollen. Davy's Grau ist ein transparentes Pigment; wenn Sie also im Gegensatz zu der hier gezeigten transparenten Farbe eher deckende Farbe verwenden, müssen Sie eventuell noch etwas Weiß hinzufügen.

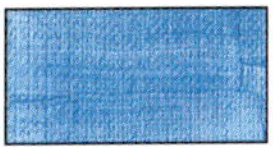

Coelinblau

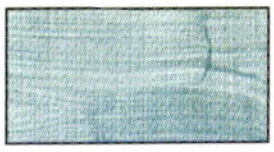

Mit Davy's Grau gemischt

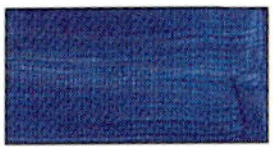

Ultramarinblau

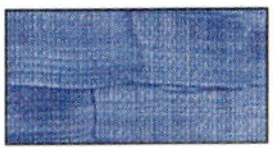

Mit Davy's Grau gemischt

Chromoxidgrün

Mit Davy's Grau gemischt

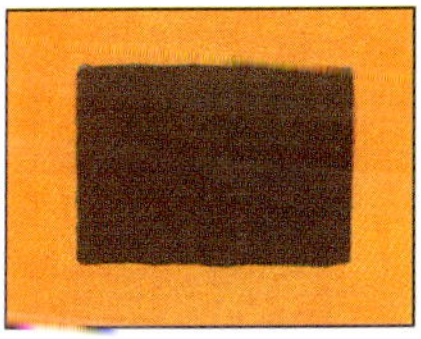

Eine bräunliche Neutralfarbe auf Orange

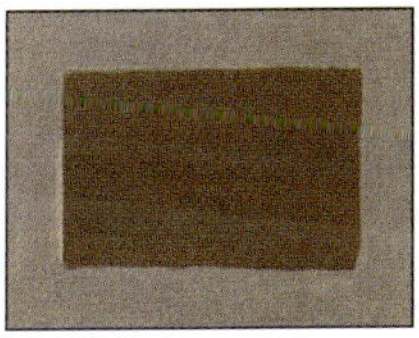

Die gleiche Neutralfarbe auf Grau

Eine grüngraue Neutralfarbe auf Blau

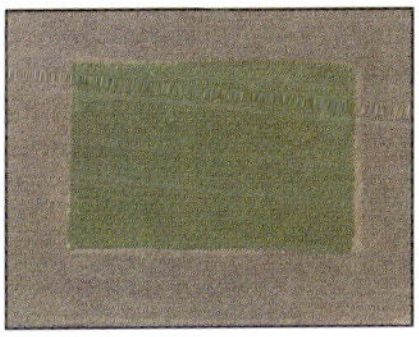

Die gleiche Neutralfarbe auf Grau

Relativer Tonwert

Diese Beispiele zeigen, wie Farben von den Farbtönen ihrer Umgebung beeinflusst werden. Die neutralen Farben wirken auf einem aus Schwarz und Weiß entstandenen Grau weniger neutral als auf einem kräftigen Farbton. Beim Malen sollten Sie immer einige kräftige Farben vor den neutralen auftragen, damit Sie ihre Wirkung entsprechend einschätzen können.

KOMPLEMENTÄRFARBEN MISCHEN

Wie Sie wissen, gibt es drei Paare von Komplementärfarben. Diese enthalten jeweils eine Primär- und eine Sekundärfarbe. Liegen die Komplementärfarben in einem Gemälde nebeneinander, wirken sie lebendig; werden sie jedoch miteinander vermischt, dann heben sie sich gegenseitig auf. Auf diese Weise können Sie sehr schnell ein neutrales Braun oder Grau erstellen. Durch Variation der Anteile an Komplementärfarben entsteht eine Vielzahl von tertiären Mischungen.

Hell und dunkel

Der Begriff „Tonwert“ beschreibt die Helligkeit oder Dunkelheit einer Farbe unabhängig vom Farbton. Alle reinen Farben haben einen spezifischen Tonwert. Rot ist dunkler als Gelb; Blau und Violett (außer Coelinblau) sind noch dunkler. Diese Farben müssen oft aufgehellt werden. Trägt man unverdünntes Ultramarinblau für einen Himmel auf, so ergäbe dies kein realistisches Bild.

Wenn Sie Farbe deckend verwenden, können Sie die Aufhellung mit Weiß vornehmen. Für transparente Aquarelleffekte hat Wasser die gleiche Funktion. Je verdünnter die Farbe ist, desto blasser wird sie. Einige Farben können allerdings nicht aufgehellt werden, ohne dabei auch den Farbton zu verändern: Rot wird zu Rosa, wenn Weiß dazu gemischt wird. Wenn Sie den Lichteinfall auf einem roten Gegenstand darstellen möchten, sollten Sie daher lieber Gelb statt Weiß verwenden.

Das Vermischen mit Schwarz zur Trübung von Farben kann deren Charakter ebenfalls verändern. So kann aus einem Gelb ein Grün werden oder aus einem Rot ein Braunton. Blau und Violett hingegen behalten ihren Farbton, sodass sich neutrale Farben wie Braun- und Grautöne gut damit erstellen lassen.

HELLE FARBEN ANMISCHEN

Wenn Sie eine sehr helle Farbe mischen wollen (wie zartes Rosa oder Hellblau), sollten Sie immer mit Weiß beginnen und geringe Mengen Farbe dazugeben. So lange, bis der Farbton richtig ist. Die reinen Farben sind viel kräftiger als Weiß, sodass Sie unter Umständen sehr viel Weiß hinzufügen müssten, wenn Sie Ihre Mischung mit Blau oder Rot beginnen würden.

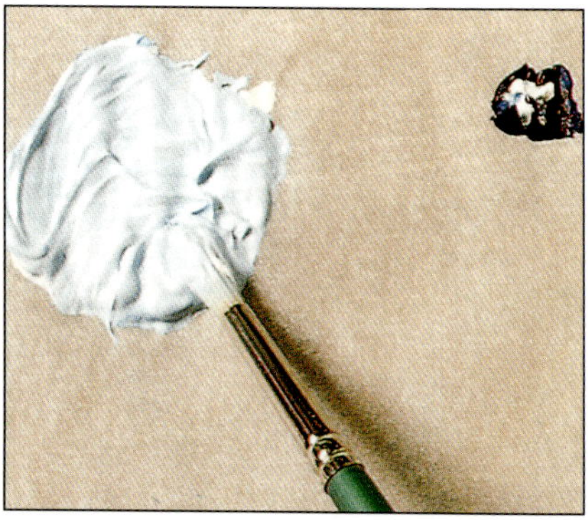

Nehmen Sie mit der Pinselspitze eine kleine Menge der dunkleren Farbe auf und vermischen Sie sie mit dem Weiß. Je nach Bedarf fügen Sie weitere Farbe hinzu.

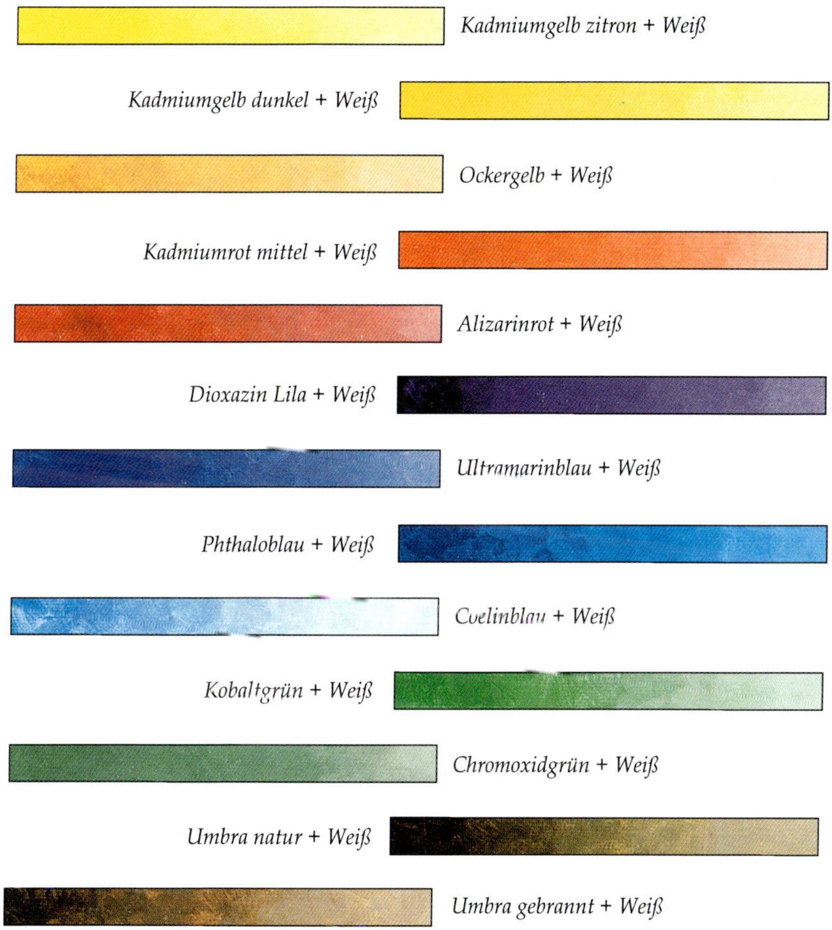

AUFHELLEN MIT WEISS

Die obigen Muster zeigen jede Farbe der Starterpalette mit unterschiedlichen Mengen an Weiß gemischt. Wie Sie sehen, hat diese Aufhellung der Farben einige interessante Auswirkungen. Rot verliert seine Röte, und die Intensität der Gelb- und Grüntöne wird reduziert. Das Gleiche geschieht bei transparenten Farbaufträgen durch die Zugabe von Wasser. Violett und Ultramarinblau hingegen werden durch etwas Weiß intensiviert. Dies liegt daran, dass die Farben pastos aufgetragen sehr dunkel sind. Eine leichte Aufhellung mit Weiß lässt die Farben daher reiner hervortreten.

Aufhellen ohne Weiß

Wenn Sie kein Weiß verwenden wollen, können Sie die Farbe auch mit einem helleren Farbton der gleichen Farbfamilie aufhellen.

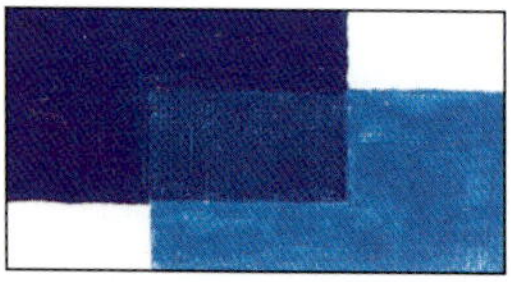

Hellen Sie Ultramarinblau mit Coelinblau auf.

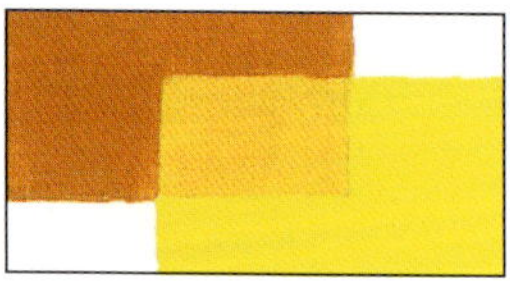

Hellen Sie Ockergelb mit Zitronengelb auf.

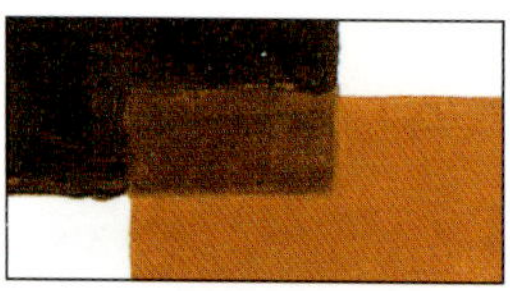

Hellen Sie Umbra natur mit Ockergelb auf.

Abdunkeln ohne Schwarz

Zum Abdunkeln der Farben, die nicht mit Schwarz getrübt werden können, verwenden Sie ebenfalls einen dunkleren Farbton der gleichen Farbfamilie.

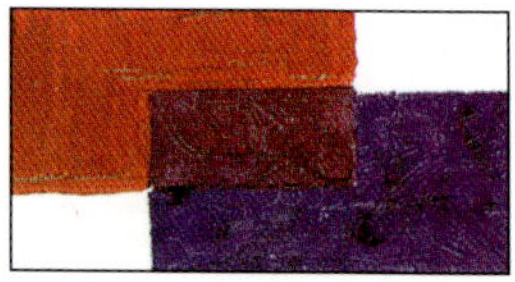

Dunkeln Sie Alizarinrot mit Dioxazin Lila ab.

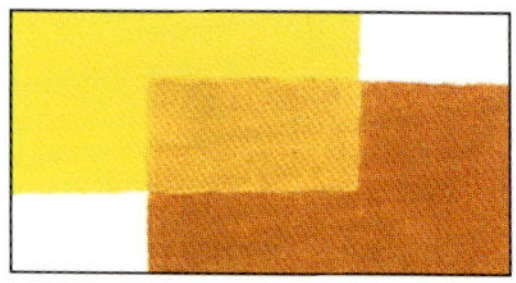

Dunkeln Sie Zitronengelb mit Ockergelb ab.

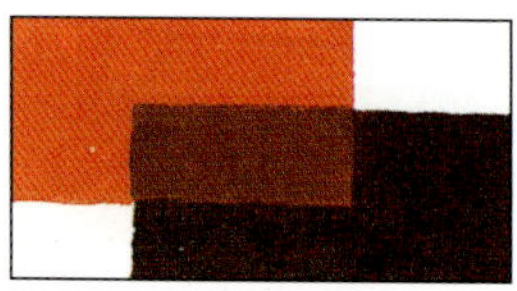

Dunkeln Sie Kadmiumrot mit Umbra natur ab.

Farben mischen

Das erfolgreiche Mischen von Farben – das heißt, die Farben dem Ton des realen Motivs entsprechend zu mischen – ist im Wesentlichen Erfahrungssache. Dennoch finden Sie hier einige Tipps, um eine allzu lange Experimentierphase zu umgehen.

PRIMÄR- UND SEKUNDÄRFARBEN

Alle Primärfarben existieren in zwei oder mehr Schattierungen mit unterschiedlichen Farbanteilen. Wenn Sie eine kräftige Sekundärfarbe erhalten wollen, müssen Sie immer zwei Primärfarben wählen, die sich in den Farbausrichtungen entsprechen. Möchten Sie zum Beispiel ein klares, lebendiges Grün erzielen, verwenden Sie am besten Zitronengelb und Phthaloblau, die beide leicht grünlich sind.

HELLE UND DUNKLE FARBEN

Wenn Sie Acrylfarbe so dünn wie Aquarell auftragen, können Sie sie mit Wasser aufhellen. Je dünner die Farbe, desto stärker tritt das Weiß des Papiers hervor. Für deckende Malweisen werden Farben durch Zugabe von Weiß aufgehellt. Dies erfordert allerdings einige Sorgfalt, da Weiß den Charakter einiger Farben verändert.

Schwarz kann zur Trübung von Farben verwendet werden, verändert aber ebenfalls mitunter den Farbcharakter. So ergibt Rot mit Schwarz gemischt ein Braun, Gelb mit Schwarz einen Grünton.

FERTIG GEMISCHTE SEKUNDÄRFARBEN

Natürlich müssen Sie Sekundärfarben nicht selbst mischen. Farbhersteller bieten eine gute Auswahl an Sekundärfarben an, die mitunter intensiver als die selbst erstellten Mischungen sind. Es ist ein verbreiteter Irrtum, dass aus den drei Primärfarben alle denkbaren Farben gemischt werden können. Zwar erhalten Sie mit nur drei Farben ein ansprechendes Ergebnis, werden aber keine raffinierten Farbkompositionen erzielen.

TRANSPARENZ UND DECKKRAFT

Einige Acrylfarben sind transparent oder lichtdurchlässig, andere wiederum deckend. Wenn Sie eine transparente Mischung erhalten oder Farben auf der Bildoberfläche mischen wollen, müssen Sie darauf achten, Farben mit gleicher Deckkraft zu verwenden. Ansonsten würde die Farbe ihre Transparenz verlieren. Einige Acrylfarbenmarken, vor allem Liquitex-Farben, sind bereits als deckend oder transparent gekennzeichnet, bei anderen müssen Sie die Deckkraft der Farbe selbst herausfinden.

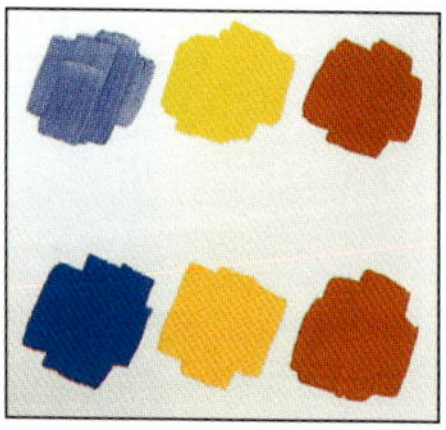

Diese Muster zeigen jede Primärfarbe in einer warmen und einer kalten Variante. Auf die genauen Farbnamen wurde hier verzichtet, da Sie von Auswahl zu Auswahl variieren.

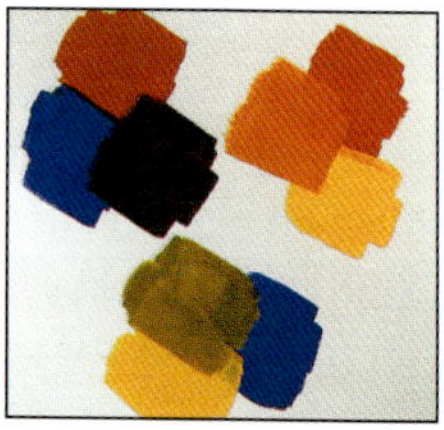

Diese Sekundärfarben entstanden durch die Mischung gleicher Primärfarben. Getrübte Versionen dieser Farben können durch das Zumischen der gegenüberliegenden Primärfarben erreicht werden, also einer warmen und einer kalten.

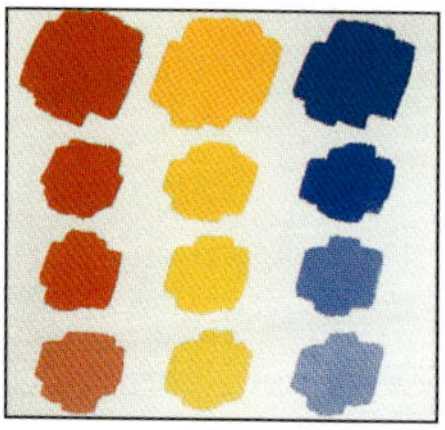

Hier wurde je eine Primärfarbe mit unterschiedlichen Mengen Weiß gemischt: Der Weißanteil steigt von 25 % auf 50 % bis 75 %. Rot erscheint mit zunehmendem Weißanteil rosa, während die anderen Farben ihren Charakter behalten.

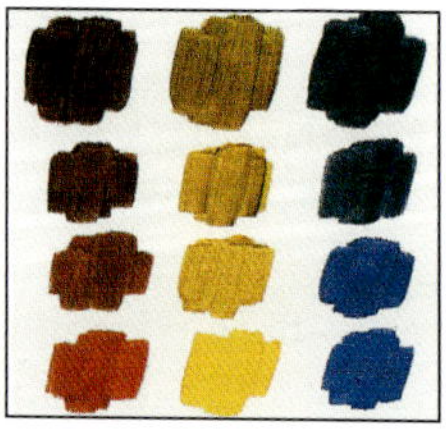

Hier wurden die Primärfarben mit Schwarz gemischt: Von unten nach oben beträgt der Schwarzanteil 0 %, 25 %, 50 % und 75 %. Nur Blau bleibt als solches erkennbar, Rot tendiert mit Schwarz zu Braun, während Gelb grünlich erscheint.

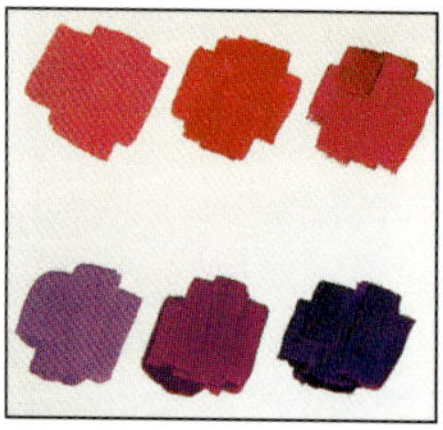

Obwohl Rot und Blau Violett ergeben, sind Mischungen selten so leuchtend und rein wie die Farben aus der Tube. Eine Auswahl fertig gemischter Violett- und Magentafarbtöne ist sehr nützlich für das Abändern weiterer Farben.

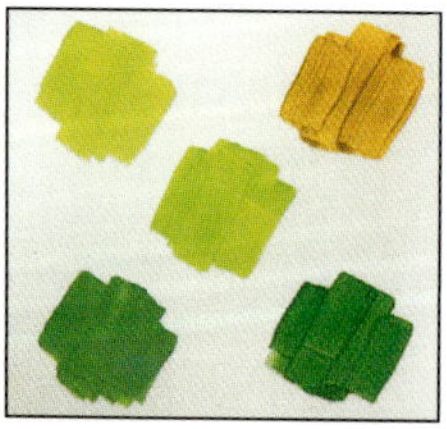

Obwohl das Erstellen von Grüntönen aus Blau und Gelb oder Schwarz und Gelb relativ leicht ist, verwenden die meisten Künstler fertig gemischte Farben, die dann ebenfalls für weitere Mischungen verwendet werden.

MISCHUNGEN MIT ZWEI FARBEN

Wenn Farben gemischt werden, reduziert sich ihre Intensität und damit ihre Farbtiefe. Eine gemischte Sekundär- oder Tertiärfarbe ist daher selten so leuchtend wie die Komponenten, aus denen sie sich zusammensetzt. Daher empfehlen die meisten Kunstlehrer, nicht mehr als drei Farben zu mischen. Oft verwenden Malanfänger aus Unsicherheit zu viele Mischfarben auf einmal. Dies trübt meist die Wirkung des Bildes.

Begrenzen Sie sich deshalb anfangs auf zwei Farben plus Weiß – es sei denn, Sie wollen neutrale Töne mischen. Sie werden überrascht sein, wie viele Farbschattierungen mit dieser Anfangspalette möglich sind. Eine Auswahl verschiedener Mischungen ist hier abgebildet; doch kann die Palette noch erheblich erweitert werden, indem Sie die jeweiligen Farbanteile variieren und verschiedene Mengen Weiß hinzufügen. Erscheint Ihnen eine Farbe beim Auftrag dennoch nicht passend, vergessen Sie nicht, dass Sie die Farbe auch mit transparenten Lasuren oder wasserverdünnten Farbaufträgen nachträglich ändern können.

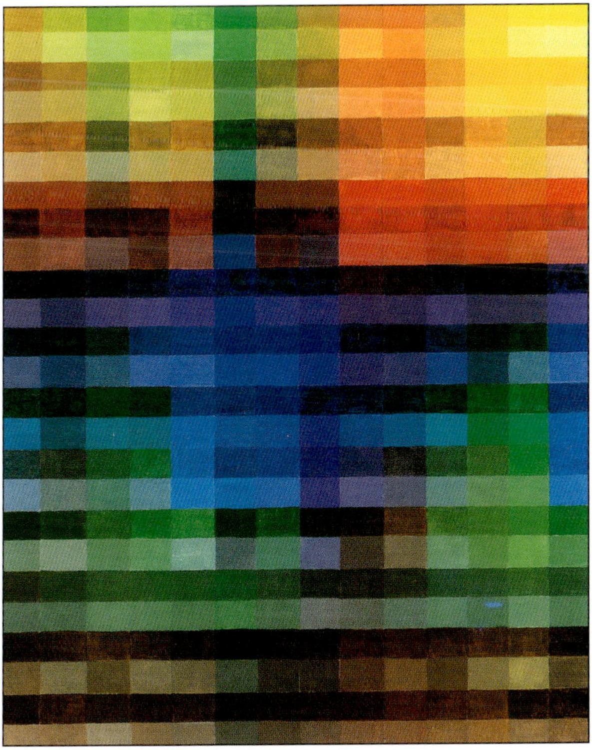

Kadmiumgelb zitron
+ 50 % Weiß
Kadmiumgelb
+ 50 % Weiß
Ockergelb
+ 50 % Weiß
Kadmiumrot mittel
+ 50 % Weiß
Alizarinrot
+ 50 % Weiß
Dioxazin Lila
+ 50 % Weiß
Ultramarinblau
+ 50 % Weiß
Phthaloblau
+ 50 % Weiß
Coelinblau
+ 50 % Weiß
Kobaltgrün hell
+ 50 % Weiß
Chromoxidgrün
+ 50 % Weiß
Umbra natur
+ 50 % Weiß
Umbra gebrannt
+ 50 % Weiß

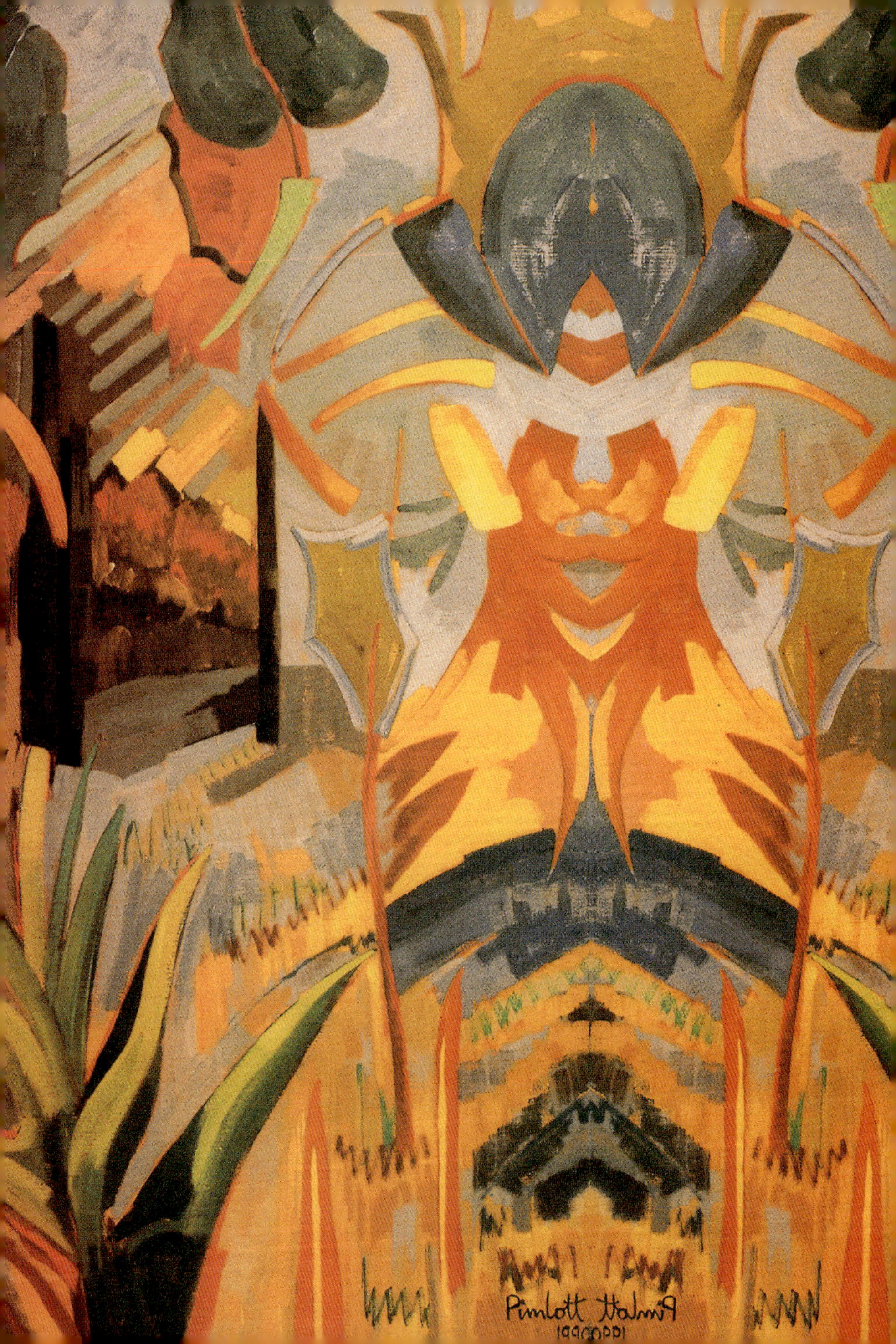
Pimlott
1990

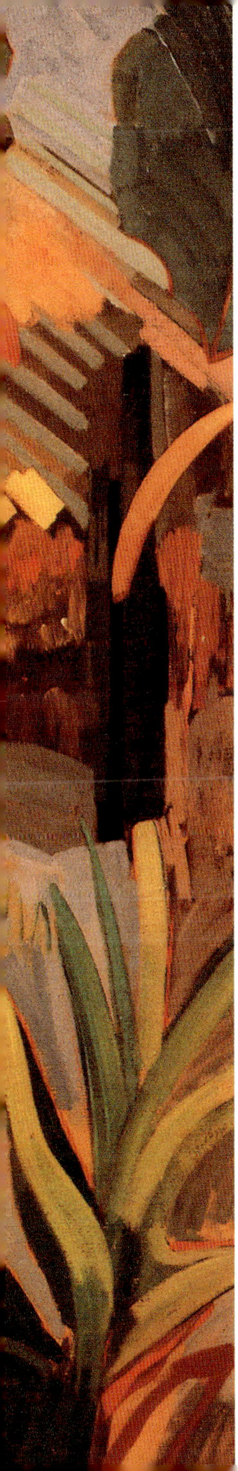

Stil

Abstrakte Gemälde scheinen oft keinen Bezug zur Realität zu haben; sie haben ihren Ausgangspunkt fast immer in Gefühlen oder Erlebnissen des Künstlers. Auch surrealistische Bilder, die Traum und Realität miteinander verschmelzen lassen, erschließen sich meist nicht auf den ersten Blick. Da die reine Erfindungskraft des menschlichen Geistes begrenzt ist, kann es durchaus sinnvoll sein, sich bei seinen Kompositionen von Träumen und Imaginationen leiten zu lassen. Da Träume der Realität oft einen Streich spielen oder sie neu ordnen, stellen Traumbilder eine wichtige Inspirationsquelle für die imaginative Malerei dar.

Abstraktion und Fantasie

Surrealistische Maler ließen sich häufig von zeitgenössischen Theorien über das Unterbewusstsein inspirieren. Sie erkundeten die Unvereinbarkeit und Irrationalität der verborgenen Bilder in unseren Köpfen. Mit den Worten André Bretons wurde der Zweck des Surrealismus darin gesehen, die „scheinbar so gegensätzlichen Zustände von Traum und Wirklichkeit in einer Art absoluter Realität, wenn man so sagen kann: Surrealität [aufzulösen]".

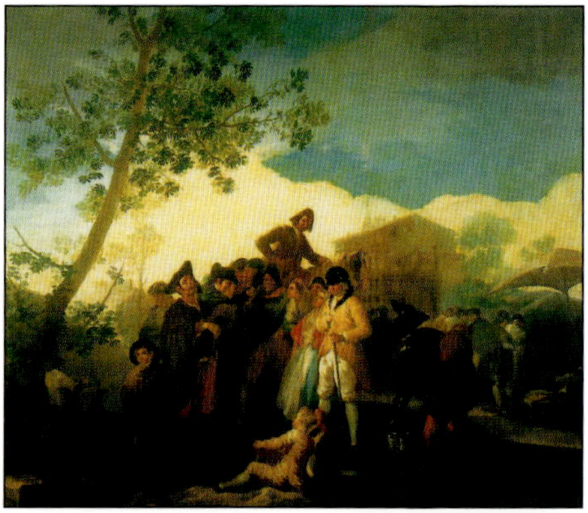

Francisco de Goya

Der Surrealismus ist nicht die einzige Form imaginativer Malerei. Bereits zuvor gab es verschiedene Ansätze, Träume und Imaginationen als Ausgangspunkt für Gemälde zu verwenden. Der Poet und Maler William Blake (1757–1827) sowie der spanische Künstler Francisco de Goya (1746–1828) kreierten Werke, in denen Realität und Fantasie miteinander verschmolzen. Beide Künstler waren Zeitgenossen und richteten sich gegen die zu jener Zeit steigende Tendenz, alle Dinge wissenschaftlich erklären zu wollen und die Bedeutung von Mythos und Magie auszublenden.

ABSTRAKTE FORMEN

In der abstrakten Malerei ist das Arrangement der Formen und Farben entscheidend für die Bildaussage. Das Wort „abstrakt" schreckt in der Kunst viele Leute ab, da sie glauben, abstrakte Bilder per se nicht verstehen zu können. Gemälde jedoch werden nicht geschaffen, um sie wie Bücher zu lesen; sie müssen vielmehr um ihrer selbst willen verstanden werden. Die meisten gelungenen Werke beinhalten abstrakte Elemente. So werden Sie sicher oft hören, dass der Begriff der „abstrakten Form" für ein Landschaftsgemälde, ein Porträt oder Stillleben angewandt wird. Damit wird zum Ausdruck gebracht, dass die Beziehung der Formen in einem Bild eine eigene Bedeutung hat, unabhängig davon, was diese Formen darstellen. Manchmal tritt dieses abstrakte Muster deutlicher hervor, wenn Sie das Bild auf den Kopf stellen und damit gänzlich neu wahrnehmen. Auf den folgenden Seiten finden Sie einige Beispiele, um in Ihrer Umgebung Anregungen für Formen und halb abstrakte Darstellungen zu finden.

Formen arrangieren

Stillleben und Innenraumdarstellungen sind gute Ausgangspunkte für das Erproben abstrakter Formen und ihrer Relationen. Sie könnten ein Stillleben nach Wunsch arrangieren oder einen Blickwinkel wählen, der die Formen stärker hervortreten lässt. Eine Perspektive von einem erhöhten Standpunkt aus (wenn Sie Ihr Stillleben etwa auf dem Fußboden anordnen) reduziert die Vertrautheit mit den bekannten Gegenständen und rückt die Muster und Formen in den Mittelpunkt. Eine andere Herangehensweise besteht darin, die Objekte nur als Silhouette vor einer Lichtquelle, zum Beispiel auf der Fensterbank, darzustellen.

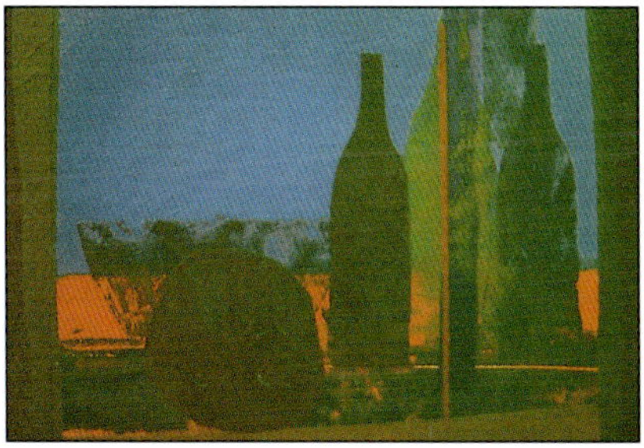

Robert Tilling
Ein Stillleben als Silhouette im Gegenlicht ist ein guter Ausgangspunkt für eine halb abstrakte Darstellung. Das von hinten einfallende Licht lässt viele Details verschwinden und erlaubt, eher den Umriss als das Objekt selbst hervorzutreten.

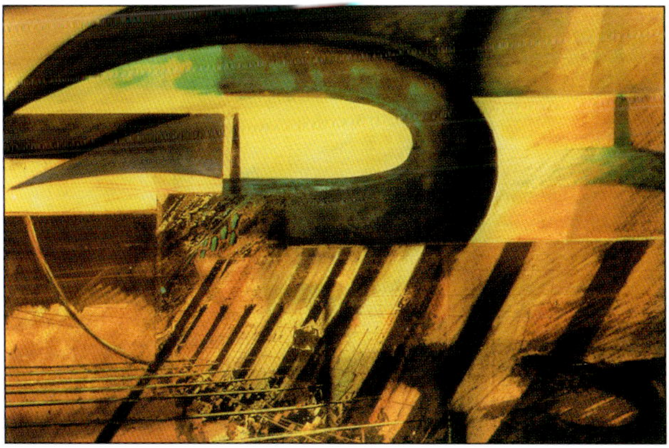

David Ferry
Dieses Gemälde ist Teil einer Bilderreihe und zeigt eine halb abstrakte Zusammensetzung verschiedener Objekte auf dem Gelände eines Atomkraftwerks. Der Künstler arbeitete mit Acrylfarbe auf Papier in Collagetechnik. Der untere Teil des Bildes ist eine Collage aus Fotokopien, die mit Weißleim oder PVAC-Leim aufgetragen und lasiert werden können. Der Leim wurde mit Wasser verdünnt auch als Malmittel verwendet, da er den Farben einen besonderen Glanz und Transparenz verleiht.

In Innenräumen – insbesondere in kargen, aufgeräumten wie zum Beispiel einem leeren Raum oder Korridor – laden die sich überlagernden, senkrechten und waagerechten Formen oft zu einer abstrakten Bearbeitung ein. Das Bild von Roy Sparkes (siehe unten) ist nicht abstrakt gemalt. Dennoch beruht seine Wirkung auf den abstrakten Eigenheiten des Raumes.

Die Oberflächenbeschaffenheit Ihres Bildes kann bei abstrakten und halb abstrakten Bearbeitungen eine große Rolle spielen. Da Sie sich auf die Formen konzentrieren, muss die genaue Wiedergabe der Objekte oft durch eine interessant gestaltete Oberfläche erfolgen. Mit der Variation von Farbe, Form und Textur können Sie jedem Gemälde eine besondere Aussage verleihen.

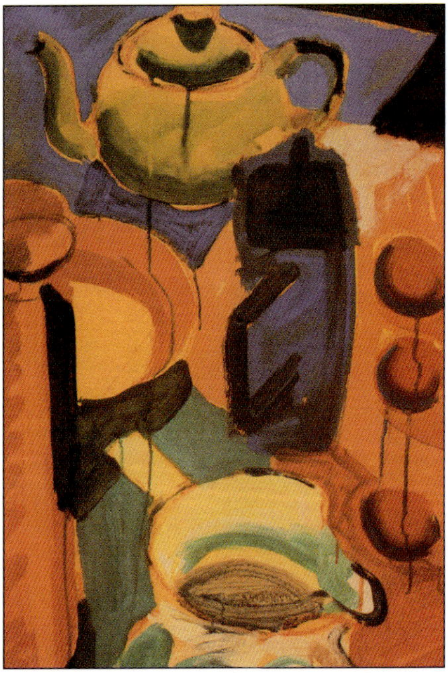

Paul Powis
Obwohl die meisten abgebildeten Objekte deutlich erkennbar sind, wirkt das Bild wie ein Arrangement abstrakter Formen. Es wurde auf Papier mit gefärbtem Untergrund gemalt. Der Maler kombinierte eine bunte Kreidezeichnung mit Acrylfarben, die mit großen Pinseln nass aufgetragen wurden. Beachten Sie, dass die Farbe auf dem Papier bewusst hinunterlaufen gelassen wurde.

Roy Sparkes
Dieses Bild entstand, nachdem der Künstler eine zu einem Musikhaus umgestaltete Werft in Liverpool besucht hatte. Es fasziniert vor allem durch die abstrakten Formen des unvollendeten und leeren Gebäudes und betont das Zusammenspiel der geometrischen Muster.

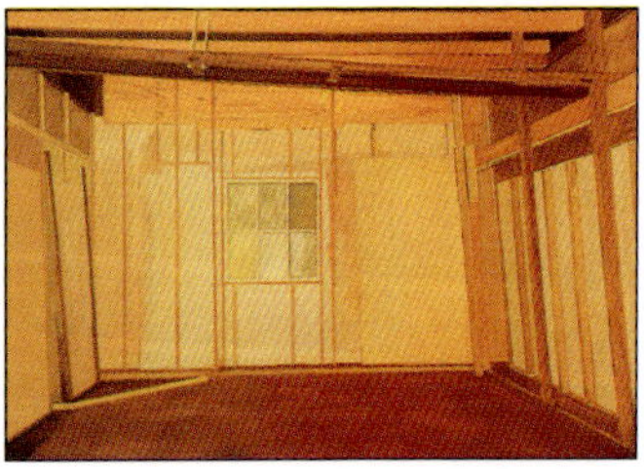

Visuelle Anregungen

Mithilfe von Abstraktion (hier als Gegenbegriff zur rein abstrakten Malerei ohne erkennbare Bezüge zur Wirklichkeit) kann jedes Element die Ausgangsbasis für Ihre Gemälde bilden – unabhängig von seiner eigentlichen Bedeutung. Nahezu alles kann Ihnen als Anregung für halb abstrakte Arbeiten dienen: Landschaften oder auch Gebäude bieten eine Fülle von abstrakten Formen, die Sie mit etwas Übung leicht erkennen und in Ihre Komposition einbauen können. Die menschliche Figur hingegen ist häufig schwieriger zu abstrahieren. Um diese lediglich als Ansammlung von Formen oder Umrissen wahrzunehmen, ist eine größere Distanzierung notwendig, was vor allem dann nicht leichtfällt, wenn wir unser Modell persönlich kennen. Zwar ist ein solches Vorgehen generell möglich und in der Kunst auch schon vollzogen worden, doch sind andere Motive für den Einstieg in die abstrakte Malerei sicherlich besser geeignet.

Abstraktion kann sehr schwierig sein, besonders wenn man direkt nach Motiv malt. Meist ist es zufriedenstellender, nach Skizzen zu arbeiten oder ein schon erstelltes Bild als Grundlage zu verwenden. Viele Künstler entwickeln auf diese Weise ihre Ideen.

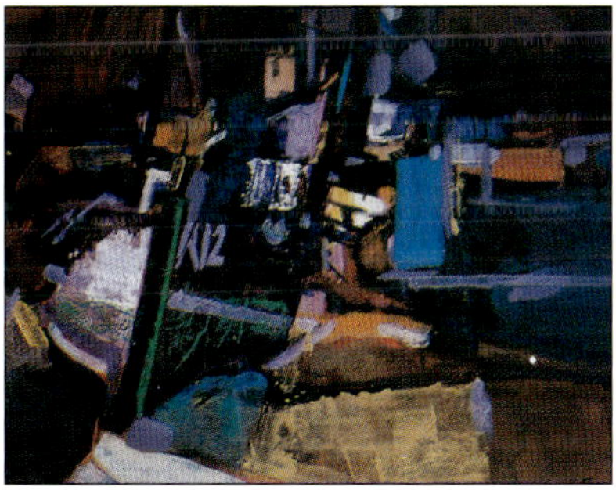

Mike Bernard

Die Oberflächenbeschaffenheit steht hier im Vordergrund. Der Künstler arbeitete in Collagetechnik sowie mit Tusche, Pastellkreiden und Acrylfarben. Das Thema Boote wurde von ihm in mehreren Gemälden behandelt und hier bis in den Bereich des Abstrakten weiterentwickelt.

Robert Tilling

Im Gemälde unten wurden verschiedene Impastotexturen für die halb abstrakte Darstellung verwendet. Landschaft und Gebäude sind auf das Wesentliche reduziert.

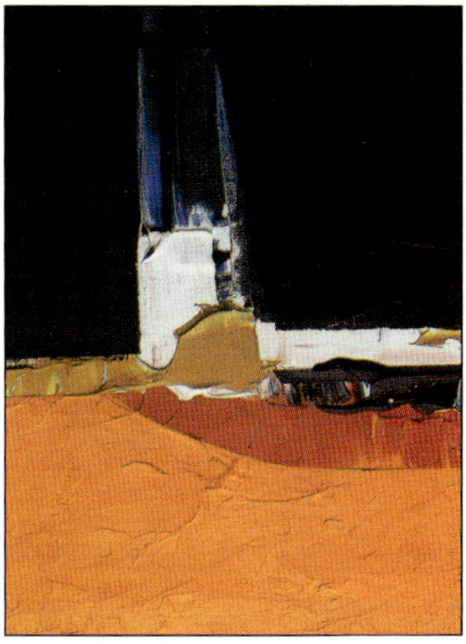

Fantasie

Es kann sehr befriedigend sein, sich beim Malen ausschließlich von der Fantasie leiten zu lassen – allerdings funktioniert dies nicht auf Befehl. Für viele Menschen ist es sogar unmöglich, während sich Kinder ganz selbstverständlich ihre Fantasie zunutze machen. Diese Fähigkeit geht mit zunehmendem Alter leider verloren, denn Erwachsene verfügen nicht mehr über eine derart fantasievolle Unbeschwertheit. Quellen für imaginative Malerei sind zum Beispiel Träume, Musik und besonders Lyrik. Sie entführen uns in andere Welten und können die Realität in anderem Licht erscheinen lassen.

Ray Mutimer
Reale Objekte, wie einen Baum oder Fels, in mythische Fantasiewesen zu verwandeln, hat eine lange Tradition. Solche Figuren sieht man häufig in Kinderbüchern und Zeichentrickfilmen. Der Künstler ging hier sehr geschickt vor, denn die natürliche Umgebung des Waldes verstärkt die Bedrohung, die von dem Drachen, der uns scheinbar entgegenläuft, ausgeht.

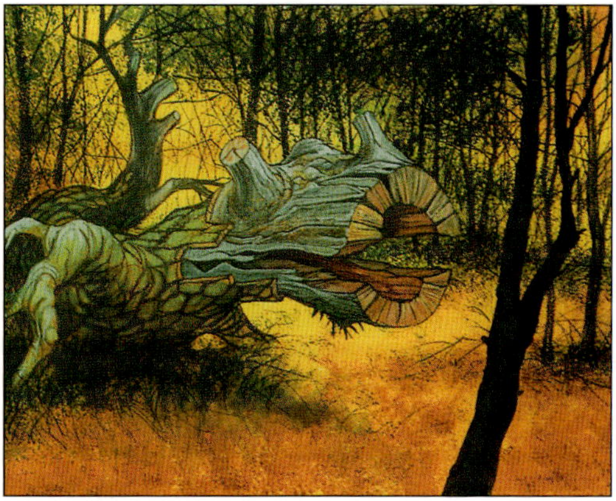

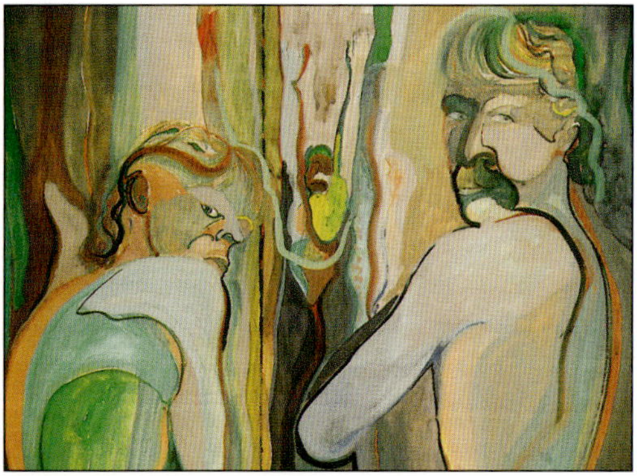

Roy Sparkes
Dieses Bild lässt ein gewisses Unwohlsein aufkommen. Die Figuren im Vordergrund drehen sich um und blicken aus dem Bild heraus auf einen scheinbaren Eindringling – den Bildbetrachter. Ihre Mienen scheinen auszudrücken, dass sie zwar wissen, dass sie beobachtet werden, aber nicht von wem. Die seltsamen Farben und Formen lassen das Bild wie eine Traumerscheinung wirken.

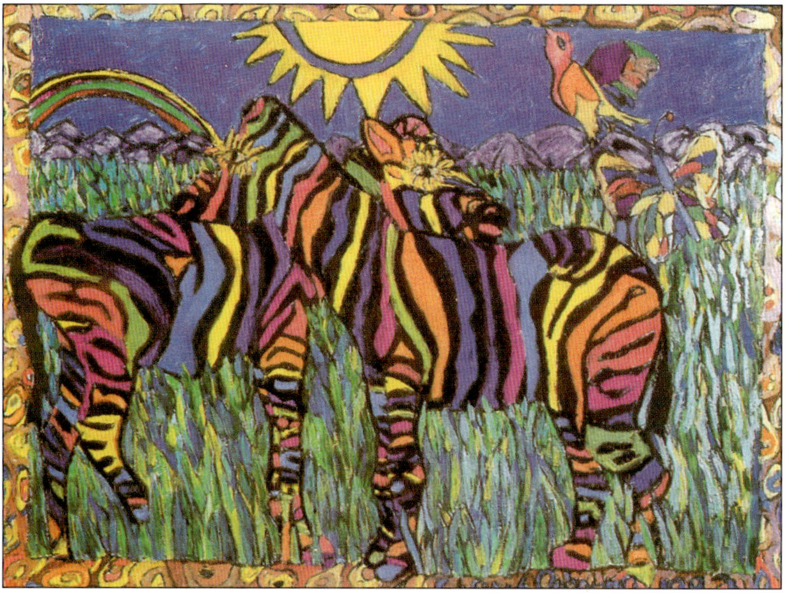

Cheryl Osborne
Dieses sehr individuelle Bild wurde in Mischtechnik erstellt. Die Künstlerin ließ ihrer Vorliebe für leuchtende Farben und Verzierungen freien Lauf. Jeder Streifen der Zebras wurde in einer anderen fluoreszierenden Acrylfarbe gemalt. Der Himmel entstand aus Ölkreide, Buntstift und Tusche und das Gras aus einer Mischung irisierender Tuschen, Gouache und Ölkreide.

Die Wiedergabe einer Landschafts- oder Stadtszene aus dem Gedächtnis heraus kann sehr spannend sein. Sie werden schnell feststellen, dass Ihre gesamten Eindrücke von subjektiven Gefühlen überlagert werden. Diese fließen ebenfalls in das Gemälde mit ein.

Auch Gegenstände können Ausgangspunkt für imaginative Bearbeitungen sein. Ein seltsam geformter Baum zum Beispiel wird leicht zu einem Ungeheuer – wie in Ray Mutimers Bild; ein Gegenstand, zu dem Sie eine besondere Verbindung haben, löst vielleicht ebenfalls die Idee zu einem Fantasiebild in Ihnen aus.

Wenn es Ihnen schwerfällt, Ihrer Fantasie freien Lauf zu lassen, kann der Wechsel zu einem anderen Medium hilfreich sein. Collagetechnik beispielsweise bietet sich für eine freie Bearbeitungsweise an. Die Loslösung von der genauen Wiedergabe einer Vorlage hilft Ihnen dabei, ein Bild auf ganz andere Weise zu entwickeln.

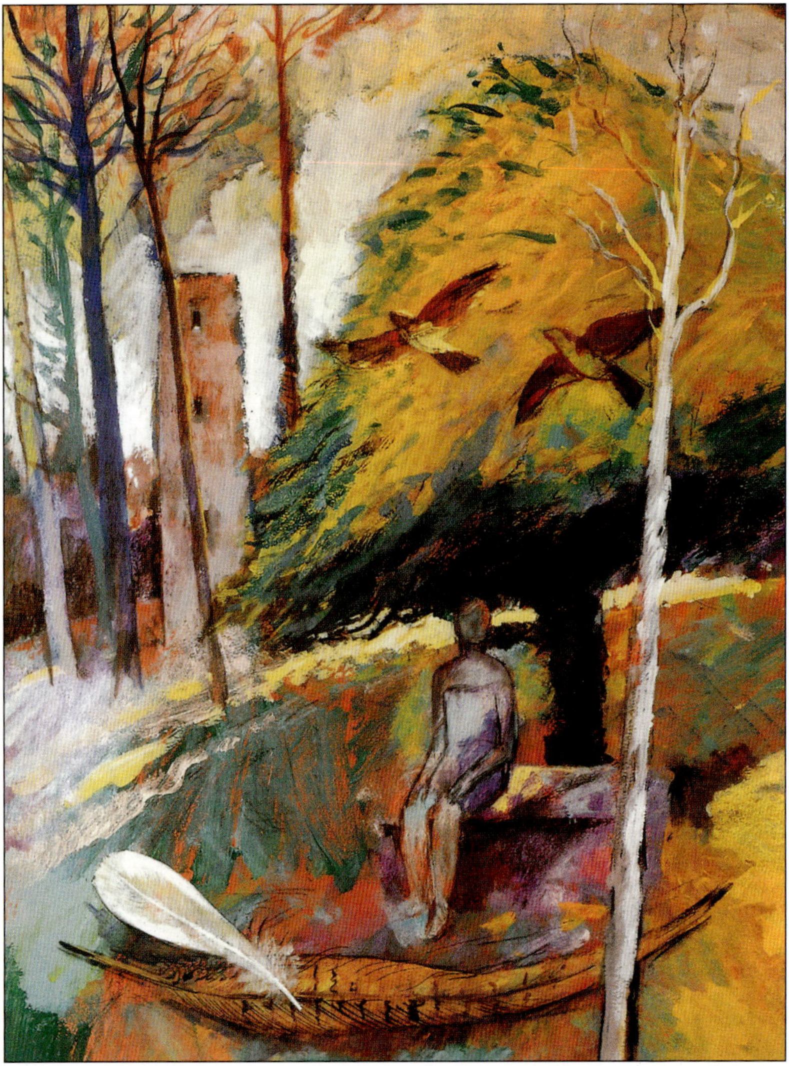

Für die Künstlerin Rosalind Cuthbert stellen Lyrik und eigene Erinnerungen sehr produktive Inspirationsquellen dar. Häufig basieren ihre Kompositionen auf einer lyrischen Grundidee in Kombination mit Skizzen, Fotografien und realen Gegenständen. Daraus entstehen persönliche Interpretationen, oftmals unter Verwendung von Mischtechniken.

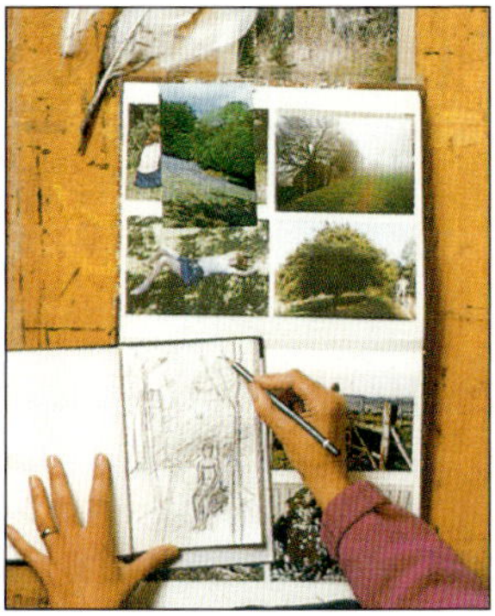

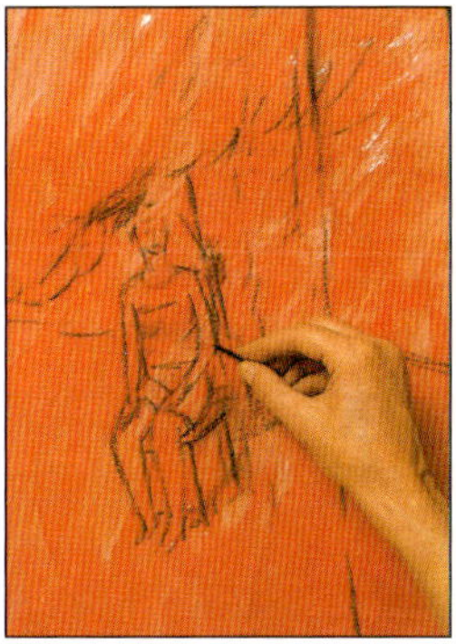

2 Dieser glänzend rote Farbgrund wäre eine ungewöhnliche Wahl für ein rein naturalistisches Gemälde. Für diese Komposition ist er jedoch eine interessante Grundlage. Die Figur ist nicht der Mittelpunkt des Bildes und wird zart mit Kohle eingezeichnet.

1 Fotos und andere Abbildungen als Vorlage werden auf dem Zeichenbrett verteilt und die kompositorischen Ideen dann in einem Skizzenbuch ausgearbeitet. Da fotografierte Figuren zu realistisch wären, verwarf die Künstlerin sie zugunsten einer stilisierteren Bearbeitung.

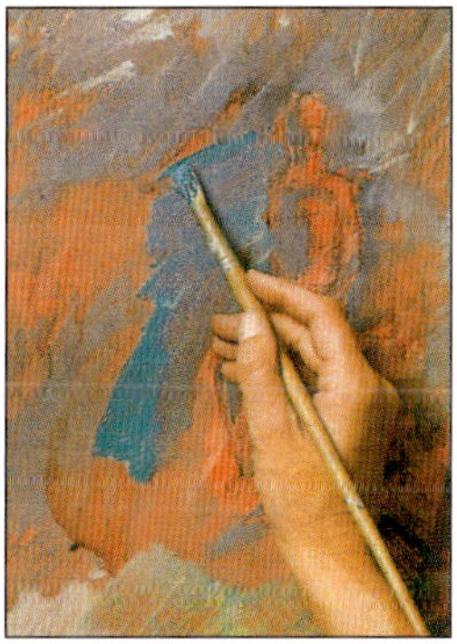

3 Zur Verstärkung der traumhaften Wirkung des Bildes wird die Farbe mit leichten Farbschleiern übermalt. Die Pinselführung ist betont vage und uneinheitlich.

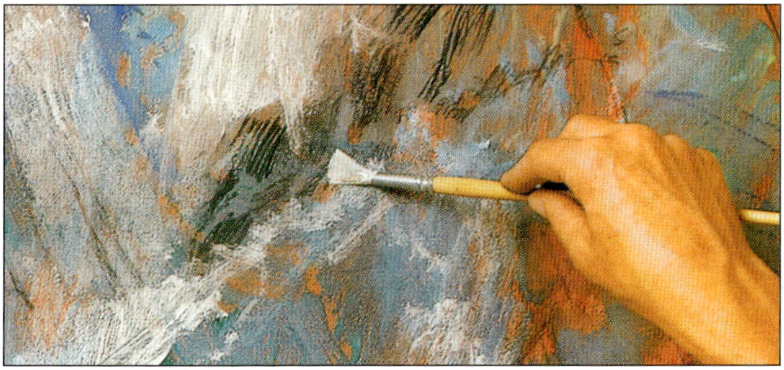

4 Die Malerin baut weitere Farbeffekte im Bildhintergrund auf. Hier beginnt sie mit dem großen Baum und dem Lichteinfall, der sich durch das gesamte Bild zieht.

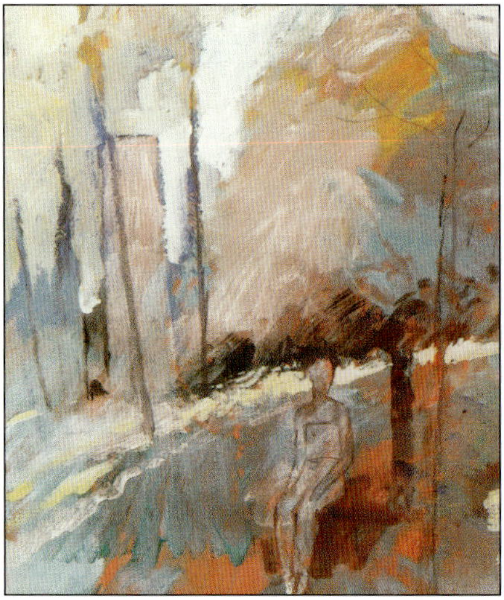

5 Der kompositorische Rahmen ist festgelegt: Bäume, Turm und Figur wurden leicht angedeutet. Der rote Farbgrund scheint durch die darüberliegenden Farben hindurch, sodass ein leuchtender Effekt entsteht.

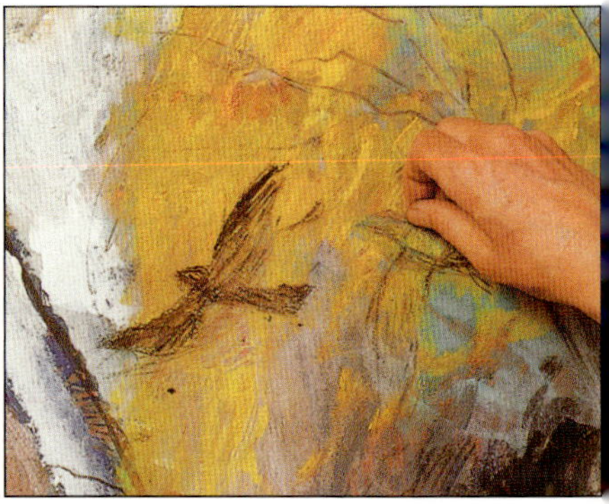

6 Die Vögel werden mit Zeichenkohle skizziert. Die Zeichnung bleibt zart, da sie später noch übermalt wird.

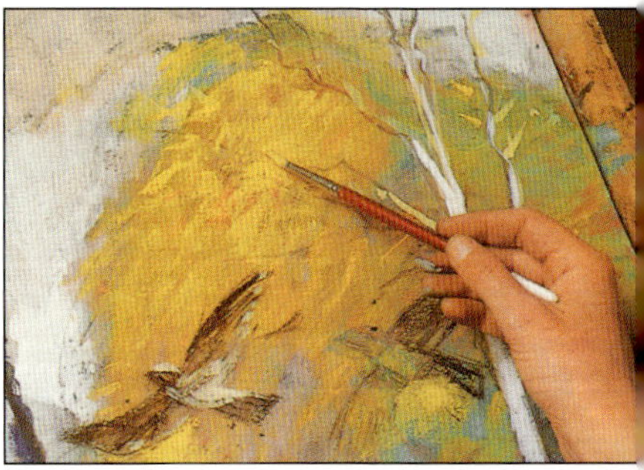

7 Die Gestalt des linken Vogels wurde mit weißer Farbe aufgebaut. Nun folgt die Weiterbearbeitung des Baums, der dominantesten Form im Bildaufbau.

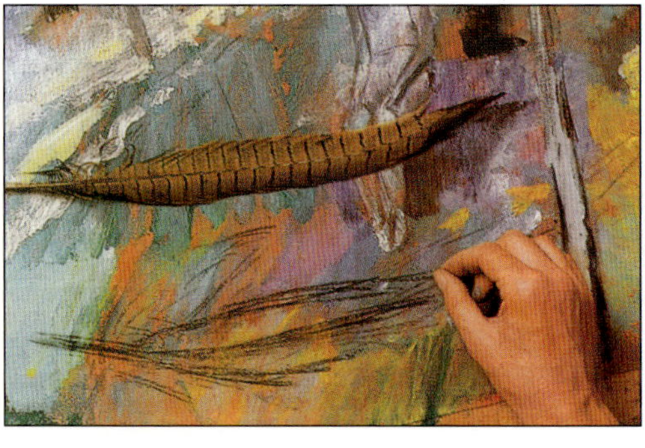

8 Nun folgt die genauere Gestaltung des Vordergrunds. Die Künstlerin legt die Umrisse zweier Federn an, die (im Gegensatz zur sitzenden Figur) realistisch dargestellt werden sollen. Um beide Federn realitätsgetreu wiederzugeben, wird hier nach echten Vorlagen gemalt.

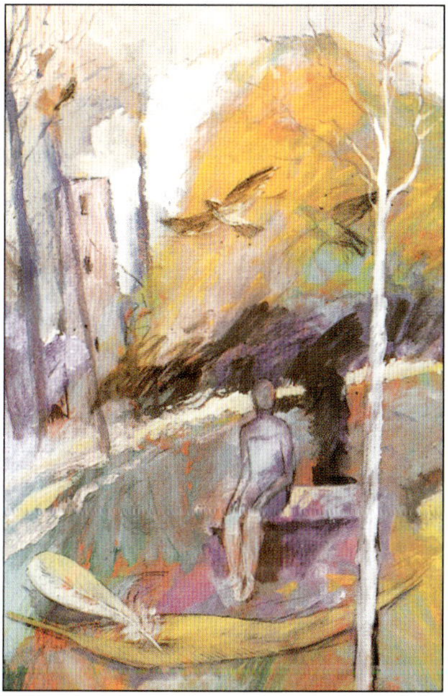

9 Anschließend wird das Bild genauer betrachtet, um zu beurteilen, welche Bereiche noch stärker betont oder exakter definiert werden müssen.

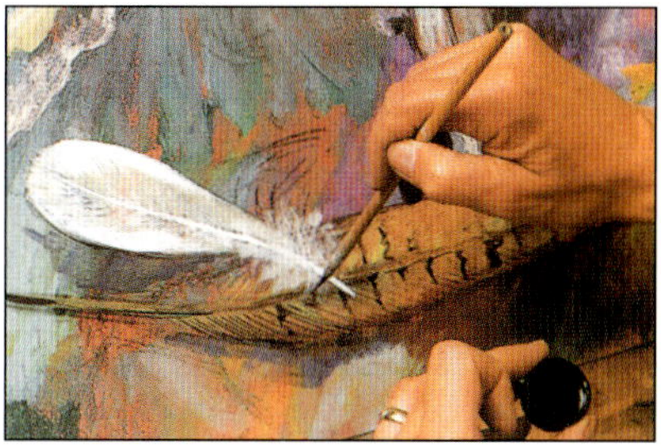

10 Der Vordergrund wird zuerst ausgearbeitet. Die Fasanenfeder erhält mit einer gespitzten Rohrfeder und schwarzer Tusche zusätzliche Details.

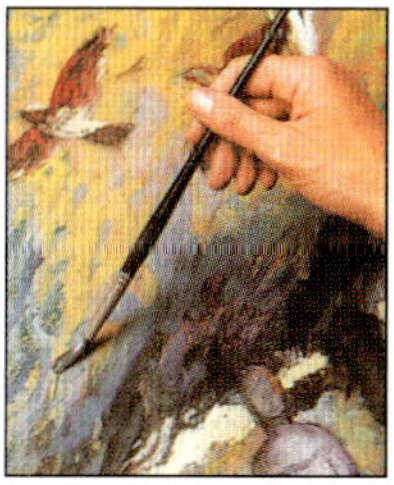

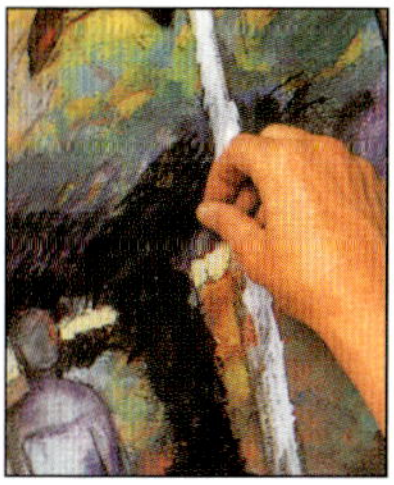

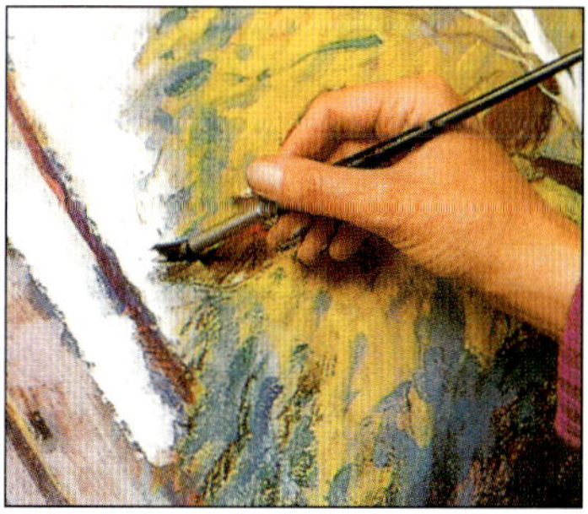

11 Die Vögel, die ein assoziatives Gegengewicht zur Feder bilden, wurden mit roter Farbe gemalt. Es folgen Blautöne für das Laub.

12 Die Künstlerin verstärkt die Tonwerte und Farben des Baumes, indem sie erneut Zeichenkohle aufträgt. Da der Baum im Fokus steht, sind in diesem Bildbereich starke Kontraste erforderlich.

13 Zuletzt verwendet die Künstlerin weiße Farbe für den Umriss der Baumform. Dadurch wird die Kontur deutlicher und der Kontrast verstärkt.

Dekorative Effekte

UNTERGRÜNDE

Die dekorative Malerei ist sehr vielseitig und umfasst eine Vielzahl von Möglichkeiten. Obwohl einfarbige Untergründe nach wie vor sehr beliebt sind, können sie vielfältig variiert und so zu einer interessanten Ergänzung Ihrer Raumgestaltung werden.

Sie können Marmor oder Holz imitieren oder selbst ein Dekor entwerfen. Mit Stanzschablonen lassen sich zum Beispiel hübsche Muster gestalten oder Sie nutzen Strukturfarben zum Prägen. Relativ neu sind die mit einer Patrone ausgestatteten Fasermaler mit Pinselspitze. Sie sind sehr nützlich, wenn Sie das Wiederaufladen des Fasermalers abkürzen oder nur mit einer Farbe auf einer relativ großen Fläche arbeiten wollen.

Die großen Hersteller richten sich im Wesentlichen nach den besonderen Bedürfnissen der Dekormaler und deren Bedarf an einer guten Farbauswahl – sowohl für einfarbige als auch für spezieller gestaltete Untergründe. Die Farben sind in praktischen Größen erhältlich und die Öffnungen der Behälter eignen sich auch für große Pinsel. Damit müssen Sie keinen Materialverlust mehr hinnehmen, wie er bei Tubenfarben häufig eintritt, weil einmal herausgedrückte Farbe nicht mehr zurück in die Tube gelangen kann.

Die hier vorgestellten Gestaltungsarten sind nur eine kleine Auswahl und sollen Ideengeber für eigene Experimente in der Dekorationsmalerei sein.

STUPFTECHNIK

Stupfeffekte kommen über einer Untergrundfarbe zum Einsatz. Idealerweise verwendet man dazu einen Stupfpinsel mit harten, geraden Borsten. Alternativ kann auch ein alter Pinsel verwendet werden, dessen Borsten in alle Richtungen abstehen. Diese schneiden Sie mit einem Rasiermesser einfach gerade ab.

1 Empfehlenswert sind ein heller Untergrund mit dunkleren Stupfen oder ein dunkler Untergrund mit helleren. Tragen Sie die Untergrundfarbe in drei Schichten auf.

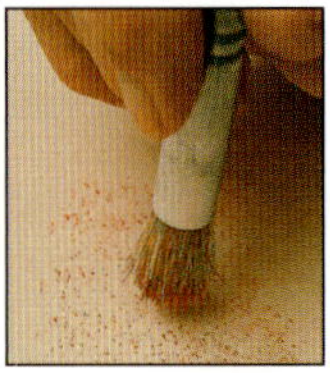

2 Nehmen Sie wenig Farbe mit der Pinselspitze auf. Tupfen Sie mit dem Pinsel zunächst senkrecht auf einem Übungsblatt und üben Sie das Versprenkeln der Farbe. Die Tupfen sollten gleichmäßig und sauber sein. Wenn Sie zu viel Farbe aufgenommen haben, kleben die Pinselhaare zusammen, sodass die Tupfen eher klumpig werden. Achten Sie auch darauf, die Borsten nicht zu verbiegen, da sonst Farbkleckse entstehen.

SCHWAMMTECHNIK

Die Schwammtechnik kann auf zwei Arten oder, wie hier, in der Kombination beider durchgeführt werden: Die Farbe wird entweder direkt auf den Schwamm oder zuvor auf den Untergrund aufgetragen.

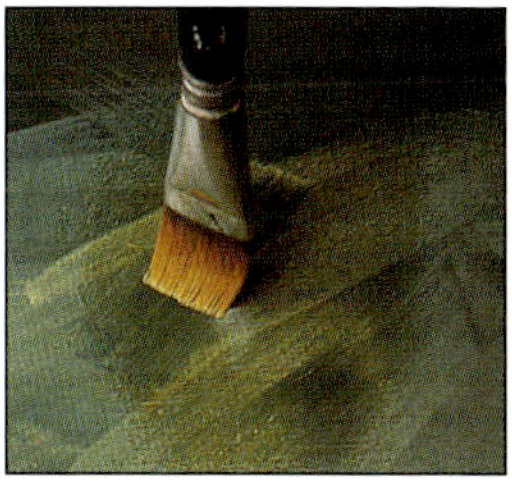

1 Wählen Sie kontrastierende Farben aus und tragen Sie den Untergrund in drei Schichten auf. Sobald dieser getrocknet ist, folgt die gewählte Kontrastfarbe mit etwas Trocknungsverzögerer vermischt.

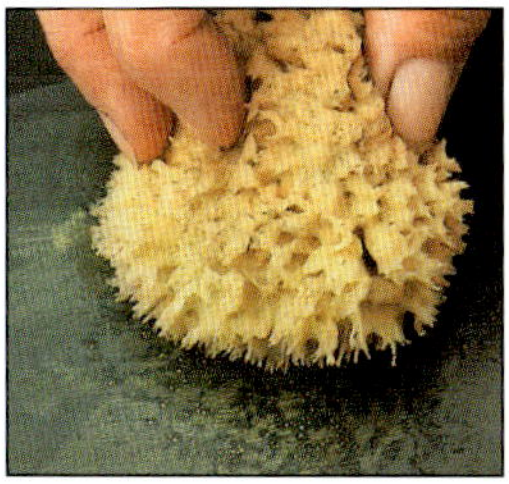

2 Befeuchten Sie einen Naturschwamm, drücken Sie das überschüssige Wasser aus und tupfen Sie in die soeben aufgetragene Farbe. Durch Drehen entsteht so ein unregelmäßiges Muster. Dies ist die erste Schwammtechnikmethode.

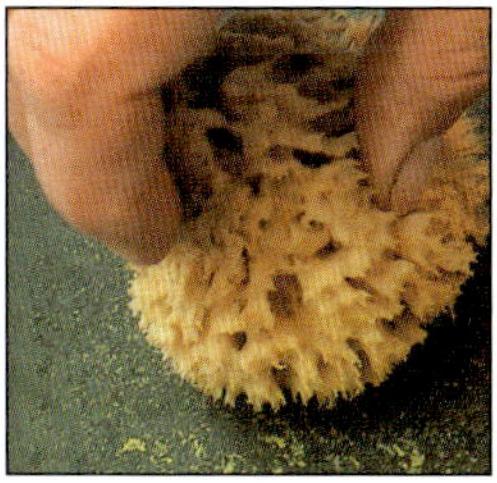

3 Trocknen Sie die entstandenen Farbmuster mit einem Fön. Jetzt folgt Methode zwei: Bringen Sie mit einem Pinsel die eben verwendete Farbe auf den Schwamm und tupfen Sie sie direkt in unregelmäßigen Abständen auf die Oberfläche.

WICKELTECHNIK

Die Wickeltechnik lässt auf vorlasierten Untergründen zarte Effekte entstehen.

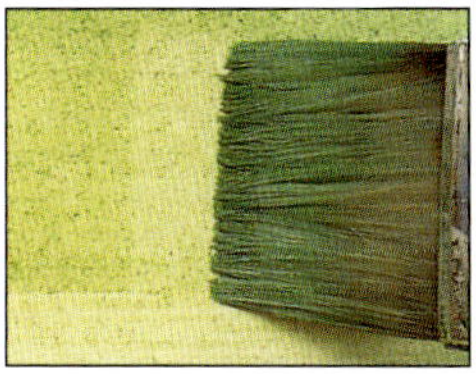

1 Lasieren Sie den Untergrund mit ein oder zwei Schichten. Hier wurde die Oberfläche feucht gehalten. Ein trockener Untergrund ist ebenso möglich.

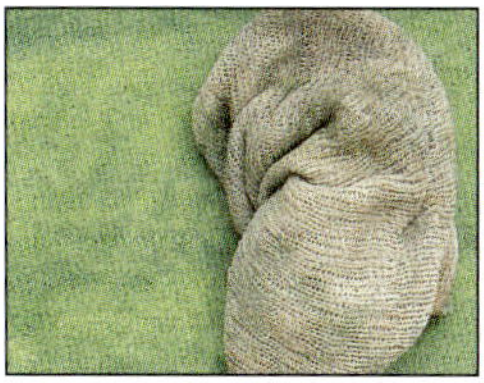

2 Rollen Sie einen gewickelten Stofflappen locker über die Oberfläche. Die Farbe hinterlässt dadurch ein zart verwaschenes, unregelmäßiges Muster.

3 Sobald Sie mit der Marmorierung zufrieden sind, lassen Sie die Farbe trocknen. Danach können Sie weitere Schichten aufbringen. Halten Sie das Muster bewusst ungleichmäßig.

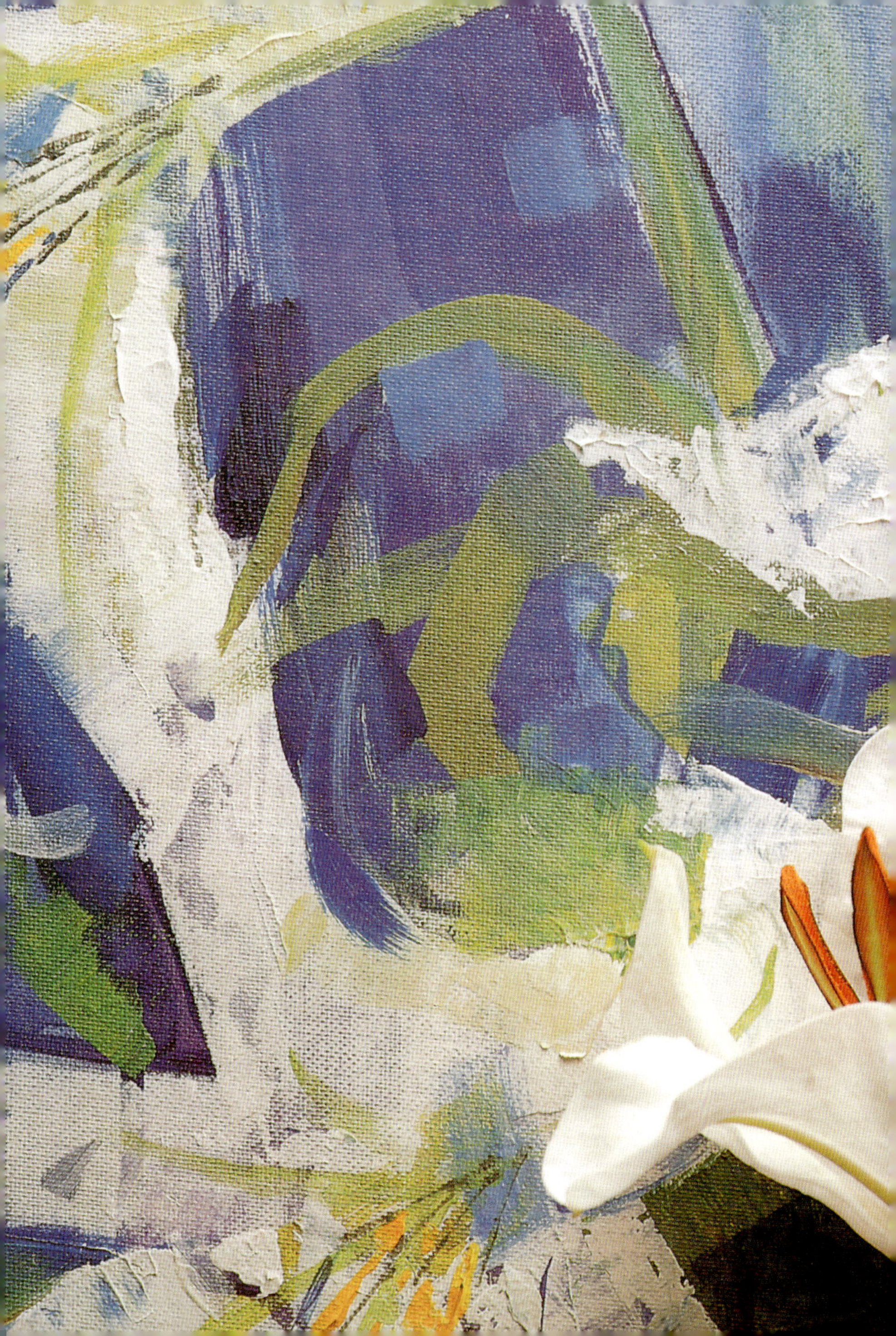

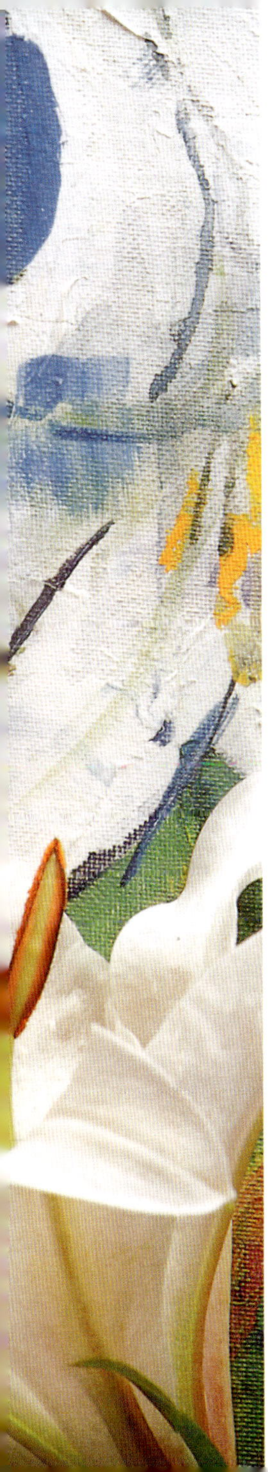

Motive

Bei der Entscheidung, was Sie malen wollen, spielen praktische Betrachtungen eine große Rolle. Acrylfarbe als Medium ist flexibel genug, um fast jedes gewählte Motiv darstellen zu können, seien es dramatische Gebirgsszenen, Seelandschaften, weite Panoramen oder gemütliche Ecken in einem Park oder Hof. Es ist nicht weiter verwunderlich, dass Landschaften die beliebtesten Motive sind. Anders als diese können architektonische Motive, Stillleben und Porträts aber vorab arrangiert werden. Sie eignen sich daher besonders gut für maltechnische und kompositorische Übungen.

Stillleben

Das gezielte Arrangement von Gegenständen ist das Wesen dessen, was man Stillleben nennt. Betrachten wir uns Stillleben von früher bis heute, so erscheinen sie fast wie eine Art Kamerafahrt durch die Geschichte, in der jeweils besondere Details in den Fokus gesetzt wurden.

Eine Tradition in der Stilllebenmalerei besteht in der Abbildung von Alltagsgegenständen. Häusliche Dinge wie ein Stück Brot auf einem Teller, ein unbeendetes Mahl oder ein paar Schuhe, die auf dem Boden liegen, sind zum Beispiel gängige Motive. Sie faszinieren den Betrachter, denn sie halten einen kleinen Bestandteil Alltagsroutine fest, der das Leben der Menschen bestimmt.

Stillleben sind noch aus einem anderem Grund für Künstler interessant: Sie können vollkommen kontrolliert werden und sind damit ein künstliches Arrangement der Objekte, die den Maler interessieren. Stillleben halten nicht nur Fragmente einer Szenerie fest, sondern extrahieren die Gegenstände auch aus ihrer direkten Umgebung und platzieren sie in Situationen, die ihre eigene Individualität zum Vorschein bringen.

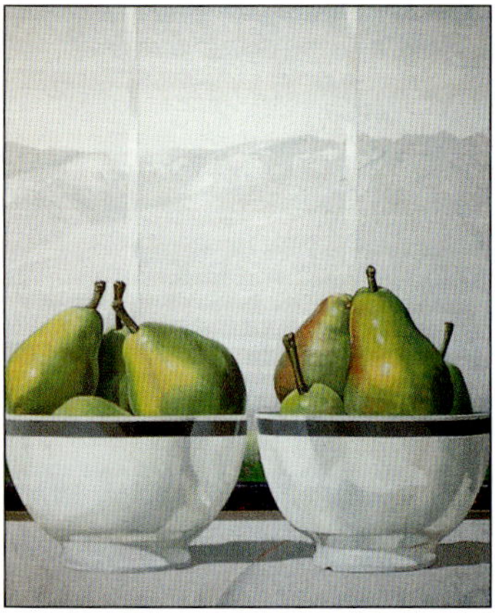

William Roberts

STRUKTURIERTE SCHLICHTHEIT

Dieses Arrangement beinhaltet sehr simple Objekte. Anstatt diese auf natürliche Weise darzustellen, wie es die meisten Stilllebenmaler tun, wurde das Motiv bewusst künstlich arrangiert und wiedergegeben. Die Wirkung beruht auch auf der weichen, aber dennoch hart umreißenden Maltechnik sowie dem kontrollierten Einsatz von Farbe und Helligkeit. Wie so oft in Stillleben, spielt der Raum zwischen den Objekten – auch bekannt als Negativform – eine große Rolle. Die kleinen dunklen Flächen zwischen und neben den Schalen bilden einen Ausgleich zur Form der Birnen.

Giorgio Morandi (1890–1916) wählte seine Objekte sehr gezielt und sorgfältig aus. Er konzentrierte sich auf einfache Formen in unkomplizierter Umgebung und malte alles in gedeckten Farben – Erdtöne und Weißtöne. Er kontrollierte seine Arrangements so weit, dass er selbst Formen, die ihm gefielen – meist Schalen oder Flaschen –, auswählte und zunächst mit weißer Farbe bemalte, um sie seinem Bild entsprechend anzupassen.

STILLLEBENGRUPPEN

Der Begriff Stillleben bezieht sich auf jeden unbelebten Gegenstand, einzeln oder gruppiert, einschließlich organischer Objekte wie Früchte oder frisch geschnittene Blumen. Die Auswahl an Motiven ist daher unendlich: Sie können alles malen – von einem Apfel auf dem Teller bis hin zu ausgefeilten Arrangements vieler verschiedener Elemente, Farben und Texturen. Ihre erste Motivwahl wird sich wahrscheinlich auf Dinge konzentrieren, die Sie zu Hause haben. Wenn Ihnen diese Art der Malerei jedoch zusagt, sollten Sie sich geeignete Objekte merken oder gar eine Sammlung derselben anlegen.

NATÜRLICHE FORMEN

Dieses Gemälde sieht natürlicher aus als das Bild mit Birnen links – vor allem weil es Gegenstände enthält, die man in dieser Form auch am Strand antreffen könnte. Tatsächlich wurde es jedoch mit großer Sorgfalt arrangiert, um eine Ausgewogenheit der Farben, Tonwerte und Formen zu erhalten. Beachten Sie, wie die dunkleren Flächen des metallenen Abfalls in der Bildmitte von denen des Heidezweigs im oberen Bereich gespiegelt werden. Die Farbzusammenstellung basiert auf einem Gelb-Blau-Kontrast, das Gelb des Steins wiederholt sich in der Muschel und im Treibholzstück.

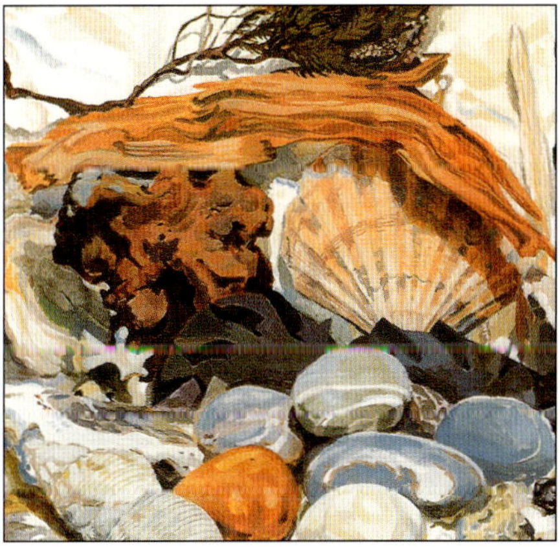

Jill Mirza

ZUSÄTZLICHE FARBEN

Stillleben sind ein weites Feld. Ob Obst und Gemüse oder Zeitungsstapel auf einem Tisch – es gibt zahlreiche geeignete Motive. Es ist daher kaum möglich, eine Liste aller zusätzlich benötigten Farben vorzugeben. Die ersten vier der unten abgebildeten Farben helfen Ihnen beim Mischen der Farbtöne von Obst; die anderen bei kräftigeren oder gedeckteren Farbmischungen.

Kadmium-orange | *Wismut-gelb* | *Zinnober-rot* | *Gold-ocker* | *Paynes Grau* | *Mars Violett*

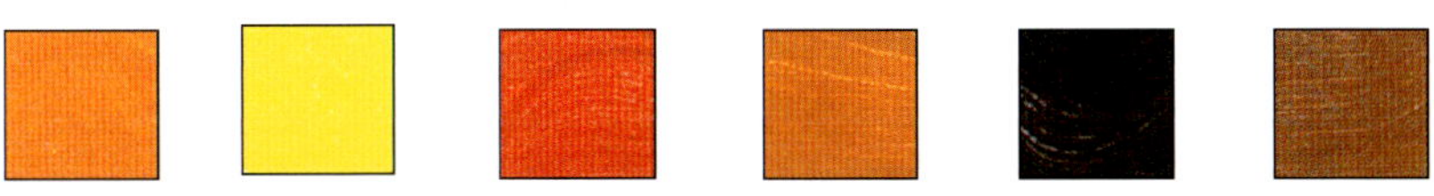

Arrangement eines Stilllebens

Für ein Stillleben wird ein Großteil der Komposition vorab festgelegt, sodass es sinnvoll ist, sich bei der Auswahl und dem Arrangement der Gegenstände Zeit zu lassen. Paul Cezanne, von dem einige der schönsten je gemalten Stillleben stammen, verbrachte manchmal Tage damit, seine Arrangements zu perfektionieren. Sie müssen nicht die gleiche Zeitdauer darauf verwenden, aber Sie sollten versuchen, Ihre Komposition so ausgewogen und interessant wie möglich zu gestalten, ehe Sie mit dem Malen beginnen.

Die Gegenstände müssen wie natürlich zusammengehörend wirken – vermeiden Sie daher unnatürliche Gegensätze: Die Zusammenstellung von Früchten mit einem Paar Schuhe würde zum Beispiel eine unruhige Wirkung ergeben.

FORMATVARIATION

Die Gegenstände sind durch ihre Platzierung und die Art und Weise, in der sich einige überschneiden, miteinander verbunden.

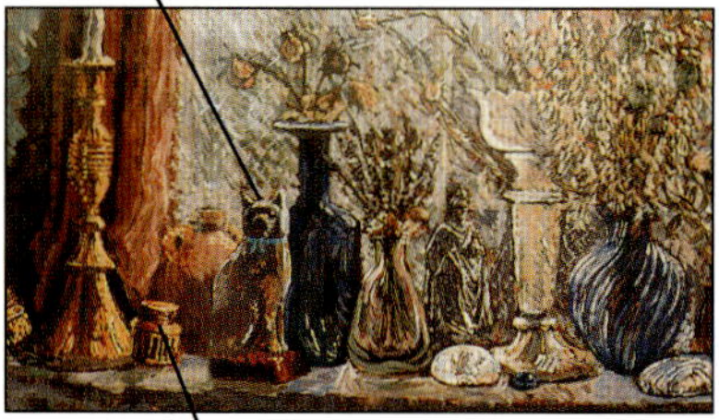

Durch die schräge Platzierung dieses kleinen Topfes wird der Blick in die Bildmitte zur großen blauen Vase gelenkt.

Gerald Cains

Dieses Motiv verlangt ein Querformat. Hätte der Künstler jedoch die traditionellen Maße eines Landschaftsformats verwendet, wären nicht alle Gegenstände einbeziehbar gewesen. Daher wurde das Rechteck zu einer langen schmalen Form erweitert, die die Länge der Fensterbank wiedergibt und das Thema des Gemäldes zusätzlich unterstützt.

AUFBAU DES ARRANGEMENTS

Sobald Sie Ihre Auswahl an Gegenständen getroffen haben, legen Sie diese auf die gewünschte Oberfläche und verändern sie so lange, bis das Arrangement Gestalt annimmt. Einige Objekte können sich überlagern – dadurch entsteht eine bildliche Verbindung zwischen ihnen. Achten Sie aber darauf, dass die Gegenstände immer noch deutlich erkennbar bleiben.

Bei jedem Gemälde soll der Blick des Betrachters in und über das Bild geführt werden. Versuchen Sie also Signale einzubauen. Die Falten eines Tischtuchs können den Blick auf bestimmte Gegenstände lenken. Eine kleine Karaffe im Bildvordergrund kann so platziert werden, dass der Ausgießer auf Gegenstände im Hintergrund zeigt.

Zum Schluss sollten Sie das Arrangement mithilfe eines Ausschnittrahmens überprüfen. So erhalten Sie einen Eindruck von der Bildwirkung und erleichtern sich die Formatauswahl.

ARRANGEMENTS AUSPROBIEREN

Überladen Sie Ihr Arrangement nicht – einfache Zusammenstellungen sind oft wirkungsvoller. Rechnen Sie ebenfalls damit, dass die anfängliche Auswahl von Gegenständen oft verworfen oder neu zusammengestellt werden muss, falls die Formen und Farben nicht harmonieren.

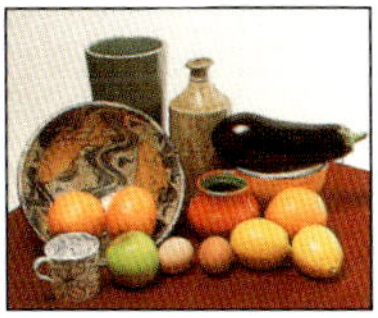

Dieses Arrangement enthält zu viele Gegenstände, die zudem nicht gut zusammenpassen.

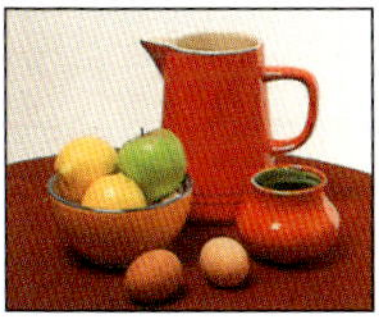

Die Wegnahme etlicher Objekte und die Hinzunahme der Karaffe ergeben ein ausgewogeneres Arrangement.

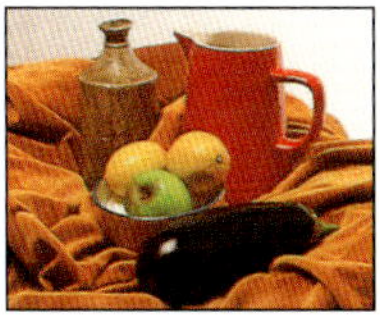

Die Tuchfalten erzeugen Bewegung im Bild; die Farbe des Tuches kontrastiert mit der Farbe der Gegenstände.

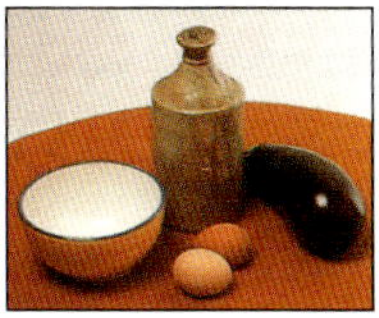

Dieses Arrangement ist angenehm schlicht. Die Krümmung des Tisches findet sich in den Rundungen der Schale wieder.

Der Kontrast von dunklem, kräftigem Blau und lebendigem Gelb bildet den zentralen Blickpunkt und lenkt das Auge in das Bild.

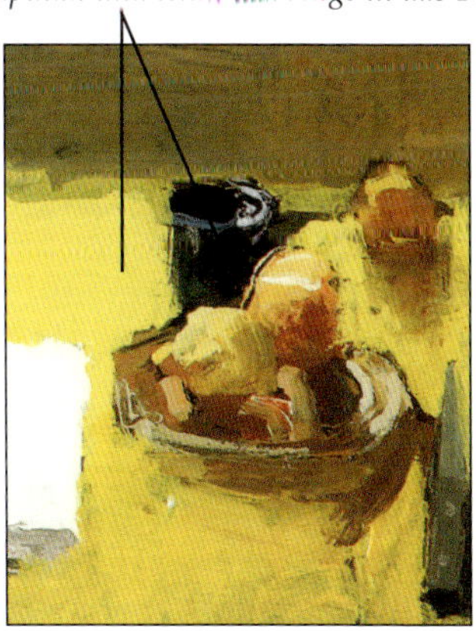

PLANUNG UND SPONTANITÄT

Die schwungvolle, freie Pinselführung und die Einfachheit des Motivs vermitteln den Eindruck von Spontanität. Dennoch wurde das Arrangement genauestens geplant. Der Künstler ließ hier mehr Raum als im vorherigen Stillleben: Durch die sich überlagernden Formen und das nach innen zeigende Messer wird unser Blick sehr sorgfältig vom Vordergrund in den Bildhintergrund geführt.

NEGATIVFORMEN

Die Räume zwischen den Objekten nennt man Negativformen. Die Gegenstände selbst werden als Positivformen bezeichnet.

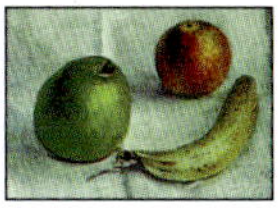

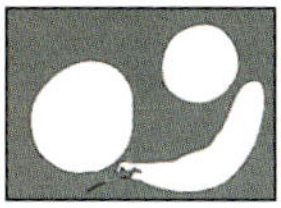

Hier gleichen sich Negativ- und Positivformen aus. Rechts sehen Sie das effektive Zusammenspiel der Formen.

FRÜCHTE UND GEMÜSE

Früchte und Gemüse sind ideale Motive für erste Stillleben. Sie sind leicht verfügbar, relativ preisgünstig und bieten eine große Auswahl an Farben, Formen und Texturen. Ein weiterer Vorteil ist, dass Sie sie nach Fertigstellung des Bildes einfach aufessen können. Eine Obstkomposition wird meist interessanter, wenn noch einige nichtorganische Gegenstände wie Besteck oder Geschirr als Kontrast hinzugefügt werden. Vermeiden Sie zu viele Farben, um das Bild nicht zusammenhanglos wirken zu lassen – es sei denn, es gibt ein festgelegtes Farbthema.

Der Künstler entschied sich hier für eine mutige Farbkombination: die Primärfarben. Eine andere Möglichkeit wären Komplementärfarben – zum Beispiel eine Kombination aus rotem und grünem Gemüse oder gelbe Früchte vor violettem Hintergrund.

Die sanfte Kurve des Lauchs wurde übertrieben, um den Aufbau des Bildes zu harmonisieren. Einige Details wurden weggelassen.

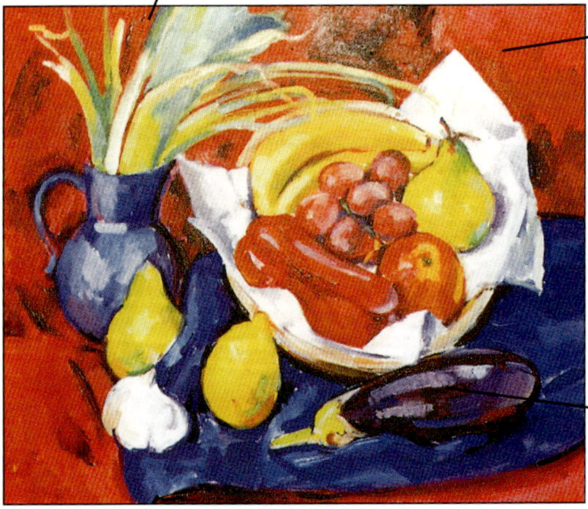

Das schwere Rot des Tuches im Hintergrund wird im Bild aufgehellt, damit es nicht zu dominant wirkt.

Das schwärzliche Violett der Aubergine schillert in vielen Farben. Der Tonwert wurde insgesamt angehoben, um eine zarte Wirkung zu erzielen.

Ted Gauld

Gemälde mit arrangierten Objekten können schnell statisch und langweilig wirken; es sei denn, Sie bauen Bewegung in die Komposition ein. Das Auge muss über das Bild wandern, statt jeden Gegenstand einzeln zu betrachten. Dieses Bild besitzt einen inneren Rhythmus – die Kurve des Lauchs wiederholt sich in der Rundung der Banane und führt das Auge von der linken in die rechte Bildhälfte. Gemalt wurde auf grundierter Leinwand mit Acryl- und Ölfarbe. Für beide Medien setzte der Künstler gezielt die gleichen Maltechniken ein.

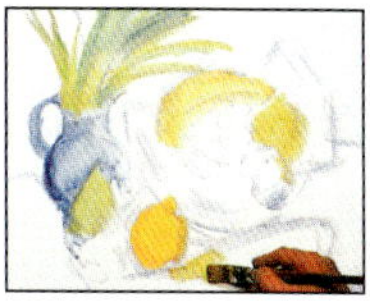

1 Zur Planung des Bildaufbaus wurde zunächst eine helle, skizzenartige Kohlezeichnung erstellt. Die überschüssige Kohle wurde mit einem Tuch vorsichtig entfernt, damit der Staub nicht die Farben trübt. Anschließend folgte eine Übermalung mit einem Pinsel und stark verdünntem Blau, um die Kohlezeichnung zu verstärken. Fahren Sie nun mit dem Farbauftrag der blauen Karaffe, der gelben Frucht und dem Auberginenstängel fort.

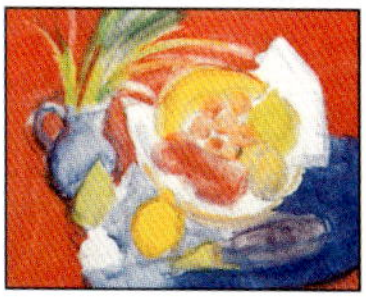

2 Die transparente Untermalung ist nun vollendet. Der Vorteil dieser Arbeitsweise besteht darin, die Farbzusammenstellung und Komposition schon früh festlegen zu können.

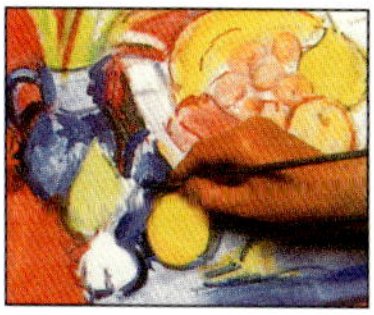

3 Die Farben werden mit dickerer, deckender Farbe verstärkt. Das Wiederholen von gleichen oder ähnlichen Farben in verschiedenen Bildbereichen stellt die kompositorische Einheit her.

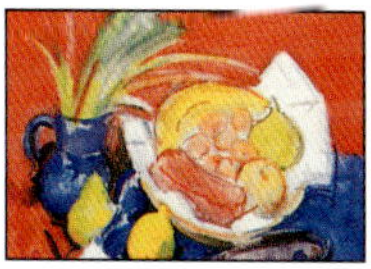

4 Mit dem weiteren Auftragen dicker Farbe werden die Bereiche von Licht und Schatten ebenfalls genauer festgelegt.

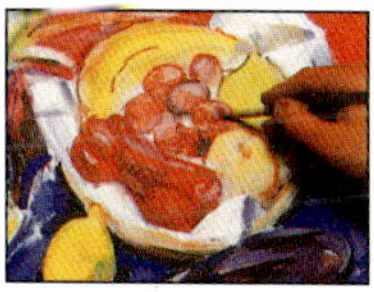

5 Der Künstler arbeitet weiter mit buttriger, deckender Farbe; überall auf dem Malgrund werden nun farbige Flächen angelegt. Durch unterschiedliche Pinselführung entsteht zusätzlich der Eindruck von Lebendigkeit.

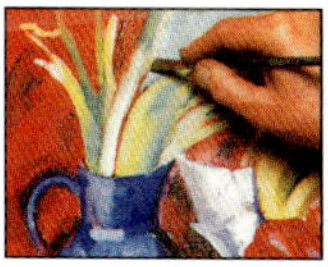

6 Nach dem Farbauftrag mit deckender Farbe für den Hintergrund und um den Lauch herum werden in Detailarbeit die einzelnen Blätter gemalt. Mit der Seite eines eckigen Pinsels wird eine breite gelbe Linie gezogen.

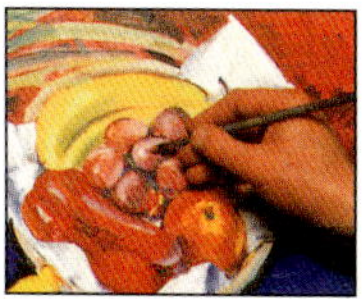

7 Bei deckenden Malweisen werden die Lichtreflexionen meist zuletzt eingefügt, da Sie ihre Helligkeit erst dann richtig einschätzen können. Hier wurde dazu ein fast weißer Farbton mit etwas blassem Pink vermischt.

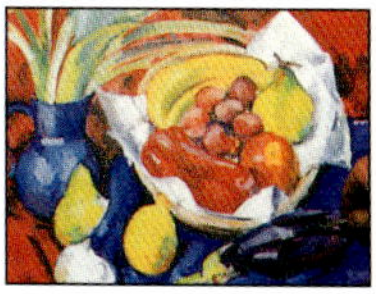

8 Die dunkle Aubergine wäre für den Vordergrund vielleicht zu dominant gewesen. Es wurden daher Blau- und Rottöne aufgelegt, ehe der Glanzpunkt mit graublauer Farbe modelliert wurde.

Stillleben in Gouache

Wie Sie bereits wissen, handelt es sich bei Gouache um eine Farbe auf Wasserbasis, die dicker und deckender als Aquarellfarbe ist. Die Farben sind klar und hell und ergeben mit Wasser gemischt leuchtende Pastelltöne. Um kräftige Farben zu erhalten, verwenden Sie Gouache direkt aus der Tube. Für Lasuren kann sie ebenfalls mit Wasser verdünnt werden.

Auf den ersten Blick mag das Bild unten sehr detailgetreu und realistisch erscheinen; die einzelnen Arbeitsschritte zeigen jedoch, dass eine flüssige und lockere Malweise angewandt wurde. Im ersten Schritt malen Sie eine Reihe lebendiger, flüssiger Farbflächen zur Andeutung der Grundformen. Mit dem geschichteten Farbaufbau entsteht so nach und nach ein texturierter Eindruck. Jeder Gegenstand wird durch sorgfältige Betrachtung seiner Farben und deren Übertragung auf das Gemälde wiedergegeben.

Zuletzt folgen Lasuren, um die Texturen und Schatten deutlicher zu machen. Die Kombination aus lasierten und deckenden Farbbereichen ist für reflektierende Oberflächen wie der Flasche und des Glases am besten geeignet.

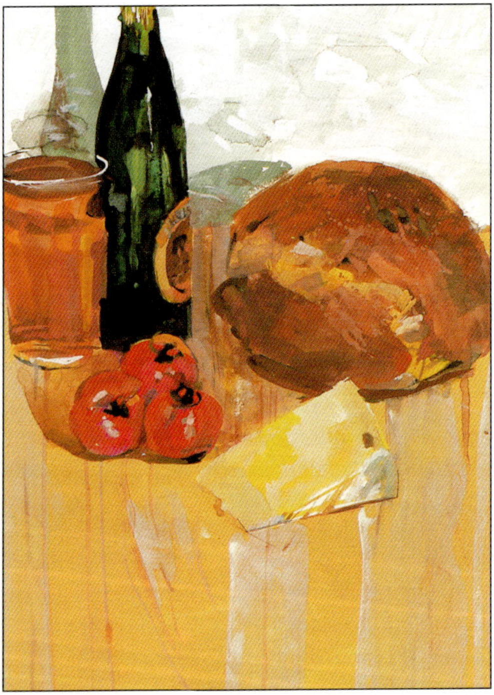

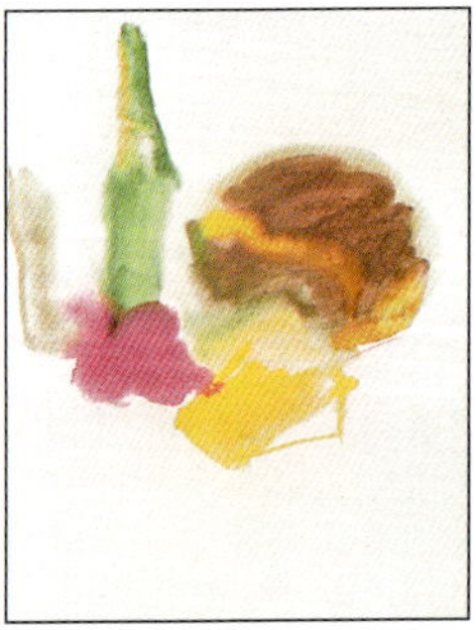

1 Mit einem Marderhaarpinsel werden die wesentlichen Formen der Objekte mit verdünnter Farbe gemalt. Dafür verwenden Sie Umbra gebrannt, Saftgrün, Magenta und Gelb. Die Farben laufen ineinander.

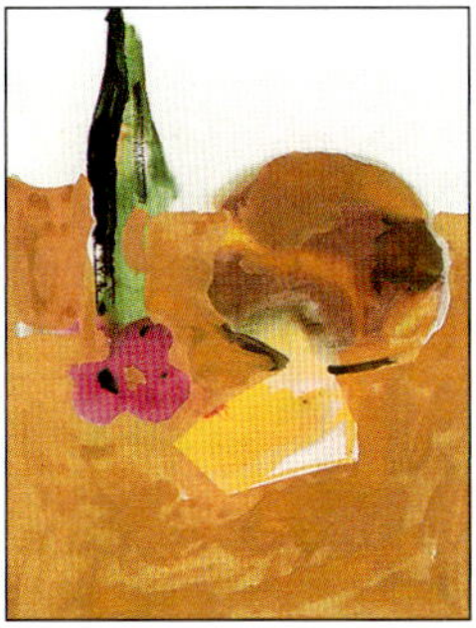

2 Mit einem Pinsel der Größe 5 wird lichter Ocker aufgetragen. Arbeiten Sie dann die Schattenflächen an der Flasche und den Brotlaib ein.

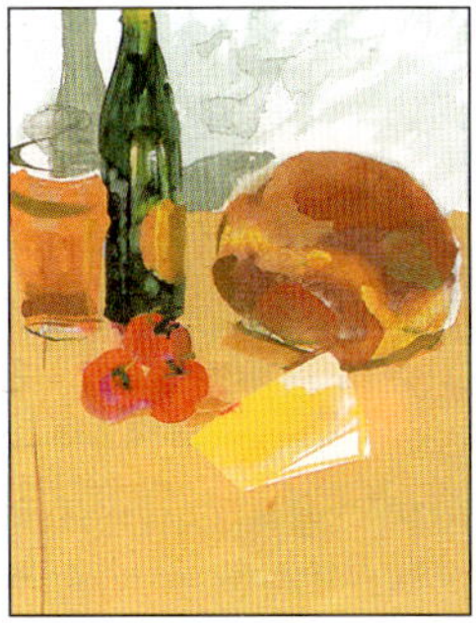

3 Im Hintergrund werden Schatten angedeutet. Tragen Sie kleine Bereiche kräftigerer Farbe auf, um die Form und Textur der Objekte anzuzeigen.

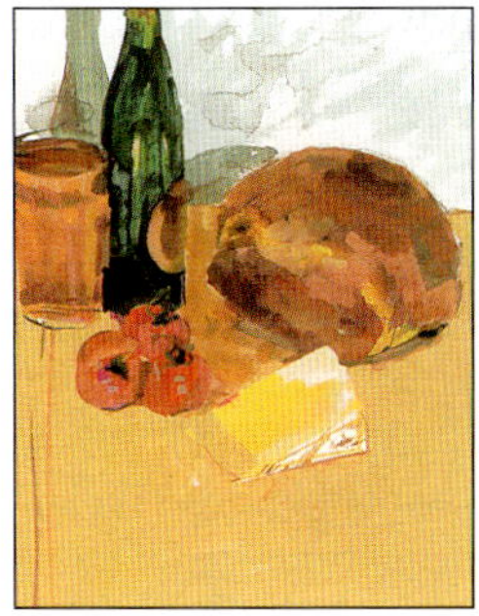

4 Mit einem Pinsel der Größe 12 werden die kleinen farbigen Kleckse und Streifen gemalt, um so die richtigen Farbtöne und Texturen aufzubauen.

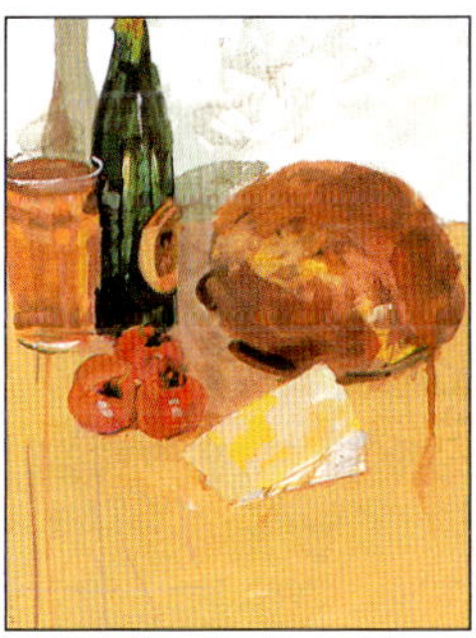

5 Intensivieren Sie den Hell-Dunkel-Kontrast, indem Sie weiße Glanzlichter und braune Schatten auftragen. Arbeiten Sie im Hintergrund mit Weiß.

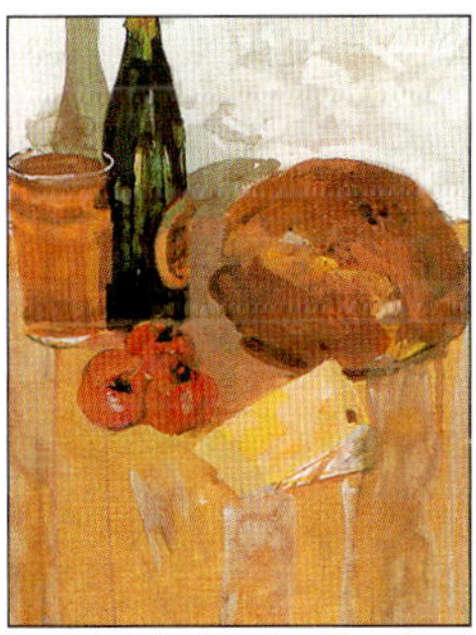

6 Arbeiten Sie weiter mit hellen Pinktönen und Gelb – die Farbe sollte dabei dünn aufgetragen werden. Das Brot erhält braune und schwarze Tupfen.

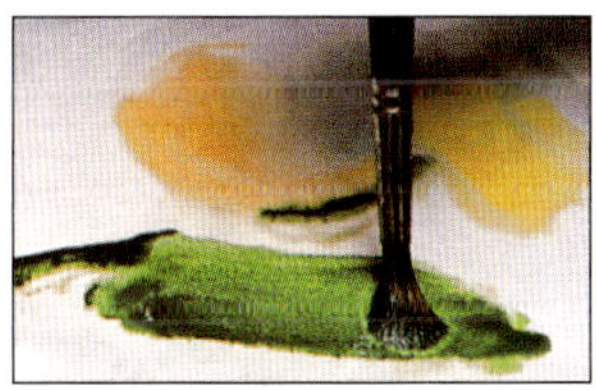

A Feuchten Sie auf dem Papier die Formen der Objekte an und legen Sie dann eine Lasur auf. Die Farbe darf über der Fläche verlaufen.

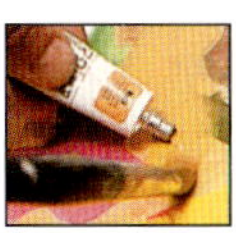

C Mit Farbe aus der Tube und einem feuchten Pinsel wird der Hintergrund eingefärbt.

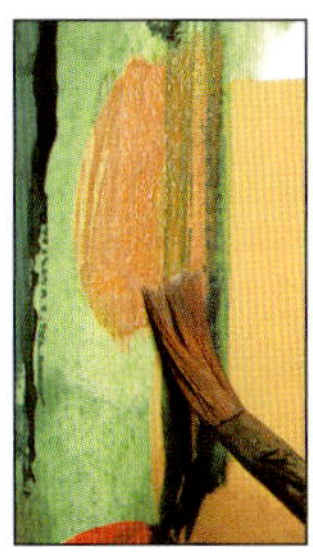

B Auf der getrockneten Untermalung folgt das Etikett mit fast trockener Farbe.

Form und Farbe

Viele Stillleben haben ein bestimmtes Thema. Manchmal werden Gegenstände gemalt, die für den Maler eine persönliche Bedeutung haben. Das Thema kann auch ein rein bildliches aus Farben oder Formen sein.

Diese beiden Bilder haben ein auf zwei Hauptfarbkontrasten beruhendes Thema: Gelb und Blau im Bild rechts und Rot und Blau im Werk unten. Beide verfügen zusätzlich über ein gestalterisches Thema die Formen betreffend. Die Komposition des Früchte-Stilllebens (rechts) basiert auf einer Wiederholung ähnlicher Formen – Kreise und Ovale –, während das Teekannen-Stillleben (unten) das Zusammenspiel verschiedener Formen zeigt.

FARBSCHICHTEN

Ein einfaches Arrangement, das alltägliche Dinge in ihrer schlichten Schönheit zeigt, kann schnell langweilig wirken. In diesem Bild ist dies jedoch nicht der Fall. Der Kontrast der Formen und die wunderbar kräftigen Farben fallen sofort ins Auge. Die kleineren grünen Flächen bilden beinahe einen Komplementärkontrast zu den Rottönen, aber die Lebendigkeit einer jeden Fläche entsteht vorrangig durch die Art des Farbauftrags. Alle Farben lassen die darunterliegenden Schichten durchscheinen, sodass ein gewisser Leuchteffekt entsteht. Dies lässt sich besonders gut an der hohen Kiste erkennen. Gemalt wurde hier mit lavierenden Farbaufträgen in mittlerer Konsistenz.

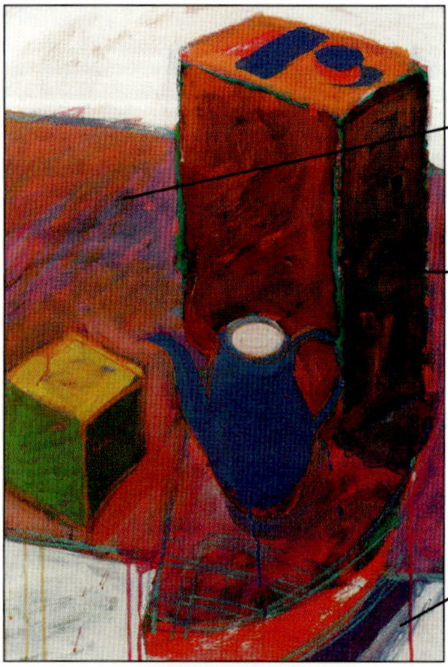

Verschiedene Farben scheinen durch die oberste Schicht hindurch und geben dem Bild ein strahlendes Leuchten.

Pinselstriche mit halb transparentem Pink werden über die dickeren Farbaufträge in Rot und Blau gelegt. Die blauen Flecken stellen einen farblichen Bezug zur Karaffe her.

Die verdünnte Farbe durfte hinunterlaufen. Das Bild vermittelt so den Eindruck einer freien, spontanen Komposition.

Paul Powis

Diese Blätter entsprechen dem Tonwert der dunklen Bereiche im Blau des Hintergrunds und verbinden die beiden Bildflächen miteinander.

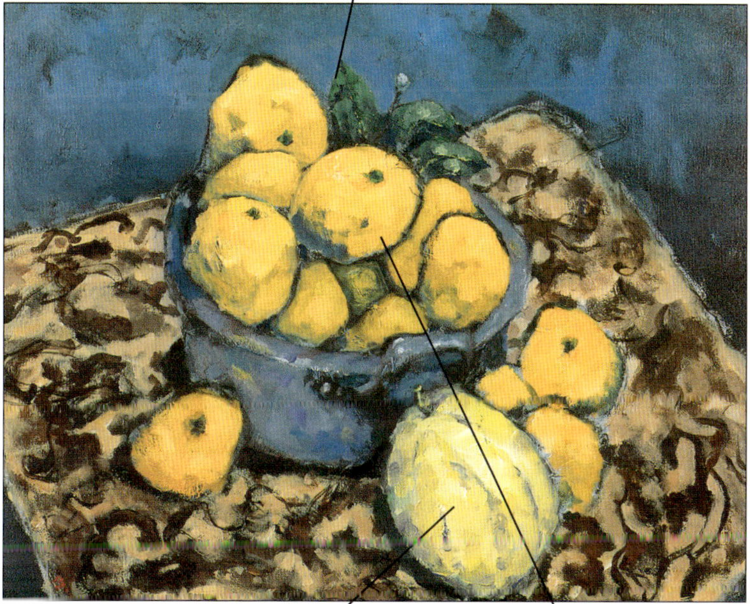

W. Joe Innes

Pinselstriche in Impastotechnik lassen die Melone im Bild hervortreten. Fein eingearbeitete Blautöne im Schatten leiten von der Melone zur Schüssel über.

Die Früchte wurden mit breiten Pinselstrichen und unterschiedlichen Gelb-, Orange- und Gelbgrüntönen aufgebaut. Die eingesetzten Farben liegen im Tonwert so nah beieinander, dass sie wie nur eine Farbe wahrgenommen werden.

FARBE UND KOMPOSITION

Ein Großteil der Wirkung dieses Gemäldes beruht auf den Farb- und Helligkeitskontrasten, wobei das dunkle kräftige Blau das Gelb hervortreten lässt. Die Farbzusammenstellung ist bewusst reduziert gehalten, ähnliche Blautöne werden sowohl für die Schüssel als auch für den Hintergrund verwendet, und die neutralen Farben des Tuchs bieten den perfekten Hintergrund für das Hellgrün der Melone. Das Bild vermittelt den Eindruck von Kraft und Fülle, auch aufgrund der ausgewogenen geometrischen Struktur der Komposition. Das Arrangement der Früchte bildet eine Rhombenform mit leichter Neigung nach links und kontrastiert mit der groben rechteckigen Form des gemusterten Tuchs, das sich in die entgegengesetzte Richtung zieht.

Blumen

Einer der großen Vorteile der Blumenmalerei besteht darin, dass Ihnen niemals die Motive ausgehen werden. Selbst getrocknete Blumen eignen sich als Motiv. Im Gegensatz zu frischen Blumen, die oft schon welken, sobald sie in der Vase sind, behalten Trockenblumen ihr Aussehen dauerhaft.

Schnittblumen halten zwar etwa eine Woche, doch bleibt Ihnen dennoch keine Zeit für eine langsame Herangehensweise, denn Ihr Arrangement wird sich schon im Laufe eines einzigen Tages verändern. Selbst wenn die Blüten und Blätter nicht welken, können zum Beispiel Knospen aufgehen oder sich andere Veränderungen einstellen. Daher ist es sinnvoll, mit einem einfachen Arrangement zu beginnen oder eine vereinfachende Malweise zu verwenden. Blumen haben eine sehr komplexe Form, sodass ein ausgefeiltes Arrangement verschiedener Blumensorten einige Zeit in Anspruch nehmen wird – vor allem wenn Sie jede Blüte im Detail malen. Sie können Blumen jedoch durchaus allgemeiner abbilden und dennoch eine bestimmte Sorte darstellen. Lediglich Form, Farbe und Proportion müssen stimmen, damit Ihr Blumenbild auch ohne jedes Blütenblatt und Staubgefäß realistisch und lebendig wirkt.

Sobald Sie ihr Motiv ausgewählt und arrangiert haben, sollten Sie eine Analyse der Formen und Farben durchführen. Betrachten Sie zunächst die Form des ganzen Arrangements und dann die einzelnen Formen der Blumen und Blätter. Ein oder zwei schnelle Bleistiftskizzen sind eine gute Konzentrationsübung, bevor Sie mit dem Malen beginnen. Dies wird Ihnen auch dabei helfen, den Schwerpunkt Ihrer Komposition herauszufinden. Vielleicht stellen Sie fest, dass Ihr Gemälde viel interessanter wird, wenn Sie einen Teil der Blumen weglassen oder die Blätter farblich als Einheit darstellen.

SELEKTIVE DETAILS

Die vier mittleren Blumen wurden präziser dargestellt als die dahinterliegenden, lediglich aus weißen Pinselstrichen bestehen, die mit dem blauen Hintergrund verlaufen. Die Blumenformen und Blätter wurden im Vorfeld genau erforscht, doch wollte der Künstler dennoch kein streng realistisches Werk schaffen, sondern vielmehr eine besondere Atmosphäre vermitteln. Dies erreichte er durch die Verbindung von Blumen, Mond und nächtlichem Himmel.

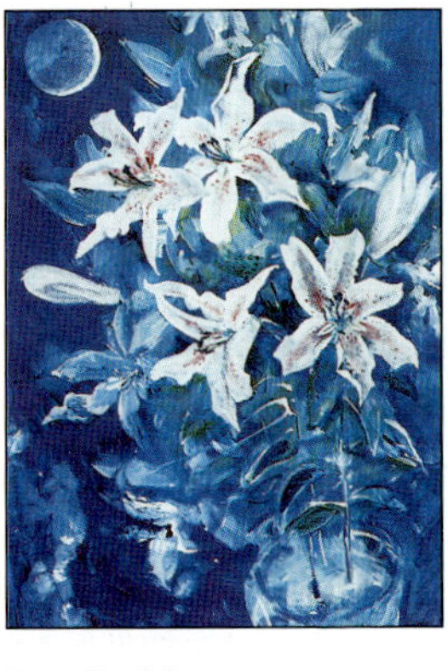

Ros Cuthbert

KOMPOSITION EINES BLUMENARRANGEMENTS

Ein Blumenarrangement besteht meist aus nur einem Hauptelement – Blumen in ihrem Behälter. Die Schlichtheit des Motivs lenkt oft vom Bildaufbau ab. Viele Künstler neigen daher dazu, die Blumen in der Bildmitte zu platzieren. Wie wir aber gesehen haben, wirkt ein Gemälde fast immer interessanter, wenn Symmetrien vermieden werden. Betrachten Sie Ihr Arrangement daher zunächst durch einen Ausschnittrahmen. Wenn die Vase tatsächlich in oder nahe der Bildmitte stehen soll, dann brechen Sie die Symmetrie, indem Sie die Blumen an einer Seite länger herabhängen lassen. Passt das Arrangement nicht richtig in das Bildrechteck, dann haben Sie eventuell zu viel Raum darum herum freigelassen. Denken Sie auch immer daran, dass Sie nur Ausschnitte verwenden oder Ihre Motive am Bildrand anschneiden können.

HINTERGRÜNDE

Wie Sie wissen, sind Hintergründe nicht einfach nur freie Flächen, sondern Teil des Bildes und erfordern daher ebenso viel Aufmerksamkeit wie jeder andere Bereich. Blumengemälde haben oft einen undeutlichen Hintergrund. Doch selbst dieser muss in Farbe und Tonwert seinen Teil zum Gesamteindruck beitragen. Auch aufwendigere Hintergründe sind denkbar: Sie könnten zum Beispiel Ihr Arrangement auf einem Fensterbrett anordnen. Der Fensterrahmen bildet in diesem Fall eine geometrische Umrandung und ermöglicht eine freiere Formgestaltung bei den Blumen. Formen und Blütenmuster könnten dann Hauptthema des Gemäldes sein.

Die breiten Pinselstriche in Weiß entsprechen der Blütenform und sind ein Kontrast zur aufrechten Vase.

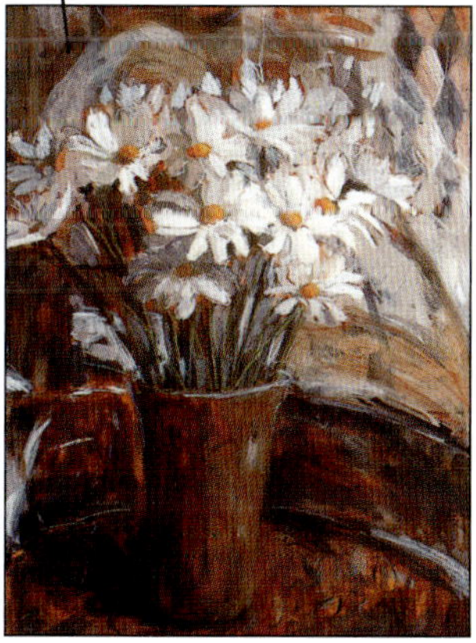

Anne-Marie Butlin

LEBENDIGE ANMUTUNG

Seien Sie sich bewusst, dass Blumen lebende Organismen sind, und versuchen Sie, die Blumen nicht zu statisch aussehen zu lassen. Die Künstlerin gibt ihrem Werk (oben) Vitalität durch die Art der Komposition. Lockere geschwungene Pinselstriche im vorderen Bereich folgen der runden Wuchsform und wiederholen sich in der Gestaltung des Hintergrunds.

FORMKOMPOSITIONEN

Das Arrangement der Formen und das Zusammenspiel dunkler und heller Farbtöne bilden das Thema dieses Gemäldes. Die Künstlerin vermied bewusst Details, um die Formen stärker hervortreten zu lassen. Die Blumen wurden als breite dunkle Flächen angelegt, mit leichten Variationen hinsichtlich der Farben. Das Rot der Mohnblumen sticht deutlich hervor.

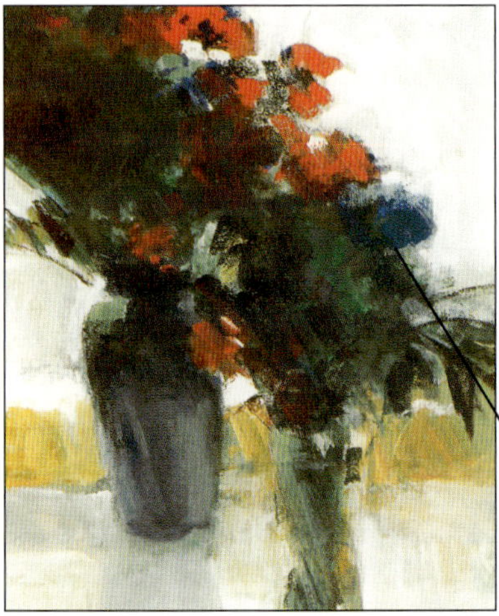

Die Komposition basiert auf einer dunklen Keilform, die das Bild diagonal durchschneidet.

Debra Manifold

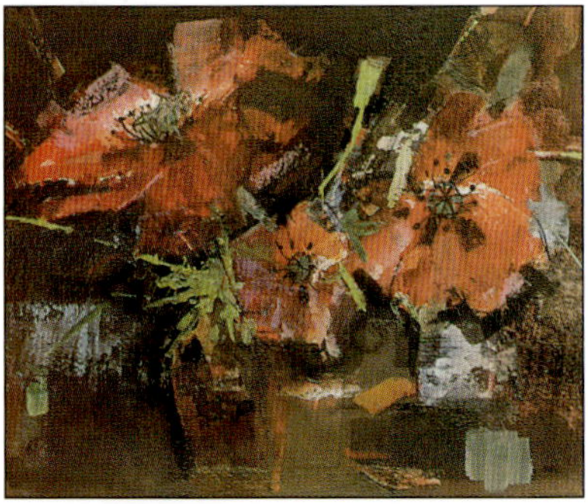

Mike Bernard

Das breite waagerechte Format, das für dieses Blumenarrangement in Collage und Mischtechnik ausgewählt wurde, erlaubte eine hohe Präsenz der Blüten, während die Vase auf eine bloße Andeutung ihrer Form reduziert wurde. Der Hintergrund wurde hier vollkommen in das Gemälde eingebunden. Seine Farben, Formen und Texturen spiegeln sich in den Blumen.

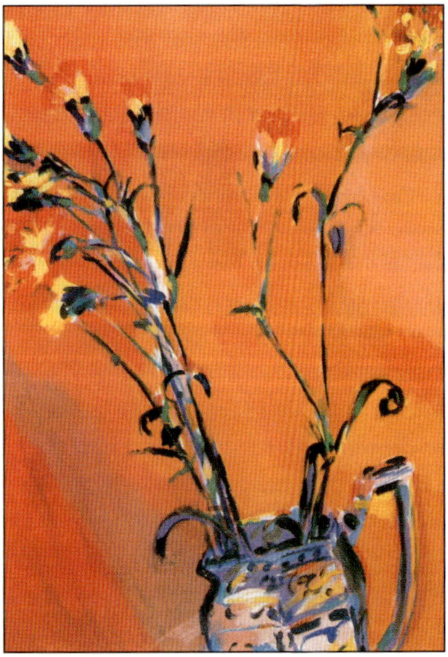

Gerry Baptist

Hier wurde das Motiv sehr geschickt angeschnitten. Durch das bewusste Kippen des Krugs und die breiten Pinselstriche im Hintergrund in Richtung der Stängel verstärkt sich der Eindruck von Bewegung.

Form und Struktur

Sie müssen kein Botaniker sein, um Blumen zu malen, aber die Kenntnis ihrer Grundstrukturen hilft Ihnen sicher bei der erfolgreichen Darstellung und vermeidet unnötige Frustration.

Kein Porträtist wird einen menschlichen Körper darstellen, ohne die Muskeln und Knochen zu berücksichtigen, die die äußere Form vorgeben. Das gleiche gilt für eine Pflanze. Warum hat sie Stängel und Blätter? Wie werden die Blütenblätter gehalten? Dies sollten Sie vorab kurz studieren.

Die Blätter dienen der Fotosynthese und der Produktion von Kohlenhydraten, die vom Rest der Pflanze benötigt werden. Die Wurzeln sammeln Wasser und Nährstoffe, die wiederum in den Stängel wandern. Dieser muss kräftig genug sein, um die Blume zu tragen. Es ist unwahrscheinlich, dass er am unteren Ende dünner ist, denn dann könnte er dem Gewicht der obigen Blüte nicht standhalten. Stängel dürfen ebenfalls nicht plötzlich zur Seite knicken oder ganz verschwinden, sonst würde Ihr Blumenbild schnell unrealistisch wirken.

ANATOMIE DER PFLANZE

Sie benötigen Vertrautheit mit dem Aufbau einer Pflanze. Wenn Sie wissen, wie die einzelnen Teile zusammenhängen, gibt das auch Ihrem Bild Glaubwürdigkeit.

BLÜTENFORMEN

Viele Blüten können vereinfacht als Kreis dargestellt werden. Betrachtet man diesen jedoch aus der Ferne als liegende Fläche, erscheint er als Ellipse. Üben Sie das Zeichnen von Ellipsen, denn sie sind die magische Formel zur Lösung mehrerer Probleme, mit denen sich der Anfänger konfrontiert sieht. Betrachten Sie zum Beispiel einen Unterteller direkt vor Ihren Augen und stellen Sie sich vor, er wäre ein Gänseblümchen. Nun kippen Sie den Unterteller langsam nach hinten, bis er flach aufliegt und aus Ihrem Blickwinkel wie eine Ellipse erscheint.

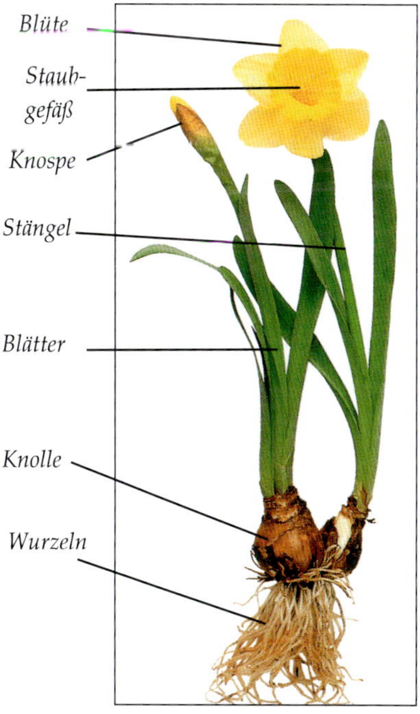

Zeichnen Sie den Teller in drei oder vier verschiedenen „Kippphasen“ und üben Sie so die Darstellung von Blüten mit verschiedenen Neigungswinkeln.

Legen Sie dann den Unterteller zur Seite und verändern Sie seine Form in der Zeichnung, bis Sie eine Blumenabbildung haben. Was würde nun passieren, wenn die Grundform unregelmäßiger wäre? Wenn zum Beispiel an der Blume ein welkes Blütenblatt hinunterhängen würde? Arbeiten Sie verschiedene Blickwinkel zum Beispiel in einem gesonderten Bild aus und zeichnen Sie unterstützende Hilfslinien ein.

Komplexere Blumen, bei denen die Grundform nicht sofort ins Auge fällt, müssen noch sorgfältiger studiert werden; das Prinzip jedoch bleibt das gleiche. Wenn Sie die besondere Form einer Pflanze nicht nachvollziehen können, sollten Sie die Blume langsam und vorsichtig auseinandernehmen, um ihren Aufbau zu verstehen. Betrachten Sie die unterschiedlichen Wachstumsstadien von der Knospe bis zum eventuellen Fruchtansatz, denn für die Darstellung eines beliebigen Zweigs müssen Sie mitunter in der Lage sein, sämtliche Phasen abzubilden.

GLOCKENFORM

Glockenförmige Blumen entsprechen der dreidimensionalen Form einer Glocke. Der Stängel trägt die Blumen von der oberen Mitte ausgehend, und die Blütenblätter fallen um die Achse des Staubgefäßes, das dem Glockenklöppel entspricht. Der Schatten ist in der Innenseite sehr dunkel, eventuell gibt es einen runden Lichteinfall bis zum unteren inneren Rand.

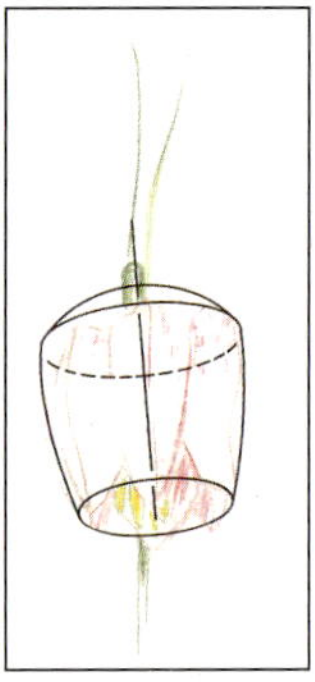

Vorderansicht

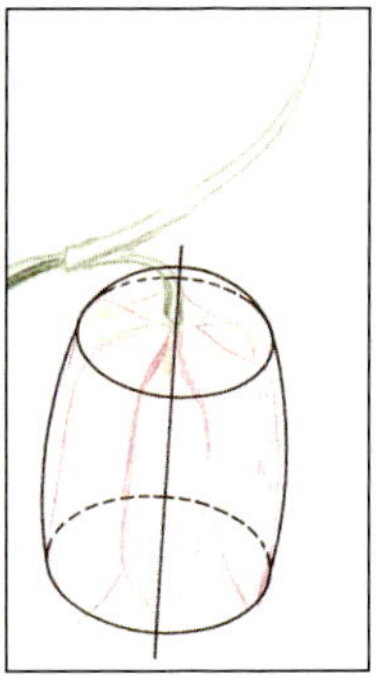

Dreiviertelansicht

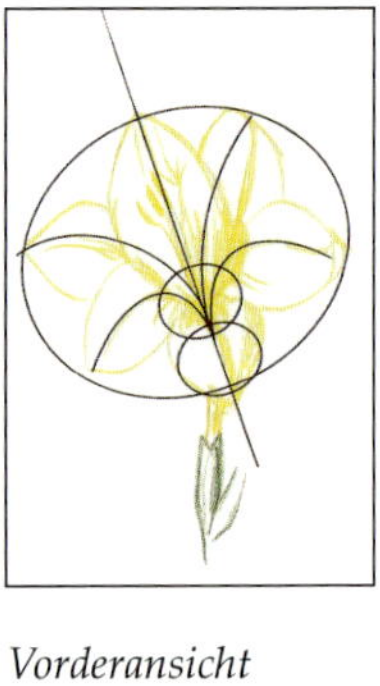

Vorderansicht

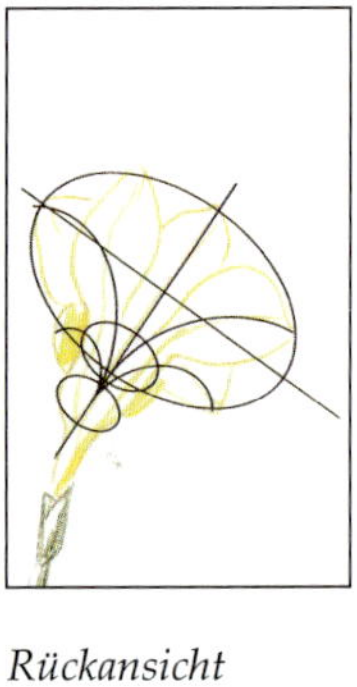

Rückansicht

TROMPETENFORM

Eine Lilie, deren Staubgefäße herausragen, bildet die Form einer Trompete. Viele Blumen sind im Ansatz kegelförmig und öffnen sich mit den Blütenblättern zu einer weiten Trichterform. Achten Sie darauf, dass die Blütenblätter in einem zentralen Punkt zusammenlaufen, selbst wenn dieser in der Zeichnung nicht sichtbar ist.

Blumen in der Natur

Die Natur bietet Blumenmalern eine reiche und vielseitige Quelle an Motiven. Diejenigen, die einen Garten besitzen, können sich glücklich schätzen, denn sie können gärtnerische und künstlerische Interessen verbinden. Menschen, die kein Interesse an Gartenarbeit haben, müssen sich jedoch nicht ausgeschlossen fühlen, denn auch in öffentlichen Parks finden sich interessante Motive.

Auf Feld und Wiese haben Sie Gelegenheit, wild wachsende Blumen zu malen. Diese sehen am schönsten in ihrer natürlichen Umgebung aus und welken meist schnell nach dem Abschneiden. Denken Sie ebenfalls daran, dass Wildblumen oft aus Artenschutzgründen nicht gepflückt werden dürfen.

MOTIVWAHL

In der Natur erstellte Blumenstudien erfordern ähnliche Entscheidungen wie Landschaftsmotive. Werden die Blumen im Vordergrund oder in mittlerer Distanz platziert? Wählen Sie ein Blumenarrangement als Zentrum oder nur ein oder zwei Blüten? Wollen Sie detailgetreu oder frei arbeiten?

Bis zu einem gewissen Grad wird Ihr Motiv selbst die Antworten vorgeben. Große, dramatische Blüten oder Blumen in kräftigen Farben können von einer Nahaufnahme profitieren. Kleine Blümchen, wie Glockenblumen oder Primeln, die den Waldboden bedecken, wirken vielleicht in mittlerer Distanz und als große Farbfläche besser. Die Fülle kontrastierender Farben könnte auf die gleiche Weise dargestellt werden, mit ein oder zwei näher am Betrachter liegenden Blüten und Blättern, die dann detaillierter gemalt werden.

BLUMEN IN GROSSAUFNAHME

Hier deutet der Künstler die äußere Umgebung nur grob an, um den Sonnenblumen mit ihren großen Blüten und schön geformten Blättern den Vorrang im Gemälde zu lassen. Er wählt eine Rückansicht und betont damit die Eigenart der Blumen, ihre Köpfe der Sonne zuzuwenden.

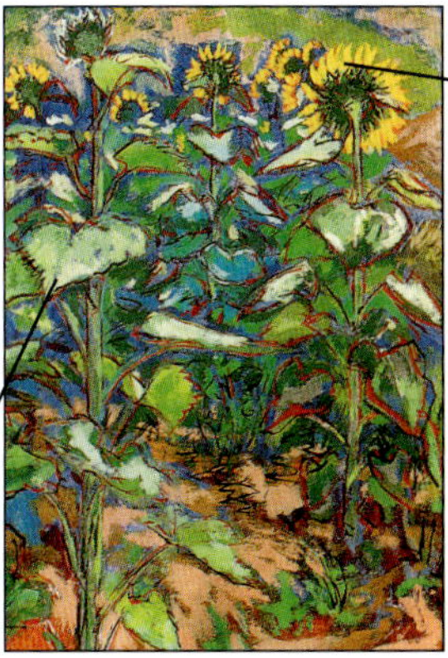

David Cuthbert

Einige der Blätter wurden mit geraden dunkelroten Pinselstrichen umrissen. Zur Betonung der Ränder diente ein schwarzer Tuschestift.

Jedes Blütenblatt wurde mit einem einzigen Pinselstrich gemalt. Ziehen Sie dafür den Pinsel in einer schwungvollen Bewegung nach außen.

TIPP ZUR HANDHABUNG DER FARBE

Wenn Sie nur eine Blumenart großflächig darstellen wollen – zum Beispiel Mohnblumen oder Gänseblümchen –, werden die Blumen im Hintergrund meist nur als Farbtupfer zu erkennen sein; vor allem wenn die Blüten im Vordergrund sehr detailliert sind. Hierfür zeichnen Sie zunächst die Hauptformen. Wenn das Bild fast fertig ist, fügen Sie mit dickerer Farbe Details hinzu.

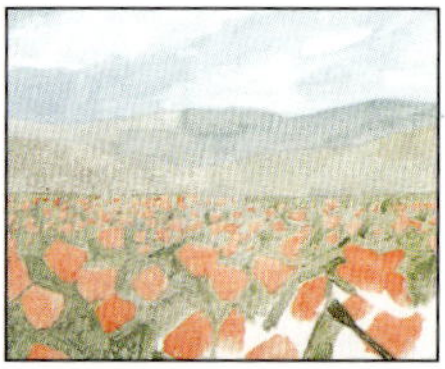

1 Malen Sie alle Mohnblumen mit einzelnen Pinselstrichen in Rot und tragen Sie dann das Grün in den Zwischenräumen auf. Die Blumen sollten nicht alle die gleiche Größe haben; malen Sie sie im Hintergrund kleiner.

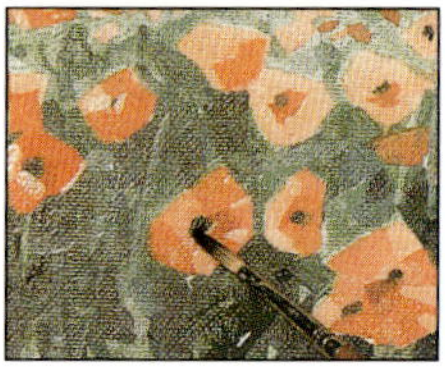

2 Fahren Sie mit der genaueren Darstellung der Blumen im Vordergrund fort. Hierfür verwenden Sie dickere Farbe. Einzelne Blütenblätter entstehen, indem Sie Helligkeit und Farbe leicht variieren. Die Blumenmitte malen Sie mit einem spitzen Pinsel in dunkler Farbe.

ERKENNUNGSMERKMALE

Eine Blumensorte darzustellen, ohne allzu detailgenau zu arbeiten, gelingt vor allem mit der Wahl der richtigen Farbe. Zusätzlich sollte jedoch auch die spezielle Wuchsart der Pflanze zum Ausdruck kommen. In diesem Bild fehlen zwar die Details, doch die große Masse von leuchtendem Blau weist unweigerlich auf einen Teppich aus Glockenblumen hin, wie er häufig im Wald zu finden ist.

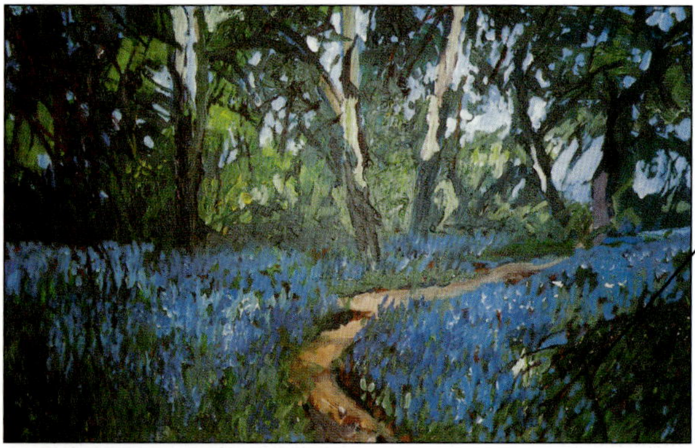

Jede Blume wurde mit einem Pinselstrich gemalt, entweder senkrecht oder leicht geneigt. Das Rosabraun des Weges und die dunklen Graugrüntöne im Hintergrund intensivieren die Blautöne.

Daniel Stedman

Pflanze in Gouache

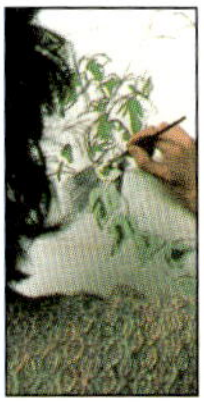

Mit einem dünnen Marderhaarpinsel und blasser grüner Farbe wird direkt auf der Skizze gearbeitet, in der die Schatten gekennzeichnet sind.

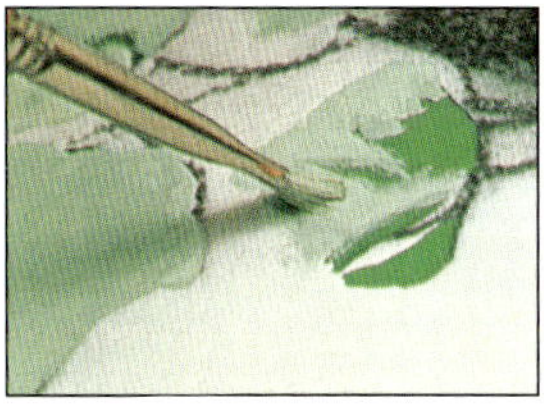

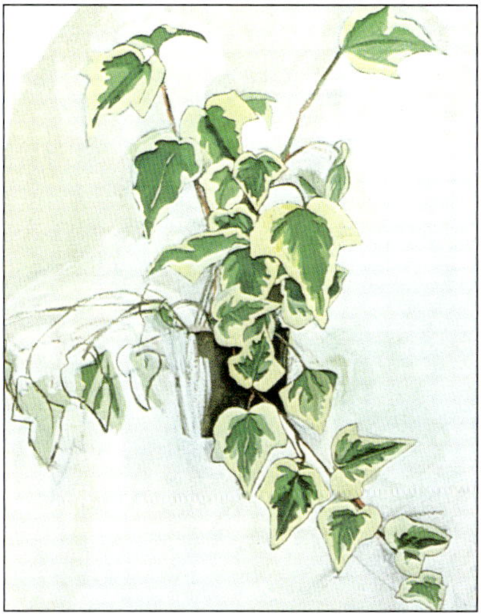

Nachdem das dunkle Grün der Blätter aufgetrocknet ist, wird ein deckendes Grün für die Formen aufgetragen.

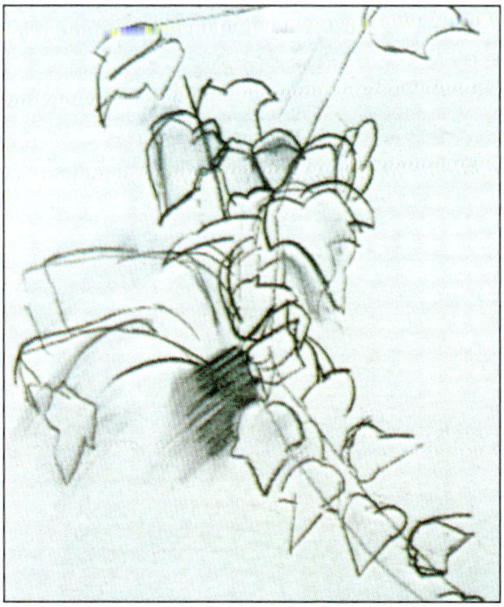

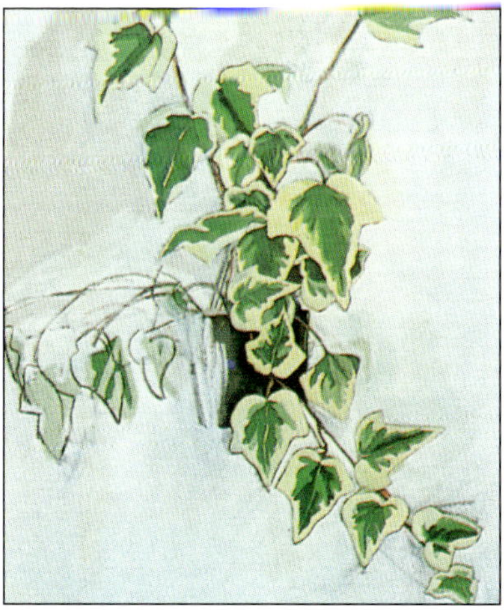

1 Zeichnen Sie die Umrisse der Blätter und Stängel mit Zeichenkohle. Arbeiten Sie frei und korrigieren Sie nur dort, wo es absolut notwendig ist, durch leichtes Verwischen der Linien.

2 Bürsten Sie überschüssigen Kohlestaub von der Oberfläche und malen Sie mit einem Pinsel der Größe 6 die Blätter und deren grüne Musterung.

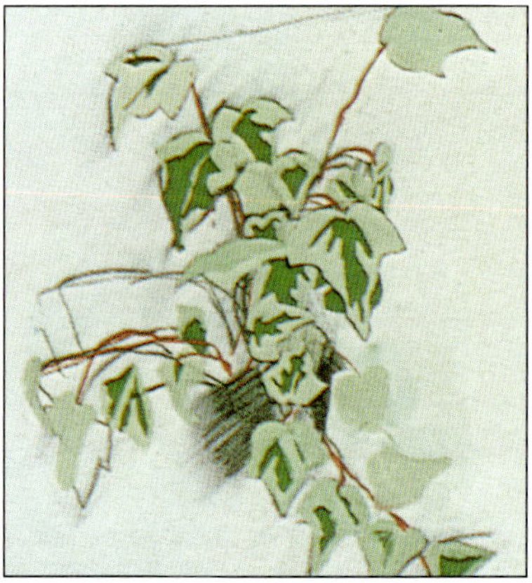

3 Füllen Sie die gesamten Blattformen mit Farbe aus. Zeichnen Sie dann die Stängel mit roter Farbe und verwenden Sie dafür nur die Pinselspitze.

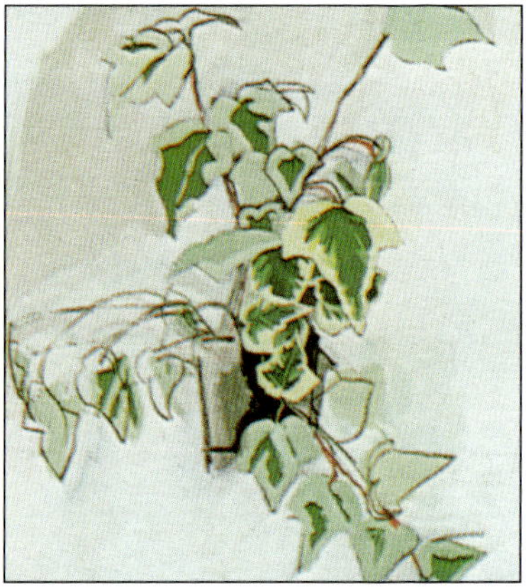

4 Überarbeiten Sie die Zeichnung mit Zeichenkohle und übermalen Sie Änderungen mit Weiß. Fahren Sie mit dem Farbauftrag fort und legen Sie einen dunkleren Farbton hinter die Blätter.

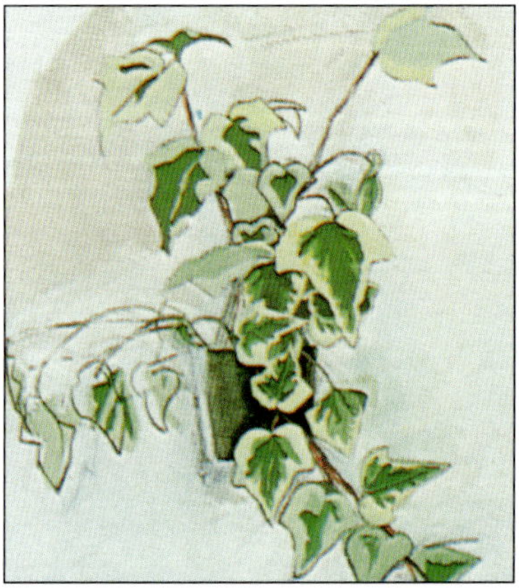

5 Bauen Sie das Bild Stück für Stück auf: Mit jedem Farbauftrag wird ein weiteres Detail ergänzt und die Formen werden weiter ausgearbeitet.

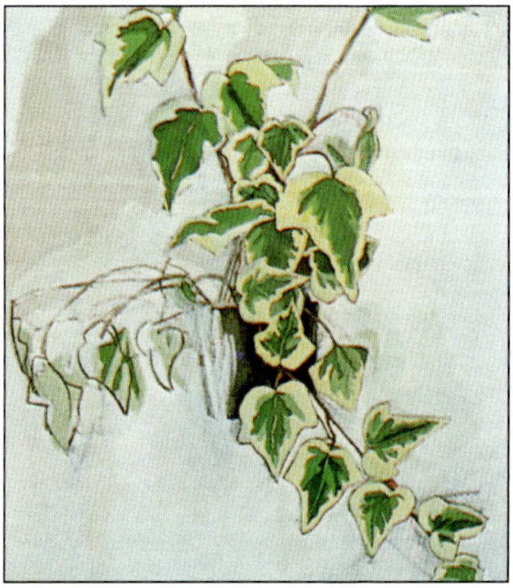

6 Gleichen Sie die Helligkeit der Farben an, um die natürlichen Kontraste darzustellen. Vervollständigen Sie dabei jedes einzelne Blatt, ehe Sie mit dem nächsten beginnen.

WEISSE BLUME IN ACRYL

1 Acrylfarben ermöglichen Ihnen, im Bild mit verschiedenen Texturen und Farbeffekten zu experimentieren. Die Farben eignen sich auch sehr gut für feine Pinselzeichnungen. Beginnen Sie mit einer Bleistiftskizze und tragen Sie dann transparente Acrylfarbe lasierend auf (die Farbe sollte mit Wasser verdünnt sein).

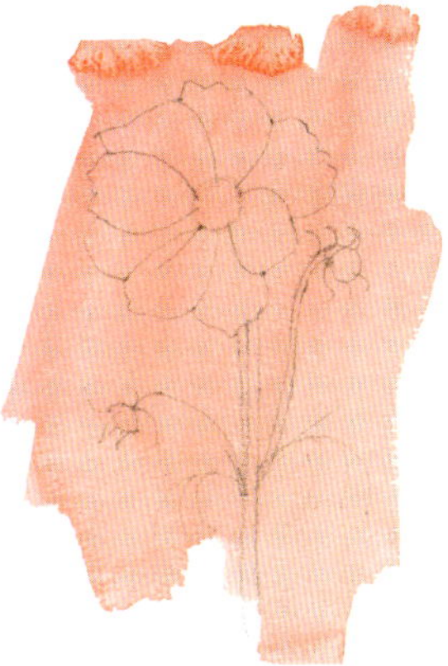

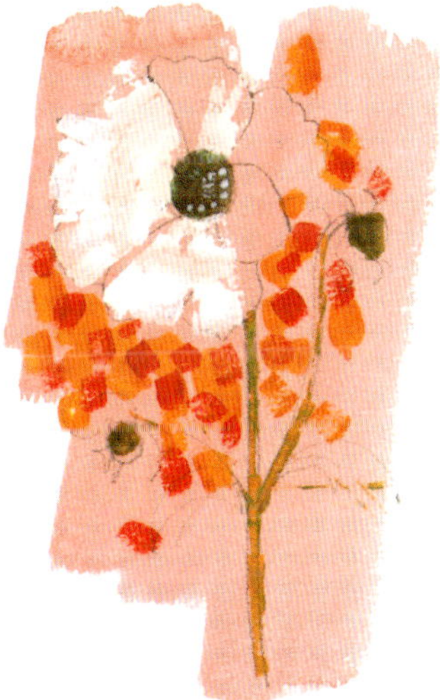

2 Schneiden Sie zur Darstellung der Blütenblätter einen Karton oder ein Stück Plastik (eine alte Kreditkarte) in eine passende Form. Mischen Sie etwas dicke weiße Farbe an und ziehen Sie sie von innen nach außen über die Form. Für den Hintergrund verwenden Sie einen rechteckigen Pinsel, um einzelne Striche zu setzen. Dies bewirkt einen durchbrochenen Farbauftrag.

3 Fahren Sie mit den Pinselstrichen und dem Kartonstück am Bildaufbau fort und bringen Sie weitere Farben für den Hintergrund auf. Erst danach folgt die Gestaltung von Stängel und Knospen mit einem dünnen Pinsel und dunklem Grün. Auch Stifte und farbige Tusche eignen sich gut für die Feinarbeiten. Achten Sie aber darauf, die Linien um jedes Blütenblatt nicht zu stark zu ziehen.

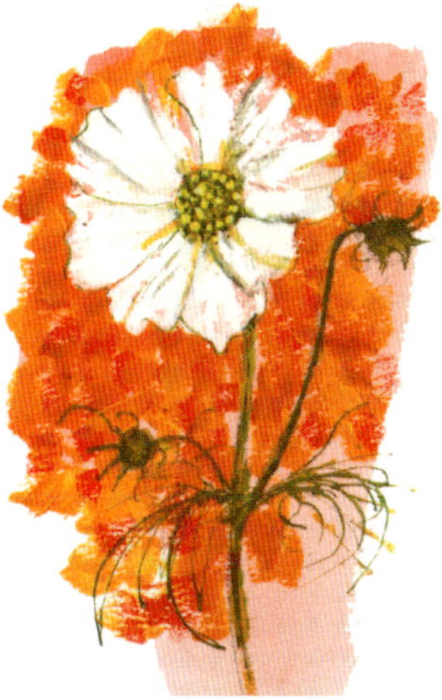

EFEUBLATT IN ACRYL

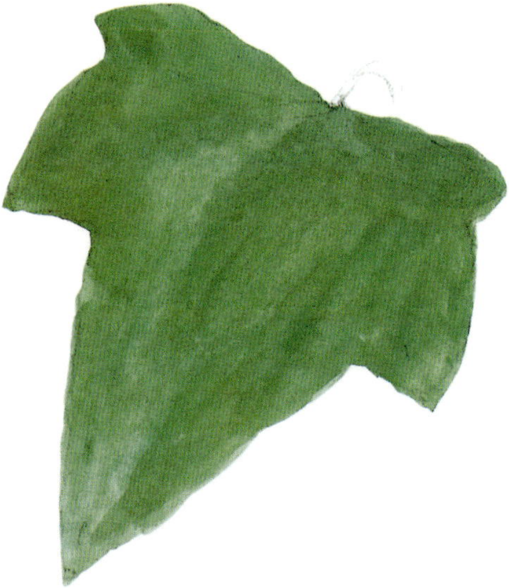

1 Wenn Sie auf weichem Zeichenkarton oder Papier mit verdünnter Acrylfarbe und einem Marderhaar- oder weichem Kunsthaarpinsel malen, können Sie Ihr Ergebnis gut kontrollieren. Sie können nach Belieben Details hinzufügen oder dunkle Farbtöne mit mehreren lasierenden Farbaufträgen aufbauen – so wie in der Aquarellmalerei. Beginnen Sie zunächst mit einer Lasur dünner Farbe über dem gesamten Blatt; lassen Sie es dabei nicht zu flach und gleichmäßig wirken.

2 Tragen Sie weitere Schichten mit verdünnter Farbe auf. Für die letzte Farbschicht verwenden Sie einzelne Pinselstriche, ohne die darunterliegende Farbe völlig zu bedecken. Das Blatt wirkt so realistisch und leicht gesprenkelt. Zuletzt arbeiten Sie mit einer blassen gelbbraunen Farbe und einem sehr feinen Pinsel die Blattadern aus. Da Acrylfarbe deckt, können Sie problemlos helle über dunkle Schichten legen. Mit Aquarellfarbe hingegen müssten Sie die Adern von Beginn an als Glanzlichter einarbeiten – ein mühsamer und schwieriger Prozess.

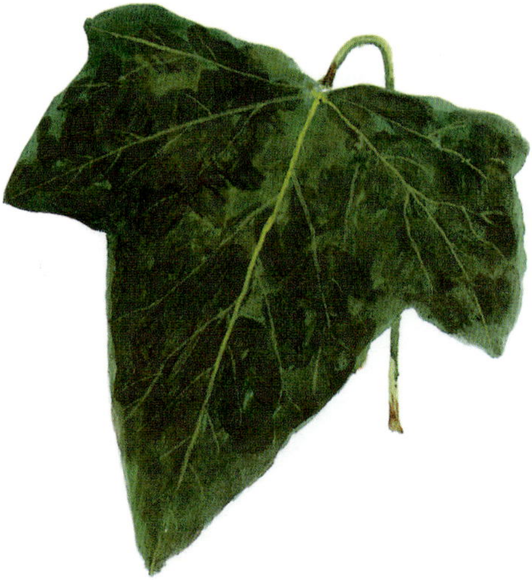

BAUMFORMEN

Baumarten können leicht an ihrem Gesamtumriss, ihrer Größe, Farbe und der Dichte ihrer Krone erkannt werden. Selbst bei einer Darstellung aus größerer Distanz werden Sie nur wenige Hinweise im Bild benötigen, um deutlich zu machen, um welchen Baum es sich handelt. Obwohl das Bild unten nur einen Ausschnitt zeigt, erkennen wir anhand des silbrigen Stammes und den herabhängenden Blättern sofort die Birke. Beachten Sie, wie der Künstler sich auf die unteren Zweige konzentrierte, um hier den Fokus zu setzen.

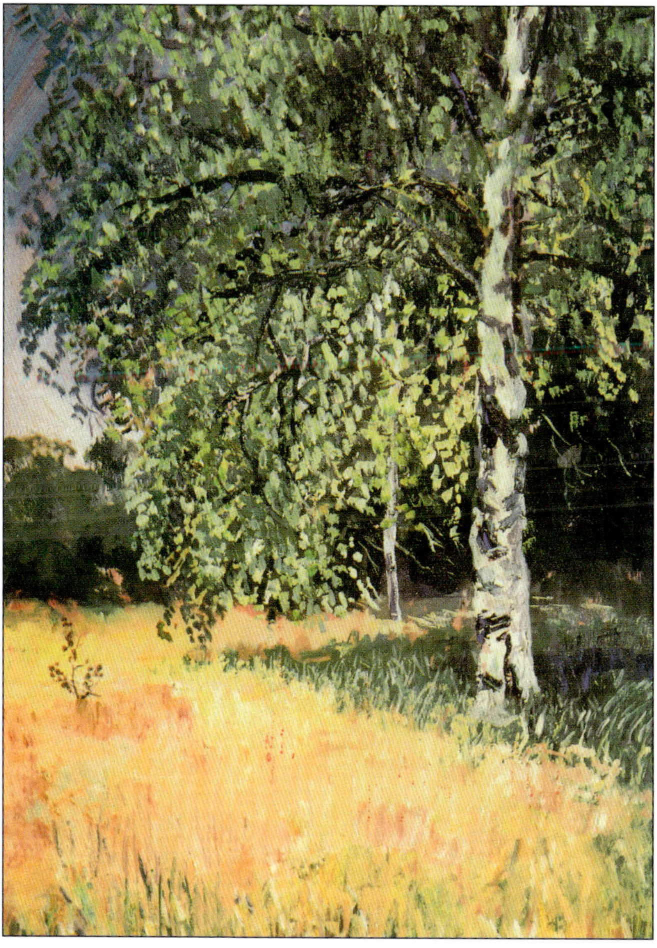

Daniel Stedman

Wetter

Landschaft, Himmel und Wolken gehören untrennbar zusammen. Inwiefern der Himmel – und somit auch das Wetter – das Erscheinungsbild einer Landschaft bestimmt, können Sie an einem stürmischen Tag beobachten, wenn sich Regen und Sonnenschein abwechseln. Die verschiedenen Lichtstimmungen und Farbwechsel haben einen starken Einfluss auf die Szenerie selbst. In vielen Fällen kann das Wetter sogar das Hauptmotiv des Gemäldes sein, so wie im Beispiel unten, bei dem die Komposition auf den Mustern sowie dem Hell-Dunkel-Kontrast der Wolken und Sonnenstrahlen beruht. Solche Effekte sind wunderbar anzuschauen, aber sehr schwer zu malen, da sie immer nur vorübergehend zu sehen sind. Manchmal können Sie nach Fotos arbeiten, aber es ist dennoch sinnvoll, hin und wieder vor Ort schnelle Skizzen zu erstellen. Selbst eine Bleistiftskizze mit einigen handschriftlichen Notizen kann wertvoller sein als ein Foto, bei dem die Farben oftmals nicht wirklich verlässlich wiedergegeben sind.

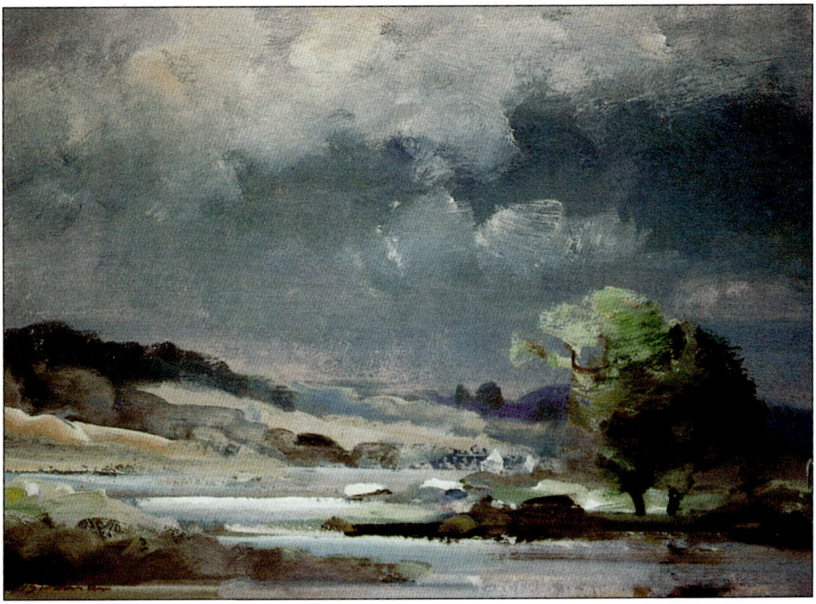

Peter Burman
In diesem Bild trug der Künstler dicke, buttrige Farbe in einer Ölmaltechnik auf. Er fängt die Lichteffekte mit breiten sicheren Pinselstrichen ein. Der bewegte Himmel besteht aus hellen Farben, die lasierend über eine dunkle Farbschicht gelegt wurden.

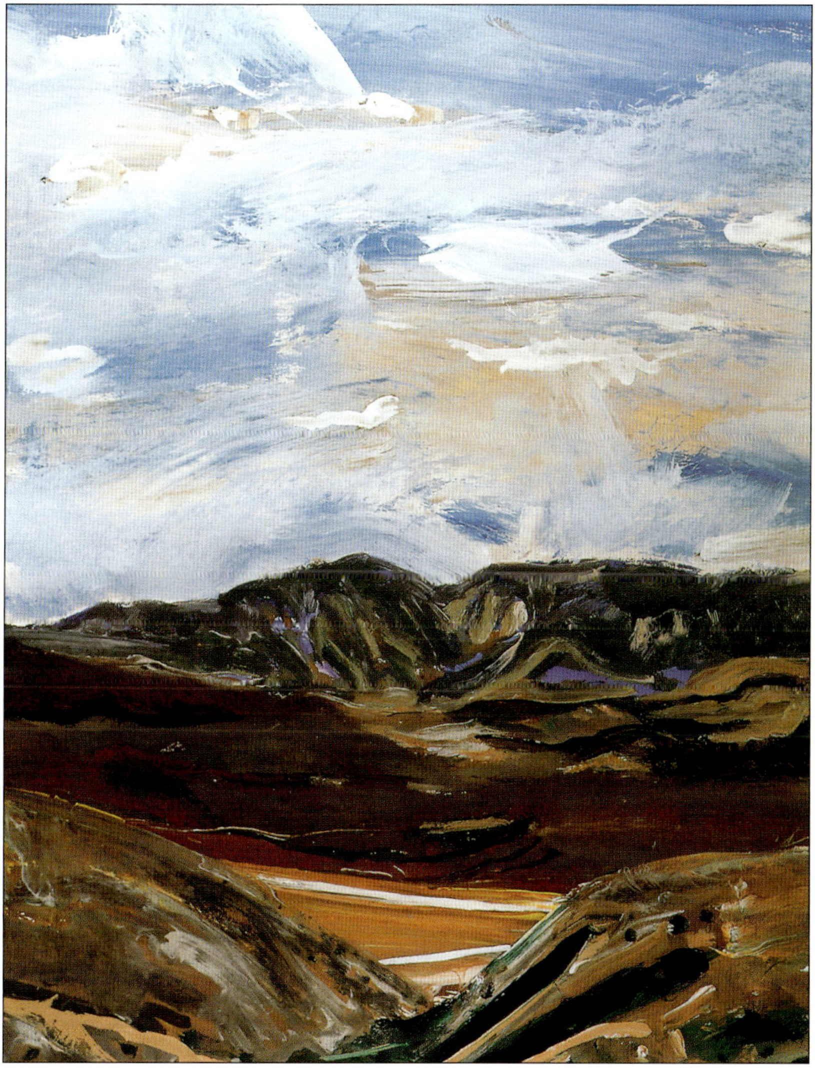

William E. Shumway

In diesem Gemälde kam eine Neuerung der Acrylmalerei zum Einsatz: Die sogenannten Interference-Colors reflektieren das Licht auf besondere Weise. Je nachdem, aus welchem Winkel sie betrachtet werden, erscheinen sie in ihrer eigentlichen oder ihrer Komplementärfarbe.

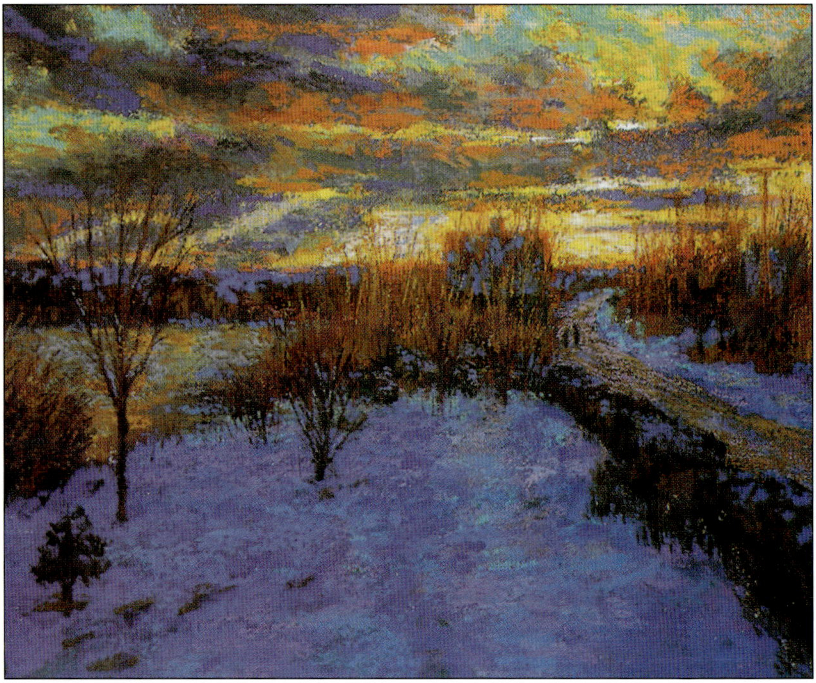

Simie Maryles

Abendlicht und schneebedeckter Erdboden bilden ein prächtiges Farbenspiel von leuchtenden Gelb-, Orange- und Türkistönen bis hin zu tiefen Blau- und Violetttönen. Die Acrylfarbe spielt in diesem Bild eine untergeordnete Rolle. Gemalt wurde auf Zeichenkarton sowie einer Untermalung mit leuchtender Acrylfarbe. Darüber folgte ein dicker Farbauftrag in Pastell.

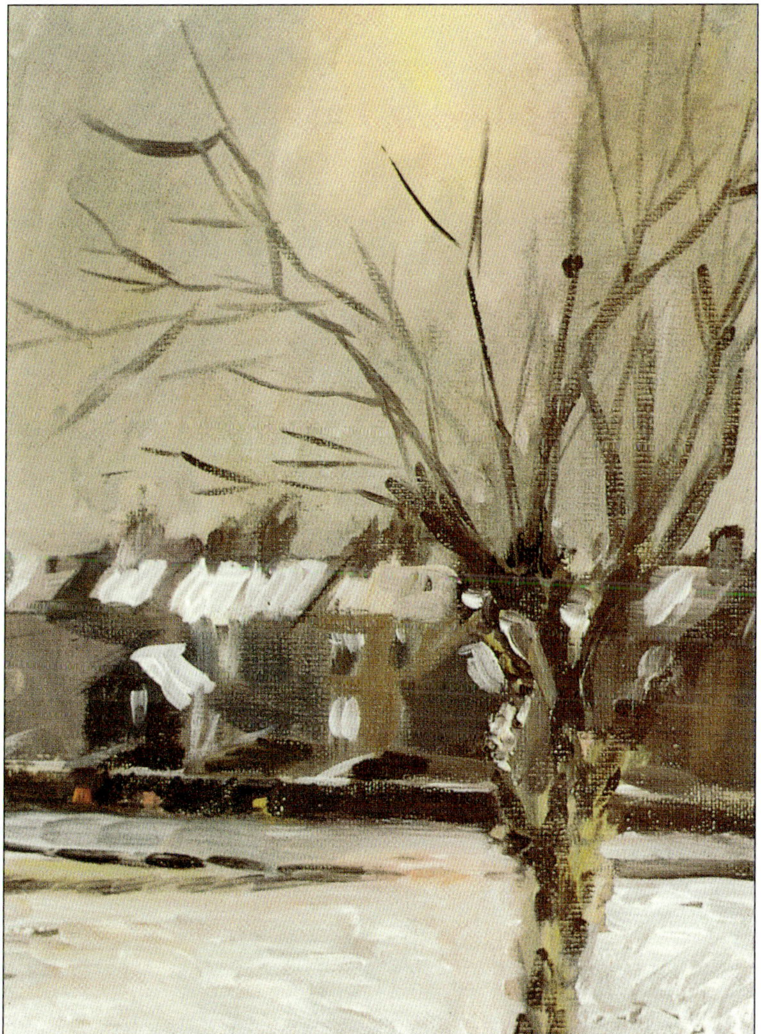

Jane Strother

Die zarten Farbeffekte der winterlichen Szene wurden in diesem Bild auf wunderbare Weise festgehalten. Eine Komposition aus sorgfältig zusammengestellten Graugrün- und Blaugrautönen sowie einigen Tupfen eines warmen Brauns. Die Malerin arbeitete auf texturiertem Papier, dessen Körnung an der Strichführung des Baums sichtbar wird. Es entsteht eine zarte Wirkung wie bei der Trockenpinseltechnik.

Winterlandschaft

Bei Winterlandschaften tritt eine Frage auf, die schon aufgrund ihrer Schlichtheit geradezu ironisch erscheint: Wie malt man weißen Schnee auf weißem Untergrund?

In dem hier gezeigten Bild behalf sich der Maler, indem er die untere Hälfte des Malgrunds – die Fläche, auf der der meiste Schnee zu finden ist – zunächst mit einer Schicht aus Schwarz und Siena gebrannt bedeckte. Über die Fläche des Himmels legte er einen hellen Farbauftrag aus lichtem Ocker, der mit ein wenig Schwarz vermischt wurde. Er wählte bewusst einen warmen Ton als Untermalung für den Schnee, um so den Kontrast zur thematischen Kälte des Motivs zu erzielen. Sie sollten niemals den Anfängerfehler begehen, eine Winterlandschaft ausschließlich aus kalten Farbtönen aufzubauen – selbst wenn die Szenerie auf den ersten Blick so wirken mag. Tatsächlich treten meist, wie hier, warme Erdtöne durch den Schnee zu Tage, sodass das Bild naturgetreu und nicht übertrieben kalt wirkt.

Bei einem weißen Untergrund muss der Bildaufbau normalerweise in einer dunkleren Farbe erfolgen. Hier malte der Künstler die Umrisse in Weiß ein, nachdem er die dunklen Farbtöne für den Untergrund angelegt hatte. Dadurch entstand eine interessante Wirkung, die an ein Fotonegativ erinnert.

Oftmals wird Schnee fälschlicherweise einfach nur reinweiß gemalt. Tatsächlich arbeitete der Künstler hier von dunkel zu hell: Zuerst wurden die dunkleren gedeckten Farben aufgetragen, die Vertiefungen und Schatten wiedergeben. Dann folgten weiße Glanzpunkte für die Darstellung des Schnees. Die eigentliche Menge an reinem Weiß ist erstaunlich gering, vor allem, wenn man die sehr realistische Wirkung des Endergebnisses bedenkt.

Gelmalmittel verwenden

Der Künstler vermischt mit einem Malmesser Farbe mit Gelmalmittel. Hier werden die beiden Komponenten vermengt, bevor sie auf den Malgrund aufgetragen werden. Gelegentlich kommt das Gel auch alleine zum Einsatz – zum Beispiel um Pinselstriche oder andere Texturen auf dem Malgrund zu verdeutlichen – und die Farbe wird erst danach aufgetragen. Das Gel hellt die Farbe anfangs auf, trocknet dann aber transparent, sodass das Bild seine gewünschte Farbe erhält.

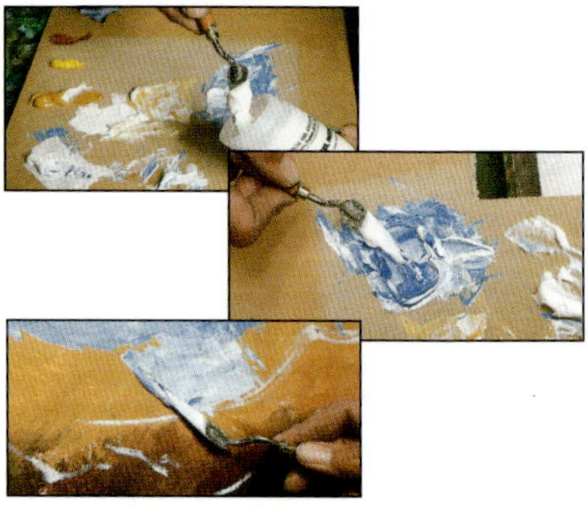

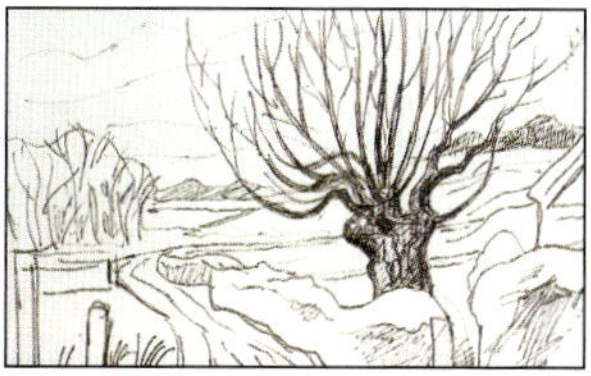

1 Als der Maler diese Skizzen zeichnete, war es zu kalt, um im Freien zu arbeiten. Daher hielt er die Szene in einem Skizzenbuch fest und malte im Atelier weiter.

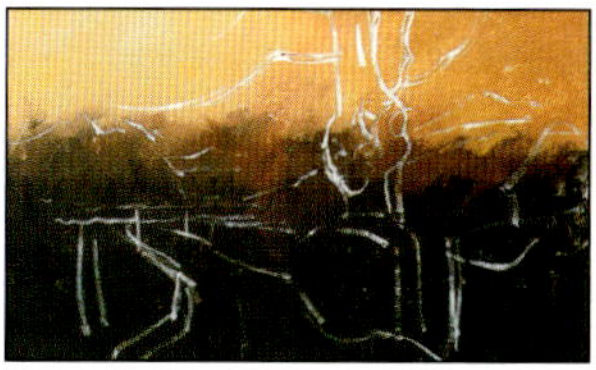

2 Warme dunkle Untertöne bilden eine Kontrastbasis, auf der die kalten hellen Farben gut wirken. Da Sie bei Acrylfarben problemlos helle Farben über dunklere legen dürfen, kann der weiße Schnee nun direkt auf den dunklen Malgrund aufgetragen werden.

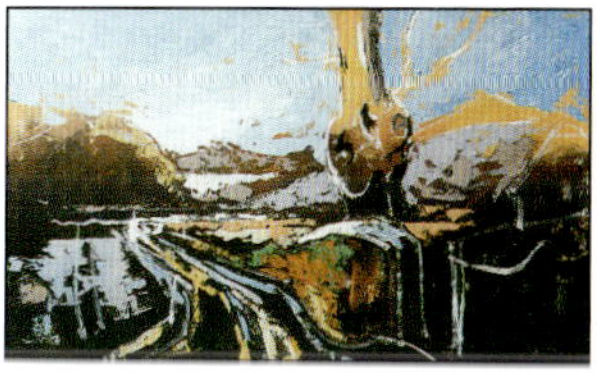

3 Der Himmel wird in Blau und Weiß dick und flächig mit einem Malmesser aufgetragen. Ehe der Künstler die leuchtend weißen Bereiche für den Schnee malte, folgten die matten gedeckten Farben der Straße in Ocker und Grau.

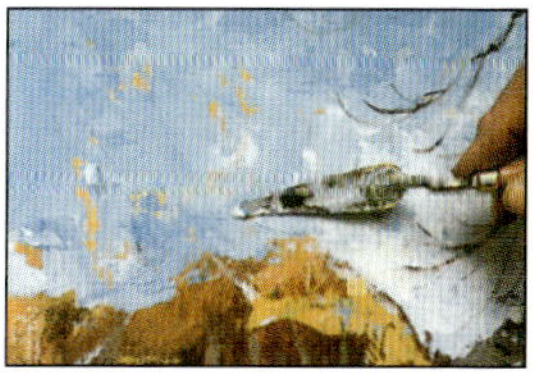

4 Gelmalmittel wurde mit der für den Himmel verwendeten Farbe vermischt, um die raue, pastose Oberfläche darzustellen. Kleine Flächen der ockerfarbenen Untermalung bleiben im gesamten Bild sichtbar, sodass eine farbliche Einheit entsteht.

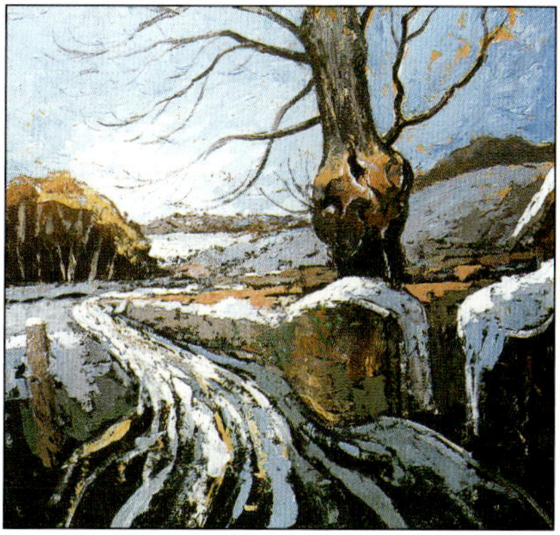

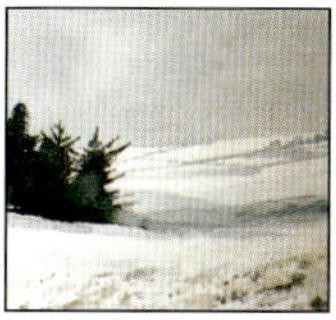

Im kleinen Bild (oben) gelingt es dem Maler fallenden Schnee dazustellen, ohne dass dieser gekünstelt wirkt. Eine der besten Malweisen dafür ist die Spritztechnik mit einem feinen Bürstchen. Die unregelmäßigen Farbtropfen vermitteln so den Eindruck herumwirbelnder Schneeflocken.

Himmel

Der Himmel bildet für jede Landschaft die Lichtquelle und spielt in der Landschaftsmalerei daher eine zentrale Rolle. Ein Abendhimmel taucht eine Szene in völlig andere Farben als das helle Licht eines Nachmittags. Heller Sonnenschein lässt starke Hell-Dunkel-Kontraste entstehen. Bei bewölktem Himmel hingegen sind kaum Schatten sichtbar, sodass die Landschaftselemente insgesamt flacher erscheinen.

KOMPOSITORISCHE EINHEIT

Auch in kompositorischer Hinsicht ist der Himmel wichtig, denn die Formen der Wolken können die Landschaftsform ausgleichen oder spiegeln. Dadurch werden die einzelnen Bildbereiche miteinander verbunden. Die Farbe der Wolken kann eine ähnliche Funktion haben. Durch Wiederholung der Farben eines Bildbereiches in einem anderen Teil des Gemäldes werden die Elemente ebenfalls zueinander in Beziehung gesetzt. So finden Sie zum Beispiel häufig blaugraue oder gelbbraune Wolkenfarbtöne, die sich in der Landschaft fortsetzen.

Damit die Wolken nicht zu schwer wirken, trug der Künstler leicht verdünnte weiße Farbe über dem Blau auf.

Die Blätter wurden in Blau, Gelbgrün und einem sehr dunklen Grün gemalt.

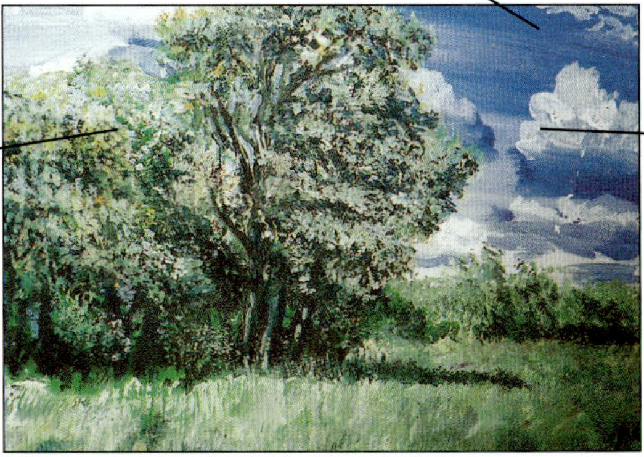

Die Wolken werden in Flächen mit tonigen Abstufungen vereinfacht dargestellt. Die verwirbelten Pinselbewegungen vermitteln Bewegung.

Daniel Stedman

FORMWIEDERHOLUNGEN

Hier ist der Himmel sowohl für die Farbzusammenstellung als auch für den Bildaufbau von entscheidender Bedeutung. Die tiefen, kräftigen Blautöne werden durch das Graugrün der Bäume und des Grases ausgeglichen. Die Formen der Wolken spiegeln die Umrisse des Blattwerks und schaffen so eine Verbindung zwischen den Bildbereichen. Zarte Farbwiederholungen unterstützen den einheitlichen Gesamteindruck.

WOLKENFARBEN

Es gibt einige Grundregeln, die Sie bei Wolken beachten sollten: Eine hoch stehende Sonne bewirkt ein hartes weißes Licht und wird die Wolken am oberen Rand in reinem Weiß und wenigen Farbnuancen erscheinen lassen. Eine niedrig stehende Abendsonne wirft gelbes Licht und lässt lebendige Gelbtöne in der Wolkenmitte sowie Blau oder Violett an ihrer schattigen Unterseite entstehen. Befindet sich die Sonne gerade im Untergehen, wird die Unterseite der Wolken angestrahlt, während ihre Oberseiten im Schatten liegen.

WOLKEN UND SONNENLICHT

Eine beeindruckende Wirkung hinterlässt sporadisches Sonnenlicht, das plötzlich hinter den Wolken hervortritt und Teile der Landschaft in Licht taucht. Im Bild rechts fällt der Sonnenstrahl auf das Haus und den hinteren Teil des Feldes.

Alan Oliver

Die Wolken werden von der hervortretenden Sonne angestrahlt. Sie bilden den Fokus.

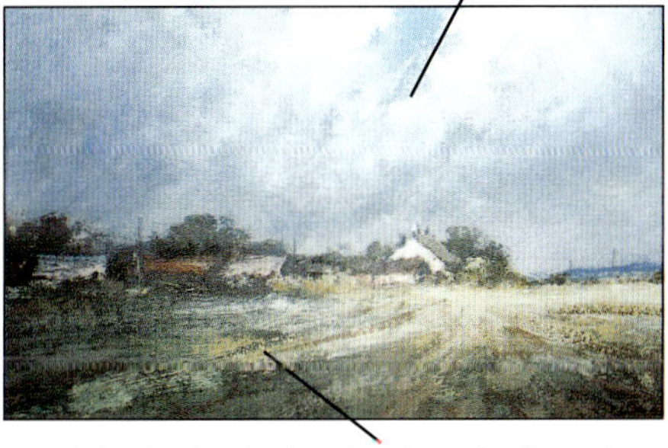

Die Ackerfurchen lenken das Auge des Betrachters vom Bildvordergrund zu den Häusern.

HIMMELSPERSPEKTIVE

Wir neigen dazu, uns den Himmel als vertikale Ebene vorzustellen, ähnlich dem Hintergrund eines Stilllebens. Tatsächlich ist der Himmel keine Fläche, sondern ähnelt einer riesigen Schale, die über die Landschaft gestülpt wurde und ebenfalls den Gesetzen der Perspektive folgt. Wie in der unteren Fotografie zu sehen, wirken die Wolken direkt über dem Kopf des Betrachters sehr viel größer als am Horizont. Dieser ist im übertragenen Sinn der Rand der Schale und zugleich der dem Betrachter fernste sichtbare Punkt. Ziehen sich die Wolken zurück, erscheinen sie kleiner, enger zusammenliegend und in Helligkeit und Farbkontrast reduziert. Selbst bei klarem Himmel gibt es eine Veränderung der Helligkeit und der Farben zum Horizont hin: Tiefe Blautöne werden blasser und grünlicher.

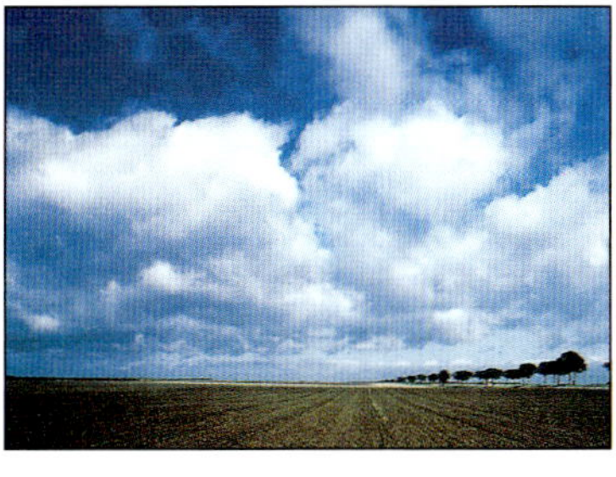

Die Perspektivenwirkung der Verkleinerung ist am deutlichsten bei gleichen Wolkenformen zu sehen, hier bei Kumuluswolken.

SONNENUNTERGÄNGE

Der gängigste Fehler beim Malen von Sonnenunter- und -aufgängen ist die Anhäufung zu vieler Rosa-, Orange- und Rottöne. Dies führt lediglich zu einem Kitschbild, wie wir es oft auf billigen Postkarten finden. Das Geheimnis liegt im sparsamen Gebrauch warmer Farben. Gemeinsam mit den kühlen Blau-, Grau- und Violetttönen am übrigen Himmel und im Kontrast zur schattigen Landschaft erhalten die warmen Farbtöne so ein zartes, durchscheinendes Leuchten.

Verwenden Sie nicht zu viele Pinselstriche und wählen Sie die Farben sorgfältig aus. Widerstehen Sie der Versuchung, jeden kleinen Farbtupfer einzubauen, denn das Ergebnis würde sonst unübersichtlich und laienhaft wirken. Es empfiehlt sich, die Muster des Himmels abzuschwächen, um dem Bild eine ruhige Wirkung zu geben.

SONNENUNTERGÄNGE IN MISCHTECHNIK

Ein wolkenverhangener Himmel bei Sonnenuntergang ist besonders eindrucksvoll. Die Sonne strahlt die Wolken von unten an, während ihre Oberseite im Schatten liegt. Aus diesem Grund befinden sich die hellsten Wolken sehr tief am Himmel und werden dunkler, je weiter sie von der Sonne entfernt sind. Diese Studie entstand in Aquarell und Gouache, um Transparenz und Farbbrillanz zu erzielen.

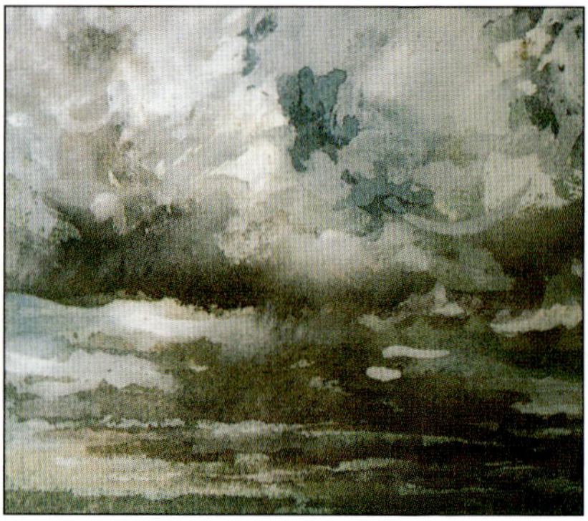

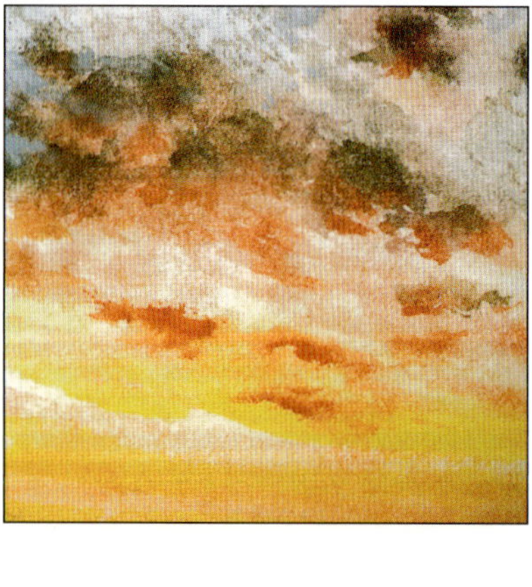

Zunächst wurden die Hintergrundfarben des Himmels in Aquarell nass-in-nass aufgetragen. Dann folgten Tupfen deckender Gouachefarbe für die Wolken, die auf den darunterliegenden, noch feuchten Farben leicht verlaufen konnte.

Die hellen, leuchtenden Bereiche entstanden durch Übereinanderschichten von warmen Gelb-, Orange- und Rosatönen mit kühlen Blau- und Grautönen. Letztere betonen durch ihre Kontrastwirkung die warmen Farben.

Raumwirkung

Es gibt zwei Haupttechniken, um in Ihrem Bild den Eindruck von Raum und Tiefe zu erzeugen. Die eine besteht in der sorgfältigen Einhaltung der Linearperspektive, die besagt, dass Gegenstände umso kleiner aussehen, je weiter sie vom Betrachter entfernt sind. Die andere Technik besteht im richtigen Einsatz von Farben und Tonwerten.

Wenn Sie nach Fotografien arbeiten, erkennen Sie relativ schnell, wie groß ein Baum im Vordergrund in Relation zu einem in mittlerer Distanz ist. Schwieriger ist es jedoch, die relative Größe eines Baumes im Freien zu beurteilen. Selbst wenn Sie die tatsächliche Größe eines Sees oder Bergs kennen, werden Sie merken, dass er aus einiger Distanz betrachtet im Vergleich zu den Elementen im Vordergrund klein wirkt.

FARBE UND TONWERT

Sobald sich Objekte im Hintergrund befinden, werden sie nicht nur kleiner, sondern erscheinen auch weniger scharf umrissen und in blasseren Farben. Dieser Effekt, der auf dem Staub und der Feuchtigkeit in der Atmosphäre beruht, wird Luftperspektive genannt. Die Farben werden bläulicher und kühler, je weiter Sie in die Ferne sehen. Daher können Sie die Illusion von Raum erzeugen, indem Sie kühlere Farben für entfernte Objekte einsetzen und die warmen Farben und starken Tonwertkontraste für den Vordergrund verwenden.

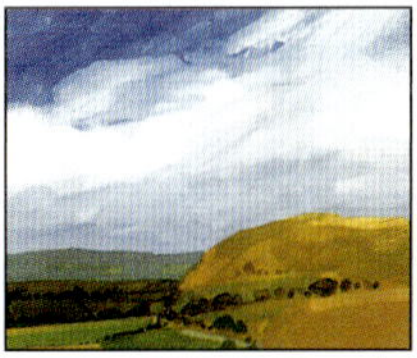

Ein niedriger Horizont gibt einer Landschaft einen weiten, luftigen Eindruck; er ist besonders geeignet für dramatische Wolkenformationen.

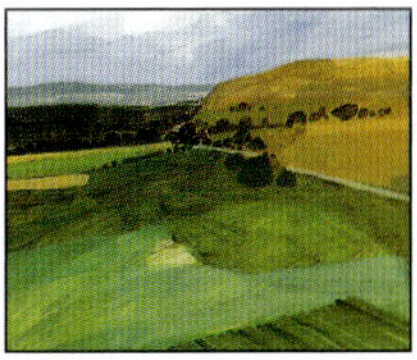

Hoher Horizont

Hier ist der Horizont hoch angesetzt. Dennoch stellt sich eine überzeugende Raumwirkung ein, da uns die diagonalen Linien direkt in das Bild hineinführen.

PLATZIERUNG DES HORIZONTS

Die Platzierung des Horizonts beeinflusst die Raumwirkung. Sie können ein Landschaftspanorama oder einen weiten Meerblick meist besser darstellen, wenn Sie den Horizont tief ansetzen, sodass der Himmel zwei Drittel der Bildfläche einnimmt. Für eine hügelige Landschaft sollten Sie den Himmel auf einen schmalen Streifen am oberen Bildrand reduzieren, dann aber die Raumtiefe zusätzlich betonen, indem Sie in das Bild hineinführende Linien einarbeiten, die das Auge des Betrachters lenken.

Wasser

Wasser fasziniert aufgrund seinen einzigartigen Eigenschaften von Transparenz und Reflexion seit jeher die Welt der Kunst. Seen, Flüsse und Meere zählen daher zu den beliebtesten Landschaftsmotiven. Ein ruhiger See, der in einem leuchtenden Blau oder im reflektierten Sonnenlicht schimmert, kann – selbst wenn er nur in der Ferne zu sehen ist – der Mittelpunkt eines Gemäldes sein. Reflexionen und Muster, die durch Wasserbewegungen entstehen, können im gleichen Kontext das Hauptmotiv bilden.

Stehende Gewässer stellen meist kein sonderliches Problem dar, während große oder kleine Wellen echte Herausforderungen bieten, da sie sich von einer Sekunde zur anderen ändern. Beobachten Sie daher solche Effekte genau. Sie werden feststellen, dass sich die Bewegungen meist stetig wiederholen; Wellen am Strand rollen und brechen immer nach dem gleichen Prinzip, und auch kleine Wellen eines Flusses fließen nur in eine bestimmte Richtung.

REFLEXIONEN

Stehende Gewässer sind ein perfektes Spiegelbild dessen, was an ihren Ufern liegt. Die Reflexionen machen jedoch nur Sinn, wenn Sie auch als solche erkennbar sind. Ansonsten wirken sie lediglich wie eine auf dem Kopf stehende Version der Landschaft. Sie sollten die Reflexionen daher an einigen Stellen unscharf malen oder kleine Wellen einbauen.

Unruhiges Wasser verzerrt die Reflexionen und bricht sie derart, dass sie den gespiegelten Gegenständen nicht länger in Form und Umriss gleichen. Tonwert und Farbe variieren ebenfalls stärker, da jede Welle aus mehreren kleinen Flächen besteht, die unterschiedliche Spiegelungen hervorrufen.

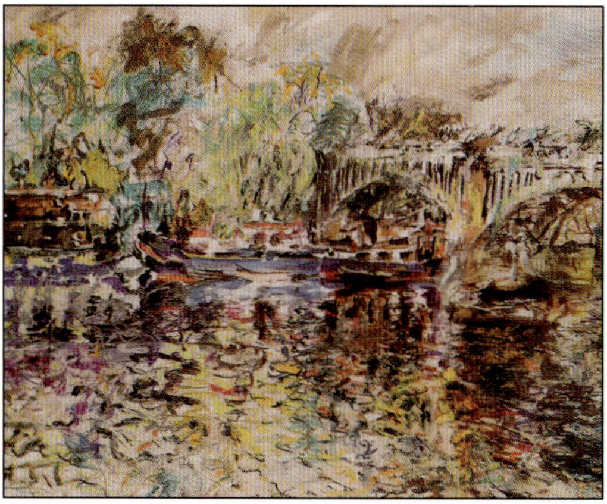

Jacquie Turner
Dieses Gemälde kennzeichnen lebhafte, energische Pinselstriche, die das Wasser und seine Reflexionen gestalterisch mit den Booten und Bäumen verbinden.

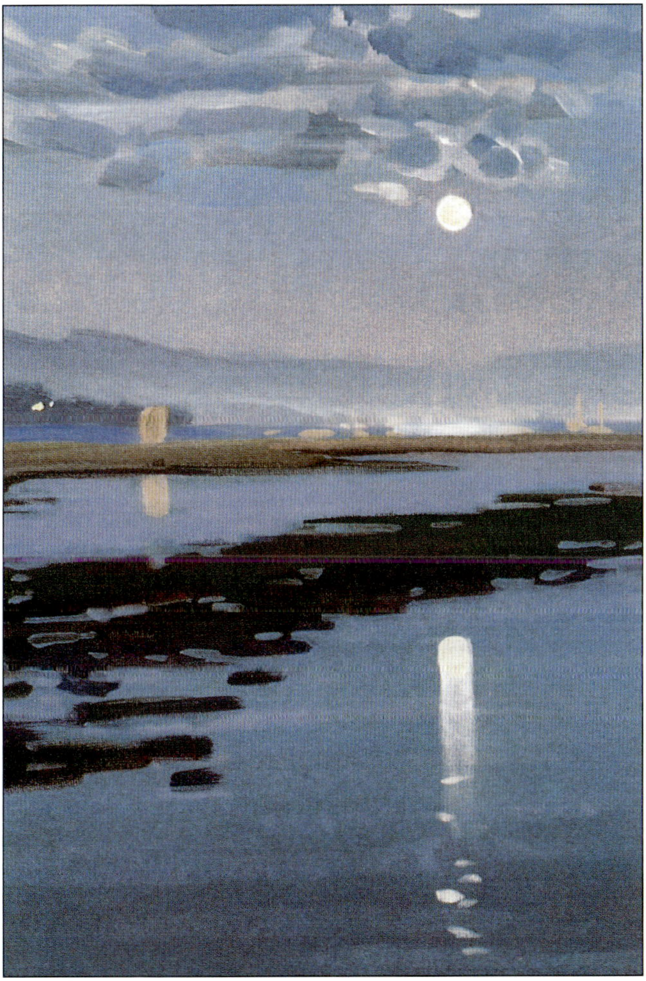

Marcia Burtt
Die Aussagekraft dieses Gemäldes beruht auf der Auslassung unwichtiger Details. Breite waagerechte Pinselstriche in einem dunklen Blau deuten die Wellen an, die die Reflexion des Mondes nach unten verlagern. Allerdings wurden die Helligkeitskontraste minimiert, um die Spiegelungen hervorzuheben.

Wasser in Bewegung

Seelandschaften sind ein faszinierendes Motiv, obwohl Wasser nicht immer leicht darzustellen ist – besonders wenn Sie nach einer Fotografie arbeiten. Mit Fotos haben Sie den Vorteil, schnell wechselnde Lichteffekte einmalig festzuhalten. Gleichzeitig jedoch werden die Bewegungen eingefroren, sodass Wasser und Wellen sehr statisch erscheinen. Wenn Sie dies nachahmen, wird Ihr Gemälde die besondere Schönheit des Wassermotivs nicht wiedergeben können. Verwenden Sie eine Fotografie also nur als Ausgangspunkt, so wie hier geschehen: Durch lebhafte Strichführung, aufgehellte Farben und verstärkte Hell-Dunkel-Kontraste entsteht ein interessantes und dynamisches Gemälde.

Der kleine Felsen ist ein wichtiges kompositorisches Merkmal: Er dient als Ruhepunkt der dominierenden Wellenbewegung.

Das gerade dunkle Wolkenband greift die Tonwerte und Farben des Vordergrunds auf und stellt im Bild eine Ausgewogenheit her.

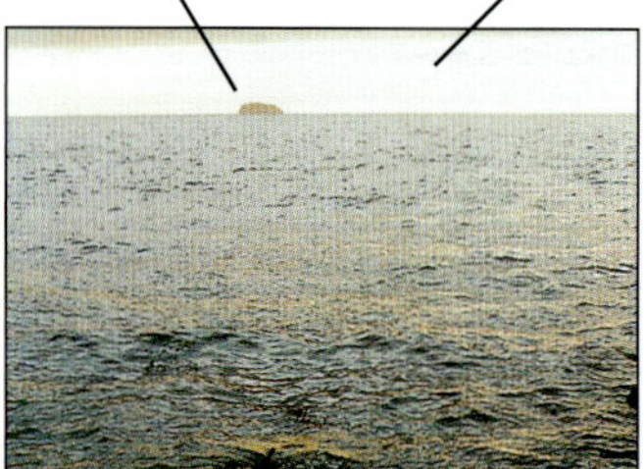

Der Vergleich von fertiggestelltem Bild (unten) und Fotografie (links) zeigt, was aus einem eher langweiligen Motiv werden kann. Der Maler arbeitete hier in Lasurtechnik. Die unteren Farbschichten scheinen durch die oberen hindurch, sodass eine schillernde Wasseroberfläche entsteht. Der Himmel enthält Schattierungen in allen Primärfarben (Blau, Rosarot und Gelb), die übereinandergelegt werden. Die Farbe wurde hierbei zunächst mit Wasser verdünnt und später dicker aufgetragen. Gearbeitet wurde auf schwerem Aquarellpapier.

Die Lichtreflexionen auf der Wasseroberfläche bilden einen Gegensatz zu den dunklen Farben der See. Es entsteht der Eindruck von Bewegung, der in diesem Gemälde besonders betont wurde.

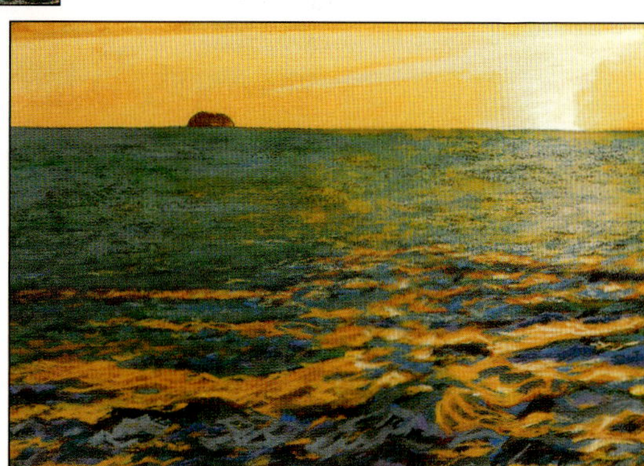

David Cuthbert

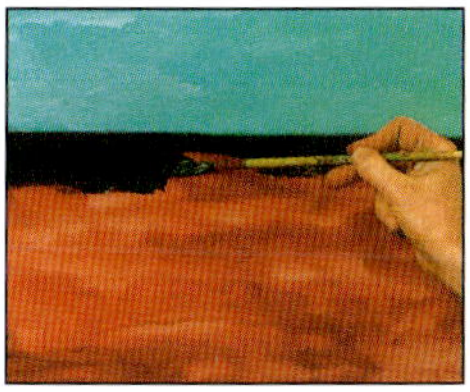

1 Die blaue Unterfarbe des Himmels und das tiefe Violettrot des Meeres wurden mit leicht wasserverdünnter Farbe aufgelegt. Der Horizont wurde mit einer Mischung aus Umbra natur und Ultramarinblau verdunkelt. Ein heller Magentaton im mittleren Bereich lässt das Blau leicht durchscheinen.

2 Die Felsformation und das dunkle Wolkenband am oberen Horizont bleiben beide blau. Am oberen Himmel wird über das Blau eine Schicht Gelb gelegt. Die Farben vermischen sich und lassen einen grünlichen Farbton entstehen.

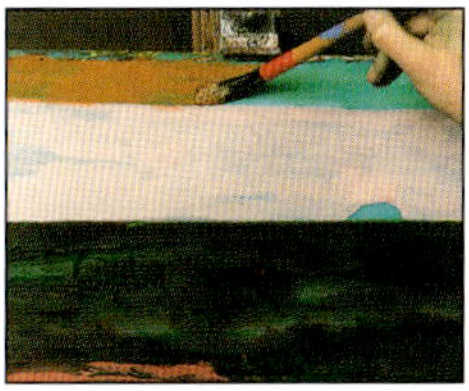

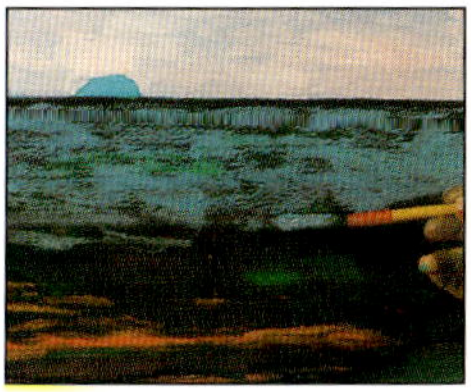

3 Ein der Himmelsfarbe ähnliches Blau wird für die See aufgelegt. Der gebrochene Farbauftrag, der die dunklen Farben durchscheinen lässt, erzeugt Licht und Bewegung.

4 Bauen Sie die Flächen gleichzeitig auf. Die kräftigeren Farben im Vordergrund entstehen durch gezielte Pinselstriche in Blau über Orange. Als Nächstes wird die letztendliche Himmelsfarbe – Gelb – über das Hellviolett aufgetragen, das durch die rosablaue Mischung entstand.

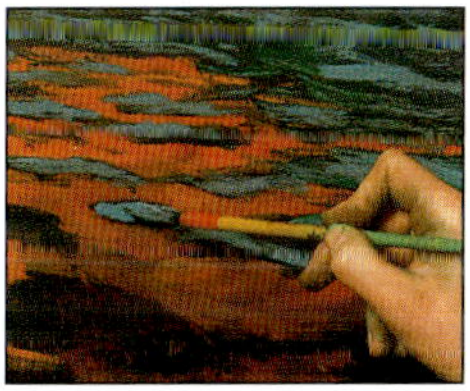

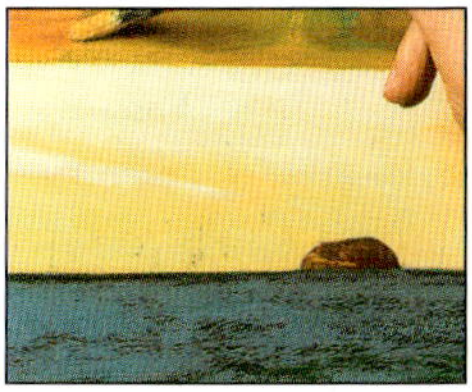

5 Das grünlich gelbe Wolkenband wird mit einem kräftigen Orange, das über das Gelbgrün gelegt wird, verdunkelt. Auch hier lässt sich wieder erkennen, wie die untere Farbe durch die obere scheint, sodass eine zarte Mischung entsteht.

6 Die Wirkung von bewegtem Wasser wird durch die unterschiedliche Strichführung und den doppelten Farbauftrag perfekt eingefangen. Zum Horizont hin wurde über das Blau Gelb aufgetragen, sodass ein grünlicher Schimmer entstand; zum Schluss folgte kräftiges, tiefes Violett. Die gelborangen Bereiche werden mithilfe eines Pinsels mit leicht gespreizten Borsten gemalt, der feine Linien entstehen lässt.

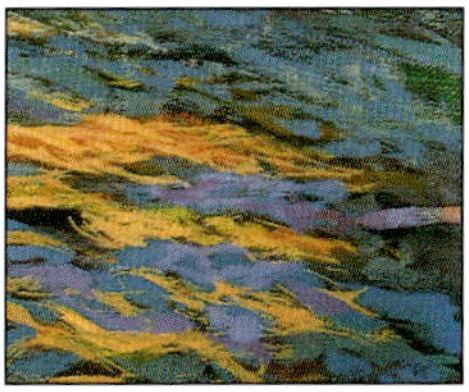

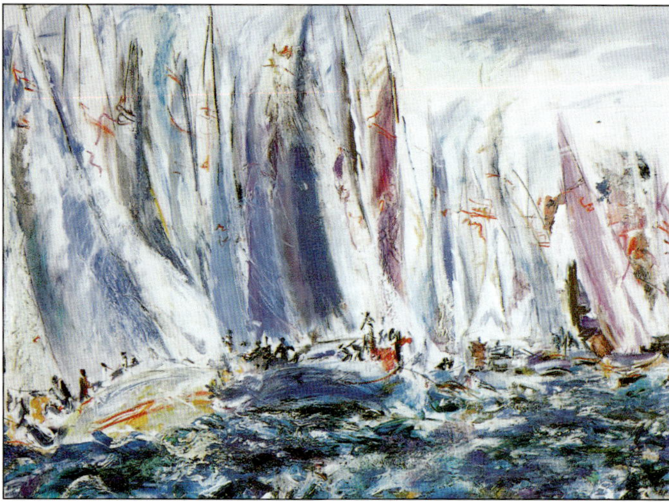

Jacquie Turner

Das unruhige Wasser und die Bewegung der Boote werden durch eine variierende Strichführung und Kratztechnik wiedergegeben. Die Künstlerin kombinierte Acrylfarben mit flüssigen Acryltuschen, Aquarellfarben sowie Collagebereichen. Die Gischt und die Lichtreflexionen entstanden durch Aufkleben kleiner Seidenpapierstücke, die vorab bemalt wurden.

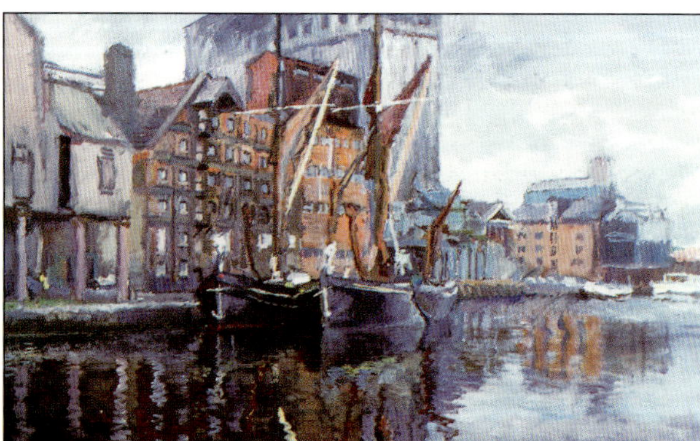

Gary Jeffrey

Dieses Bild entstand auf Leinwand in einer Technik, die der Ölmalerei ähnelt: Die Farbe baut sich von dünnem zu dickerem Farbauftrag auf. Einige Flächen – insbesondere die Lichtreflexionen – wurden nass-in-nass gemalt.

RUHIGES WASSER

Die glatte Wasserfläche an einem windstillen Tag kann am besten durch einen breiten flächigen Farbauftrag in Nass-in-Nass-Technik dargestellt werden. Setzen Sie den Pinsel so ein, dass die Strichführung kaum sichtbar ist, da sonst die Illusion einer gläsernen Wasseroberfläche verloren geht.

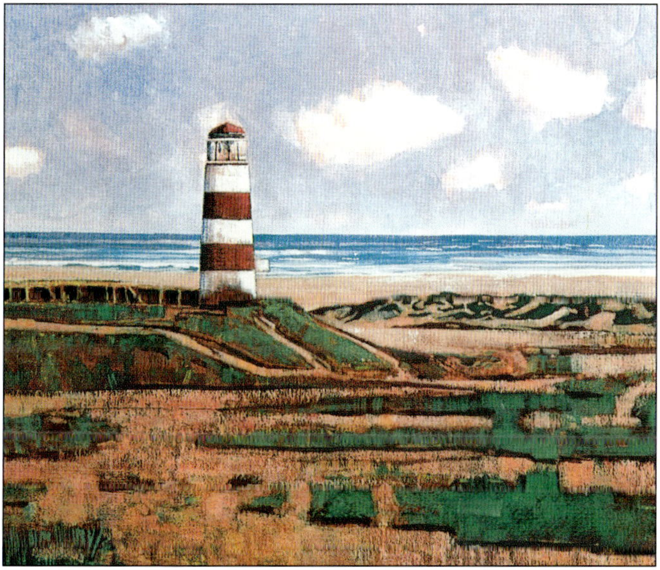

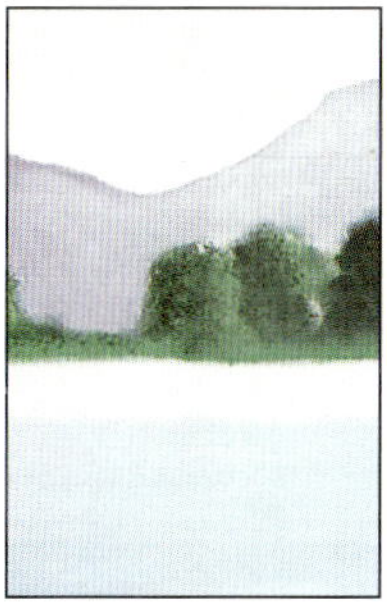

RUHIGES WASSER IN ACRYL

1 Die drei Bildflächen werden einfach mit Grundfarben gemalt. Der Wasserstreifen im Vordergrund entsteht aus Phthalozyaninblau und Weiß.

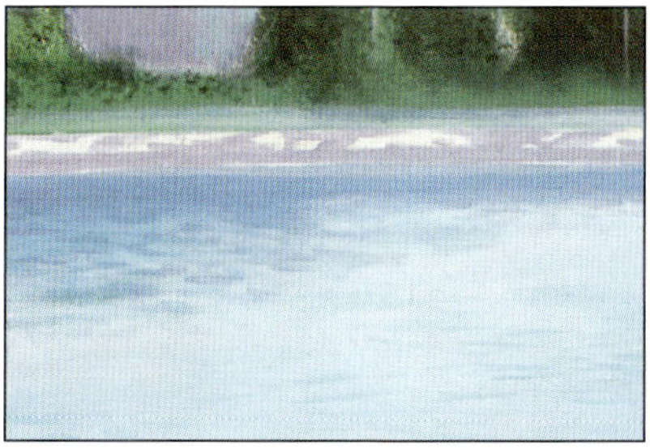

2 Kleine Tupfer von Phthalozyaninblau und Kobaltblau werden auf die Wasseroberfläche gelegt, um die Reflexionen des Himmels auf dem See wiederzugeben.

FLUSSLANDSCHAFT

Diese bewaldete Flusslandschaft bietet eine unendliche Quelle an Inspirationen, da sich die Farben mit dem Wechsel der Jahreszeiten stetig verändern.

Die Wirkungskraft des Bildes liegt in seiner Einfachheit, die die ruhige Gelassenheit eines Sommertages widerspiegelt. Wie Sie wissen, kann Acrylfarbe – mit Wasser oder mit Malmittel vermischt – die Konsistenz von Aquarellfarbe erhalten. Dadurch sind zarte, durchscheinende Farbeffekte möglich. Bei diesem Bild entschied sich der Maler jedoch für Aquarellfarbe. Ohne Vorzeichnung oder Untermalung wurden die Farben direkt auf ein gespanntes Blatt Papier aufgetragen. Der Künstler arbeitet in traditioneller Aquarellmaltechnik von hell nach dunkel; die Farben wurden in dünnen transparenten Lasuren aufgetragen, die das weiße Papier durchscheinen lassen und dadurch eine stärkere Leuchtkraft erhalten.

Da die Farbaufträge sehr transparent sind, können Fehler allerdings nachträglich nur schwer korrigiert werden. Es ist daher wichtig, fehlerfrei zu arbeiten – insbesondere da Acrylfarben schnell trocknen. Die beste Arbeitsweise ist ein entschiedener und zielstrebiger Farbauftrag, so wie ihn der Künstler hier verwendete.

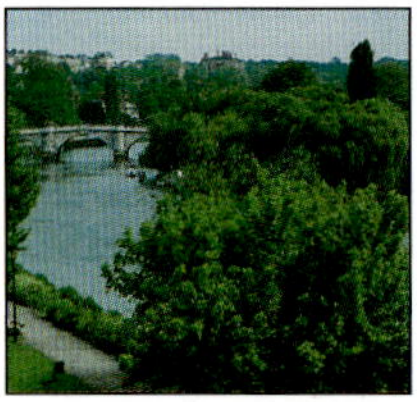

1 Ein Foto vom Blick aus dem Fenster des Ateliers. Vergleichen Sie die Fotografie mit dem fertigen Bild und beachten Sie, wie der Künstler einen Großteil der Details vereinfachte, um nur das Wesentliche der Szene wiederzugeben.

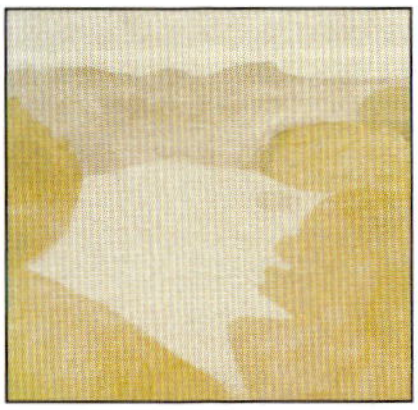

2 Ohne vorherige Untermalung beginnt der Maler direkt mit dem Einfärben der Hauptflächen. Dazu verwendet er blasse Farbtöne wie Paynes Grau und Umbra natur.

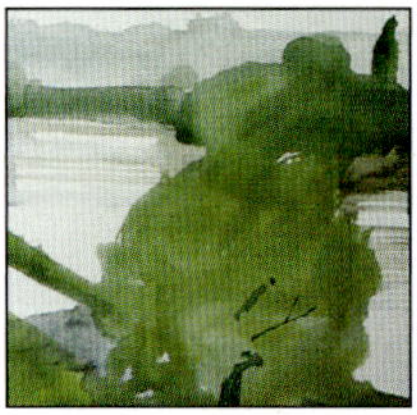

3 Während die ersten Farben noch feucht sind, wird Phthalogrün vermischt mit etwas Umbra natur für die Schattenflächen der Bäume und des Vordergrunds lavierend aufgetragen.

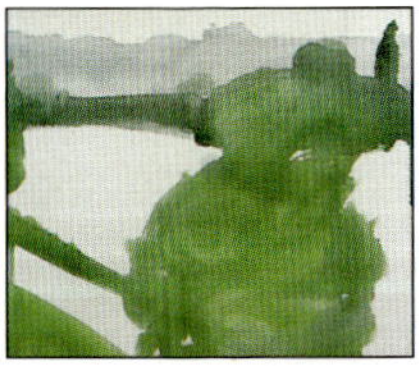

4 Die ruhigen Wellenbewegungen auf der Wasseroberfläche werden durch blasse Linien in Paynes Grau und Umbra natur angedeutet.

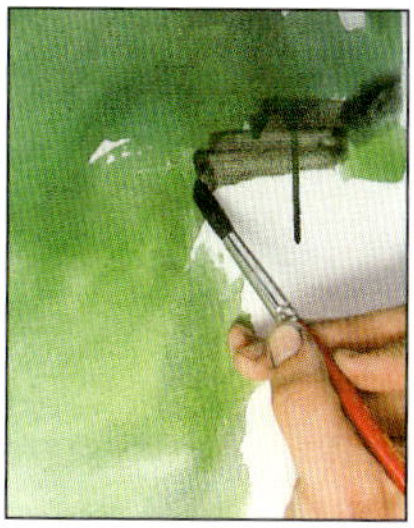

5 Der Maler verwendet durchweg Marderhaarpinsel, um die für das Bild erforderliche Weichheit der Formen und Details zu erhalten.

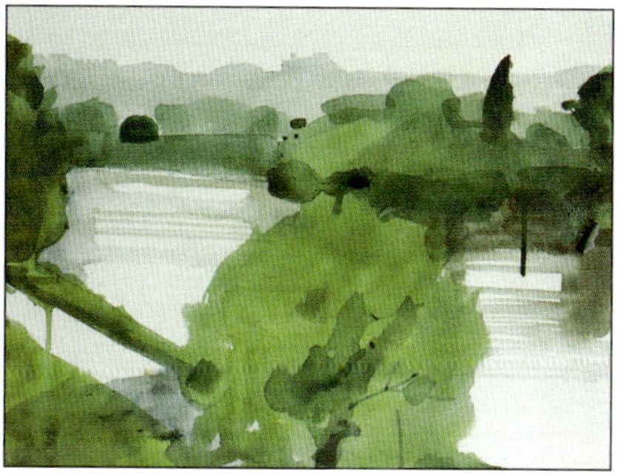

6 Der Künstler verstärkt die Farbtöne im Bild durch weitere Lasuren, die übereinandergelegt werden. Sie sind so transparent, dass die darunterliegenden Farbschichten hindurchscheinen und den leuchtenden Effekt eines Aquarellbildes entstehen lassen.

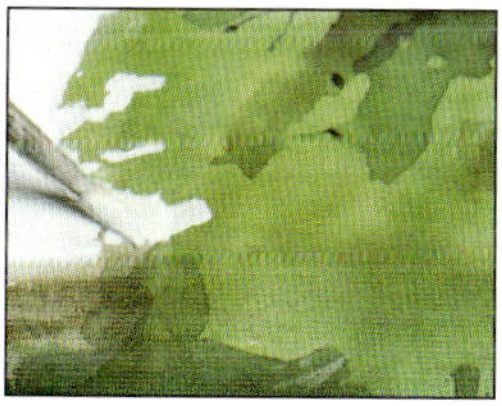

7 Zur Ausgestaltung komplizierter Umrandungen (zum Beispiel bei den Blättern der Bäume) wird deckendes Weiß verwendet, allerdings nach wie vor in flüssiger Konsistenz.

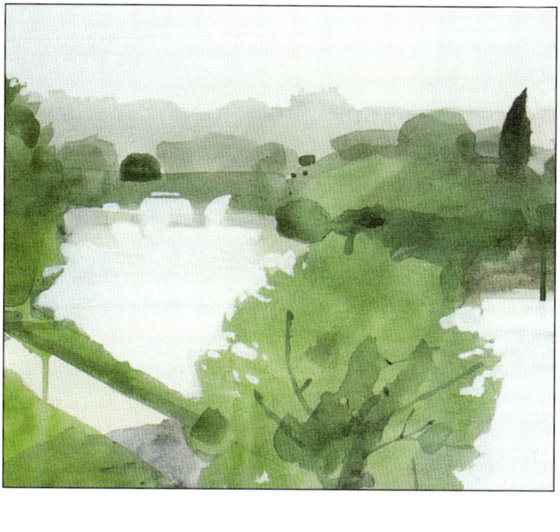

8 Das fertige Gemälde besitzt die Frische und den Glanz von Aquarellfarben. Der Künstler verzichtet darauf, die Lasuren zu überarbeiten oder deckende Farbschichten aufzubauen. Da er zudem viele Details der Szene nicht übernimmt, gibt er eine sehr persönliche Interpretation dieses Motivs wieder.

Stadtlandschaften

In gewissem Sinne sind Stadtlandschaften nichts anderes als eine besondere Art der Landschaftsmalerei. Während Städte meist von Gebäuden und anderen von Menschen geschaffenen Objekten dominiert werden, zeichnen sich Landschaften in erster Linie durch Naturmerkmale aus. Allerdings sind diese mittlerweile auch in vielen Städten anzutreffen, sodass es oft der besondere Kontrast zum Beispiel zwischen Bäumen und Gebäuden ist, der Stadtlandschaften zu derart spannenden Motiven für uns macht.

PERSPEKTIVE

Auch beim Malen in städtischer Umgebung trifft man auf einige Probleme; eines davon ist die Suche nach einem geeigneten Arbeitsplatz. Findet sich ein passender Sitzplatz, so kann es gut sein, dass Sie von dort aus nicht die gewünschte Perspektive haben. Andererseits ist es jedoch ebenso anstrengend, mit einer Staffelei mitten auf dem Bürgersteig zu arbeiten, ohne dabei den Passanten im Weg zu stehen. Für die ersten Versuche ist ein Platz am Fenster eines öffentlichen Gebäudes oder eines Cafés sicher besser geeignet.

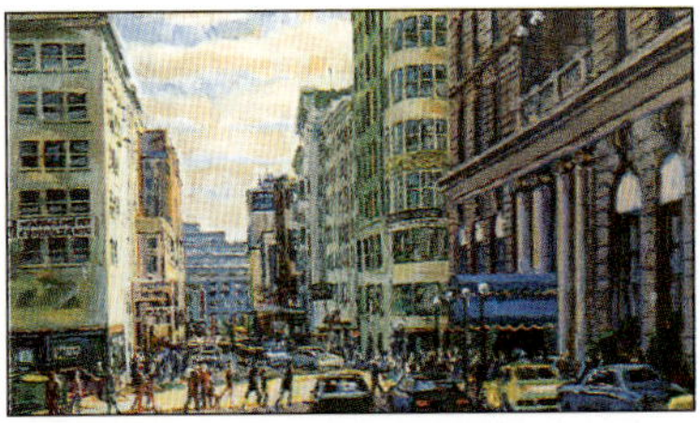

Benjamin Eisenstat
Ein attraktives Motiv kann durchaus eine viel befahrene Straße sein, denn sie stellt eine typische Stadtszene dar. Fahrzeuge und Fußgänger sind mitunter auch dem Bildaufbau dienlich.

PROPORTIONEN

Die Vorstellung, sich mit den Feinheiten der Perspektive auseinandersetzen zu müssen, schreckt viele Menschen von städtischen Motiven ab. Dabei ist es nicht allzu schwer, solange Sie sich an eine Grundregel halten: Alle parallelen Linien müssen sich in einem Punkt am Horizont treffen. Wenn Sie von einem erhöhten Punkt wie einem Turm oder Berg aus malen, werden die Linien anders verlaufen, als wenn Sie von unten an einem Gebäude hinaufblicken. Dies ist das wesentliche Problem bei perspektivischen Zeichnungen: Sobald Sie Ihre Position ändern, verschiebt sich damit auch die Perspektive auf Ihr Motiv – selbst wenn Sie nur von einer sitzenden in eine stehende Position wechseln.

Kein Gebäude wird wirklich realistisch wirken, wenn seine Perspektive nicht stimmt. Für die Wiedergabe des besonderen Charakters eines Hauses sind aber auch die Proportionen ein wichtiger Faktor: Wie hoch ist es im Vergleich zu seiner Breite? Wie viele Fenster hat es und wie viel Abstand liegt zwischen den Fenstern? Bedenken Sie dies alles stets mit.

ORT UND ATMOSPHÄRE

Alle Ortschaften und Städte besitzen eine ganz eigene Atmosphäre. Wenn Sie Stadtlandschaften malen, sollten Sie daher vorab herausfinden, welche Atmosphäre dort herrscht, und überlegen, mit welchen Mitteln sich diese wiedergeben lässt. In einer Stadt aus einem anderen Kulturkreis können beispielsweise die Kleidung und Gestik der Figuren deutliche Hinweise geben.

Meist ist es möglich, die besondere Wirkung auch durch Farbe oder Textur darzustellen, indem Sie für eine sonnige, mediterrane Stadt zum Beispiel helle leuchtende Farben oder starke Hell-Dunkel-Kontraste verwenden. Für eine Industrielandschaft bieten sich vielleicht eher gedeckte Farben wie Grau- und Brauntöne an.

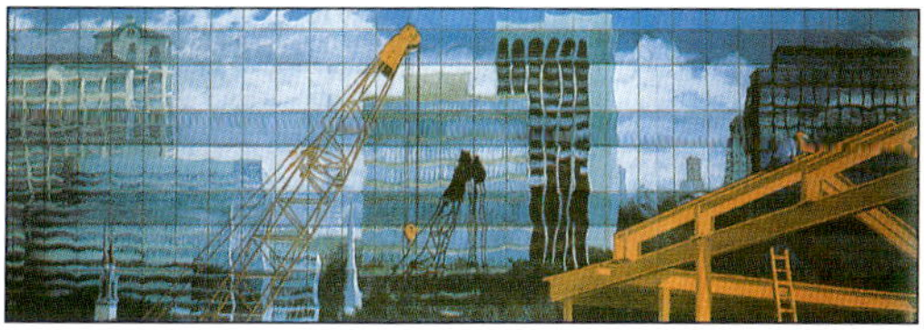

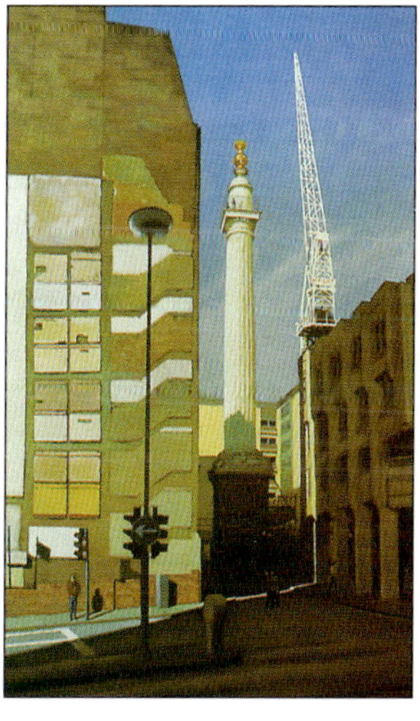

Richard French

Spannende Effekte bieten die Reflexionen auf den spiegelnden Glasfassaden vieler Häuser. Bei diesem Bild wurde der Zerreffekt mit vielschichtigen Lasuren aus Acrylfarbe nachgeahmt.

Brian Yale

Für dieses Bild wählte der Künstler eine fast fotografische Herangehensweise; jedes Detail wurde sehr genau wiedergegeben. Die Diagonale des dunklen Schattens führt das Auge zu dem Gebäude auf der rechten Seite. Der Kran bildet dabei ein Gegengewicht zum Monument.

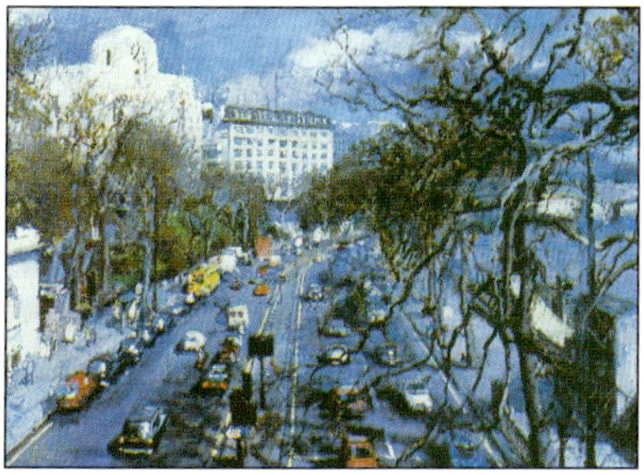

Gary Jeffrey

Viele Hobbymaler meiden Stadtlandschaften, obwohl die Bilder auf dieser Seite zeigen, dass sie ein lohnendes und anregendes Motiv sein können. Dieses Werk auf bespanntem Keilrahmen wurde von einer erhöhten Position aus gemalt. Die bunten Farbtupfer der Autos bilden einen Kontrast zu den weißen hinteren Gebäuden.

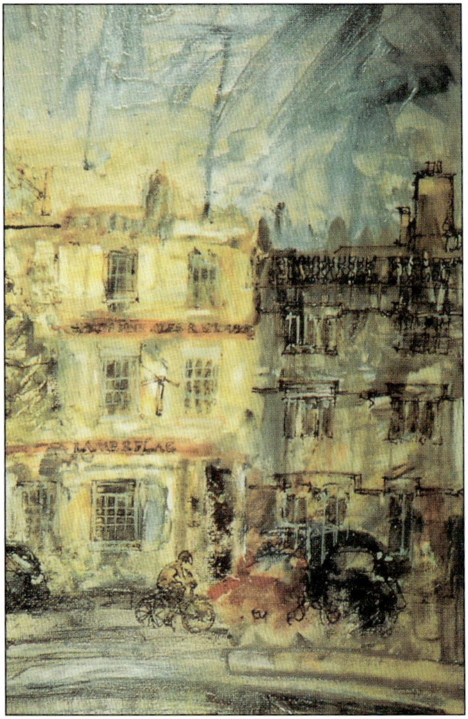

Neil Watson
Dieses Bild steckt voller Atmosphäre und Bewegung, die von der kräftigen Strichführung und der Bewegung des Fahrradfahrers im Vordergrund noch betont wird. Gemalt wurde auf Leinwand; die Farbe wurde dünnflüssig verwendet und durfte – wie Sie sehen – in der Himmelsfläche auf der Leinwand verlaufen. Zuerst trug der Künstler Lasuren aus mit Glanzmalmittel vermischter Acrylfarbe auf, danach arbeitete er das Bild aus und baute mit Tusche einige lineare Details auf, die anschließend mit Glanzmalmittel versiegelt wurden.

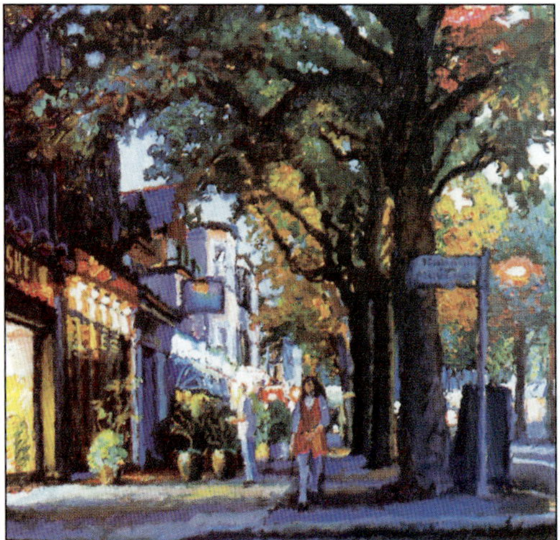

Gary Jeffrey
Das Straßenschild, die Geschäfte, die Figuren und die Kastanienbäume vermitteln die Besonderheit des Ortes. Die gewählte Zeit – der frühe Abend mit der gerade aufkommenden Beleuchtung – stellt eine wunderbar kräftige Farbpalette zusammen, in der sich leuchtendes Rot und Gelb von den durch das schwindende Tageslicht aufkommenden Blautönen der Gebäude und der Straße absetzen. Gemalt wurde auf mit Schellack grundiertem Zeichenpapier.

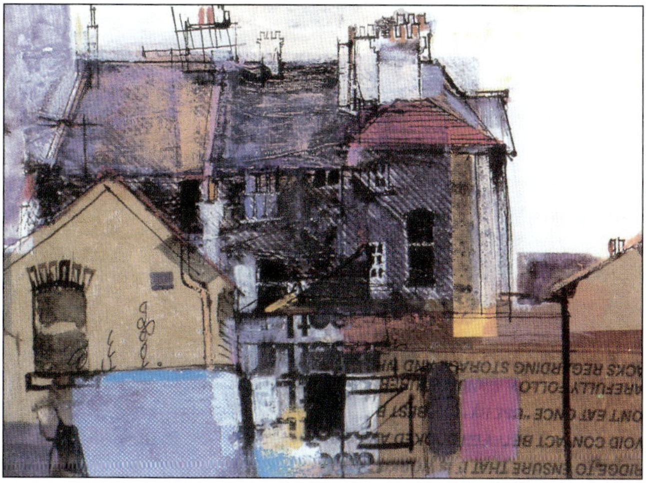

Mike Bernard

Collagetechnik eignet sich besonders für architektonische Motive; hier wurde sie sehr geschickt mit Acrylfarben, Tusche und Pastellkreiden angewandt. Die verschiedenen Papiersorten, die hier zum Einsatz kamen, lassen einen texturierten Eindruck entstehen – ohne jedoch die Realität nachzuahmen. Das bedruckte Papier auf der rechten Fläche im Vordergrund wurde, damit es nicht zu sehr hervorsticht, verkehrt herum eingearbeitet.

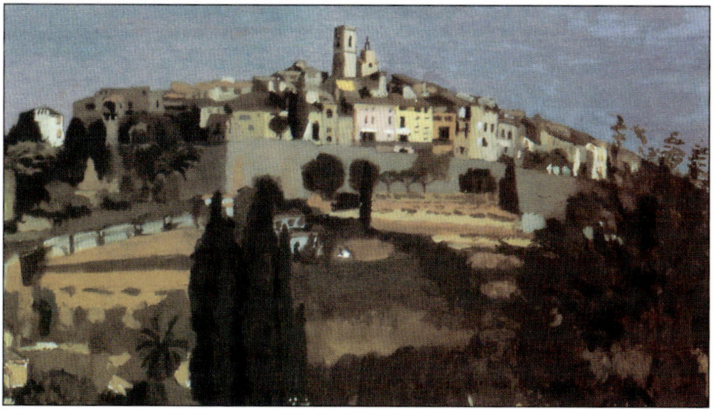

Jeremy Galton

Dieses Gemälde erweckt ebenfalls einen starken atmosphärischen Eindruck, der auf dem typischen Baustil der Häuser und auf den Farben beruht: kräftige Grün-, Ocker- und Weißtöne. Das Bildformat ist relativ klein. Es wurde auf Passepartoutkarton gemalt.

Perspektive

Um Gebäude und städtische Szenerien erfolgreich malen zu können, müssen Sie die Grundlagen der Linearperspektive kennen. Diese bietet uns die Möglichkeit, auf einer ebenen Fläche die Illusion von drei Dimensionen zu erzeugen. Die Linearperspektive basiert auf der Beobachtung, dass in der Realität parallele Linien in einem imaginären, gemeinsamen Punkt zusammenzulaufen scheinen. Würden die parallelen Linien fortgesetzt, würden sie sich im so genannten Fluchtpunkt (FP) treffen. Dieser ist abhängig vom Blickwinkel des Betrachters, denn er liegt auf der gedachten Horizontlinie, die sich wiederum auf Augenhöhe des Betrachters befindet. Wenn Sie also auf eine Stadt hinunterblicken, vielleicht von einem Hügel aus, wird der Horizont über den Häusern liegen. Wenn Sie hingegen von unten an einem Gebäude hinaufblicken, wird der Horizont vergleichsweise niedrig sein.

Ihr Blickwinkel verändert auch die Position der Fluchtpunkte auf dem Horizont. Wenn Sie direkt in der Mitte einer Straße stehen, wird der Fluchtpunkt ebenfalls in der Mitte Ihnen gegenüber liegen. Wenn Sie sich nach rechts bewegen, bewegt sich der Fluchtpunkt mit Ihnen, sodass Sie die Linien auf der linken Seite – im Gegensatz zu den Linien rechts – zum Fluchtpunkt hin verlängern müssen. Die Zeichnung rechts soll Ihnen das Prinzip verdeutlichen.

Jede separate Fläche hat ihren eigenen Fluchtpunkt. Wenn Sie geradeaus auf die Ecke eines Hauses blicken, ergeben sich zwei, wenn mehrere Häuser in unterschiedlichen Winkeln zueinander stehen, sogar mehrere Fluchtpunkte.

Zentraler Fluchtpunkt
Der Künstler arbeitete hier im Stehen. Die Horizontlinie liegt ungefähr in der Bildmitte. Da er einen Blickwinkel aus der Straßenmitte heraus wählte, liegt der Fluchtpunkt ebenfalls mittig.

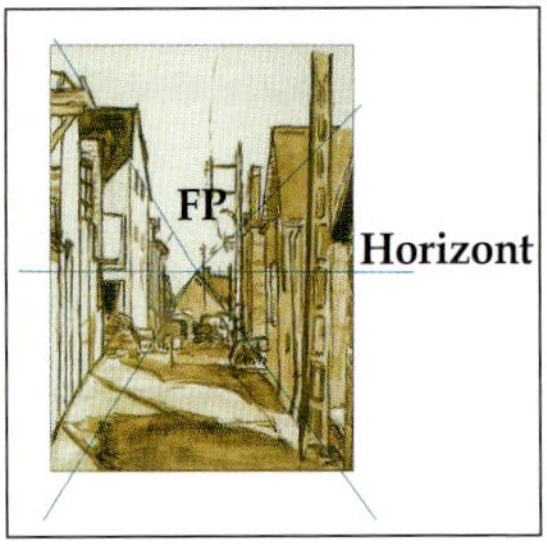

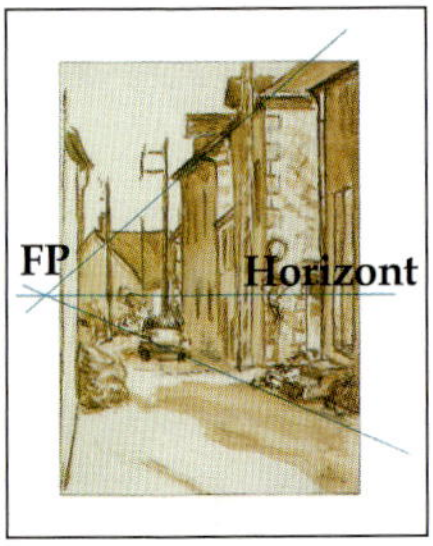

Blickwinkel verändern
Sobald Sie sich bewegen, ändert sich die Perspektive. Da der Künstlers hier auf gleicher Höhe wie im oberen Bild bleibt, liegt die Horizontlinie nach wie vor mittig. Indem er seinen Blick jedoch nach links wendet, verlagert sich der Fluchtpunkt ebenfalls in diese Richtung.

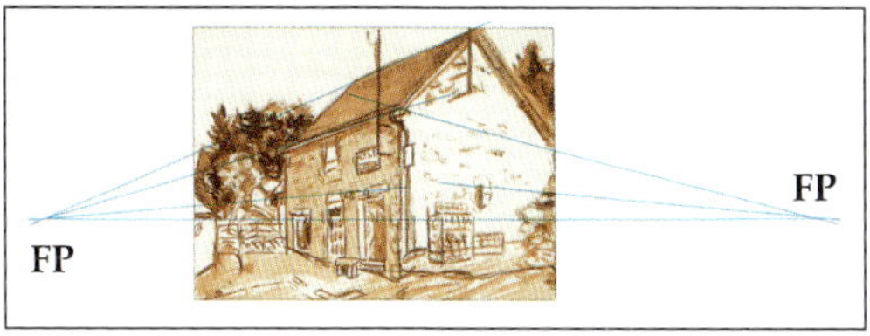

Perspektive mit zwei Fluchtpunkten

Diese Eckansicht eines Hauses hat zwei separate Flächen; jede hat ihren eigenen Fluchtpunkt außerhalb der Bildfläche.

Schräge Flächen

Die Regel, dass der Fluchtpunkt auf dem Horizont liegt, gilt nur bei waagerechten oder horizontalen Flächen. Bei schrägen Flächen wie zum Beispiel Spitzdächern liegt der Fluchtpunkt über dem Horizont. Häuser auf einer Anhöhe können besonders verwirrend sein, da hier der bergauf und bergab führende Straßenverlauf zusätzlich eine echte perspektivische Herausforderung bietet. Die Häuser selbst scheinen sich der Neigung des Hügels anzupassen, sodass ihre Linien schräg nach oben verlaufen.

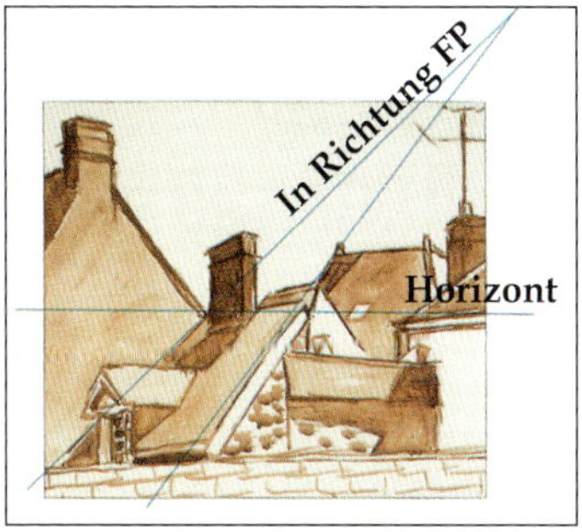

Die Linien der Dächer sind nur leicht geneigt. Würde man sie verlängern, so würden sich die Linien an einem Fluchtpunkt oberhalb des Horizonts treffen.

Da sich die Spitzen der Dächer leicht nach oben neigen, können wir davon ausgehen, dass die Stadt hügelig ist; die Position des Künstlers liegt oberhalb der Dächer.

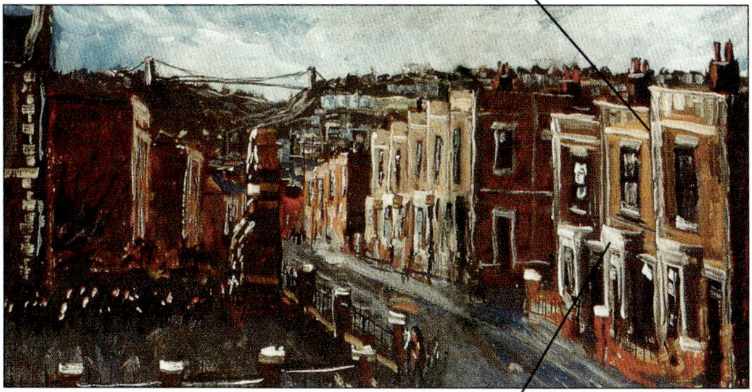

Gerald Cains

Diese Gebäude wiederum scheinen an einem leichten Abhang zu liegen. Eine gedachte Linie entlang der Türsimse würde auf einen Fluchtpunkt unterhalb des Horizonts zulaufen.

PROPORTION UND CHARAKTER

Zwar können Sie mit den Kenntnissen über Perspektive Gebäude dreidimensional darstellen, doch hilft Ihnen dieses Wissen nicht, um den besonderen Charakter eines Gebäudes wiederzugeben. Dafür müssen Sie Ihre Beobachtungsgabe trainieren. Wenn Sie ein realistisches Endergebnis erzielen wollen, müssen Sie auch Proportionen und Details genau beachten.

Bevor Sie mit Ihren Überlegungen zur Perspektive beginnen, sollten Sie daher das Motiv analysieren und entscheiden, worin dessen besondere Merkmale liegen. Ist das Gebäude ungewöhnlich hoch oder breit? Sind die Fenster groß oder klein, nah oder weit beieinander oder gar tief im Mauerwerk gelegen? Gibt es Balkone, die Sie beachten müssen?

Mit feinen Pinselstrichen wurde helle Farbe auf das Braun gelegt, um die Struktur des verrosteten Eisens nachzuahmen.

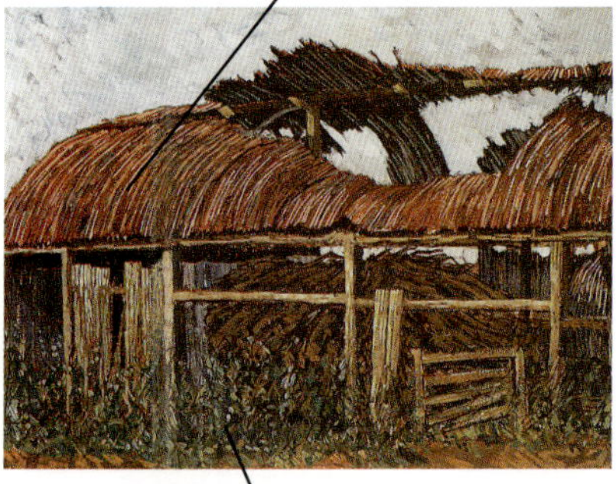

Gerald Cains
Die Scheune bildet den Schwerpunkt des Gemäldes. Der Vordergrund mit dem Gras enthält daher weniger Details.

BAUSTILE UND -MATERIALIEN

Egal ob Sie eine städtische oder dörfliche Szene oder ein einzelnes Gebäude in einer Landschaft malen: Sie wollen meistens den Eindruck vermitteln, dass es sich um einen ganz bestimmten Ort handelt. Baustile sind von Land zu Land und Region zu Region oft sehr unterschiedlich, ebenso die verwendeten Baumaterialien. Die Wolkenkratzer von Manhattan und die Flachdachhäuser griechischer Dörfer sind augenfällige Beispiele, doch gibt es noch viele andere regionstypische Baumerkmale wie zwiebelförmige Dächer in Osteuropa. Den Stil eines jeden Gebäudes sollten Sie sich daher immer bewusst machen, bevor Sie mit dem eigentlichen Malvorgang beginnen.

Alte Gebäude können besonders faszinierende Oberflächenstrukturen aufweisen, die Sie in Ihrem Bild nacharbeiten können. Beachten Sie die besonderen Merkmale von altem Holz, zerfallenem Mauerwerk und abblätterndem Kalk, denn die Beschaffenheit eines Gebäudes trägt wesentlich zu seiner Wirkung bei.

OBERFLÄCHEN BEACHTEN

Ohne die kräftige Oberflächenstruktur und das rostige Metalldach würde dieses Bild nur halb so wirkungsvoll erscheinen. Beide Elemente sind wesentlicher Bestandteil des Motivs und ebenso spannend wie die dramatischen Umrisse, die das zerbrochene Dach in den Himmel zeichnet. Die gedeckten Farben lassen eine düstere Atmosphäre entstehen, die dem Motiv entspricht.

FORMEN BEACHTEN

Die kleinen weißen oder pastellfarbenen Gebäude, die in unterschiedlichen Positionen auf einem Hügel zusammengewürfelt erscheinen, sind so typisch für die Griechischen Inseln, dass außer den richtigen Formen, Proportionen und Farben nur wenige Zusatzdetails notwendig sind. Die Künstlerin achtete sorgfältig auf die Form eines jeden Hauses und die Anordnung der Fenster. Lediglich einige Wandflächen im Vordergrund weisen auf die typische raue Oberflächenstruktur der gekalkten Gebäude hin.

Jill Mirza

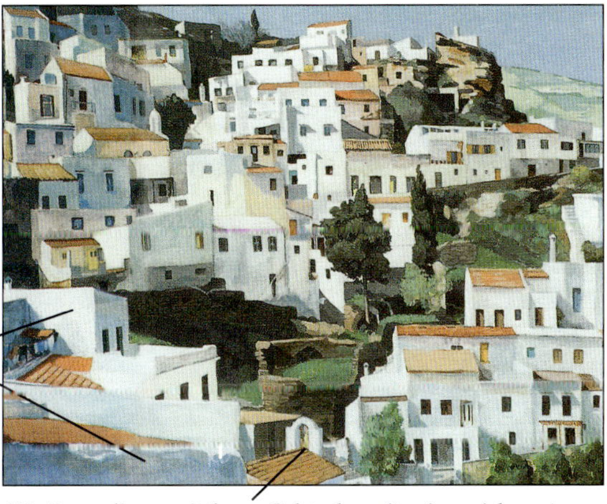

Dicke Wände sind ein weiteres Charakteristikum dieser Häuser; hier werden sie mit Licht und tiefen Schatten angedeutet

Die Form dieses mittleren Gebäudes mit seiner sich nach oben neigenden Wand ist klar umrissen.

TIPP ZUR HANDHABUNG DER FARBE

Es gibt viele Arten, die Textur von Ziegelstein oder Mauerwerk anzudeuten. Sie können gebrochene Farbaufträge verwenden, die Farbe dick aufspachteln oder sie mit anderen Substanzen wie Sand mischen. Für die Strukturarbeiten können besondere Malmittel gekauft werden.

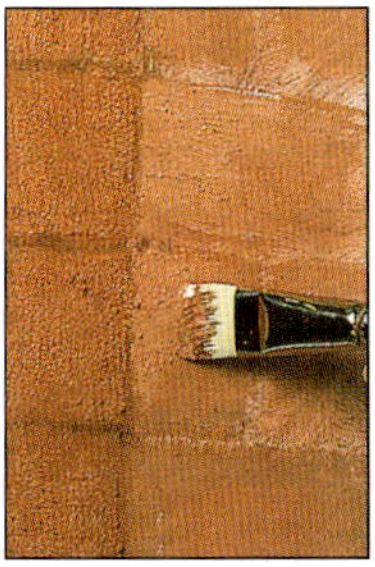

1 Beginnen Sie mit einer dünnen Farbschicht und legen eine Mischung aus Farbe und Sand mit einem Borstenpinsel darüber.

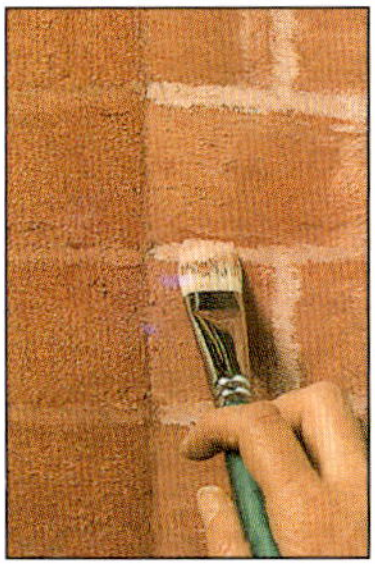

2 Verwenden Sie weniger Sand für die Darstellung des Mörtels zwischen den Ziegelsteinen. Tragen Sie die Farbe mit kurzen, nach unten gerichteten Strichen auf.

EINZELNE GEBÄUDE

Manchmal bietet das hektische Treiben einer Stadtlandschaft mit all den Menschen, Autos und Farben sowie dem Zusammenspiel der verschiedenen Formen von Wänden, Dächern, Türen und Fenstern schon allein den Anlass für ein Gemälde. Aber es gibt auch Abbildungen, die eine nähere, eher porträthafte Herangehensweise erfordern – entweder weil die Einzelobjekte besonders schön sind oder weil sie herausragende Merkmale hinsichtlich ihrer Form oder Beschaffenheit aufweisen. Wenn die Form das wichtige Element ist, wie im Bild rechts oben, werden Sie sicher das gesamte Gebäude abbilden wollen, ohne allzu viele Details einzufangen.

Die Oberflächenstruktur, die oft eines der attraktivsten Aspekte eines architektonischen Motivs darstellt, kann aber ebenso gezielt als Ausschnitt wiedergegeben werden, sodass die Oberfläche und ihre besondere Struktur selbst zum eigentlichen Motiv werden.

Acrylfarbe ist besonders gut für die Gestaltung von Texturen geeignet, egal ob sie mit dem Pinsel, einem Malmesser oder mit Methoden wie der Trockenpinseltechnik oder der Übermalung aufgetragen wird.

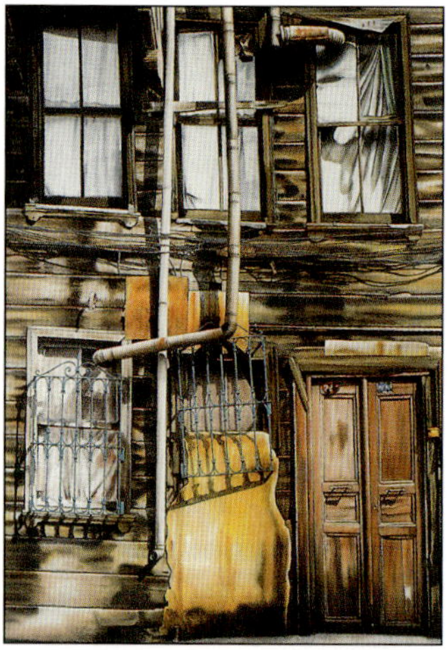

Nick Harris
Die Oberflächenbeschaffenheit des Hauses wurde gekonnt wiedergegeben. Gemalt wurde auf Aquarellpapier mit einer Reihe dünner Lasuren, die der Künstler in Schichten aufbaute.

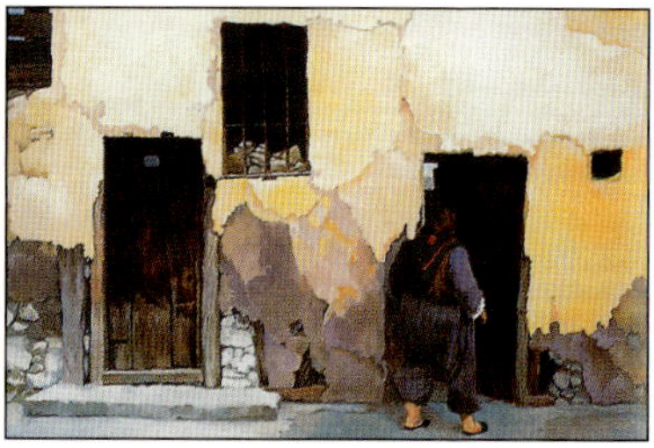

Jill Mirza
Die Künstlerin wählte hier eine Nahansicht und machte die Oberflächenstruktur der abblätternden Mauer sowie das Zusammenspiel der dunklen und hellen Bereiche somit zum eigentlichen Motiv des Bildes. Sie arbeitete auf Leinwand. Die Farbe wurde sowohl dick als auch dünn aufgetragen, wobei teilweise stark verdünnte Farben über dickeren Farbaufträgen verwendet wurden.

Walter Garver

Industriearchitektur besitzt eine eigene Faszination, auch wenn ihr die direkte Anziehungskraft, wie sie alte Cottages oder weiß gekalkte mediterrane Häuser besitzen, fehlt. Der Maler gibt hier die imposante Gestalt des Getreidesilos sehr geschickt wieder, indem er einen niedrigen Blickwinkel wählt. Die Intensität und Tiefe der Farbe wurde durch eine Reihe von transparenten Farbaufträgen erzielt.

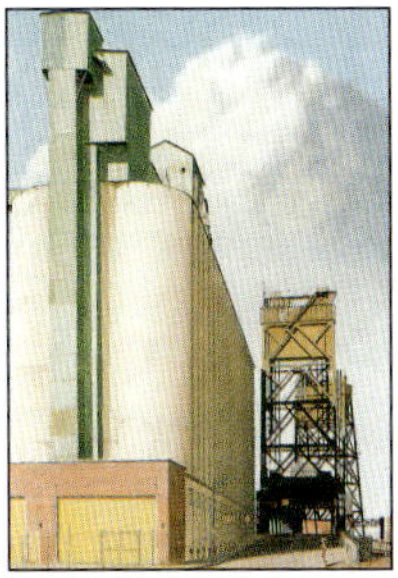

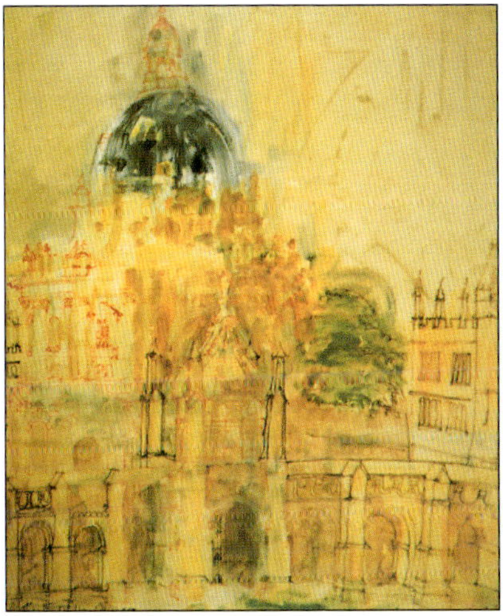

Neil Watson

Dieses berühmte Gebäude wurde relativ locker und skizzenhaft gemalt; dennoch wirkt es sehr realistisch, denn die Proportionen und wichtigen Merkmale wurden korrekt wiedergegeben. Um ein Verblassen der Farben zu vermeiden – da einige farbige Tuschen eventuell nicht lichtbeständig sind –, wurde das gesamte Bild mit Acrylmalmittel versiegelt.

FENSTER IN ACRYL

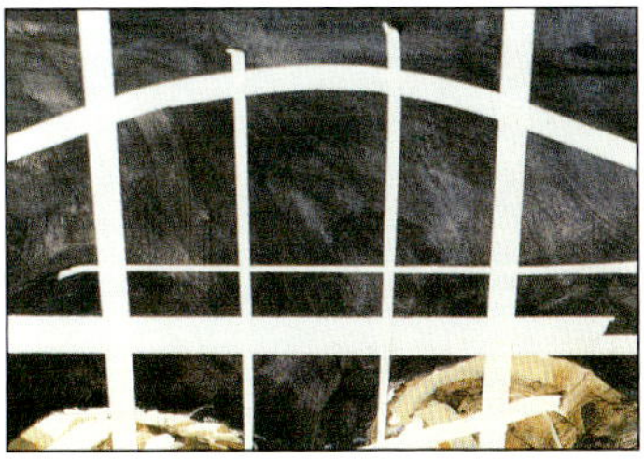

1 Ohne Abdeckung ist das Ziehen gerader Linien sehr schwierig. Um die Fensterkreuze zu malen, verwendete der Künstler daher Abdeckband.

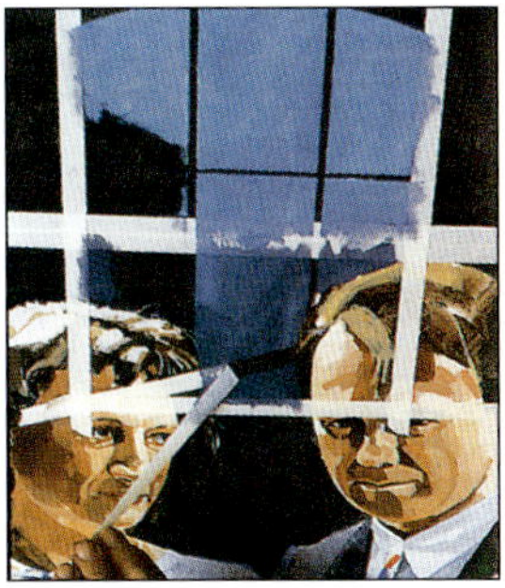

2 Wenn das Band fest aufgedrückt und die Farbe dickflüssig verwendet wird, entstehen gerade Kanten. Entfernen Sie das Abdeckband sorgsam, sobald die Farbe getrocknet ist.

STRASSEN UND MÄRKTE

Menschen sind meist Teil einer Dorf- oder Stadtszenerie, es sei denn, Sie wählen ein einzelnes Gebäude als Motiv oder einen sehr entfernten Blickwinkel. In der Tat ist der tägliche Strom von Menschen, die ihrer Arbeit nachgehen, einer der Hauptanziehungspunkte einer solchen Kulisse.

Märkte, Cafés und Straßen sind sehr gut Motive – besonders Märkte, da ihre Stände mit der bunten Warenvielfalt eine faszinierende Zusammenstellung von Formen, Farben und Texturen bieten.

Solche Gemälde werden normalerweise nach Skizzen oder einer Kombination aus Skizzen und Fotografien angefertigt, denn die Passanten verharren nicht in einer gewünschten Haltung, bis Sie Ihr Gemälde vor Ort fertiggestellt haben. Dies hat den Vorteil, dass Sie das Gemälde besser aufbauen und eine Vielzahl von Techniken verwenden können. Im Bild rechts unten sehen Sie beispielsweise eine Collagetechnik für die Wiedergabe einer lebendigen Londoner Marktszene.

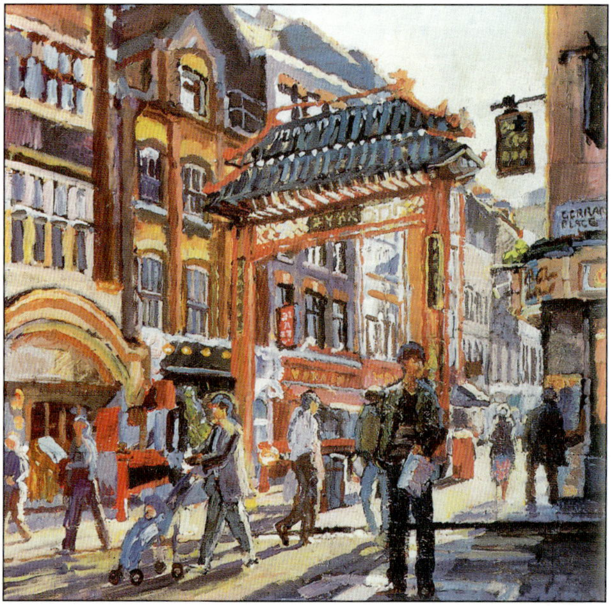

Gary Jeffrey

Voller Leben, Farben und Bewegung ist dieses Bild der Londoner Chinatown. Es wurde mit dicken, kräftigen Pinselstrichen auf mit Schellack grundiertem Papier gemalt. Die Figuren und ihre Gesichtszüge wurden nur angedeutet, aber sie überzeugen dennoch durch ihre Haltung, Kleidung und Art der Bewegung, die sehr sorgfältig wiedergegeben wurde.

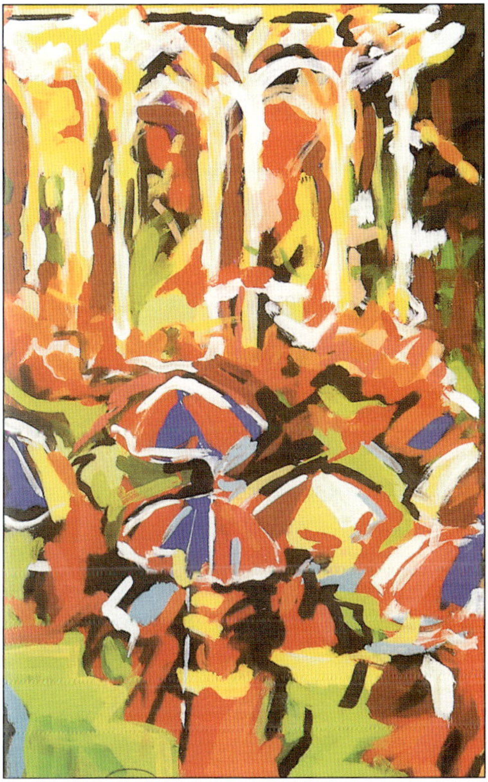

Judy Martin
Dieses Gemälde auf Papier entstand nach Skizzen und ist Teil einer Serie, in der die Künstlerin ein Thema bis zur Abstraktion fortführte. Das Motiv faszinierte sie aufgrund ihrer Vorliebe für lebendige Farben.

Mike Bernard
Für diese atmosphärische Marktstudie wurden Acrylfarben in Collagetechnik verwendet. Die Figuren bilden einen Ausgleich zu den streng geometrischen Formen. Beachten Sie auch die zerknittert wirkende Textur. Diese entstand durch das für die Collage verwendete Seidenpapier, das auf eine Hartfaserplatte als Malgrund aufgeklebt und übermalt wurde.

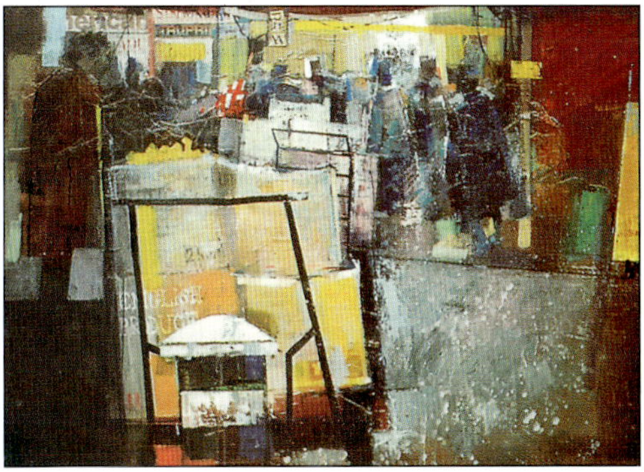

Tiermalerei

Bis zu einem gewissen Grad kann man die Tiermalerei als ein besonderes Genre der Kunst bezeichnen.

Aber auch wenn es beachtliche Fertigkeiten und viel Übung erfordert, um ein Tier naturwissenschaftlich korrekt bis ins kleinste Detail wiederzugeben, nahmen viele Künstler, insbesondere die französischen Maler Théodore Géricault (1791–1824) und Edgar Degas (1834–1917) Tierbilder in ihr Repertoire auf – es gibt also keinen Grund, warum Sie dies nicht auch versuchen sollten. Géricault und Degas malten mit Vorliebe Pferde und ihre Jockeys; Ersterer, weil er ein begeisterter Reiter war, und Letzterer, weil er die Atmosphäre auf Rennbahnen genoss und von den Bewegungen fasziniert war.

INFORMATIONEN SAMMELN

Das Hauptproblem in der Tiermalerei besteht darin, dass die Tiere nicht lange stillhalten. Es ist daher schwierig, ein Gemälde in einer einzigen Sitzung anzufertigen. Allerdings gibt es auch Ausnahmen – zum Beispiel in der Sonne schlafende Katzen oder Hunde, die sich nicht bewegen, oder Kühe, die auf einem Feld liegen oder grasen. Grundsätzlich sollten Sie sich angewöhnen, die Tiere zu skizzieren, damit Sie zu Hause Ihre Skizzen zu einer Komposition zusammenfügen können. Sie können auch nach Fotografien arbeiten – dann aber werden Ihre Bilder oft sehr statisch, sofern Sie die Farbe nicht besonders dynamisch und wirkungsvoll auftragen.

Sie können die Skizzen mit Bleistift oder Buntstift anfertigen, doch sollten Sie sich auch Notizen zu den Farben der Tiere machen. Daher ist es besser, von Anfang an mit Farbe zu arbeiten. Der Schnelligkeit halber können Sie Acrylfarben dünn lasierend auf Papier auftragen und die Skizze mit Bleistift oder Kohle nachzeichnen. Abgesehen davon, dass Skizzen hilfreiche Vorstufen zu Ihrem Gemälde darstellen, sind sie auch ein gutes Mittel, um mit den Formen und typischen Bewegungen der Tiere vertraut zu werden. So kann das Anfertigen an sich bereits eine sinnvolle Übung sein.

TEXTUR

Bei einem Tier ist die Textur seines Fells oder seiner Haut immer ein besonderes Merkmal. Acrylfarben sind für die Darstellung einer Vielzahl von Texturen sehr gut geeignet: vom Glanz eines gut gepflegten Pferdes bis zum strubbeligen Fell mancher Hunde. Sie können die Farben vermalen oder mit dicker Farbe Striche in der entsprechenden Richtung auftragen; Sie können die Texturen in Trockenpinseltechnik oder durch Übermalen gestalten sowie die Farbe mit einem anderen Medium kombinieren. Pastellkreiden und Acrylfarben zum Beispiel sind ideal für Texturen und können Bildern einen lebendigen Eindruck verleihen.

Robert Burkall Marsh

In diesem Bild wird die Bewegung durch die lockeren Pinselstriche, die sowohl für den Himmel als auch für Pferd und Reiter verwendet wurden, sehr schön angedeutet. Die Komposition an sich spielt hier ebenfalls eine Rolle: Indem der Pferdekörper an der linken Seite abgeschnitten wurde, suggeriert das Bild eine Bewegung nach rechts.

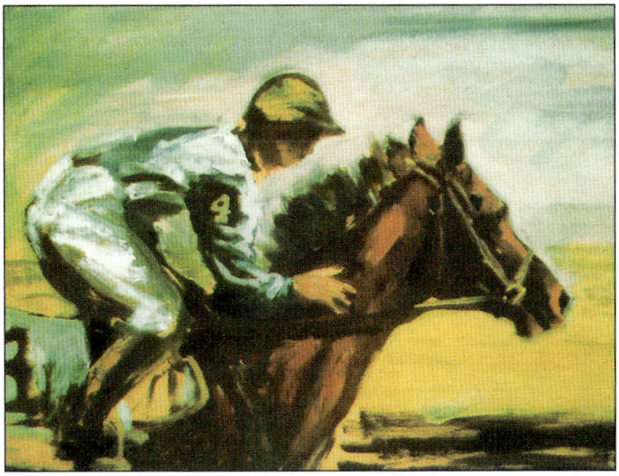

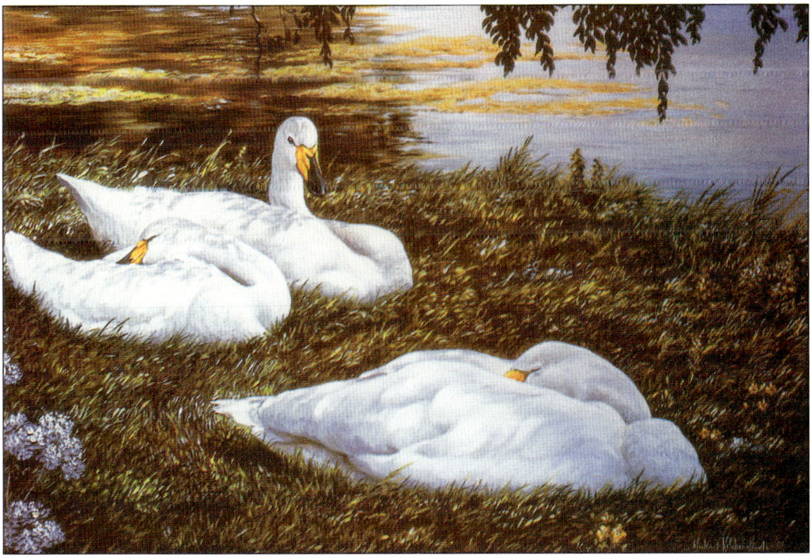

Michael Kitchen-Hurle

Die Körper der Schwäne vor dem dunklen Gras bilden ein helles Muster auf dunklem Grund; dieses Thema zieht sich mit den weißen Blumen am linken Rand und dem dunklen Laub oben rechts durch das ganze Gemälde. Das herabhängende Laub verursacht Schattenflecken auf den Schwänen und im Gras und kreiert so zusätzliche Hell-Dunkel-Effekte.

UMGEBUNG

Wenn Sie Tiere skizzieren, müssen Sie sich zunächst keine Gedanken über eine Kulisse machen. Bei einem fertigen Bild jedoch sollten sich die Tiere allerdings schon in einer für sie typischen Umgebung aufhalten – egal ob dies nun ein Garten, ein Bauernhof oder eine freie Landschaft ist. Beim Anfertigen der Skizzen sollten Sie also versuchen, ausreichend Informationen über den Hintergrund mit aufzunehmen, ohne diesen gleich komplett zu malen. Vielleicht erstellen Sie einige separate Studien eines besonderen Landschaftsmerkmals, das bei der späteren Komposition berücksichtigt werden soll.

Die Darstellung der Kulisse hängt von der Gesamtherangehensweise ab. Die Bildelemente müssen miteinander in Verbindung stehen; wenn Sie das Tier also eher in einer impressionistischen Art und Weise porträtieren wollen, dürfen Sie auch die Umgebung nicht zu detailliert malen. Es genügt, diese mit einigen Pinselstrichen anzudeuten. Wenn Sie ein eher realistisches Tierporträt zeichnen, muss auch die Kulisse mit der gleichen Aufmerksamkeit für Details ausgestattet sein.

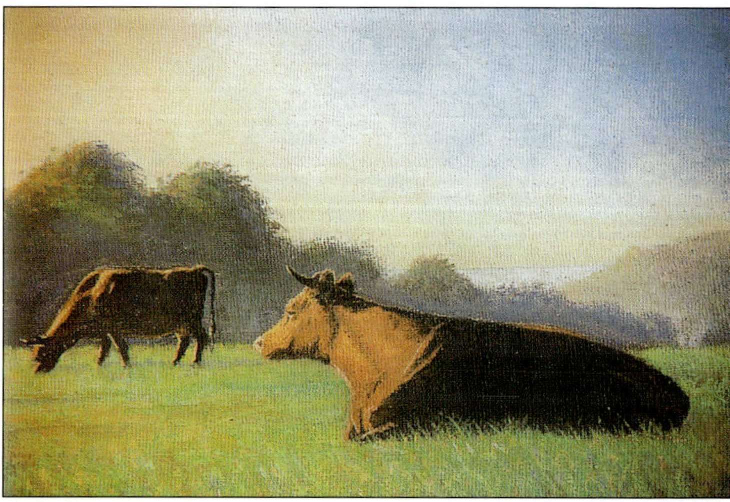

Bart O'Farrell

Eine detaillierte Herangehensweise wurde in diesem ruhigen Bild sowohl für die Tiere als auch für die sie umgebende Landschaft gewählt. Das Abendlicht lässt die Formen zur Silhouette werden und ermöglicht ein gewisses Maß an Vereinfachung. Der Malgrund besteht aus Musselin auf einer Hartfaserplatte; die Farbe wurde dünnflüssig verwendet, sodass das Gewebe deutlich erkennbar bleibt.

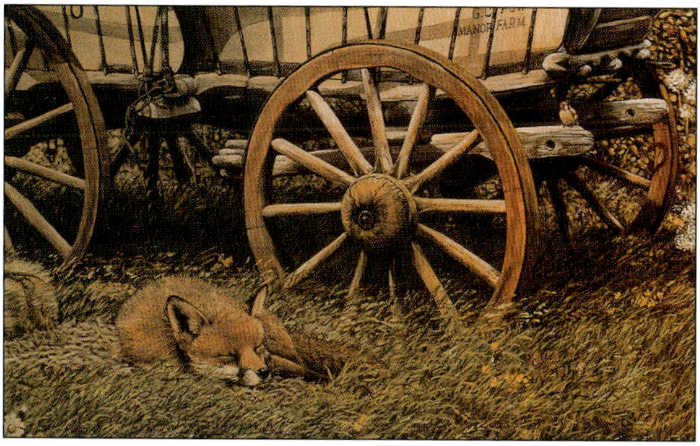

Michael Kitchen-Hurle
Diese Studie erinnert hinsichtlich ihrer Detailfreude und Textur an viktorianische Aquarellgemälde. Das Fell des Fuchses und das Gras wurden durch feine Pinselstriche aufgebaut. Die Schatten auf dem Fuhrwerk entstanden durch transparente Lasuren.

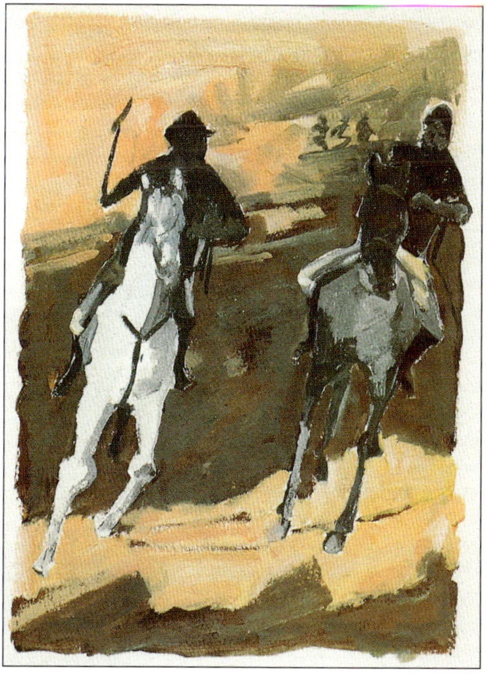

Helena Greene
Bei diesem beeindruckenden Gemälde in Aquarellfarbe auf Papier wurden die Details auf ein Minimum reduziert, um die Bewegung zur vollen Geltung zu bringen. Obwohl die Polospieler und der Hintergrund nur mit einigen breiten Pinselstrichen dargestellt wurden, sind Handlung und Positionen so gut getroffen, dass sie vollkommen überzeugend wirken.

VÖGEL UND FISCHE

Vögel und Fische können ein Problem darstellen, da sie normalerweise nicht in ihrer natürlichen Umgebung gemalt werden können. Es gibt Ausnahmen, wie Gänse, Enten und Schwäne auf Teichen und Seen oder Gartenvögel, die am Vogelhäuschen sitzen. Bei wild lebenden Vögeln und Fischen muss man sich jedoch oft auf fotografisches Referenzmaterial verlassen. Dies ist nicht falsch – die meisten Tiermaler verwenden einen Fotoapparat –, sofern Sie Ihr Motiv sehr sorgfältig ablichten. Ansonsten würde Ihrem Bild am Ende der Eindruck von Authentizität fehlen.

Um mit dem Knochenbau, den Farben und dem Federkleid von Vögeln und den Formen und Umrissen von Fischen vertraut zu werden, können Sie auch Museumsausstellungen oder Bilder und Zeichnungen aus naturwissenschaftlichen Büchern und Zeitschriften für Ihre Studien nutzen. In diesen werden Sie zudem Informationen über ihre besonderen Verhaltensweisen finden.

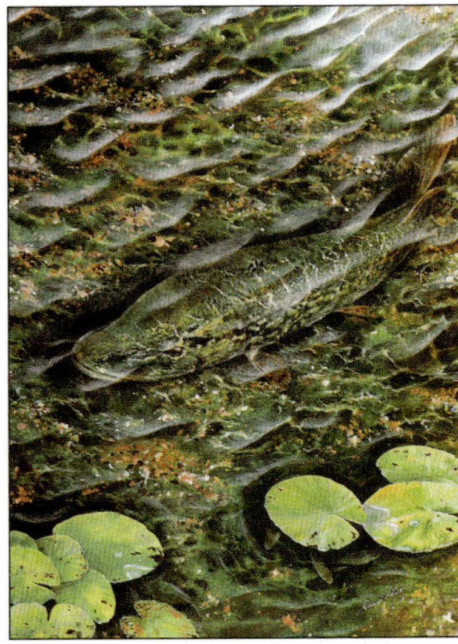

Richard J. Smith
Dieses Gemälde wurde auf Hartfaserplatte mit Acryl-Gesso grundiert gemalt. Die Farben wurden mit Glanzmalmittel verdünnt. Die Wiedergabe der Lichtreflexionen auf der Wasseroberfläche erfolgte durch Aufpinseln einer verdünnten blau-weißen Lasur, die mit einzelnen Strichen eines großen Haushaltspinsels erstellt wurde.

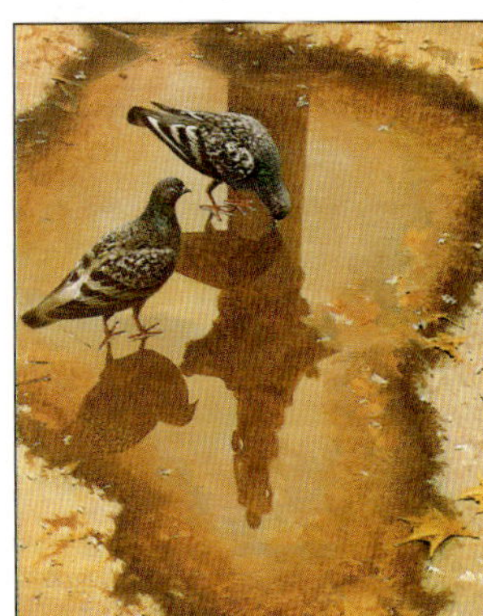

Richard J. Smith
Auch hier wurde eine grundierte Hartfaserplatte als Malgrund verwendet: Die Farben verdünnte der Künstler jedoch mit Mattmalmittel. Für das Federkleid der Vögel wurde relativ dicke Farbe verwendet – beachten Sie die einzelnen Pinselstriche mit Weiß und beinahe schwarzer Farbe auf einer dünneren Untermalung im mittleren Tonwertbereich. Die Pfützen bestehen aus mehreren Lasuren, die in der Mitte deckend und nach außen hin immer transparenter werden.

FEDERN

Bei den meisten Vogelbildern sind die Flügel- und Schwanzfedern relativ präzise gemalt, während die Federn am Hals und an der Kehle eher flaumig sind. Tragen Sie zunächst eine blasse Unterlasur auf und arbeiten Sie dann nass-auftrocken, um ein exakteres Muster zu erhalten. Die weichen flaumigen Federn sollten zuletzt mit leichten, lasierenden Strichen gemalt werden.

FEDERN IN GOUACHE

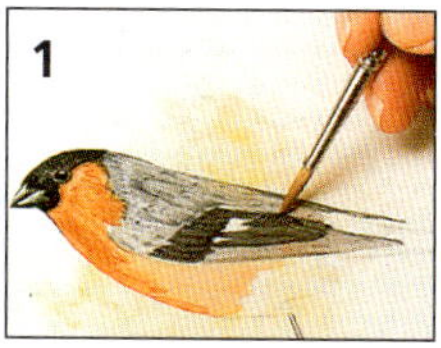

1 Nachdem die Untergrundlasuren getrocknet sind, können Sie mit der Detailarbeit des Federkleids beginnen und Farben und Textur nach und nach aufbauen. Der Maler arbeitete hier mit einem sehr trockenen Pinsel und etwas flüssiger Farbe, um die Tonwertveränderungen zu betonen und das Bild lebendig wirken zu lassen.

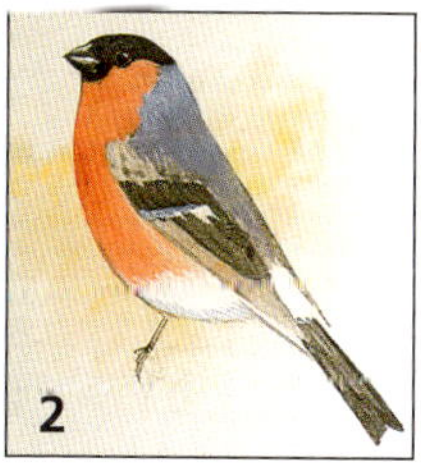

2 Die lebendigen Farben der Brustfedern werden in Karmesin und Kadmiumrot ergänzt. Die Textur der Rückenfedern besteht aus Grautönen, die mit einem dünnen Naturhaarpinsel aufgetragen werden.

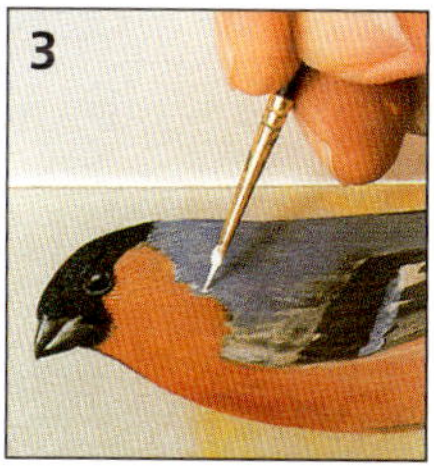

3 Strich für Strich entsteht die feine Textur der Rückenfedern. Mit weißer Farbe werden Glanzpunkte gesetzt sowie die dunkleren Farbtöne mit einem Naturhaarpinsel der Größe 0 hinzugefügt.

4 Mit einem sehr dünnen Naturhaarpinsel werden mit trockener, unverdünnter Farbe feine parallele Striche gemalt, um das Federkleid zu vollenden. Eine solche Schraffierung eignet sich besonders gut zur Wiedergabe der Federtextur.

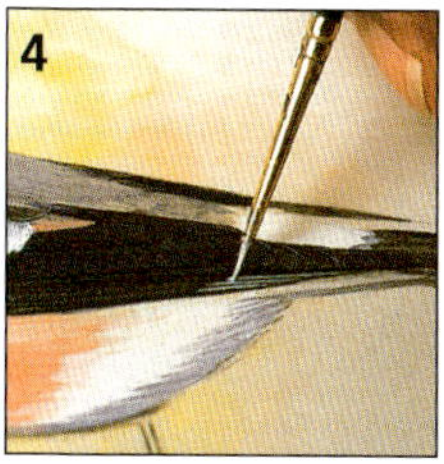

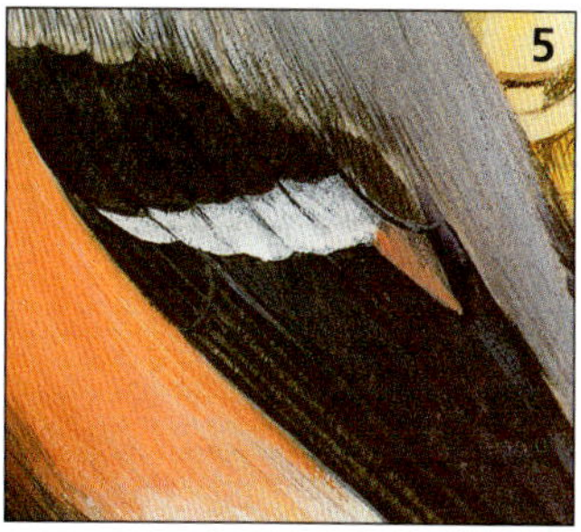

5 Hier erkennen Sie die Vielzahl der verwendeten Farbtöne sowie die sorgfältig schraffierenden Pinselstriche.

KATZE SCHRITT FÜR SCHRITT

Als Grundlage für diese Komposition diente eine Schwarz-Weiß-Fotografie. Dies ermöglichte der Künstlerin, die bereits über langjährige Erfahrung im Skizzieren und Malen von Katzenmotiven verfügt, eine freie Wahl der Farben.

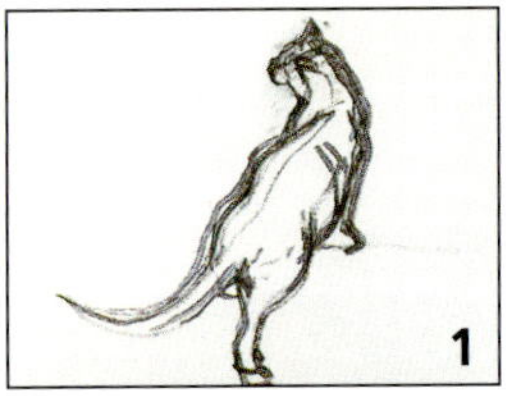

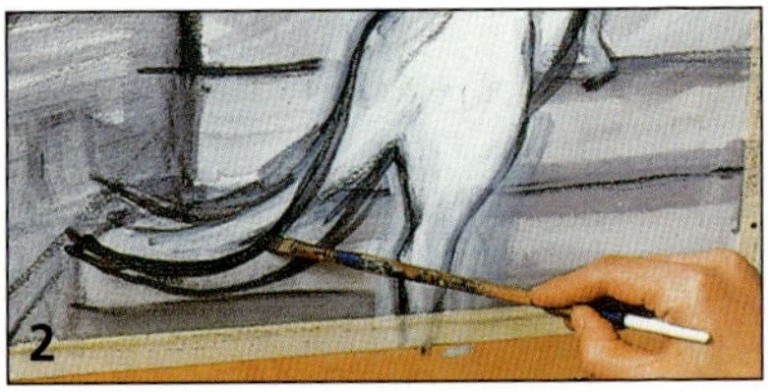

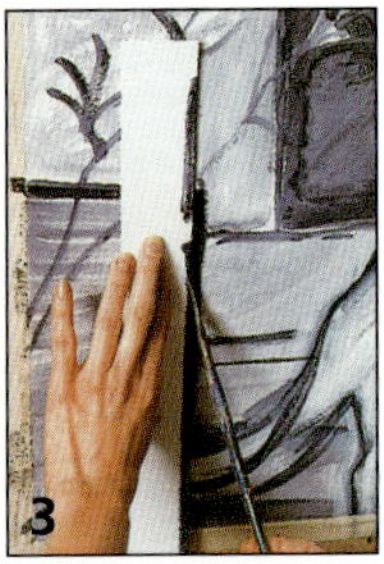

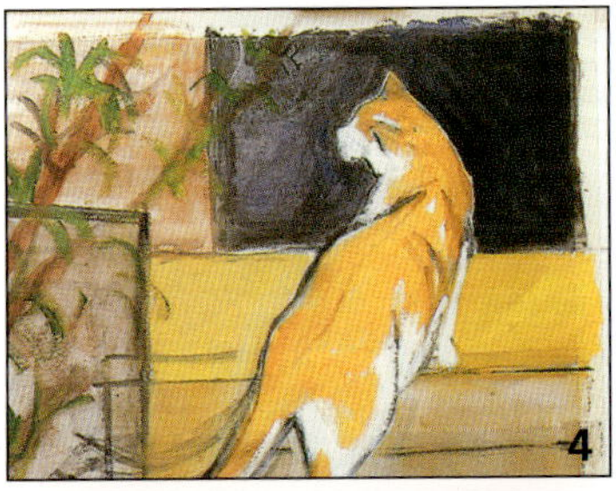

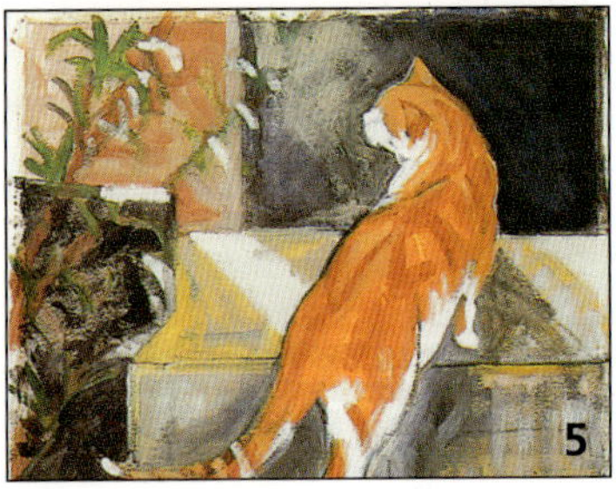

1 Die Künstlerin beginnt mit einer Pinselzeichnung, um die Positionierung der Katze festzulegen. Das Augenmerk liegt auf den kräftigen Kurven, die diagonal über die Bildmitte schwingen.

2 Es folgt eine einfarbige Untermalung. Hierbei wird der Schwanz nach unten verlagert und der untere Bereich des Bildes abgeklebt, um einen schmaleren Ausschnitt zu erhalten.

3 Die vertikale Linie des Sockels bildet ein Gegengewicht zur Diagonalen des Katzenkörpers. Ein Papierstreifen dient als Lineal, um die Linie exakt zu ziehen.

4 Jetzt werden die ersten Farben auf die Untermalung gelegt. Das Orange dient als zentraler Tonwert für das Gemälde. Dieser wird im Verlauf der Arbeit jedoch nochmals verändert.

5 Die Farben der Katze werden nun reichhaltiger aufgebaut, sodass die Formen des Tieres nach und nach endgültig feststehen.

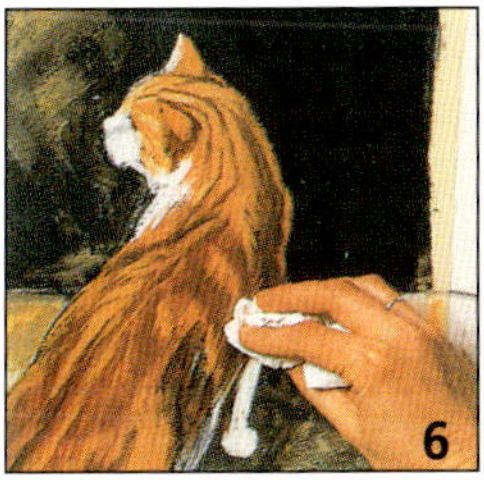

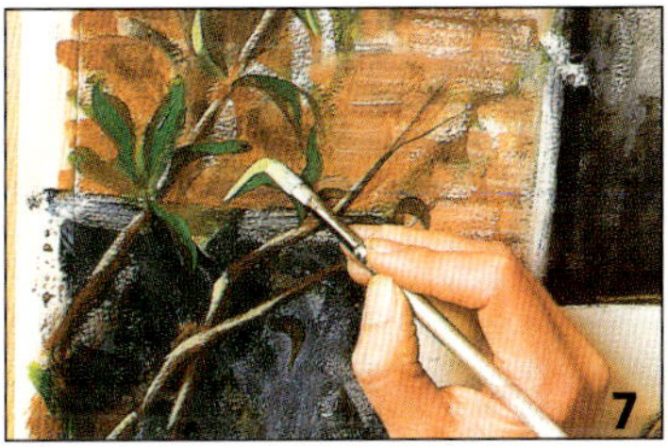

Die Mauer wurde mit Grau- und Gelbtönen leicht übermalt. Der gleiche durchbrochene Farbauftrag wurde für den Hintergrund genutzt und kontrastiert so mit der Textur des Katzenfells.

6 Die Zeichnung und Textur des Katzenfells besteht aus einer Kombination von mit einem trockenen Pinsel aufgetragener Farbe und einem zarten, nasseren Farbauftrag. Nun wird der Katzenkörper weiter modelliert: Mit einem alten Tuch können die weißen Flächen von der dunklen Farbe befreit werden.

7 Die Katze ist nun fertig gemalt, sodass die Details und nötigen Präzisierungen in den anderen Bildbereichen folgen können. Um die Lichtreflexionen auf Blättern und Zweigen wiederzugeben, kommt dicke helle Farbe mit einem Kunsthaarpinsel zum Einsatz.

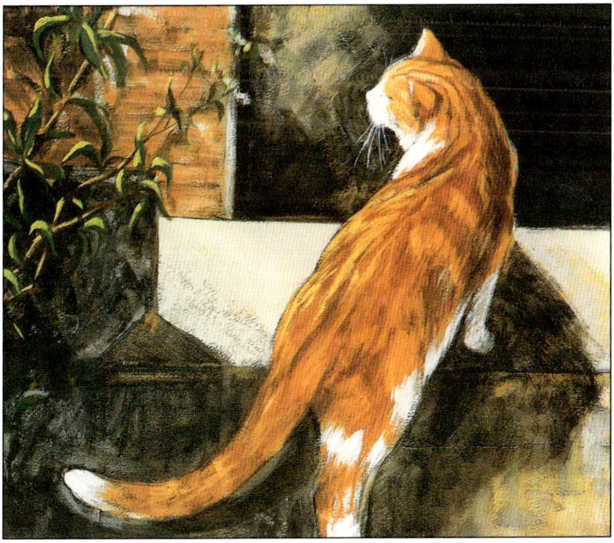

ERGEBNIS
Die Ausgestaltung auf der linken Seite spielt für den Bildaufbau eine wichtige Rolle, da die Katze in diese Richtung blickt. Die dunklen und hellen Rechtecke sind ebenso wichtig, denn sie bilden ein geometrisches Gegengewicht zu den Rundungen des Körpers.

Porträts und Figuren

Ein Porträt sollte zwar meist seinem Modell ähneln, bietet aber dennoch die Möglichkeit zu künstlerischer Freiheit. Es muss daher den üblichen Anforderungen von Komposition, Farbausgewogenheit und Plastizität ebenso entsprechen wie jedes andere Bild.

Für jede Art von Porträt oder Porträtausschnitt muss der Bildaufbau genau bedacht werden. Sie sollten zum Beispiel entscheiden, in welchem Winkel der Kopf gehalten werden muss, wo der Körperausschnitt endet und wie viel Platz noch über und neben der Figur bleiben darf. Für die Dreiviertel- oder Gesamtansicht eines Menschen sollte normalerweise ein Teil des Raumes mit abgebildet werden. Eine übliche Abbildungsmethode für stehende Figuren besteht darin, den Hintergrund unpräzise zu belassen, damit er nicht in Konkurrenz zur Figur treten kann.

Wenn die Kulisse Teil Ihrer Komposition sein soll, besteht die Möglichkeit, Elemente in den Hintergrund einzubauen, die Hinweise auf persönliche Vorlieben des Modells geben. Schließlich ist ein Porträt nicht nur eine Beschreibung der äußeren Merkmale, sondern sollte auch den Charakter oder die Gemütsverfassung der Person zum Ausdruck bringen.

Meist werden Porträts in Innenräumen gemalt, doch muss dies nicht zwangsläufig so sein. Jemand, der den Großteil seines Lebens draußen verbringt, wie ein Landwirt oder Gärtner, wirkt in dieser Umgebung vielleicht viel überzeugender und das Porträt erscheint weniger gestellt.

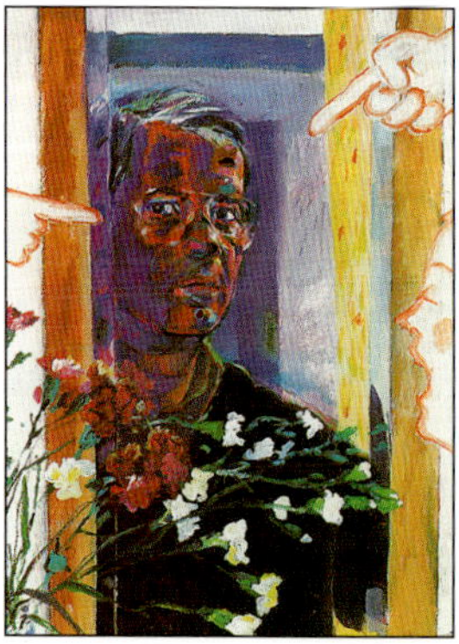

Gerry Baptist
Die Hände und der Kopf am Rand dieses ungewöhnlichen Selbstporträts (links) stellen ein Publikum dar – die Zuschauer des Malvorgangs. Die meisten Porträtmaler sind Kommentare während des Malens gewohnt. Hier hat der Künstler diese „gemalt" und macht den Zuschauer damit zu einem Teil des Porträts.

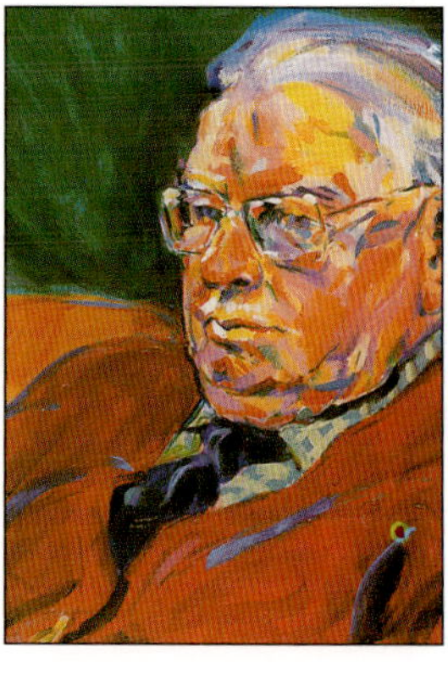

Gerry Baptist
Bei diesem Porträt auf Leinwand ist der Kopf rechts angeschnitten, sodass in Blickrichtung des Modells mehr Raum bleibt.

Ted Gould

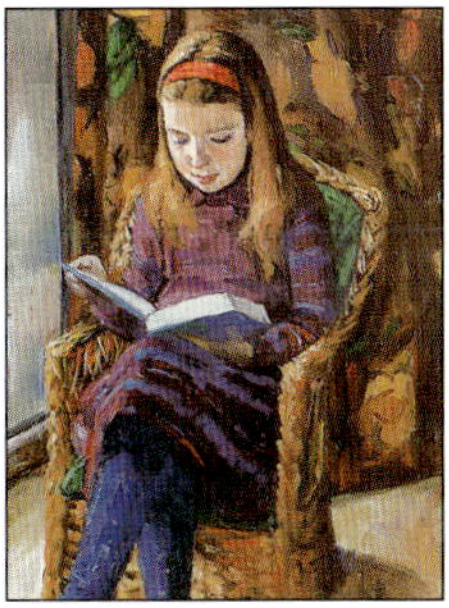

Kinder sind keine einfachen Porträtmodelle. Sie können aber, wenn sie in ihre Lieblingsbeschäftigung vertieft sind, in kurzen Sitzungen gemalt werden – so wie bei dieser bezaubernden Studie. Der Maler arbeitete auf Leinwand. Er begann mit einer dünnen Untermalung und baute die Farben nach und nach zu einem dicken Impasto auf. Er verwendete Trocknungsverzögerer, um die Farbe länger bearbeiten zu können.

KULISSEN

Die Kulisse richtet sich nach der Art des Porträts, das Sie zeichnen wollen. Es gibt drei Hauptarten: ein Porträt, ein Halbporträt oder Brustbild, bei dem der Körper bis zu den Händen sichtbar ist, oder ein Ganzkörperporträt, bei dem der ganze Körper entweder sitzend oder stehend zu sehen ist. Die Kulisse ist bei der ersten Art unwesentlich, da nur eine Raumfläche um den Kopf des Modells herum zu sehen ist. Ein grob angedeuteter Hintergrund eignet sich auch für Halb- oder Ganzkörperporträts, aber Sie können hier auch die Gelegenheit nutzen und Informationen über die Figur einfließen lassen, indem Sie das Modell zu Hause oder bei der Arbeit abbilden.

Die Perspektive ist leicht verzerrt, sodass sich der Rand des Kamins in der diagonalen Schräghaltung des Körpers wiederholt.

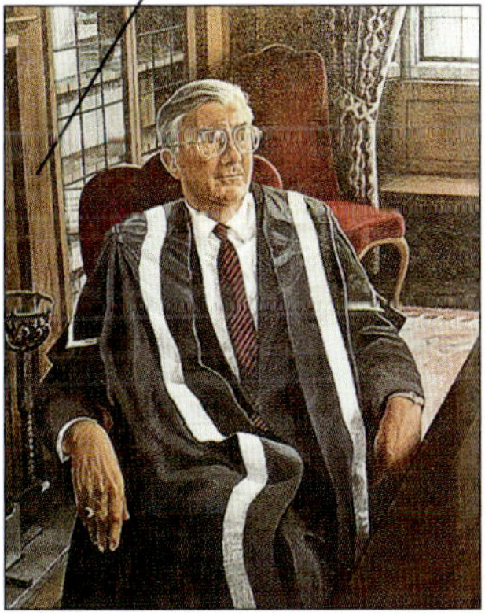

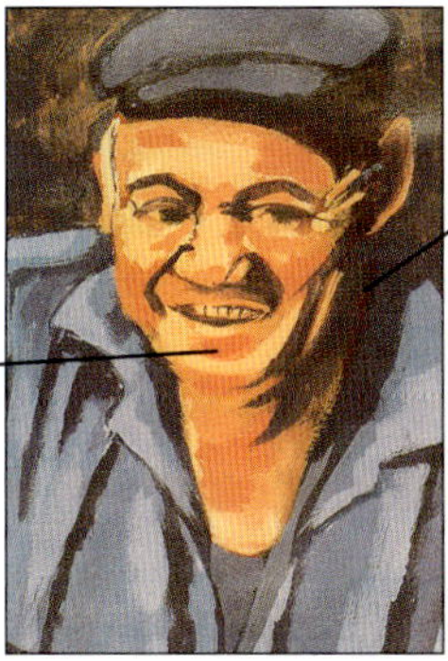

Das Lächeln beeinflusst den gesamten Gesichtsausdruck, nicht nur den Mund.

Dicke Pinselstriche und das Fehlen von Details zeugen von einer schnellen Ausführung.

KOMPOSITION EINES PORTRÄTS

Die beiden wichtigsten Aufgaben eines Porträtmalers bestehen im Nachbilden der Ähnlichkeit mit dem Modell sowie der realistischen Wiedergabe der dreidimensionalen Formen im Bild. Beides ist nicht einfach und führt oftmals dazu, dass ein strukturierter Bildaufbau vergessen wird. Wenn Sie ein Porträt malen, sind Sie möglicherweise der Auffassung, dass keinerlei Komposition notwendig ist, da es ja nur ein Element zu bearbeiten gibt – aber dies stimmt nicht. Sie müssen zum Beispiel entscheiden, welchen Blickwinkel Sie wählen, wie der Kopf ausgerichtet und bis wohin der Körper zu sehen sein soll.

BLICKPUNKT UND KOMPOSITION

Absolute Symmetrie zu vermeiden gilt für Porträts genauso wie für andere Genres der Malerei, auch wenn es manchmal Ausnahmen gibt. Ein symmetrisch ausgerichteter Kopf direkt in Frontalansicht wirkt oft wie eine direkte Konfrontation. Ein Profil hat die gegenteilige Wirkung. Es kann eine hervorragende Ähnlichkeit besitzen, aber dennoch mehr Aufmerksamkeit vom Betrachter fordern, da der Blick der Figur aus dem Bild hinausgeht. Auch Dreiviertelporträts sind sehr beliebt. Diese haben den Vorteil, starre Symmetrien aufzubrechen, da die Schultern geneigt und auf unterschiedlichen Höhen im Bild sichtbar sind.

Die Kleidung des Modells – sofern sichtbar – beeinflusst ebenfalls die Wirkung des Bildes. Normalerweise endet der Bildausschnitt eines Porträts kurz unter dem Hals. Trägt das Modell jedoch ein offenes Hemd oder einen Pullover mit tiefem V-Ausschnitt, sollte das Bild ebenfalls erst dort abschließen, da Kopf und Schultern sonst willkürlich abgeschnitten wirken. Halbporträts zeigen normalerweise den Körper bis zu den Händen, die meist im Schoß liegen oder an der Seite hinabhängen.

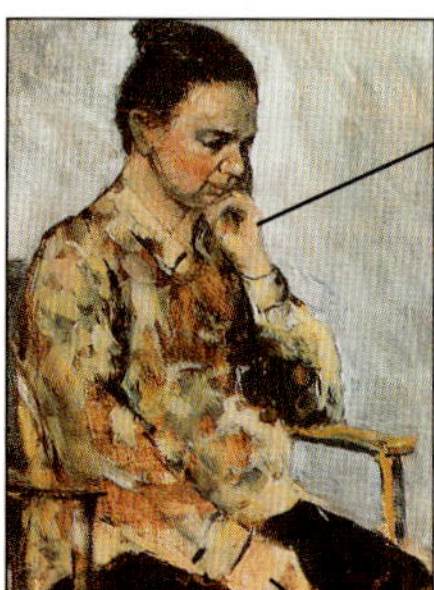

Diese Pose, bei der der Kopf auf der Hand ruht, lässt gemeinsam mit der ruhigen Farbzusammenstellung eine nachdenkliche Atmosphäre im Bild entstehen.

Nolan Abbott

Die Hand wurde nur angedeutet, da zusätzliche Details vom Gesicht ablenken würden.

POSITIONIERUNG

Dieses Bild zeigt einen traditionellen und ansprechenden Aufbau für ein Halbporträt. Der Körper ist auf der einen Bildseite platziert und wird aus einem Dreiviertelwinkel betrachtet. Der Stuhl wurde links und der Körper unterhalb der Hand angeschnitten.

AUSLEUCHTUNG EINES PORTRÄTS

Wenn Sie Ihr Modell für ein Halbporträt positionieren, bedenken Sie auch die Richtung und Intensität des Lichts. Weiches Seitenlicht oder eine Dreiviertelausleuchtung sind die beliebtesten Varianten, denn sie lassen helle und dunkle Bereiche entstehen, die die Formen gut modellieren. Frontale Beleuchtung ist meist weniger effektiv. Sie können natürliches oder künstliches Licht verwenden, wobei Letzteres nicht zu hart und grell sein sollte. Hartes Licht erzeugt oft dramatische Schatteneffekte, die nicht unbedingt für jedes Porträt passend sind. Bei zu starken Schatten können Sie das Licht mit einem Stück weißen Karton reflektieren.

AUFBAU EINES PORTRÄTS

Ein Porträt aufzubauen, das sich nur auf den Kopf konzentriert, ist einfacher als eine Ganzkörper- oder Halbkörperansicht, denn es muss nur ein Element bedacht werden. Dennoch müssen Sie die Ausrichtung des Kopfes, den Blickwinkel und die Ausleuchtung beachten, um ein schönes Endergebnis zu erhalten. Indem Sie es modellieren, bilden Sie seine dreidimensionale Form nach, quasi ein Äquivalent zu dem, was ein Bildhauer mit festen Materialien durchführt. Für dieses Bild fällt das Licht von einer Seite und von vorn auf das Modell; ein Viertel des Gesichts bleibt im Schatten. Dadurch entstehen starke Abstufungen in den Farben und Tonwerten. Die grobe Ausführung des vollendeten Gemäldes mit seiner ausdrucksstarken Strichführung gibt dem Porträt einen besonderen Charakter.

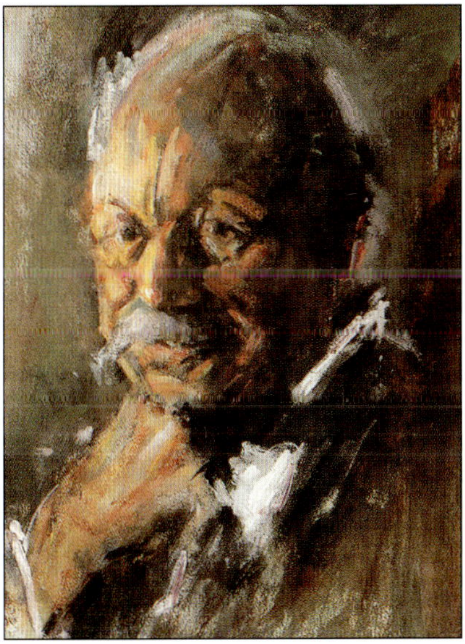

Ken Paine

Bei einem Kinderporträt werden Schlagschatten und starke tonige Abstufungen normalerweise vermieden, um die weichen Formen besser wiederzugeben. Hartes Licht hingegen betont die Dramatik und kann eine gute Wahl für das Porträt einer älteren Person sein. Im Bild oben wird durch diese Hell-Dunkel-Malerei die Aufmerksamkeit auf das Gesicht gelenkt. Der Kragen und die Hand spielen eine wichtige Rolle für den Bildaufbau: Das Weiß des Kragens bildet eine tonige Balance zum grau-weißen Schnurrbart und den Haaren; die Hand lenkt den Blick des Betrachters zum Gesicht.

FIGURENGRUPPEN

Sobald Sie mit dem Zeichnen und Malen einzelner Figuren vertraut sind, ist es nur noch ein kurzer Schritt zum Arrangement von Gruppen. Ihre Prioritäten werden hier andere sein, denn Sie müssen nicht nur überlegen, wie jede Figur einzeln überzeugend dargestellt werden kann, sondern auch, wie sie in kompositorischer Hinsicht eine Einheit bilden. Menschengruppen kommen normalerweise aus einem bestimmten Grund zusammen. Vielleicht nehmen sie gemeinsam an etwas teil oder sie werden nur durch einen gemeinsamen Ort miteinander verbunden. Solche Verbindungen können Sie im Bild kompositorisch unterstützen, indem Sie zum Beispiel die Figuren besonders anordnen oder sich in einzelnen Bereichen überschneiden lassen.

Figurengruppen werden normalerweise nach Skizzen gemalt, doch auch Fotografien können Ihnen Anregungen für ein Bild geben. Wenn Sie bereits einige Freilichtskizzen angefertigt haben, können Sie versuchen, diese zu einer Gesamtkomposition zu arrangieren.

FIGURENGRUPPEN SKIZZIEREN

Menschen stehen selten lange genug still, um sie vor Ort abbilden zu können. Zudem ist bei Gruppen ein sorgfältig geplanter Bildaufbau erforderlich. Die Figuren sollten sowohl zueinander als auch mit der Kulisse in Beziehung stehen. Geben Sie im Bild Hinweise für den Maßstab, indem Sie zum Beispiel einen kleinen Teil des Hintergrunds und der Umgebung mit skizzieren, und richten Sie danach die Größe Ihrer Figuren aus. Auch Schatten müssen angedeutet werden, sodass Sie später wissen, aus welcher Richtung das Licht einfällt. Machen Sie sich in den Skizzen auch einige Notizen zu den Farben.

In dieser Skizze in Bleistift und Aquarell mit zusätzlichen Figuren konzentrierte sich der Künstler auf die ausdrucksstarke Gestik.

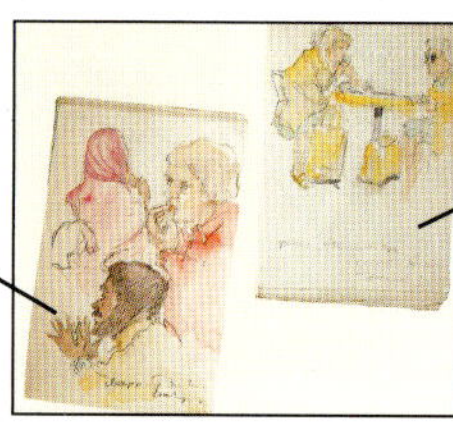

Der Tisch und die Einkaufstaschen bilden den Kontext für die Figuren. Helle Farbaufträge in Aquarell geben Informationen zur Farbgebung.

GRUPPENDYNAMIK

Jede Figurengruppe besitzt eine gewisse Dynamik. Eine Gruppe von Kindern, die Sandburgen baut, ist durch ihre Aktivität miteinander verbunden. Dies bezeichnet man als narrative Verbindung. Um eine stimmige Komposition zu erhalten, werden jedoch auch optische Verbindungen benötigt. Dazu dürfen die Figuren nicht isoliert stehen – es sei denn, dies ist die Aussage des Bildes –, sondern sollten sich hin und wieder überschneiden.

Räumliche Zusammenhänge können angedeutet werden, indem sich eine Figur im Vordergrund mit dem Körper einer anderen im Hintergrund überlagert. Wenn die Figuren räumlich voneinander getrennt stehen, können sie durch Farben verbunden werden. Auch Schatten bilden eine Brücke zwischen Figuren und lenken den Blick des Betrachters von einer Figur zur anderen.

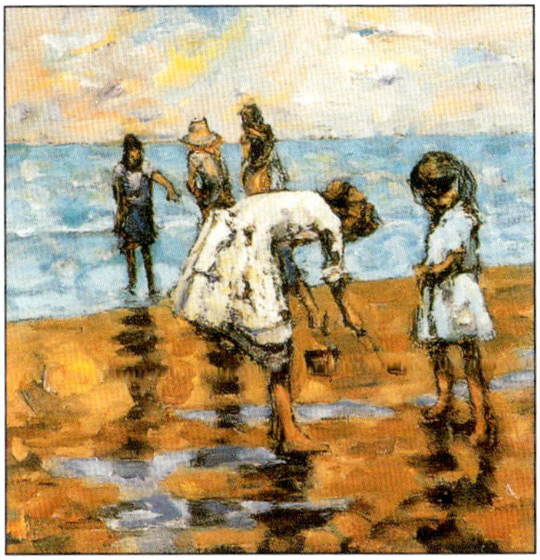

W. Joe Innis

BILDLICHE VERBINDUNGEN
Hier sind die Figuren sowohl miteinander als auch mit ihrer Umgebung durch Farbwiederholungen und sich überschneidende Schatten verbunden. Beachten Sie die gut ausbalancierten Formen und Farbtöne. Die sich hinabbeugende Figur durchkreuzt die senkrechten dunkleren Formen im Hintergrund.

NARRATIVE ELEMENTE
Diese Figuren sind durch ihr gemeinsames Gespräch miteinander verbunden. Es gibt allerdings auch kompositorische Merkmale, wie die Überlappung der Einzelpersonen sowie die Größenrelationen der Figuren zueinander, die die räumlichen Verhältnisse darstellen.

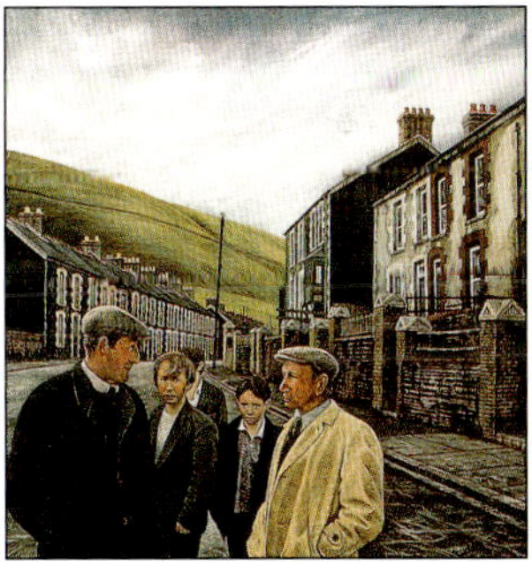

David Carpanini

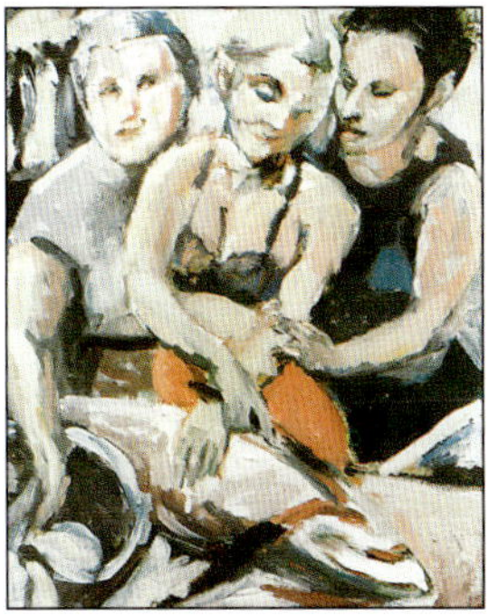

Robert Burkall Marsh
Hier werden die Figuren durch den gemeinsamen Fischkauf miteinander verbunden. Das Gemälde ist voller Dynamik und das Auge wird über die gesamte Komposition gelenkt: von der diagonalen Neigung des Fisches zu den Armen und Gesichtern der Figuren. Obwohl nur gedeckte Farben verwendet wurden – außer kleinen Flächen in Orange –, erzeugt der starke Hell-Dunkel-Kontrast einen sehr lebendigen Eindruck.

Glossar

Abdecken: Das Prinzip, einzelne Bereiche eines Bildes auszusparen, um die Farbe des Untergrunds zu erhalten. Zumeist wird dazu Abdeckband oder eine Maskierflüssigkeit verwendet.

Abstrakter Expressionismus: Kunstrichtung, die auf dem Ausdruck des Unbewussten basiert.

Acrylfarben: Farben, deren Pigmente in einem Kunstharz gelöst sind. Acrylfarben haben eine kurze Trockenzeit und sind danach farbecht und nicht wasserlöslich.

Acrylgesso: Acryl-Grundierung, die dem Malgrund ein helles Weiß verleiht und auf der gut gemalt werden kann. Nicht zu verwechseln mit richtigem Gesso.

Alkydfarbe: Acrylfarbenart, die statt in Wasser in Terpentin löslich ist.

Alla Prima: Malweise, bei der das Gemälde in einer Sitzung direkt vor Ort fertiggestellt wird, ohne Untermalung oder Vorzeichnung.

Chiaroscuro-Malerei: Hell-Dunkel-Malerei; Maltechnik, die sich durch starke Licht- und Schattenkontraste auszeichnet.

Fixativ: Dünner Lack, der auf ein Zeichenmedium aufgesprüht wird, insbesondere beim Gebrauch von Kohle und Pastellkreiden, um ein Verschmutzen der Farben zu verhindern.

Flow-Improver: Acryl-Malmittel zur Verbesserung des Farbflusses, das Acrylfarben geschmeidiger und besser verteilbar werden lässt.

Fresko: Wandmaltechnik, bei der mit Aquarellfarbe auf feuchtem Verputz gearbeitet wird.

Goldener Schnitt: Proportion oder Längenverhältnis, das in der Kunst seit der Antike verwendet wird und als Inbegriff der Ästhetik und Harmonie gilt.

Gouache: Deckende Wasserfarbe, die Plakatfarbe ähnelt.

Grafit: Ein Karbon, das zusammen mit Ton bei der Herstellung von Bleistiften verwendet wird.

Impastotechnik: Maltechnik, bei der die Farben sehr dick auf den Malgrund aufgetragen werden, sodass die Oberfläche strukturiert werden kann.

Impressionismus: Stilrichtung, die im späten 19. Jahrhundert in Frankreich entstand und die versucht, einen Gegenstand in seiner augenblicklichen Erscheinungsform zu erfassen; meist atmosphärische Landschaftsdarstellungen mit starker Betonung der Lichteffekte.

Klassische Malweise: Maltechnik, bei der eine einfarbige Untermalung angelegt wird, bevor weitere Farben aufgetragen werden.

Komposition: Zusammenstellung und Kombination verschiedener Elemente, die gemeinsam ein Gemälde ausmachen.

Kreuzschraffierung: Technik, bei der Schattenflächen durch Schichten überkreuzter Linien erstellt werden statt mit einem einzigen flächigen Farbauftrag.

Lasur: Transparente Farbschicht, die über einen Malgrund oder eine andere Farbschicht aufgelegt wird und die untere Schicht durchscheinen lässt.

Lokalfarbe: Eigentliche Farbe der Oberfläche eines Gegenstandes ohne deren Abstufungen durch Licht, Schatten oder Distanz.

Malgrund: Oberfläche zum Malen, meistens Leinwand, eine Hartfaserplatte oder Papier.

Medium: Im allgemeinen Sinn bezeichnet der Begriff das verwendete Malmittel, zum Beispiel Acryl, Aquarell, Öl oder Pastellkreide.

Monochrom: Malen in nur einer Farbe mit Abstufung der Tonwerte.

Nass-auf-trocken: Verwendung von Farben auf einer vollkommen trockenen Oberfläche, sodass sich untere und obere Farbschichten nicht miteinander mischen können und sich überlappende Flächen entstehen.

Nass-in-nass: Auftragen frischer Farbe auf eine noch feuchte Oberfläche, wodurch eine zarte Mischung der Farben entsteht.

Negativraum: Raum, der sich zwischen den eigentlichen Objekten des Malmotivs befindet und ein Gegengewicht dazu bildet.

Op-Art: Manchmal auch optische Kunst genannt; Stil der Malerei, der mithilfe geometrischer Muster Flimmereffekte verursacht und optische Illusionen schafft.

Opazität: Die Deckeigenschaft einer Farbe als Gegenbegriff zur Transparenz. Fähigkeit eines Pigments, die Oberfläche oder die Farbe, auf die es aufgetragen wird, zu verdecken.

Optische Mischung: Farbmischung, bei der die Farben nicht auf der Palette, sondern im Gemälde gemischt werden. Der Maler setzt zum Beispiel rote und gelbe Farbtupfer eng nebeneinander, um so den Farbeindruck von Orange zu erzeugen.

Palette: Flache Oberfläche, die ein Künstler zur Mischung der Farben verwendet. Der Begriff Palette bezeichnet ebenfalls die für ein Bild vorgenommene Farbauswahl.

Palettenbox: Spezielle Palette für den Gebrauch von Acrylfarben, in der die Farben für mehrere Stunden feucht bleiben.

Fotorealismus: Sehr realitätsnahe Stilrichtung, deren Gemälde häufig wie Fotografien wirken.

Pigment: Färbende Substanz der Farben.

Primärfarben: In der Malerei Rot, Blau und Gelb; Grundfarben, die sich aus keinen anderen Farben mischen lassen.

PVA-Farben: Farben, die mit Polyvinylacetatharz hergestellt sind. PVA-Farben sind billiger als Acrylfarben, besitzen aber viele der Vorteile von Acrylfarben.

Renaissance: Kulturelle Wiederbelebung antiker Ideale, die in Europa vom 14. bis zum 16. Jahrhundert stattfand.

Trocknungsverzögerer: Transparentes Malmittel, dass die Trockenzeit von Farben verzögert.

Schablone: Karton oder anderes Material, in das Muster geschnitten werden. Die Farbe wird anschließend flächig über das ausgeschnittene Muster gestrichen.

Schraffieren: Technik, bei der zahlreiche parallele Linien statt eines einzigen flächigen Farbauftrags verwendet werden.

Stillleben: Gemälde von zumeist unbelebten Gegenständen, die zusammen arrangiert werden.

Stupftechnik: Maltechnik, bei der ein Gemälde oder eine Gravur mit Tupfen statt mit Linien erstellt wird.

Untermalung: Vorbereitendes Vormalen der Grundfarben, des Aufbaus und der hellen und dunklen Flächen eines Bildes.

Verlauf: Wirkung, die durch feuchte, ineinander verlaufende Farben entsteht.

Vermalen: Farben so ineinandermalen, dass keine Übergänge mehr sichtbar sind.

Vinylfarben: Günstige Farben auf Kunststoffbasis, die in großen Mengen verkauft werden und speziell für die Verwendung auf großen Flächen entwickelt wurden.

Vormalen: Anfangsstadium eines Gemäldes, in dem die Hauptformen und die Komposition in ihren ungefähren Flächen und Tonwerten aufgetragen werden.

Vorzeichnung: Vorbereitende Zeichnung für ein Gemälde, die meistens mit Bleistift, Kohle oder Farbe angefertigt wird.

Register

P

R

S

T

V

W